SPSS
统计分析大全

武松　潘发明　等编著

清华大学出版社
北京

内 容 简 介

本书由浅入深，全面、系统地介绍了 SPSS 19.0 的应用。本书涉及面广，从软件基本操作到高级统计分析技术，几乎涉及 SPSS 目前的绝大部分应用范畴。书中提供了大量应用案例，供读者实战演练。另外，本书配 1 张 DVD 光盘，收录了作者为本书录制的 16 小时配套高清教学视频及书中所有案例的数据文件。

本书共 30 章，分为 3 篇。第 1 篇为 SPSS 19.0 软件基础篇，涵盖 SPSS 19.0 概述、数据管理、统计描述分析及基本统计分析的报表制作；第 2 篇为基本统计分析方法篇，涵盖 T 检验、方差分析、定性资料统计推断、有序定性资料统计推断、统计图制作、诊断试验与 ROC 分析、缺失值分析、非参数检验、简单线性回归与相关、多重响应分析、SPSS 中随机化过程的实现及典型相关；第 3 篇为高级统计分析篇，涵盖 Logistic 回归、对数线性模型、生存分析与 Cox 模型、聚类与判别分析、主成分与因子分析、多元方差分析、时间序列分析、信度分析、对应分析、神经网络模型、曲线回归与非线性回归、多重线性回归与相关、路径分析、中介效应与调节效应分析。

本书不仅适合 SPSS 初学者阅读，也适合有一定基础的人员阅读。通信、金融、制造、医药、教育科研、市场调研、连锁零售和电子商务等行业的数据分析人员，可将本书作为一本易学易练的案头必备参考书；医药学、心理学、经济管理等专业的大中专院校的学生和教师，可将本书作为一本教材使用。

本书封面贴有清华大学出版社防伪标签，无标签者不得销售。
版权所有，侵权必究。举报：010-62782989，beiqinquan@tup.tsinghua.edu.cn。

图书在版编目（CIP）数据

SPSS 统计分析大全/武松等编著. —北京：清华大学出版社，2014（2025.1 重印）
ISBN 978-7-302-34789-7

Ⅰ.①S… Ⅱ.①武… Ⅲ.①统计分析－软件包 Ⅳ.①C819

中国版本图书馆 CIP 数据核字（2013）第 301314 号

责任编辑：夏兆彦
封面设计：欧振旭
责任校对：徐俊伟
责任印制：沈　露

出版发行：清华大学出版社
网　　址：https://www.tup.com.cn, https://www.wqxuetang.com
地　　址：北京清华大学学研大厦 A 座　　邮　编：100084
社 总 机：010-83470000　　邮　购：010-62786544
投稿与读者服务：010-62776969，c-service@tup.tsinghua.edu.cn
质 量 反 馈：010-62772015，zhiliang@tup.tsinghua.edu.cn

印 装 者：三河市龙大印装有限公司
经　　销：全国新华书店
开　　本：185mm×260mm　　印　张：31.75　　字　数：793 千字
　　　　　（附光盘 1 张）
版　　次：2014 年 4 月第 1 版　　印　次：2025 年 1 月第 24 次印刷
定　　价：69.80 元

产品编号：056104-01

前　言

　　SPSS 公司成立于 1968 年，它在全球 100 多个国家和地区有分支机构或合作伙伴，在全球约有二十五万产品用户，它们分布于通讯、银行金融、保险证券、制造业、市场调研、政府税务、教育科研、医疗卫生、化工行业、零售业、电子商务等多个领域和行业，全球 500 强中约有 80%的公司使用 SPSS，而在市场研究和市场调查领域有超过 80%的市场占有率，是世界上应用最广泛的专业统计软件之一！SPSS 致力于提供高效、易用的统计分析软件和数据挖掘解决方案，解决数据获得和数据分析问题，从而使数据分析广泛地应用于决策制定中。同时结合您的数据和商业知识创造并实施最佳预测模型。作为统计分析和预测的先驱，SPSS 在财政金融、政府机构、教育机构、电信、市场研究、零售、电子商务等分析方案方面已有超过 30 年的经验，为您提供从数据输入、数据整理、探索分析、分析报告、建立模型、预测分析到结果发布的完整解决方案，使您能够更好地预测未来，把握先机。

　　笔者自 2001 年参加工作以来，一直从事统计学与 SPSS 统计软件的教学工作，结合自己多年的教学与科研的经验和心得体会，两年前就有想法编写一本 SPSS 教材，一次偶然机会，与安徽医科大学流行病与卫生统计学系主任潘发明教授表明想法，潘教授欣然同意，于是便开始本书的编写。希望各位读者能在本书的引领下跨入 SPSS 大门，能够将 SPSS 数据分析方法成功运用于自己所从事的领域，并成为一名 SPSS 分析专家。本书结合大量实例，详细阐述了 SPSS 19.0 各功能模块的应用，不论对初学者还是有一定基础的 SPSS 使用者，都是一本手边必备的参考书。

本书特色

1. 视频讲解，高效学习

　　为了帮助读者更加高效、直观地学习，作者为本书每章的重点内容专门录制了长达 16 小时的配套高清教学视频。这些视频和本书所有案例的数据文件一起收录于配书光盘中，便于读者自学和实践练习。

2. 案例式教学模型

　　本书所有的统计分析方法，均有一到两个详实的案例进行辅助讲解与教学，便于读者学习时自己操作练习，加深对所学内容的理解。

3. 内容全面、系统、深入

　　内容涉及面较广，共 3 篇 30 章内容，涵盖软件介绍与基本数据管理、基本统计分析和高级统计分析，不论对初学者还是进阶者均是一本颇为受益的参考书。

4．讲解由浅入深，循序渐进，适合各个层次的读者阅读

本书从 SPSS 简介、数据库构建、数据库管理、基本统计分析到高级统计分析，逐级深入，符合认知规律，内容梯度从易到难，讲解由浅入深，循序渐进，适合各个层次的读者阅读，并均有所获。

5．提供技术支持，答疑解惑

读者阅读本书时若有任何疑问，可发 E-mail 到 SPSS19_service@126.com，也可以通过 bookservice2008@163.com 和我们取得联系，以获得帮助。

本书内容及体系结构

第1篇　SPSS软件基础篇（第1～4章）

本篇主要内容包括 SPPS 19.0 概述、数据管理、统计描述分析以及基本统计分析报表制作。通过本篇的学习，读者可以掌握 SPSS 软件的概况，学会如何构建 SPSS 数据库，并对数据进行管理，掌握数据统计描述的方法以及学会统计报表的制作。

第2篇　基本统计分析方法篇（第5～16章）

本篇主要内容包括 T 检验、方差分析、定性资料统计推断、有序定性资料统计推断、统计图制作、诊断试验与 ROC 分析、非参数检验、简单线性回归与相关、多重响应分析、SPSS 中随机化过程的实现以及典型相关。通过本篇的学习与练习，读者可以掌握以及具备 SPSS 中级统计分析的能力，基本能够处理常见问题的统计分析。

第3篇　高级统计分析篇（第17～30章）

本篇主要内容包括 Logistic 回归、对数线性模型与 Possion 回归、生存分析与 Cox 模型、聚类与判别分析、主成分分析与因子分析、多元方差分析、时间序列分析、信度分析、对应分析、神经网络模型、曲线回归与非线性回归、路径分析与中间效应分析。这一部分是对 SPSS 应用能力的进一步提升，通过本篇的学习，读者能够达到 SPSS 应用能力的高级水平。

本书读者对象

- 医学、心理学、经济管理专业的学生和老师；
- 通信、金融、制造、医药、教育科研、市场调研、连锁零售、电子商务和电子政务等行业的数据分析人员；
- 公司与事业单位的数据分析人员；
- 临床医生；
- SPSS 统计分析爱好者；
- 社会培训班学员；

❏ 需要一本案头必备手册的数据分析人员。

本书作者

本书由武松和潘发明等多位作者共同编写,由 SPSS China 的曾凯审核。其中,武松参与编写了第 1、4、6、9、16、18、25、26、27、28、29 章;潘发明参与编写了第 2、3、5、7、8、10、11、12、13、17、19、20、21、22 章;朱继民参与编写了第 15、24 章;范引光参与编写了第 9 章;杨林胜参与编写了第 14、30 章;陈道俊参与编写了第 4、6、14、16、18、23、30 章;王鸣瑞参与编写了第 1 章;范大志参与编写了第 19 章;丁宁参与编写了第 12、21、22 章;王孟菲参与编写了第 23 章;王亚黎参与编写了第 25 章;王笙参与编写了第 10 章;方笑丽参与编写了第 28 章;李明参与编写了第 27 章;李桂兴参与编写了第 5 章;刘丽参与编写了第 2 章;胡艳婷参与编写了第 3 章;杨婷参与编写了第 7 章;段振华参与编写了第 11 章;刘思参与编写了第 13 章;曾臻参与编写了第 17 章;吴珊珊参与编写了第 20 章;戚先伟参与编写了第 26 章;鲁构峰参与编写了第 29 章。全书由曾凯负责统稿。本书受到安徽中医药大学校级教学研究课题(NO.YB201012)资助。

编写这样的一本书极具挑战性,需要付出大量的努力,耗费大量的时间和精力。虽然我们在编写时尽最大可能消灭差错,但也恐百密难免一疏。若读者在阅读过程中发现任何疏漏,请及时和我们联系。

编者

目 录

第1篇 SPSS软件基础篇

第1章 SPSS 19.0 概述（教学视频：51分钟） 2
1.1 SPSS 19.0 简介 2
1.1.1 SPSS 19.0 统计软件的优点 2
1.1.2 SPSS 19.0 软件新增功能 3
1.1.3 SPSS 19.0 统计软件的环境要求 3
1.2 SPSS 19.0 安装、启动与退出 4
1.2.1 SPSS 19.0 安装 4
1.2.2 SPSS 19.0 的启动 4
1.2.3 SPSS 19.0 的退出 5
1.3 主要窗口和功能 5
1.3.1 数据编辑窗口 5
1.3.2 结果输出窗口 6
1.3.3 变量编辑窗口 6
1.3.4 语法编辑器窗口 7
1.3.5 脚本编写窗口 8
1.3.6 图表编辑窗口 8
1.4 构建数据库 9
1.4.1 操作步骤 9
1.4.2 模块解读 10
1.4.3 实例详解 12

第2章 数据管理（教学视频：65分钟） 15
2.1 数据的打开 15
2.1.1 SPSS 的数据文件类型 15
2.1.2 模块解读 15
2.2 数据的保存 23
2.2.1 SPSS 数据保存 24
2.2.2 保存类型 24

2.3 数据的整理·····24
    2.3.1 数据的合并·····25
    2.3.2 数据个案的拆分·····27
    2.3.3 数据个案的排序·····28
    2.3.4 数据的分类汇总·····29
    2.3.5 数据的加权·····31
    2.3.6 重复数据的查找·····32
    2.3.7 个案的选择·····34
    2.3.8 计算新变量·····36
    2.3.9 变量值的重新编码·····39

第3章 统计描述分析（教学视频：21分钟）·····43
3.1 频数分布分析（Frequencies）·····43
3.2 描述性统计分析（Descriptives）·····46
3.3 探索性分析（Explore）·····47

第4章 基本统计分析的报表制作（教学视频：28分钟）·····54
4.1 代码本·····54
    4.1.1 模块解读·····54
    4.1.2 实例详解·····55
4.2 在线分析处理报告（OLAP）·····57
    4.2.1 模块解读·····58
    4.2.2 实例详解·····59
4.3 个案摘要报告·····60
    4.3.1 模块解读·····61
    4.3.2 实例详解·····61
4.4 行形式摘要报告·····62
    4.4.1 模块解读·····62
    4.4.2 实例详解·····64
4.5 列形式摘要报告·····65
    4.5.1 模块解读·····65
    4.5.2 实例详解·····66

第2篇 基本统计分析方法篇

第5章 T检验（教学视频：37分钟）·····68
5.1 均值（Means）过程·····68
5.2 单样本T检验·····69

  5.2.1 原理 ··· 69
  5.2.2 模块解读 ·· 70
  5.2.3 实例详解 ·· 70
 5.3 独立样本 T 检验 ·· 72
  5.3.1 原理 ··· 72
  5.3.2 模块解读 ·· 73
  5.3.3 实例详解 ·· 74
 5.4 配对样本 T 检验 ·· 76
  5.4.1 原理 ··· 76
  5.4.2 模块解读 ·· 76
  5.4.3 实例详解 ·· 77

第 6 章 方差分析（教学视频：64 分钟） ··· 79

 6.1 单因素方差分析 ··· 79
  6.1.1 原理 ··· 79
  6.1.2 模块解读 ·· 80
  6.1.3 实例详解 ·· 83
 6.2 随机区组设计方差分析 ··· 86
  6.2.1 原理 ··· 86
  6.2.2 模块解读 ·· 86
  6.2.3 实例详解 ·· 91
 6.3 析因设计方差分析 ··· 93
  6.3.1 原理 ··· 93
  6.3.2 模块解读 ·· 93
  6.3.3 实例详解 ·· 94
 6.4 交叉设计方差分析 ··· 94
  6.4.1 原理 ··· 94
  6.4.2 模块解读 ·· 95
  6.4.3 实例详解 ·· 95
 6.5 拉丁方设计方差分析 ··· 96
  6.5.1 原理 ··· 96
  6.5.2 模块解读 ·· 96
  6.5.3 实例详解 ·· 96
 6.6 协方差分析 ··· 97
  6.6.1 原理 ··· 97
  6.6.2 模块解读 ·· 98
  6.6.3 实例详解 ·· 98
 6.7 嵌套设计方差分析 ··· 99
  6.7.1 原理 ··· 99
  6.7.2 模块解读 ·· 100
  6.7.3 实例详解 ·· 100
 6.8 重复测量数据方差分析 ··· 101

  6.8.1 原理 101
  6.8.2 模块解读 102
  6.8.3 实例详解 103

第 7 章 定性资料统计推断（📹 教学视频：42 分钟）.. 106

7.1 成组设计四格表资料卡方检验 106
  7.1.1 原理 106
  7.1.2 模块解读 107
7.2 配对设计四格表资料卡方检验 109
  7.2.1 原理 109
  7.2.2 模块解读 110
7.3 成组设计行乘列表资料的卡方检验 111
  7.3.1 多个样本率比较 111
  7.3.2 原理 112
  7.3.3 模块解读 112
  7.3.4 多个构成比之间的比较 115
  7.3.5 原理 115
  7.3.6 模块解读 115
7.4 似然比检验和确切概率法 118
  7.4.1 似然比检验 118
  7.4.2 确切概率法 120
7.5 卡方检验的多重比较 123
  7.5.1 原理 123
  7.5.2 模块解读 124

第 8 章 有序定性资料统计推断（📹 教学视频：21 分钟）.. 127

8.1 单向有序行×列表数据的分析 127
  8.1.1 两组单向有序分类资料的秩和检验 127
  8.1.2 多组单向有序定性资料的秩和检验 129
  8.1.3 两两比较的秩和检验（T 检验法）... 130
8.2 双向有序属性相同行×列表数据的分析 131
8.3 双向有序属性不同行×列表数据的分析 133
8.4 SPSS 软件实现有序定性资料的分析方法 134
8.5 小结 140

第 9 章 统计图（📹 教学视频：41 分钟）.. 141

9.1 SPSS 19.0 绘图功能简介 141
  9.1.1 图表构建程序简介 142
  9.1.2 图形画板模板选择程序 146
9.2 条形图（Bar）.. 148

9.2.1	统计图的结构	150
9.2.2	统计图的绘图原则	150
9.2.3	统计图型的选择	150
9.2.4	模块解读	151
9.2.5	统计图编辑	153

9.3 3-D 条形图（3-D Bar） 156
9.4 线图（Line） 158
9.5 面积图（Area） 159
    9.5.1 简单面积图 159
    9.5.2 堆积面积图 159
9.6 饼图（Pie） 161
9.7 高低图（High-Low Charts） 162
9.8 箱图（Boxplot） 164
9.9 误差条图（Error bar） 165
9.10 人口金字塔图（population Pyramid） 167
9.11 散点图（Scatter） 167
    9.11.1 简单分布散点图 168
    9.11.2 矩阵分布散点图 168
    9.11.3 简单点图 169
    9.11.4 重叠分布散点图 170
    9.11.5 3-D 分布散点图 171
9.12 直方图（Histogram） 171
9.13 时间序列图（Time Series Plot） 172

第 10 章 诊断试验与 ROC 分析（教学视频：13 分钟） 175

10.1 常用诊断试验的评价指标 175
    10.1.1 常用的诊断试验评价指标 175
    10.1.2 提高诊断试验效率的方法 178
10.2 ROC 曲线 180
    10.2.1 ROC 分析的基本原理 181
    10.2.2 模块解读 181
    10.2.3 实例详解 182

第 11 章 缺失值分析（教学视频：27 分钟） 185

11.1 缺失值分析简介 185
    11.1.1 缺失值的类别 185
    11.1.2 SPSS 中的缺失值处理方法 186
11.2 SPSS 缺失值分析 187
    11.2.1 模块解读 187
    11.2.2 实例详解 190

第 12 章 非参数检验（教学视频：43 分钟）············· 195

12.1 非参数检验简介 ············· 195
12.1.1 非参数检验和参数检验 ············· 195
12.1.2 非参数检验的优点 ············· 195
12.1.3 非参数检验的缺点 ············· 195

12.2 卡方检验 ············· 196
12.2.1 卡方检验的概念 ············· 196
12.2.2 原理和方法 ············· 196
12.2.3 模块解读 ············· 196
12.2.4 实例详解 ············· 197

12.3 二项式检验 ············· 199
12.3.1 原理 ············· 199
12.3.2 模块解读 ············· 199
12.3.3 实例详解 ············· 200

12.4 游程检验 ············· 201
12.4.1 基本概念 ············· 201
12.4.2 原理和方法 ············· 201
12.4.3 模块解读 ············· 202
12.4.4 实例详解 ············· 202

12.5 单样本 K-S 检验 ············· 203
12.5.1 原理和方法 ············· 203
12.5.2 模块解读 ············· 203
12.5.3 实例详解 ············· 204

12.6 两独立样本检验 ············· 205
12.6.1 原理和方法 ············· 205
12.6.2 模块解读 ············· 206
12.6.3 实例详解 ············· 207

12.7 K 个独立样本检验 ············· 208
12.7.1 原理和方法 ············· 208
12.7.2 模块解读 ············· 209
12.7.3 实例详解 ············· 210

12.8 两个相关样本检验 ············· 211
12.8.1 原理与方法 ············· 211
12.8.2 模块解读 ············· 212
12.8.3 实例详解 ············· 212

12.9 K 个相关样本检验 ············· 214
12.9.1 原理与方法 ············· 214
12.9.2 模块解读 ············· 215
12.9.3 实例详解 ············· 215

第 13 章 简单线性回归与相关（教学视频：36 分钟）······217

13.1 相关分析简介······217
13.1.1 基本概念······217
13.1.2 相关系数的计算······218
13.1.3 SPSS 中的相应功能······219

13.2 双变量相关······219
13.2.1 原理······219
13.2.2 分析实例······221
13.2.3 Spearman 等级相关系数······223
13.2.4 Kendall 等级相关系数······223

13.3 偏相关分析······224
13.3.1 偏相关分析的含义······224
13.3.2 偏相关系数的计算······224
13.3.3 分析实例······225

13.4 距离相关······226
13.4.1 距离测量与相似性测量指标······227
13.4.2 分析实例······228

13.5 简单回归分析······230
13.5.1 原理······230
13.5.2 分析实例······232
13.5.3 相关与回归分析的区别和联系······233

13.6 小结······234

第 14 章 多重响应分析（教学视频：21 分钟）······235

14.1 多重响应变量定义与数据录入······235
14.2 多重响应变量集的定义······237
14.3 多重响应变量集的频率分析······239
14.4 多重响应变量交叉表分析······240

第 15 章 SPSS 中随机化过程的实现（教学视频：38 分钟）······243

15.1 基本原理······243
15.2 模块解读······244
15.3 实例详解······247
15.3.1 随机抽样······247
15.3.2 随机分组······249

第 16 章 典型相关（教学视频：12 分钟）······253

16.1 原理解读······253
16.2 研究步骤······254

16.3 实例详解 ·· 254

第 3 篇 高级统计分析篇

第 17 章 Logistic 回归（教学视频：33 分钟） ······················· 260
17.1 二项分类 Logistic 回归 ·· 260
17.1.1 原理 ·· 260
17.1.2 模块解读 ·· 261
17.1.3 实例详解 ·· 264
17.2 条件 Logistic 回归 ·· 267
17.3 有序 Logistic 回归 ·· 268
17.3.1 原理 ·· 269
17.3.2 模块解读 ·· 269
17.3.3 实例分析 ·· 272
17.4 多项分类 Logistic 回归 ·· 273
17.4.1 原理 ·· 273
17.4.2 模块解读 ·· 274
17.4.3 实例分析 ·· 275

第 18 章 对数线性模型（教学视频：41 分钟） ······················· 278
18.1 对数线性模型概述 ·· 278
18.2 常规过程（General） ·· 279
18.2.1 模块解读 ·· 279
18.2.2 实例详解 ·· 281
18.3 Logit 过程 ·· 287
18.3.1 模块解读 ·· 287
18.3.2 实例详解 ·· 288
18.4 模型选择过程 ·· 291
18.4.1 模块解读 ·· 292
18.4.2 案例详解 ·· 292

第 19 章 生存分析与 Cox 模型（教学视频：55 分钟） ·············· 296
19.1 非参数分析 ··· 296
19.1.1 寿命表法模块解读 ·· 297
19.1.2 寿命表法实例详解 ·· 299
19.1.3 Kaplan-Meier 法模块解读 ·· 300
19.1.4 实例详解 ·· 303
19.2 Cox 回归模型 ·· 305

	19.2.1	方法介绍	305
	19.2.2	模块解读	306
	19.2.3	实例详解	308
19.3	时间依存变量的处理方法		311
	19.3.1	时间依存变量 Cox 模型	311
	19.3.2	Cox W/Time-Dep Cov 过程操作	312

第 20 章 聚类和判别（教学视频：44 分钟）...... 315

20.1	概述		315
	20.1.1	聚类分析基础知识	315
	20.1.2	判别分析基础知识	316
	20.1.3	SPSS 聚类和判别分析模块	317
20.2	聚类分析		326
	20.2.1	K-中心聚类	326
	20.2.2	系统聚类	328
20.3	判别分析		329
	20.3.1	简介	329
	20.3.2	基本思想	330
	20.3.3	实例详解	330

第 21 章 主成分与因子分析（教学视频：33 分钟）...... 334

21.1	主成分分析		334
	21.1.1	概述	334
	21.1.2	实例与操作	335
21.2	因子分析		339
	21.2.1	概述	339
	21.2.2	实例与操作	341
21.3	主成分分析与因子分析的区别与联系		344

第 22 章 多元方差分析（教学视频：31 分钟）...... 345

22.1	单因素设计资料多元方差分析		345
	22.1.1	单样本分析	345
	22.1.2	两样本单因素设计	349
22.2	多因素设计资料的多元方差分析		351
	22.2.1	两因素设计	351
	22.2.2	配对设计资料的多元方差分析	356

第 23 章 时间序列分析（教学视频：35 分钟）...... 358

23.1	概述	358

23.1.1　时间序列数据及其分析方法 ···358
　　　23.1.2　时间序列分析的模型、公式和记号 ···358
　　　23.1.3　SPSS 时间序列分析功能 ···360
　23.2　时间序列数据的预处理 ···360
　　　23.2.1　定义日期变量 ···360
　　　23.2.2　创建时间序列 ···361
　　　23.2.3　填补缺失数据 ···363
　23.3　指数平滑法 ···364
　　　23.3.1　原理 ···364
　　　23.3.2　案例分析 ···365
　　　23.3.3　结果及解释 ···365
　23.4　自回归模型 ···367
　　　23.4.1　概述 ···367
　　　23.4.2　自回归模型过程介绍 ···367
　　　23.4.3　案例分析 ···368
　23.5　ARIMA 模型 ··371
　　　23.5.1　概述 ···371
　　　23.5.2　ARIMA 模型识别、建模和模型评价 ··372
　　　23.5.3　带有季节因子的 ARIMA 模型 ···380
　23.6　季节分解模型 ···381
　　　23.6.1　概述 ···381
　　　23.6.2　案例分析 ···382

第 24 章　信度分析（教学视频：18 分钟）···384

　24.1　基本原理 ···384
　24.2　模块解读 ···385
　24.3　实例详解 ···387

第 25 章　对应分析（教学视频：39 分钟）···389

　25.1　简单对应分析 ···389
　　　25.1.1　概述 ···389
　　　25.1.2　模块说明 ···390
　　　25.1.3　实例详解 ···393
　25.2　多重对应分析 ···395
　　　25.2.1　模块说明 ···396
　　　25.2.2　实例详解 ···401
　25.3　数值变量对应分析 ···404
　　　25.3.1　模块说明 ···404
　　　25.3.2　实例详解 ···405

第 26 章 神经网络模型（教学视频：23 分钟）......408

26.1 多层感受器......408
26.1.1 概述......409
26.1.2 模块解读......410
26.1.3 实例详解......416

26.2 径向基函数......420
26.2.1 概述......420
26.2.2 模块解读......421
26.2.3 实例详解......427

第 27 章 曲线回归与非线性回归（教学视频：17 分钟）......434

27.1 曲线直线化变化方法......434
27.1.1 变量的变换......434
27.1.2 变量变换后实现线性回归的步骤......435
27.1.3 实例详解......435

27.2 曲线回归......437
27.2.1 一般步骤......438
27.2.2 SPSS 模块说明......438
27.2.3 实例详解......440

27.3 非线性回归......443
27.3.1 概述......443
27.3.2 非线性回归分析的原理......443
27.3.3 SPSS 模块说明......443
27.3.4 实例详解......446

第 28 章 多重线性回归与相关（教学视频：11 分钟）......450

28.1 多重回归分析方法......450
28.1.1 多重回归模型......450
28.1.2 参数估计......451
28.1.3 回归方程假设检验......451
28.1.4 衡量多重回归模型优劣的标准......453
28.1.5 偏相关系数......453
28.1.6 自变量选择......454
28.1.7 SPSS 模块说明......454
28.1.8 实例详解......457

28.2 共线性解决方案与校正......460
28.2.1 多重共线性的诊断......461
28.2.2 共线性解决方案......461

28.3 残差分析与回归诊断......461

28.4 交互作用与哑变量设置 ·· 462
    28.4.1 交互作用 ··· 462
    28.4.2 哑变量设置 ·· 463

第 29 章　路径分析（教学视频：13 分钟）·· 464

29.1 概述 ··· 464
29.2 模块解读 ··· 468
29.3 实例详解 ··· 471
    29.3.1 路径模型的确定 ·· 472
    29.3.2 计算回归系数 ·· 473
    29.3.3 完成路径图 ·· 478

第 30 章　中介效应与调节效应分析（教学视频：33 分钟）······················ 480

30.1 中介效应分析 ·· 480
    30.1.1 中介效应的概述 ·· 480
    30.1.2 中介效应检验过程 ·· 480
    30.1.3 实例详解 ··· 481
30.2 调节效应分析 ·· 485
    30.2.1 调节效应的概述 ·· 485
    30.2.2 调节效应检验过程 ·· 485
    30.2.3 实例详解 ··· 485

第 1 篇 SPSS 软件基础篇

▶▶ 第 1 章 SPSS 19.0 概述

▶▶ 第 2 章 数据管理

▶▶ 第 3 章 统计描述分析

▶▶ 第 4 章 基本统计分析的报表制作

第 1 章　SPSS 19.0 概述

SPSS（Statistical Package for Social Science，社会学统计软件包）统计软件从 1968 年开发至今，已经历了很多次的改版，并于 20 世纪 90 年代推出了以交互式对话为特征的第 7 版，第 7 版以后的版本称为 SPSS for Windows 版；随着应用领域的不断扩大，SPSS 于 2000 年更名为 Statistical Product and Service Solution；截至本书编写之日，SPSS China 网站上发布的目前国内 SPSS 最新的版本为 IBM SPSS Statistics 20，然而国内目前 SPSS 20 版的使用者较少，因此本书以 2010 年 10 月推出的 SPSS 19.0 为例，讲解 SPSS 统计软件的功能和使用方法。

1.1　SPSS 19.0 简介

SPSS 软件风靡世界，与 SAS、SYSTAT 一道被公认为世界三大数据分析软件。SPSS 是世界上最早的统计分析软件，20 世纪 60 年代末由三位美国斯坦福大学的研究生研制成功，同时成立了 SPSS 公司，并于 1975 年设总部于美国芝加哥。

世界上许多有影响的报刊和杂志纷纷就 SPSS 的自动统计绘图、数据的深入分析、使用方便、功能齐全等方面给予了高度的评价和称赞。迄今，SPSS 软件已有四十多年的成长历史，全球约有二十五万产品用户，遍布于通信、医疗、银行、证券、保险、制造、商业、市场研究、科研、教育等许多领域和行业，是世界上应用最广泛的专业统计软件。

1.1.1　SPSS 19.0 统计软件的优点

SPSS 19.0 提供了多种实用分析方法，涵盖了从基本的统计特征描述到诸多非参数检验、生存分析等各种高层次的分析，SPSS 还具有强大的绘制图形和编辑图形的功能。

SPSS 易于学习、使用和操作，几乎是学习和使用过 SPSS 软件用户的共识，除数据输入工作要使用键盘外，其他大部分操作均可以使用菜单、对话框来完成；同时保留了命令行方式的优点，采用菜单式操作与"语法"程序运行的完美结合，使熟悉 SPSS 语言的用户可直接在语句窗口中输入 SPSS 命令，提交系统执行；通过单击对话框的"粘贴"按钮，自动生成"语言"程序代码，提交系统运行也可实现指定功能，并可以以文件形式保存，用户不必记忆大量命令，从而大大减少了工作量。

SPSS 兼容了多种数据文件格式，DAT、SLK、DBF 等多种文件格式都可以在 SPSS 软件中打开；具有强大的图表功能，该软件分析所生成的图形可以保存为多种图形格式。SPSS 包含多种不同分析模块，用户可以根据机器的配置情况，自由选择模块来安装。

SPSS 软件内置了 SaxBasic 语言，该语言与"语法"命令语言混合编程，可提高效率，便于高级用户使用。

1.1.2　SPSS 19.0 软件新增功能

SPSS 软件面向行业应用人员，软件设计突出统计方法的成熟、实用、易用性、界面易操作性以及与文字处理软件等的交互性。

IBM SPSS Statistics 19.0 加入的新特性和功能包括广义线性混合模型，更快的性能，一个统计网页入口 portal，自动线性模型，一些语法改进，默认度量水平，增加了一些直接管销功能，并跟 IBM 协作和部署服务系统进行整合；其他一些小的 UI 界面变化，如 SPSS 的经典红色换成了 IBM 的蓝色，安装目录也略有变化；IBM 针对 SPSS 19.0 提供了大量的信息和文档，包括插件、工具、命令语法参考和各个模块的指南等。

总的来说，SPSS 19.0 统计分析功能得到了增强，具体体现在以下方面：

（1）新提供了一些模块。SPSS Bootstrapping（自举）模块使得这种有价值的技术能方便地用于分析；SPSS Direct Marketing（直销）模块将使商业人员可以运行自己的关键分析；SPSS Statistics Developer 是一个新产品，方便处理 R 程序以及和其他 SPSS Statistics 用户共享程序。

（2）使用自动数据准备特性（在 SPSS Data Preparation 中），只需一步操作，就可以发现和修正质量错误。

（3）新增了分析和报告，包括新的非参数检验（在 SPSS Statistics Base 中）、Post-computed 分类（在 SPSS Custom Tables 中）、显著性检验（在 SPSS Custom Tables 中）、在次级 SPC 控制图中的规则检验（在 SPSS Statistics Base 中）。

（4）改善了结构和技术，包括用于大型枢轴表的性能和显示的改善（所有模块）；加强的用于两阶段聚类分析、非参数检验（在 SPSS Statistics Base 中）及自动数据准备（在 SPSS Data Preparation 中）的可视化。

（5）交互式模块查看器改善了常用过程如频数、列链表、描述性统计（在 SPSS Statistics Base Server 中）的性能。

1.1.3　SPSS 19.0 统计软件的环境要求

SPSS 19.0 统计软件对计算机的要求不高，普通的软件和硬件配置即可满足需要，以下是对软件和硬件要求的建议。

SPSS 19.0 统计软件对硬件要求的建议包括：Pentium 系列处理器；至少 512MB 的内存，对于大数据的管理和复杂的统计分析，内存达到 1G 能保证较理想的数据运行速度；至少 1G 的硬盘剩余空间；CD-ROM 光盘驱动器，以便使用光盘安装 SPSS 19.0，如从网上安装则不需要；S-VAD 显示器和 Windows 2000/XP/Vista7 兼容的图形适配卡；支持 TCP/IP 网络协议的网络适配卡，用于访问 SPSS 公司的服务器，以获得服务和软件的升级。

SPSS 19.0 统计软件对软件要求的建议包括：Windows 98/ME/2000/XP/2003/Win7/Win8 操作系统，如需要支持 SPSS 软件的中文输入和输出，需安装中文操作系统；Internet Explorer 6 或以上版本；安装 Adobe Reader，为阅读 PDF 格式的帮助文件和 SPSS 分析软件的相关文档应安装 PDF 阅读器，安装光盘中已提供该软件，用户可根据需要选择安装；安装 SPSS

Data Access Pack，此软件提供不同的数据类型和不同数据库共享的解决方案，如需要 Access、Btrieve、DB2、dBase 和 Excel 等常用数据文件，可选择安装此文件（光盘中已提供此软件）。

1.2　SPSS 19.0 安装、启动与退出

SPSS 19.0 安装、启动与退出和一般的 Windows 应用软件基本一样，非常简便。

1.2.1　SPSS 19.0 安装

SPSS 19.0 安装比较简洁，首先启动电脑至 Windows 桌面，从官方网站下载 SPSS 19.0 安装软件或者运行 SPSS 19.0 安装光盘，单击"运行"即可，没有特别需要注明之处。

1.2.2　SPSS 19.0 的启动

在 Windows 桌面，单击"开始"|"所有程序"|IBM SPSS Statistics 19.0|IBM SPSS Statistics 19.0 命令，即开始运行 SPSS 19.0。当软件安装结束后，可以在桌面创建 SPSS 19.0 的快捷方式。打开 SPSS 19.0 之后，出现的是 SPSS 的文件对话框，其中共有 6 个选项，如图 1-1 所示。

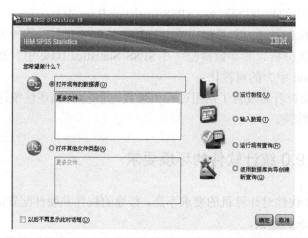

图 1-1　SPSS 文件对话框

该对话框中的"您希望做什么"栏内共有 6 个选项，选择不同选项将会打开不同类型的文件。除了这 6 个选项之外，在该对话框的最下端还有一个复选框"以后不再显示此对话框"，选择此复选框，则在今后打开 SPSS 19.0 时不会再显示此对话框。

下面逐一讲解该对话框中的 6 个选项分别代表的文件及功能。

- ❏ 运行教程：选择此项则可浏览操作指导。
- ❏ 输入数据：选择此项将显示数据编辑窗口，用户可以输入新的数据并建立新的数据文件。

- 运行现有查询：选择此项运行一个已存在的查询文件选项，让用户选择一个扩展名为*.sqp 的文件。
- 使用数据库向导创建新查询：选择此项，使用数据库向导来创造一个新的数据文件。
- 打开现有的数据源：选择此项可打开一个已存在的数据源程序，扩展名为*.sav。需注意在此选项下面的列表框中显示了所有的数据文件列表以及近期打开过的数据文件，用户可以直接从列表中选择需要打开的文件。
- 打开其他文件类型：选择此项可打开其他类型的文件。

用户可根据需要在以上几项中做出选择，然后单击"确定"按钮，就可以继续后面的工作了。

1.2.3　SPSS 19.0 的退出

SPSS 19.0 的退出方法有如下几种：
（1）单击 SPSS 窗口右上角的"▇▇"图标来退出。
（2）选择菜单中的"退出"命令来完成。
（3）双击 SPSS 窗口左上角的窗口控制菜单图标来关闭 SPSS 窗口。

1.3　主要窗口和功能

SPSS 19.0 主要窗口包括：数据编辑窗口、结果输出窗口、变量编辑窗口、语法编辑器窗口、脚本编辑窗口和图表编辑窗口，以下分别加以介绍。

1.3.1　数据编辑窗口

如果在启动选项中选择"输入数据"或"打开现有数据源"，进入 SPSS 后的第一个窗口即为数据编辑窗口，如图 1-2 所示。

数据编辑窗口是用户进行数据处理与分析的主要窗口界面，用户可在此窗口进行数据输入、观察、编辑和统计分析等操作。

"标题栏"为箭头 1 所指区域，显示窗口名称和编辑的数据文件名。如果当前数据编辑器中是一个新建的文件，则显示为"未标题1【数据集0】-SPSS Statistics 数据编辑器"。

"菜单栏"为箭头 2 所指区域，从左至右包括"文件"、"编辑"、"视图"、"数据"、"转换"、"分析"、"直销"、"图形"、"实用程序"、"窗口"和"帮助"菜单。

"常用工具栏"为箭头 3 所指区域，列出了数据编辑所使用的常用工具。

"数据和单元格信息显示栏"为箭头 4 所指区域，其中灰色区域显示单元格的位置；空白区域为数据编辑区，显示当前选中的单元格的内容，用户可在该区域输入或修改相应的内容。

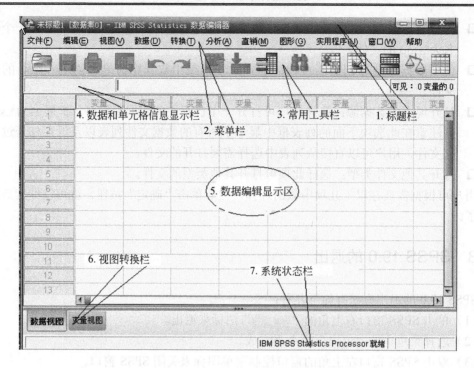

图 1-2　SPSS 19.0 数据编辑窗口

"数据编辑显示区"为椭圆形 5 所在的网格区，该区最左边列显示单元格序列号，最上边一行显示变量名称。选中的单元格呈黄色显示，其内容将出现在数据和单元格信息显示栏中，在此输入或修改单元格内容。

"视图转换栏"为箭头 6 所指区域，用于进行变量视图和数据视图的切换，用户只需单击相应的标签便可以完成变量视图与数据视图的切换。

"系统状态栏"为箭头 7 所指区域，显示当前的系统操作，用户可通过该栏了解 SPSS 当前的工作状态。

1.3.2　结果输出窗口

结果输出窗口用于输出统计分析的结果或绘制的相关图表，如图 1-3 所示。

结果输出窗口左边是导航窗口（箭头 1 所示），显示输出结果的目录，单击目录前面的加、减号可显示或隐藏相关内容；右边是显示窗口（箭头 2 所示），显示所选内容的细节。

1.3.3　变量编辑窗口

在数据编辑窗口的左下角，单击"变量视图"按钮，即可弹出"变量编辑"窗口，如图 1-4 所示。在该窗口可以对变量的名称、类型、宽度、小数位、变量标签、变量值标签、缺失值、列的宽度、对齐方式、度量标准以及角色进行设置。

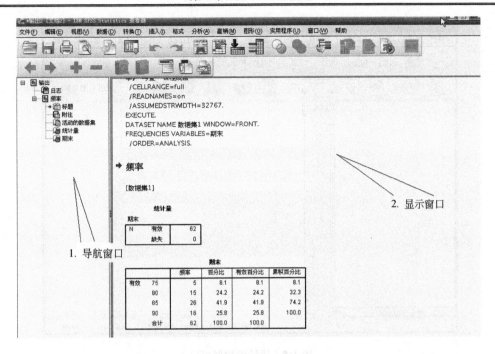

图 1-3 SPSS 的结果输出窗口

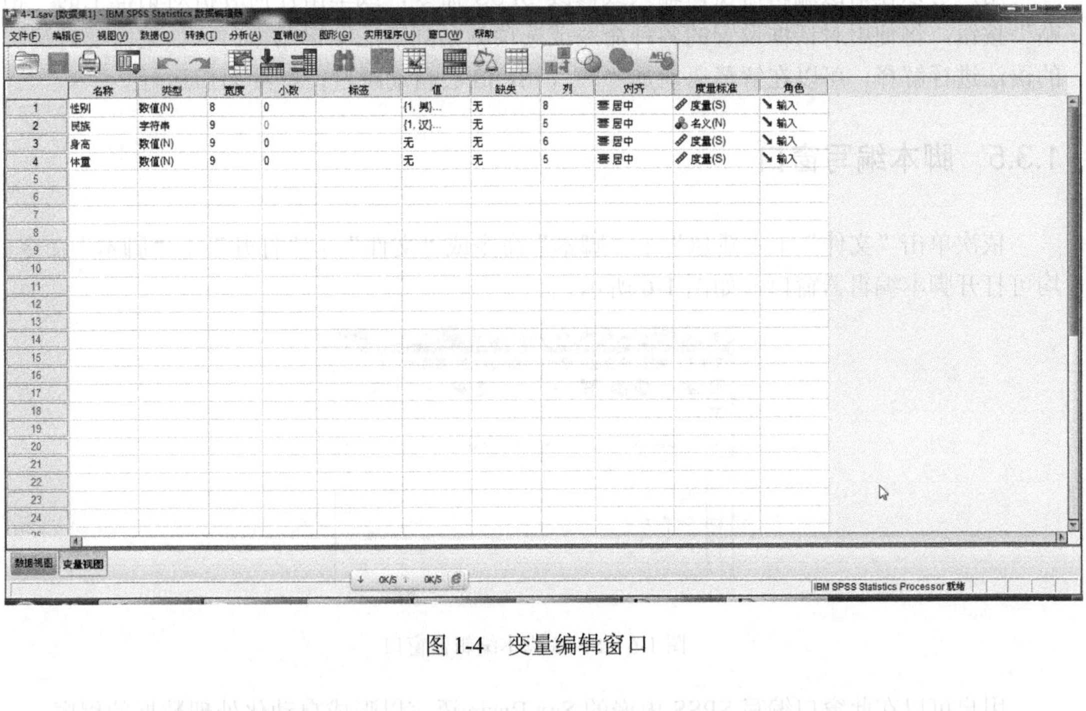

图 1-4 变量编辑窗口

1.3.4 语法编辑器窗口

依次单击"文件"|"新建"|"语法"命令或"文件"|"打开"|"语法"命令,均可打开语法编辑器窗口,如图 1-5 所示。

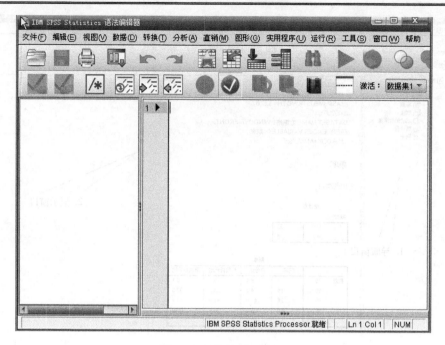

图 1-5 语法编辑器窗口

用户可以在语法编辑器窗口输入或修改 SPSS 命令，或单击任何分析对话框上的"粘贴"按钮，将使用对话框设置的各种命令或选项粘贴到语法编辑器窗口，如果需要对编辑的语法进行解释，可以在解释语前加"*"，SPSS 会自动跳过，继续向后运行。

1.3.5 脚本编写窗口

依次单击"文件"|"新建"|"脚本"命令或"文件"|"打开"|"脚本"命令，均可打开脚本编辑器窗口，如图 1-6 所示。

图 1-6 SPSS 脚本编辑器窗口

用户可以在此窗口编写 SPSS 内嵌的 Sax Basic 语言以形成自动化处理数据的程序。

1.3.6 图表编辑窗口

当你进行统计分析绘制图表后，可以双击该图表，会产生一个图表编辑窗口，如图 1-7

所示,可在此窗口对已绘制的图表加以编辑。

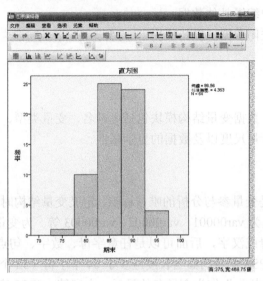

图 1-7　SPSS 图表编辑器窗口

1.4　构建数据库

建立 SPSS 数据文件是利用 SPSS 进行数据管理和统计分析的首要工作,只有准确地建立了高质量的数据文件,才能保证数据分析结果的正确性和科学性。

1.4.1　操作步骤

(1) 依次单击"文件"|"新建"|"数据"命令或"文件"|"打开"|"数据"命令,均可打开数据编辑器窗口,如图 1-8 所示。

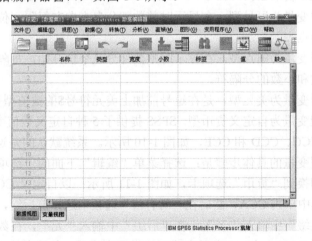

图 1-8　SPSS 数据编辑器窗口

（2）在变量窗口进行变量的编辑。
（3）在数据视图中编辑具体数据。
（4）保存数据并关闭数据，以待使用。

1.4.2 模块解读

一个完整的 SPSS 数据变量结构模块包括变量名、变量类型、变量名标签、变量值标签、缺失值的定义、计量尺度以及数据的显示属性。

1. 变量名

变量名（Name）是变量参与分析的唯一标识，定义变量结构时首先应给出每个变量的变量名，否则系统默认为 var00001、var00002、var00003 等。为变量命名应遵循以下原则：

首字符必须为字母或汉字，后面可以是任意字母、数字、句点或除！、？、和*以外的任意字母或数字；SPSS 变量的命名长度应少于 64 个字符（32 个汉字）；不能用下划线"_"、句号"。"和圆点"."作为变量名的最后一个字符；SPSS 变量名不能与 SPSS 的保留字相同，包括 ALL、GT、LE、LT、NE、NOT、OR、TO 和 WITH 等；SPSS 系统中变量名是唯一的，并且不区分大小写。

2. 变量类型及定义方法

SPSS 的变量类型（Type）共有三种：数值型、字符型和日期型。

（1）数值型变量

数值型变量按不同的要求分为标准型、逗号型、句号型、科学计数型、美元型和自定义货币型，系统默认的为标准数值型变量。图 1-9 所示为变量类型定义的对话框。

第一种数值型变量为标准型，系统默认宽度为 8 位，即整数+小数点+分数的位数，小数点默认为 2 位，小数点用圆点。

第二种数值型变量为科学计数型，适用于数值很大或很小的变量，变量值显示为指数形式，如 2.14E+002 表示 2.14×10^2。

第三种数值型变量为逗号型，在显示时整数部分自右向左每隔三位用一个逗号作分隔符，小数点用小圆点表示。

第四种数值型变量为圆点型，在显示时整数部分从个位开始，每隔三位以一个圆点分隔，逗号作为整数和小数的分隔符。

第五种数值型变量为美元型，是在逗号前加上美元符号$的数值型变量。

第六种数值型变量为自定义货币型，SPSS 提供了 5 种自定义数值变量，系统自动命名为 CCA、CCB、CCC、CCD 和 CCE，如图 1-10 所示。系统默认的是逗号型。

自定义数值型变量的具体步骤是：选择菜单"编辑"下面的"选项"命令，弹出"选项"对话框，再切换到"货币"选项卡，如图 1-11 所示；以自定义 CCA 为例，从"设定输入格式"列表框中单击 CCA，然后在"所有值"选项中选择前后缀，假如要确定人民币输入格式，在"前缀"中输入"￥"，在"后缀"中输入"元"，在数据编辑窗口中输入 1234，则显示为"￥1234 元"；当所有选项均设置完成后，依次单击"应用"和"确定"按钮，设置即可生效；CCB、CCC、CCD 和 CCE 的设置与 CCA 相同。

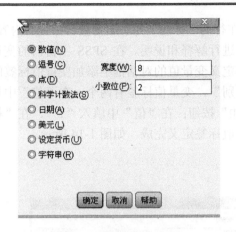 

图 1-9 "变量类型"对话框　　　　图 1-10 自定义货币变量对话框

（2）日期型变量

日期型变量（Date）适用于表示日期和时间的数值类型，SPSS 提供了 29 种日期型变量的格式供用户选择，如图 1-12 所示。

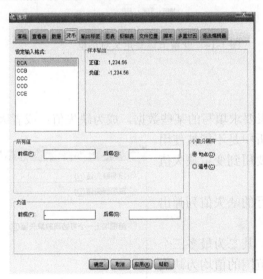 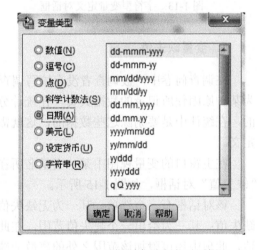

图 1-11 "货币"选项卡　　　　图 1-12 日期型变量定义对话框

（3）字符型变量

字符型变量（String），其值由字符串组成，图 1-13 所示为字符型变量的定义对话框。

该对话框中有一个"字符"文本框，表示输入变量字符的最大个数，系统默认为 8，超过 8 为长字符型变量，不超过 8 为短字符型变量。字符型变量不能参与运算，且大小写存在区别。

3．变量标签

变量标签（Label）是对变量名和变量值的进一步解释和说明，包括变量名标签和变量值标签。

变量名标签是对变量名含义的进一步解释说明，一般是针对特别长的变量名的说明。

在 SPSS 主窗口的变量视图中，在相应变量名所在行的"标签"列添加变量名标签的内容。

变量值标签是对数值型变量各个取值的含义进行解释和说明。在 SPSS 主窗口的变量视图中，在相应变量名所在行的"值"列弹出的定义变量值的对话框中添加变量值标签的内容，例如变量名为"xb"，变量名标签为"性别"，变量值标签有两个，在"值"中填入"0"，在"标签"中填入"男"，单击"添加"按钮；在"值"中填入"1"，在"标签"中填入"女"并单击"添加"按钮，则变量值标签定义完成，如图 1-14 所示。

图 1-13 字符型变量定义对话框

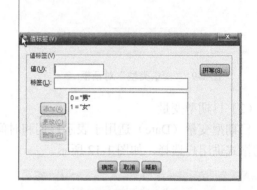
图 1-14 变量值标签定义对话框

4．变量缺失值

在调查问卷中，被调查者没有填写调查表要求填写的某些数据，成为缺失值；或者因为某种原因使所记录的数据失真，在统计分析中是不能被使用的，在统计中是要剔除这些数据的，这就需要用到变量缺失值定义。

在主窗口的变量视图中某一变量名所在行的缺失值列弹出"缺失值"对话框，如图 1-15 所示。

该对话框有三个选项：其一为无缺失值；其二为最多三个缺失值；其三为给出一个缺失值范围，在此范围的值均为缺失值，此项中还可附加该范围之外的离散的缺失值。选择好之后单击"确定"按钮就完成了缺失值定义，则系统对设定的值不列入统计分析的范围。

图 1-15 缺失值定义对话框

1.4.3 实例详解

以上向大家介绍了数据库建立的步骤和数据库建立过程中所使用到的常用模块，下面以一个实例来具体讲解数据库的建立。

例 1-1：北京儿童医院李龙教授进行"围手术期输血对先天性巨结肠术后感染关系的探讨"的研究课题，共观察了 86 例病例，每个病例采集的数据为性别、年龄（月龄）、红细胞压积、手术方式、病变部位、手术经历的时间（分钟）、手术中失血总量（毫升）、手术中输血次数、手术中输血量（毫升/每公斤体重）及是否感染等。原始数据如图 1-16

所示。

序号	性别	年龄(月龄)	红细胞压积	手术方式	手术部位	持续时间	失血量	输血次数	输血量	感染
1	男	11	56.4	环型	乙状结肠	200	40	1	10	无
2	男	4	32.5	Z型	结肠	215	40	1	15.2	无
3	男	10	37.8	Z型	直肠	190	40	1	13.5	无
4	男	22	37.9	吻合型	结肠	250	40	2	30	有
5	女	7	47.8	环型	乙状结肠	145	40	1	16.7	无
6	女	6	47.4	吻合型	直肠	205	60	2	18.3	无
7	男	45	54.7	吻合型	直肠	210	40	3	21.4	无
8	男	1	98.3	吻合型	直肠	270	20	3	30.3	有
9	男	1	47	吻合型	直肠	180	40	3	31.3	无
10	男	4	31.6	吻合型	乙状结肠	180	40	1	20	无
11	男	15	49.7	Z型	直肠	190	40	1	10	无
12	男	5	31.8	环型	乙状结肠	170	40	1	25	无
13	男	1	52.3	Z型	直肠	135	30	4	35.7	无
14	男	9	46.6	吻合型	直肠	245	40	1	12.5	有
15	男	1	76.4	吻合型	乙状结肠	200	40	2	32.3	有
16	男	144	48.1	吻合型	乙状结肠	325	40	1	7.4	有
17	男	11	80.8	吻合型	乙状结肠	280	100	2	18.8	有
18	男	2	56.1	吻合型	直肠	225	20	2	22.7	无
19	男	17	41.2	吻合型	直肠	225	40	1	16.7	无
20	男	60	41.9	吻合型	结肠	270	40	1	10.5	无

图 1-16 围手术期输血对先天性巨结肠术后感染关系的探讨的数据

打开 SPSS 19.0 主窗口的数据视图，编辑数据变量，如图 1-17 所示。

图 1-17 数据库建立（变量视图）

第一个变量为"病历号"：变量名为 num，数据类型为数值型（N），宽度为 3，小数位数为 0，变量名标签为"病人的病历号"，变量值标签无，缺失值无；第二个变量为"性别"：变量名为 sex，数值类型为（N），宽度为 4，小数位数为 0，变量名标签为"性别"，变量值标签的命名首先应打开"值标签"对话框，值"1"的标签为"男"，值"2"的标签为"女"，缺失值无；月龄、红细胞压积、手术持续时间、手术中失血量、手术中输血次数、手术输血量的编辑方法同变量"病历号"，只是在宽度和小数位数上根据具体数值的特点略有变化；手术方式、疾病部位、感染与否的编辑方法同变量"性别"。

当变量编辑完成以后，将主窗口的变量视图转换为数据视图，将每个病例的每一个变量的具体数值填入，如图 1-18 所示。

到此，数据库建立完成，将其保存为扩展名为.sav 的 SPSS 文件。一般当数据较小时，我们可以直接输入的方式建立数据库；当数据库较大时，我们一般不直接在 SPSS 中录入，而是采用其他方式建立数据库（如 Excel、Epidata），然后用 SPSS 直接导入的方法建成

SPSS 数据库。

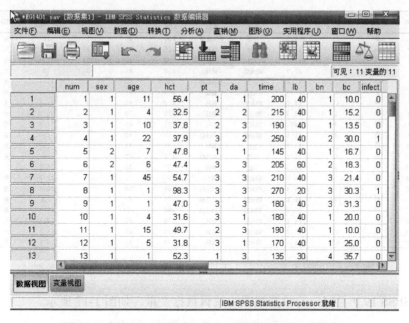

图 1-18 数据库建立（数据视图）

第2章 数 据 管 理

在我们的科学研究过程中，都离不开对数据的分析，一切统计分析都是以数据为基础的，如果没有数据，那分析也将无从说起。然而，任何数据在进行分析之前，都应该对数据进行加工整理，对数据进行良好的管理，从而在数据分析过程达到事半功倍的效果。比如，同一个数据，针对不同的分析目的，我们需要从各种不同的侧面进行研究，通过数据整理，我们可以实现对数据的拆分、合并，对数据进行加权等。在本章中，我们将详细地介绍数据管理，它直接关系到我们对数据分析的结果，是统计分析工作中不可缺少的一个关键步骤。熟练地掌握好对数据的管理，也能充分地发挥和利用好 SPSS 的强大分析功能。

2.1 数据的打开

我们分析的数据分为两种，一种是采用 SPSS 软件将原始资料录入，建立而成的数据文件；另一种采用其他软件录入，保存为其他数据格式的资料，如.xls、.txt、.sys 等。在本节中将介绍如何将不同格式的数据在 SPSS 软件中打开。

2.1.1 SPSS 的数据文件类型

SPSS 创建的文件类型主要包括 4 种：SPSS 的数据文件，以.sav 为扩展名；SPSS 的语法文件，以.sps 为扩展名；SPSS 的输出文件，以.spv 为扩展名；SPSS 的脚本文件，以.sbs 为扩展名。它们分别对应 SPSS 运行的 4 个窗口：数据编辑窗口、语法编辑窗口、结果管理窗口和脚本窗口。其中数据编辑窗口和结果管理窗口是最常用到的两个窗口。

2.1.2 模块解读

1．初次运行SPSS系统

初次进入 SPSS 系统时，会弹出一个导航对话框，如图 2-1 所示。在这个对话框中，我们可以知道 SPSS 可以运行不同格式的文件。通过此对话框，可以将需要打开的文件打开。也可以单击"取消"按钮，进入 SPSS 的主界面。

2．打开已建数据文件

单击"文件"|"打开"|"数据"命令，弹出"打开数据"对话框，如图 2-2 所示。此对话框是用于选择需要打开的数据文件，系统默认的文件格式为".sav"。在文件类型的

下拉框中，能展出 SPSS 可以直接打开的数据文件类型，如图 2-3 所示。

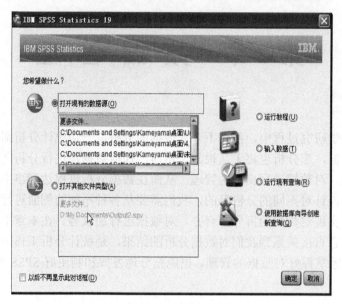

图 2-1 导航对话框

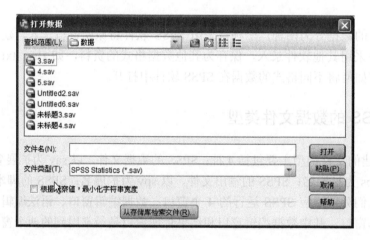

图 2-2 "打开数据"对话框

文件扩展名	数据类型
*.Sav	SPSS 数据文件
*.Sys	SPSS4.0版数据文件
.Syd、.Sys	Systst数据文件
*.Por	SPSS便携格式的数据文件
.Xls、.Xlsx、*.Xlsm	Excel数据文件
.w	Lotus数据文件
*.Slk	Sylk数据文件
*.Dbf	Base数据文件
.Sas7dat、.Sd7、*.Sd2、*.Ssd01、*Ssd04	SAS数据文件
*.xpt	SAS便携格式的数据文件
*.dta	Stata数据文件
*.txt,.dat	文本格式的数据文件

图 2-3 SPSS 可以直接打开的数据文件类型

3. 打开Excel数据文件

单击"文件"|"打开"|"数据"命令，弹出如图 2-2 所示对话框，在文本类型中选择 Excel 文件，如图 2-4 所示。将相对应的 Excel 数据文件单击打开，弹出"打开 Excel 数据源"对话框，如图 2-5 所示，实例数据"为 2-1 Untitled3 Excel 导入数据库.xlsx"。

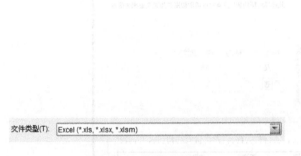 

图 2-4　文件类型选择　　　　　　　图 2-5　打开 Excel 数据源对话框

- 从第一行数据读取变量名：选择是否 Excel 表的第一行设定为变量名，系统默认选择。如若不选，则系统将默认生成"V1"、"V2"等变量名。
- 工作表：指定读取 Excel 中的表单名，默认为 Sheet 1。如果你导入的数据文件位于 Sheet 2，请单击工作表下拉菜单，选择 Sheet 2 即可。
- 范围：指定读取的数据具体位置，用单元格的起（左上角单元格名称，如 A3）止（右下角单元格名称，如 F8）位置来表示，中间用冒号":"隔开。
- 字符串列的最大宽度：指定单个单元格最大能容纳的字符数量，系统默认最大为 32KB。

4. 打开文本数据文件

文本数据的打开有两种方法，第一种：单击"文件"|"打开"|"数据"命令，弹出如图 2-2 所示的对话框，在文本类型中选择"文本格式（.txt，.dat）"，将需要打开的文本数据打开，第二种：单击"文件"|"打开文本数据"命令，弹出如图 2-6 所示的打开文本数据对话框，选择目标文本文件打开。打开文本数据将弹出文本导入向导对话框，共 6 步。实例数据为"2-2 文本导入数据库.txt"。下面按步骤进行解析。

图 2-6　打开文本数据对话框

(1)如图 2-7 所示,需要对"您的文本文件与预定义的格式匹配吗?"进行选择,通过对下方的按预定义格式读入数据文件的预览可以知道,SPSS 的预定义格式并没有正确识别该文件,因此选择"否"并单击"下一步"按钮。

图 2-7 文本导入向导第 1 步对话框

(2)如图 2-8 所示,变量的排列方式分为"分隔(D)"和"固定宽度(F)",系统默认是"分隔(D)"。对于"变量名称是否包括在文件的顶部?",通过下方的预览可知,选择"是"并单击"下一步"按钮。

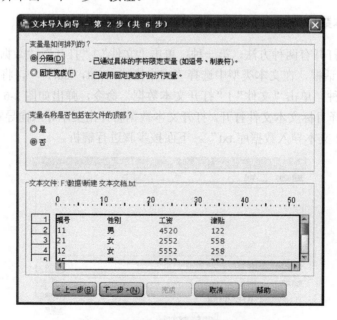

图 2-8 文本导入向导第 2 步对话框

(3)如图 2-9 所示,"第一个数据个案从哪个行号开始?",一般文本数据第一行都是变量名，因此在右侧的输入框中输入大于 1 的数；"如何表示个案？"有两个选项，分别是"每一行表示一个个案"和"变量的特定编号表示一个个案"，一般是选择第一个，若选第二个，则需要在右侧输入相应的数字；"您要导入多少个个案"存在 3 个选项，一般根据实际需要选择，包括"全部个案"、"前？个个案"和"个案的随机百分比"。

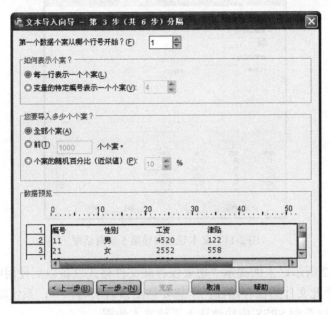

图 2-9　文本导入向导第 3 步对话框

（4）如图 2-10 所示，左上方显示"变量之间有哪些分隔符？"，可选项有制表符、空格、逗号、分号或其他符号，系统默认采用的是制表符；右上方显示"文本限定符是什么？"，提供了无、单引号、双引号和其他 4 种选择。如果数据中的字符串变量使用了限定符进行分隔，则需在此处指定，"数据预览"框显示出了正确的数据读入情况。

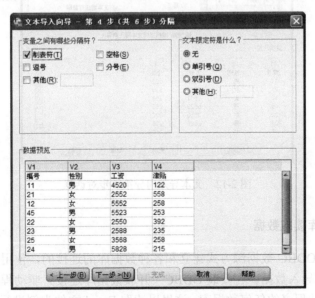

图 2-10　文本导入向导第 4 步对话框

（5）如图 2-11 所示，"在数据预览中选择的变量规范"框中，可以在数据预览窗口中选择某一列变量，然后更改其变量名和类型。一般不需要做更改，可以直接单击"下一步"按钮。

图 2-11　文本导入向导第 5 步对话框

（6）如图 2-12 所示，上面提示"您要保存此文件格式以备以后使用吗？"选择"是"选项，则需要选择此文件的保存路径；"您要粘贴该语法吗？"，系统默认"否"。单击"完成"按钮，可以看到 SPSS 成功地读入了该文本数据。

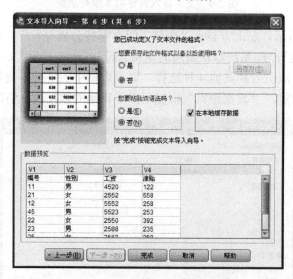

图 2-12　文本导入向导第 6 步对话框

5．利用数据库读取数据

SPSS 是通过 ODBC 数据源方式建立和各种数据库的连接的，使用数据库向导可以很容易地从数据库源导入数据。在安装 ODBC（开放数据库连接）驱动程序之后，可直接读取使用 ODBC 驱动程序的任何数据库。这里以读取 Excel 文件为例进行讲解，数据为"2-3

Untitled3 ODBC 数据.xls"。

（1）单击"文件"|"打开数据库"|"新建查询"命令，弹出欢迎使用数据库向导对话框，如图 2-13 所示，"ODBC 数据源"框显示了已安装的数据源。单击"添加 ODBC 数据源"按钮，弹出"ODBC 数据管理器"对话框，如图 2-14 所示。单击"添加"按钮，弹出"创建新数据源"对话框，如图 2-15 所示，可以添加其他的数据源。

图 2-13 欢迎使用数据库向导对话框

图 2-14 "ODBC 数据管理器"对话框

图 2-15 "创建新数据源"对话框

（2）在图 2-13 所示对话框中，选中 Excel Files 项，单击"下一步"按钮，弹出如图 2-16 所示的数据源文件选择对话框，单击"浏览"按钮弹出文件选择对话框，选中目标文件.xls 并打开，单击"确定"按钮，弹出 2-17 所示的"数据库向导"对话框。将"可用表格"中的目标表拖到"以此顺序检索字段"框中，单击"完成"按钮可导入数据。如果不想导入所有个案，可单击"下一步"按钮，弹出 2-18 所示的"限制检索的个案"对话框，能导入一个个案子集，或从数据源中导入一个随机的个案示例。也可以通过"条件"框设定需要的个案。单击"提醒值"按钮，弹出图 2-19 所示的对话框，可以将需要提示的字符串输入，同时在"数据类型"下拉框中更改需要提示的数据类型。

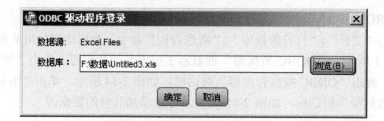

图 2-16 数据源文件选择对话框

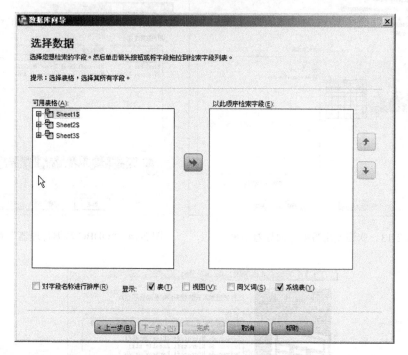

图 2-17 "选择数据"对话框

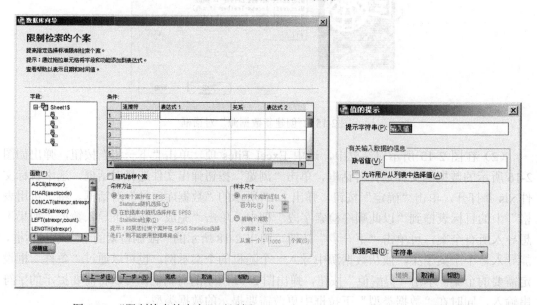

图 2-18 "限制检索的个案"对话框　　　　图 2-19 设置提醒值

（3）单击图 2-18 所示对话框中的"下一步"按钮，弹出 2-20 所示的定义变量的对话框，可以创建新的变量名。创建完后，单击"下一步"按钮，弹出图 2-21 所示的数据库向导结果对话框，单击"完成"按钮，将自动弹出导入数据的数据编辑窗口。

图 2-20　定义变量的对话框

图 2-21　数据库向导结果对话框

2.2　数据的保存

数据录入过程中，一定要随时注意保存，以防出现意外情况，导致信息丢失。SPSS

不仅能读取不同格式的数据文件，还能将数据保存为多种不同的格式，实现与其他系统进行数据共享。比如，除保存为自己的数据格式（*.sav 文件）外，还可以将数据保存为其他类型，如 DBF、FoxPro、Excel、Access 等。

2.2.1 SPSS 数据保存

录入好数据后，单击"文件"|"保存"命令，弹出保存数据对话框，如果数据文件曾经存储过，则系统会自动按原文件名保存数据；否则，就会弹出图 2-22 所示的"将数据保存为"对话框。此时为所要保存的文件指定文件名和保存的路径就可以了。下面以"2-4 未标题 4 数据保存.sav"为例进行讲解。

在图 2-22 所示对话框中，单击"变量"按钮，弹出如图 2-23 所示的对话框，可以通过复选框来选定需要保存的变量或者通过右侧的 3 个选项来实现。

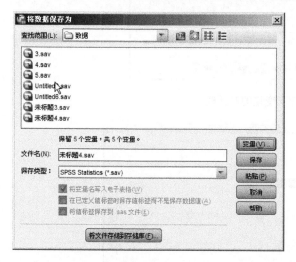

图 2-22 "将数据保存为"对话框

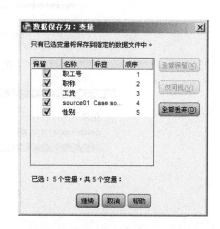

图 2-23 选择变量

2.2.2 保存类型

在图 2-22 示对话框中的"保存类型"下拉框中，可以看到 SPSS 能够保存的各种数据类型，有 dbf、Excel、SAS 各版本的各种数据格式以及纯文本格式等，用户只需要选择合适的类型，然后单击"保存"按钮就可以了。但将数据存为 SPSS 以外的其他类型，有些设置可能会丢失，如标签和缺失值等，对数据的分析造成不便。因此除非确实需要和其他软件交换数据，否则在决定保存为其他类型的数据的时候，一定要慎重行事。

2.3 数据的整理

在进行数据分析之前，一般会根据分析的需要及目的对数据进行整理。当我们只需要分析整个数据中的一部分，那就需要将数据拆分后再分析。对于庞大的数据，需要多人参与数据的录入,那就涉及数据的合并。面对庞大的数据库时,可以通过汇总功能来对数据进行大概的了解。数据整理的好坏,直接关系到数据的分析结果。

2.3.1 数据的合并

当数据量很大时,经常需要将一份大的数据分成几个小部分,由不同的人对数据进行录入,以提高录入效率。这样就会出现一份大的数据分别存储在几个不同的数据文件中的现象。因此,将这些若干个小的数据文件合并成一个大的数据文件,是进行各种统计分析的前提。SPSS 数据文件的合并方式有两种:纵向合并和横向合并。在 SPSS 系统中,进行合并的文件必须都存储为 SPSS 数据格式。

❑ 纵向合并

纵向合并指的是几个数据集中的数据纵向相加,组成一个新的数据集,新数据集中的记录数是原来几个数据集中记录数的总和,实质就是将两个数据文件的变量列,按照各个变量名的含义,一一对应进行首尾连接合并。合并的两个数据文件的变量相同,合并的目的是增加分析个案。

实现 SPSS 数据文件的纵向合并应遵循两个条件:第一,两个待合并的 SPSS 数据文件,其内容合并是有实际意义的;第二,为方便 SPSS 数据文件的合并,在不同数据文件中,数据含义相同的列,最好起相同的名字,变量类型和变量长度也要尽量相同。这样,将方便 SPSS 对变量的自动对应和匹配。

❑ 横向合并

横向合并指的是按照记录的次序,或者某个关键变量的数值,将不同数据集中的不同变量合并为一个数据集,新数据集中的变量数是所有原数据集中不重名变量的总和,实质就是将两个数据文件的记录,按照记录对应,一一进行左右对接。合并的两个数据文件的变量不同,但具有相同个案例数。

实现 SPSS 数据文件的横向合并应遵循三个条件,第一,如果不是按照记录号对应的规则进行合并,则两个数据文件必须至少有一个变量名相同的公共变量,这个变量是两个数据文件横向对应合并的依据,称为关键变量。如学号、贵宾卡号等,关键变量可以是多个;第二,如果是使用关键变量进行合并的,则两个数据文件都必须事先按关键变量进行升序排列;第三,为方便 SPSS 数据文件的合并,在不同数据文件中,数据含义不相同的列,变量名不应取相同的名称。

下面介绍下模块。

1. 纵向合并

单击"数据"|"合并文件"|"添加个案"命令,弹出添加个案文件选择对话框,如图 2-24 所示。

"打开的数据集"框表示从当前打开的数据集中选出合并文件,框中显示了当前打开的可用数据集名称。"外部 SPSS Statistic 数据文件"表示读取外部的数据文件进行合并,选中并单击"浏览"按钮,指定文件路径和文件名。单击"继续"按钮弹出纵向合并变量选择对话框,如图 2-25 所示。现将"2-4 未标题 4 数据保存"与"2-5 未标题"合并。

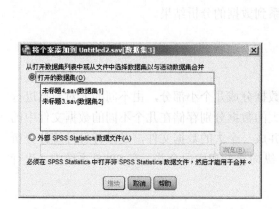
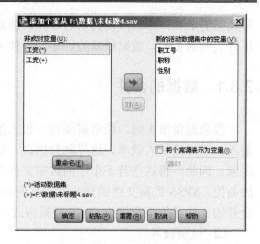

图 2-24　添加个案文件选择对话框　　　　图 2-25　纵向合并变量选择对话框

（1）"新的活动数据集中的变量"框是能够自动匹配的变量名。"非成对变量"框中是两个文件中不能自动匹配的变量名。单击"重命名"按钮可以实现将"非成对变量"框中的变量名进行修改，使其变为相同的变量名而进行合并。

（2）选中"将个案源表示为变量"复选框，表示在合并后的数据文件中将自动出现一个名为"源01"的新变量，取值为0或1。0代表来自源文件，1代表来自被合并的文件。

（3）变量名后面的"（*）"表示此变量来自源数据文件，"（+）"表示此变量来自被合并的文件。单击"确定"按钮，将自动弹出合并的数据编辑窗口。

2．横向合并

单击"数据"|"合并文件"|"添加变量"命令，弹出添加变量文件选择对话框，如图2-26 所示。其选项框的意义与纵向合并的添加个案文件选择对话框意义相同，在此不再重复。

单击"继续"按钮，弹出横向合并变量选择对话框，如图2-27所示。现将"2-4 未标题4 数据保存"与"2-6 Untitled2"合并。

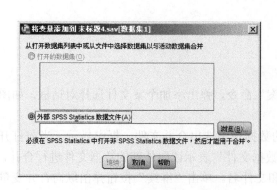

图 2-26　添加变量文件选择对话框　　　　图 2-27　横向合并变量选择对话框

（1）"新的活动数据集中的变量"框显示的是待合并的所有变量名。"已排除的变量"框显示的是两个待合并文件中共同的变量名。

（2）"关键变量"是用来标识和匹配不同文件的记录行，在对不同文件的变量进行合并时，可以从"已排除的变量"框中指定关键变量。

（3）"按照排序文件中的关键变量匹配个案"复选框，表示合并后的数据按哪种方式提供，包括以下 3 个选项。

- 两个文件都提供个案：指合并后的数据由原来的两个数据文件中的个案共同组成。
- 非活动数据集为基于关键字的表：指合并的数据文件的个案仅是当前数据编辑窗口中的个案。
- 活动数据集为基于关键字的表：合并的数据文件的个案仅是被合并的数据文件中的个案。

2.3.2 数据个案的拆分

在进行统计分析时，只需要对具有某种特性的数据进行分析，那么就涉及到分组分析，则可以通过拆分数据集来加以实现，它能使数据分析过程按照分组变量进行分组分析，得到各个组的结果。通过拆分功能，还可以实现对原始数据的重新排序，使某一变量取值相同的个案集中在一起，便于观察和比较。

下面介绍该模块。

单击"数据"|"拆分文件"命令，弹出"分割文件"对话框，如图 2-28 所示。实例数据为"2-7 拆分数据.sav"。

（1）"分组方式"框用于选择拆分的变量，此变量可以是一种及以上。

（2）指定拆分方式。

- 分析所有个案，不创建组：是系统的默认值，表示分析所有的个案，取消拆分，它可恢复分组前的状态；
- 比较组：分组分析，按组间比较的形式输出结果；
- 按组组织输出：分组分析，分别显示各组所得的结果。

（3）指定排序方式。

- 按分组变量排序文件：拆分时将数据按所用的拆分变量排序，这是系统默认选项；
- 文件已排序：标识数据已经按分组变量排序了，不需要重新排序。

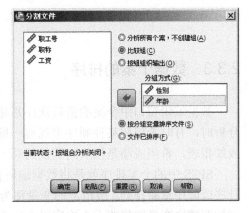

图 2-28 "分割文件"对话框

选中拆分变量后，单击"确定"按钮，自动弹出拆分后的数据编辑窗口，如图 2-29 所示。右下侧会出现"拆分条件"的提示，表明所做的拆分正在生效，它将在以后的分析中一直有效，而且会被存储在数据集中，直到再次进行设定为止。

数据进行拆分后，其分析结果的显示表格，如图 2-30 所示。

职工号	职称	工资	性别	年龄
4	低级	1246.00	男	22
1	高级	1256.00	男	23
9	高级	2555.00	男	27
8	中级	2552.00	男	28
3	中级	1854.00	男	34
2	高级	1326.00	女	25
6	中级	2422.00	女	33
7	低级	2522.00	女	35
5	低级	5624.00	女	40

拆分条件:性别 年龄

图 2-29 拆分后的数据编辑窗口

工资

性别	年龄			频率	百分比
男	22	有效	1246.00	1	100.0
	23	有效	1256.00	1	100.0
	27	有效	2555.00	1	100.0
	28	有效	2552.00	1	100.0
	34	有效	1854.00	1	100.0
女	25	有效	1326.00	1	100.0
	33	有效	2422.00	1	100.0

图 2-30 按性别、年龄拆分后显示的分析结果

2.3.3 数据个案的排序

数据编辑窗口中个案的前后次序是随机的,其先后顺序由录入时决定。在做数据统计分析时,有时希望按某种顺序来观察一批数据,以便于更好地了解数据信息。例如,学生成绩报表,希望成绩是按从高到低的顺序观察。

SPSS 中的个案排序就是将数据编辑窗口中的数据,按照指定的某一个或多个变量值的升序或降序重新排列,所指定的变量称为排序变量。当排序变量只有一个时,为单值排序,则按照排序变量取值的大小次序对个案数据重新整理后显示。当排序变量有多个时,为多重排序。多重排序的第一个排序变量称为主排序变量,其他排序变量依次称为第二排序变量、第三排序变量等。在多重排序时,个案先按主排序变量值的大小排序,当主排序变量值一致时,再按第二排序变量值大小排序,依次类推。

下面介绍下模块。

单击"数据"|"排序个案"命令,弹出"排序个案"对话框,排序前数据如图 2-31 所示。将排序变量选定后,设置好排序方式,如图 2-32 所示,单击"确定"按钮,会自动跳转到排序后的数据编辑窗口,如图 2-33 所示。实例数据为"2-8 排序数据.sav"。

(1)"排序依据"框是选择指定的排序变量,若排序变量有多个,将自动按照它们在

此列表的显示次序，依次对数据进行排序。

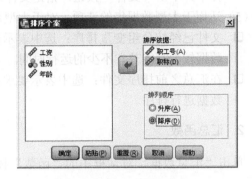

职工号	职称	工资	性别
4	低级	1246.00	男
1	高级	1256.00	男
9	高级	2555.00	男
8	中级	2552.00	男
3	中级	1854.00	男
2	高级	1326.00	女
6	中级	2422.00	女
7	低级	2522.00	女
5	低级	5624.00	女

图 2-31　排序前数据　　　　　图 2-32　排序个案对话框

（2）"排列顺序"有两种：
- 升序：指定排序变量按从小到大的次序排列，在选定的排序变量名后面会出现升序 ascending 的缩写"（A）"；
- 降序：指定排序变量按从大到小的次序排列，在选定的排序变量名后面会出现降序 descending 的缩写"（D）"。

2.3.4　数据的分类汇总

职工号	职称	工资	性别
1	高级	1256.00	男
2	高级	1326.00	女
3	中级	1854.00	男
4	低级	1246.00	男
5	低级	5624.00	女
6	中级	2422.00	女
7	低级	2522.00	女
8	中级	2552.00	男
9	高级	2555.00	男

图 2-33　排序后数据

对数据文件进行分类汇总是实际工作中经常遇到的事情。例如，对于学生基本情况的数据，现希望了解不同性别学生的平均身高情况。这就需要首先对数据按不同性别分类，然后再分别求出学生的平均身高。这个过程本质就是一个数据的分类汇总的过程。

分类汇总就是按指定的分类变量对观测值进行分组，对每组记录的各变量求指定的描述统计量，结果将保存为 SPSS 数据文件，可以存入新数据文件，也可以替换当前数据文件。

下面介绍下模块。

1．汇总分析

单击"数据"|"分类汇总"命令，弹出"汇总数据"对话框，如图 2-34 所示。
（1）分组变量：从左侧选取分组变量，用于分组描述。
（2）汇总变量：要在各分组内进行描述的变量。
（3）个案数：该复选框选中后，将在分类结果中用一个变量显示分类组的观测量个数。系统默认的变量名为 N_BREAK，也可以更改此变量名称。
（4）保存：设置对于汇总结果的保存选项。
- 将汇总变量添加到活动数据集：指将汇总结果添加到当前的数据集中；
- 创建只包含汇总变量的新数据集：指创建一个新的、只包含汇总后变量的数据集，当选中后，在"数据集名称"框后输入新数据集的名称；
- 写入只包含汇总变量的新数据文件：将分组汇总后的变量保存在一个新的数据文

件中,单击"文件"按钮,指定文件路径和名称。
(5) 适用于大型数据集的选项:对于大型数据集,为了方便,会对变量进行排序。
- ❏ 文件已经按分组变量排序:选中表示数据已经按照指定的分类变量排好序了,当数据较大时能节省不少的运行时间。
- ❏ 在汇总之前排序文件:选中表示要求在分类汇总之前,先按照指定的分类变量对数据进行排序。

2. 汇总函数

单击"汇总数据"对话框中的"函数"按钮,弹出"汇总函数"对话框,如图 2-35 所示。

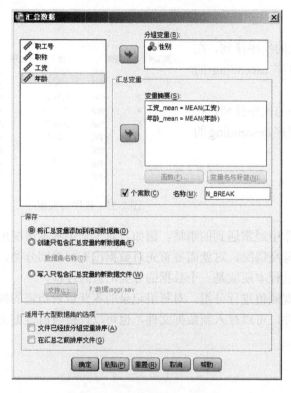

图 2-34 "汇总数据"对话框

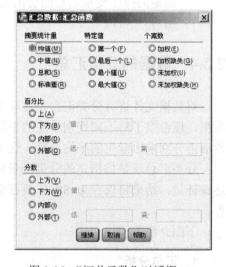

图 2-35 "汇总函数"对话框

汇总函数主要有 5 种,如下所示。

(1) 摘要统计量:表示选择概要型函数,包括 4 个,分别是均值、中值、总和以及标准差。

(2) 特定值:表示选择特定值函数。
- ❏ 第一个:分组内的第一个数值;
- ❏ 最后一个:分组内显示最后一个数值;
- ❏ 最小值:分组内的最小值;
- ❏ 最大值:分组内的最大值。

(3) 个案数:选择与观测量个数有关的汇总项。
- ❏ 加权:带权重的观测量数目;

- 加权缺失：带权重的缺失值数目；
- 未加权：不带权重的观测量数目；
- 未加权缺失：不带权重的缺失值数目。

（4）百分比：选择百分比形式的函数。
- 上：变量取值大于指定临界值的观测数占总观测数的百分比，在"值"后输入此临界值；
- 下方：变量取值小于指定临界值的观测数占总观测数的百分比，在"值"后输入此临界值；
- 内部：变量取值落在指定区间之内的观测数占总观测数的百分比，在"低"后面输入此区间的下限，在"高"后面输入此区间的上限；
- 外部：变量取值落在指定区间之外的观测数占总观测数的百分比，在"低"和"高"后面分别输入此区间的下限和上限。

（5）分数：选择分数形式的函数，它包含的 4 个选项意义与"百分比"函数相似。

例 2.1：数据"2-9 汇总数据.sav"，以性别作为分组变量，对工资和年龄的均值进行汇总。操作步骤如下。

（1）单击"数据"|"分类汇总"命令，弹出图 2-34 所示的对话框。

（2）将变量名"性别"放入"分组变量"框；将变量名"工资"和"年龄"放入"变量摘要"框。

（3）单击"函数"按钮，选择"摘要统计量"下的"均值"选项，单击"继续"按钮。

（4）选中"个案数"复选框，可以更改变量名，此处为默认变量名 N_BREAK。

（5）在"保存"框中，选中"将汇总变量添加到活动数据集"选项。

（6）单击"确定"按钮，输出结果如图 2-36 所示。

职工号	职称	工资	性别	年龄	工资_mean	年龄_mean	N_BREAK
1	高级	1256.00	男	23	1892.60	26.80	5
2	高级	1326.00	女	25	2973.50	33.25	4
3	中级	1854.00	男	34	1892.60	26.80	5
4	低级	1246.00	男	22	1892.60	26.80	5
5	低级	5624.00	女	40	2973.50	33.25	4
6	中级	2422.00	女	33	2973.50	33.25	4
7	低级	2522.00	女	35	2973.50	33.25	4
8	中级	2552.00	男	28	1892.60	26.80	5
9	高级	2555.00	男	27	1892.60	26.80	5

图 2-36 分类汇总结果

2.3.5 数据的加权

在系统默认情况下，每一行就是一个记录，但对于定性分类数据，或者定量区间数据，一般采用频数格式录入数据，即相同取值的观测值只录入一次，另加一个频数变量用于记录该数值共出现了多少次。为了在统计分析时让计算机知道每一个分类或者每一个区间组段的频数，需要定义权重变量。权重变量通常表示每个分类或者每一个区间组段的频数，它是数值变量，且必须取正值才有意义。

下面介绍下模块。

单击"数据"|"加权个案"命令,弹出"加权个案"对话框,如图 2-37 所示。选择好权重变量后,单击"确定"按钮,则自动跳转到数据编辑窗口。表面上看数据无任何改变,但实际上内部已经对加权数据进行了识别,在 SPSS 编辑框的下方出现"加权范围"的标识,表示当前数据集已加权,如图 2-38 所示。在接下来的统计分析中将一直按加权对数据进行处理,直到分析者取消加权。

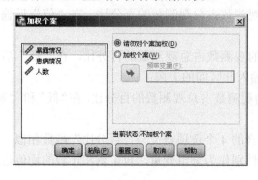

图 2-37 "加权个案"对话框

图 2-38 加权标识

- "频率变量"框中应该为数值型,且表示的是频数;
- "请勿对个案加权"表示当前数据集不做加权,可用于对做过加权的数据集取消加权;
- "加权个案"表示按指定变量对数据集进行加权对话框。

例 2.2:数据"2-10 加权数据.sav",对该数据进行加权处理,操作步骤如下。

(1)单击"数据"|"加权个案"命令,弹出图 2-37 所示。

(2)选中"加权个案"项,将变量名"人数"放入"频率变量"框。

(3)单击"确定"按钮,即在数据编辑窗口出现图 2-38 所示标识。

2.3.6 重复数据的查找

在数据录入过程中,难免会出现重复录入资料的现象,影响分析结果。SPSS 系统具有查找重复数据的功能,可以迅速地定位这些重复观察个体。该功能也适用于数据双录入后的数据检查,但需要注意,数据双录检查时有重复个体是正确的结果,而没有重复个体的数据是错误的。

下面介绍下模块。

单击"数据"|"标识重复个案"命令,弹出"标识重复的个案"对话框,如图 2-39 所示。

(1)定义匹配个案的依据:重复个体定义变量,该清单内的变量取值相同则为重复例。

(2)在匹配组内的排序标准:按该变量值进行重复个体的组内排序。

(3)基本个案指示符:在数据编辑窗口创建主要数据个体标志变量,1 表示为主要数据个体或者没有重复,0 表示重复数据。

- 每组中的最后一个个案为基本个案:同一重复数据组的最后一例是主要数据;
- 每组中的第一个个案为基本个案:同一重复数据组的第一例是主要数据。

第 2 章　数据管理

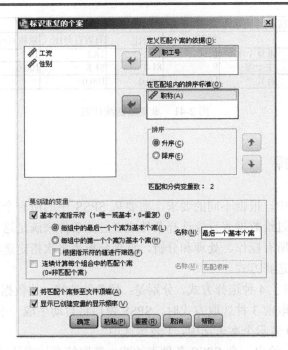

图 2-39　"标识重复的个案"对话框

（4）连续计算每个组合中的匹配个案：重复数据组内编号，0 表示没有重复数据。

（5）将匹配个案移至文件顶端：重复数据移动到文件的首部，使重复数据在数据窗口的顶部被首先显示出来。

（6）显示已创建变量的显示频率：对重复数据按重复标志变量进行统计。

例 2.3：查找"2-11 重复数据.sav"中的重复数据，操作步骤如下。

（1）单击"数据"|"标识重复个案"命令，弹出图 2-39 所示的对话框。

（2）将变量名"职工号"放入"定义匹配个案的依据"框；将变量名"职称"放入"在匹配组内的排序标准"框。

（3）在"排序"中选择"升序"。

（4）选中"基本个案指示符"复选框，单击选择"每组中的最后一个个案为基本个案"，名称定义为：最后一个基本个案。

（5）选择"连续计算每个组合中的匹配个案"、"将匹配个案移至文件顶端"、"显示已创建变量的显示频率"，单击"确定"按钮。输出结果包括数据编辑窗口，如图 2-40 所示，以及重复数据统计表，如图 2-41 所示。

职工号	职称	工资	性别	最后一个基本个案	匹配顺序
2	1	1326.00	2	0	1
2	1	1326.00	2	1	2
8	2	2552.00	1	0	1
8	2	2552.00	1	1	2
1	1	1256.00	1	1	0
3	2	1854.00	1	1	0
4	3	1246.00	1	1	0
5	3	5624.00	1	1	0
6	2	2422.00	2	1	0
7	3	2522.00	1	1	0
9	1	2555.00	1	1	0

图 2-40　重复数据编辑窗口

		频率	百分比	有效百分比	累积百分比
有效	重复个案	2	18.2	18.2	18.2
	主个案	9	81.8	81.8	100.0
	合计	11	100.0	100.0	

所有最后一个匹配个案的指示符为主个按

图 2-41 重复数据统计表

2.3.7 个案的选择

在数据分析过程中，根据不同的要求，需要从 SPSS 中的所有个案中筛选出特定的个案进行分析。可以通过给数据表设置选择条件或者过滤条件来满足这一要求。那些未被选择的数据不参与以后所有操作、处理和分析，直到分析者再次指定选取它们。

下面介绍下个案选择方式。

SPSS 系统中提供了 4 种选择方式，分别是：按条件选择、按数据范围选择、随机选择和过滤变量选择。采取前 3 种选取方式时，SPSS 窗口将自动生成一个名为 filter_S 的新变量，取值为 0 或 1。0 表示个案未选中，1 表示选中。

- 按条件选择：给出一个 SPSS 条件表达式，选取符合该表达式的个案。SPSS 会自动对数据编辑窗口中的所有个案进行条件判断。那些满足给定条件的个案，将被自动选取出来，而那些不满足条件的个案将自动剔除出去。
- 按数据范围选择：选择一定的数据范围内的全部个案，要求给出数据范围的上、下界的个案编号。
- 随机选择：对数据编辑窗口中的所有个案进行随机筛选，包括"大约"和"精确"两种方法。"大约"是指用户可以随机抽取大约百分之多少的（如 30%）个案作为样本；"精确"是指用户指定从数据中精确抽取多少个个案（如 50 个）进行研究。
- 过滤变量选择：选择指定的一个已存在的变量作为个案选取的标准。那些标准变量中的变量值取为 0 或系统缺失值的个案将自动地剔除掉。

下面介绍下模块。

单击"数据"|"选择个案"命令，弹出"选择个案"对话框，如图 2-42 所示。

图 2-42 "选择个案"对话框

1. "如果"按钮

单击"如果"按钮,弹出图 2-43 所示的对话框,此对话框是用于按条件选择个案。可以在条件公式输入框中编辑条件公式。函数组中显示的是可供选择的函数,双击某函数后,会在条件公式输入框显示该函数。

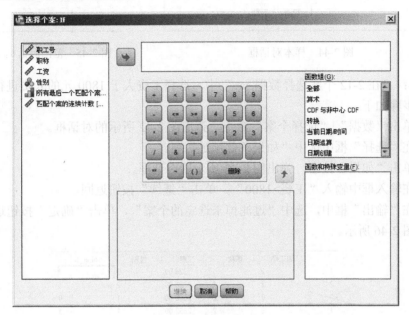

图 2-43　如果对话框

2. "样本"按钮

单击"样本"按钮,弹出图 2-44 所示的对话框,此对话框是用于随机选取个案。

- 大约:这是近似选取,需要给出一个百分比数值。SPSS 将按照这个比例,自动从数据编辑窗口中所有个案里随机抽取相应的百分比个案。由于 SPSS 在实际计算中存在近似性和在个案选取处理方面的技术要求,被选取出来的个案总数不一定就是精确的百分比数目,会有小的偏差。但这对数据的分析无大影响。
- 精确:这是精确选取,需要给出欲选取的个案数以及指定在前多少个个案中选取。

3. "范围"按钮

单击"范围"按钮,弹出图 2-45 所示的对话框,此对话框用于个案范围的选择。它要求给出范围的上、下界的个案号码。这种选取方式比较适用于时间序列的数据分析。

4. "输出"栏

对选定的个案设置保存的方式,包括以下 3 个选项。

- 过滤掉未选定的个案:表示在那些未被选中的个案号码上做一个"/"标记;
- 将选定个案复制到新数据集:表示对选取的个案创建一个新的数据集;
- 删除未选定个案:表示将那些未被选中的个案从数据编辑窗口中删除。

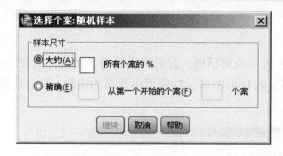
图 2-44 样本对话框

图 2-45 范围对话框

例 2.4："在 2-12 个案选择数据.sav"中，选择工资大于 1800 元的人员进行分析，具体的操作步骤如下。

（1）单击"数据"|"选择个案"命令，弹出图 2-42 所示的对话框。
（2）在"选择"框中选中"如果条件满足"项。
（3）单击"如果"按钮，弹出图 2-43 所示的对话框。
（4）在输入框中输入"工资>1800"，单击"继续"按钮返回。
（5）在"输出"框中，选中"过滤掉未选定的个案"，单击"确定"按钮运行，输出结果，如图 2-46 所示。

	职工号	职称	工资	性别	filter_$
1	2	1	1326.00	2	1
2	2	1	1326.00	2	1
3	8	2	2552.00	1	0
4	8	2	2552.00	1	1
5	1	1	1256.00	1	1
6	3	2	1854.00	1	0
7	4	3	1246.00	1	1
8	5	3	5624.00	2	1
9	6	2	2422.00	2	1

图 2-46 选择个案结果输出数据编辑窗口对话框

2.3.8 计算新变量

在数据分析过程中，原始数据有时很难满足统计分析的要求，需要将数据进行适当的转换。计算新变量的功能就是在原有 SPSS 数据文件的基础之上，根据分析者的要求，使用 SPSS 算术表达式及函数，对所有记录或满足 SPSS 条件表达式的记录，计算出一个新结果，并将结果存入一个指定的变量中。这个指定的变量可以是一个新变量，也可以是一个已经存在的变量。

在新变量生成中，涉及了 SPSS 算术表达式、SPSS 函数、SPSS 条件表达式等基本概念，在此首先简单讨论这些概念。

（1）SPSS 算术表达式：在变量转换的过程中，应根据实际需要，指出按照什么方法进行变量转换。这里的方法一般以 SPSS 算术表达式的形式给出。SPSS 算术表达式是由常量、SPSS 变量名、SPSS 的算术运算符、圆括号等组成的式子。字符型常量应使用单引号引起。SPSS 变量名是指那些已经存在于数据编辑窗口的变量名。此功能的操作对象为数值型变量。

(2) SPSS 函数：SPSS 提供了多达 70 余种的系统函数，以适应复杂的计算公式。根据函数功能和处理对象的不同，可以将 SPSS 函数分成八大类，分别是：算术函数、统计函数、分布函数、逻辑函数、字符串函数、日期时间函数、缺失值函数和其他函数。

函数具体的书写形式为：函数名(参数)。这里，函数名是系统已经规定好的。圆括号中的参数有时是一个，也可以是多个；而参数的类型有时是常量（字符型常量应用单引号引起来），也可以是变量或 SPSS 的算术表达式。此外，函数中如果有多个参数，各参数之间要用单字符逗号","隔开。SPSS 函数一般也会与 SPSS 的算术表达式混合出现，用于完成更加复杂的计算。

(3) SPSS 的条件表达式：通过 SPSS 的算术表达式和函数可以对所有记录计算出一个结果，如果仅希望对部分记录进行计算，则应当利用 SPSS 的条件表达式指定对哪些记录进行计算。根据实际需要构造出条件表达式之后，SPSS 会从所有记录中自动挑选出满足该条件的记录，然后再对它们进行计算处理。因此，如果在给出 SPSS 算术表达式和函数的同时，又给出了一个条件表达式，那么，系统就会根据要求仅对满足一定条件的记录进行计算处理。

下面介绍下模块。

(1) 单击"转换"|"计算变量"命令，弹出"计算变量"对话框，如图 2-47 所示。

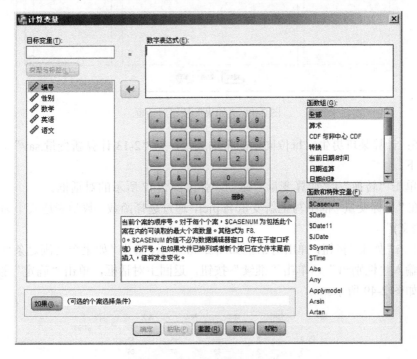

图 2-47 "计算变量"对话框

- 目标变量：存放计算结果的变量名，该变量名可以是一个新变量，也可以是已经存在的变量。新变量的变量类型系统默认为数值型，可以根据具体需要，单击"类型与标签"按钮进行修改，并且可以对新变量加上变量名标签信息。
- 数字表达式：可以在框中输入计算公式或选中相应的函数式进入框中。

❏ 函数组：系统默认的函数类型，主要为算术函数、统计函数、分布函数、逻辑函数、字符串函数、日期时间函数、缺失值函数和其他函数。
❏ 函数和特殊变量：单击"函数组"的任意一项，将会出现系统默认的该函数类型的可用函数。

（2）单击"如果"按钮，弹出对话框如图2-48所示。此对话框与前文叙述的个案选择功能相似，在此不再重复。

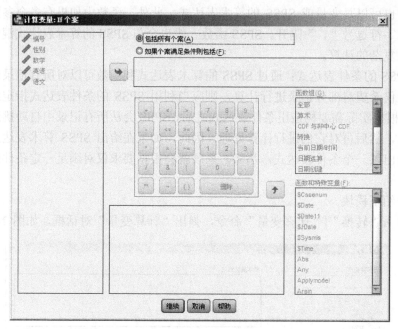

图2-48 "如果"按钮对话框

例2.5：计算某班男生，每位同学的平均成绩，见"2-13 计算新变量.sav"，具体的操作步骤如下。

（1）单击"转换"|"计算变量"命令，弹出图2-47所示的对话框。

（2）在"目标变量"框中写上新变量名pjcj，通过选择函数，数学表达式中为"mean(数学,英语,语文)"。

（3）单击"如果"按钮，弹出对话框如图2-48所示，选中"如果个案满足条件则包括"，在其框中输入"性别=1"，单击"继续"按钮，返回主对话框，单击"确定"按钮运行，输出结果如图2-49所示。

编号	性别	数学	英语	语文	pjcj
1	1	86	85	90	87.00
2	2	85	95	89	.
3	2	89	67	86	.
4	1	87	85	83	85.00
5	2	84	81	84	.
6	1	73	52	79	68.00
7	1	90	86	88	88.00
8	2	89	76	86	.
9	1	94	83	84	87.00
10	1	75	80	83	79.33

图2-49 新变量结果

2.3.9 变量值的重新编码

数据分析中,将连续变量转换为等级变量,或者将分类变量不同的变量等级进行合并是常见的工作。比如,知道班级每位同学的平均成绩,但是需要将这些同学的成绩分为优秀、良好、中等、差 4 个等级,那么如何通过 SPSS 功能来完成这一任务呢?重新编码过程可以很好地完成这一类任务。重新编码包括重新编码为相同变量和重新编码为不同变量。重新编码为相同变量是对原始变量的取值进行修改,用新编码直接取代原变量的取值;而重新编码为不同变量是将新编码存入新的变量,根据原始变量的取值生成一个新变量来表示分组情况。但为了保存原始信息的完整性,一般选后者。值得注意的是,如果要重新编码的原变量是数值型,则新的编码值也只能是数值;如果要重新编码的原变量是字符型变量,则新的编码值也只能是字符。

下面介绍下模块。

1. 重新编码为相同变量

单击"转换"|"重新编码为相同变量"命令,弹出"重新编码到相同的变量中"对话框,如图 2-50 所示。将左框里需要重新编码的变量双击添加到"数字变量"框中。

图 2-50 "重新编码到相同的变量中"对话框

2. 重新编码为不同变量

单击"转换"|"重新编码为不同变量"命令,弹出"重新编码为其他变量"对话框,如图 2-51 所示。将左框中需要重新编码的变量名双击添加到"数字变量→输出变量"框里。

(1)"输出变量"栏

在"名称"中输入重新编码为不同变量后的变量名,并且可以在"标签"框中注明新变量的含义。

输入新的变量名后,单击"更改"按钮,则新变量名将会出现在"数字变量→输出变量"框里,取代"?"。

(2)"如果"按钮

单击"如果"按钮,弹出如图 2-52 所示对话框。如选中"如果个案满足条件则包括",图 2-52 中的其他内容都会被激活。此对话框的功能就是按分析要求,选择需要重新编码的个案,与前文的"选择个案"功能相似。

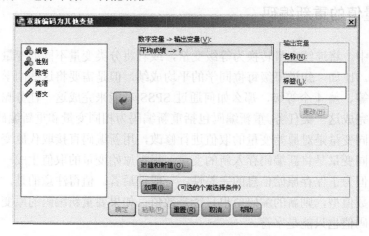

图 2-51 "重新编码为其他变量"对话框

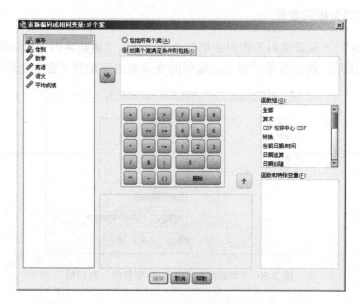

图 2-52 "如果"按钮对话框

(3)"旧值和新值"按钮

单击"旧值和新值"按钮,弹出对话框如图 2-53 所示。在这个对话框中设置重新编码的原观测值和新值的对应关系。

"旧值"栏中是原观测值,包括以下 7 个选项。

- 值:输入一个需要重新赋值的原观测值;
- 系统缺失:指对原观测值中系统缺失值进行重新编码;
- 系统或用户缺失:指对原观测值中系统缺失值或者用户缺失值进行重新编码;
- 范围:指定要被重新赋值的原观测值范围,"到"前输入区间的下限,后面输入区间的上限;
- 范围,从最低到值:指定要被重新赋值的原观测值范围,从最小值到在框里输入的指定值；

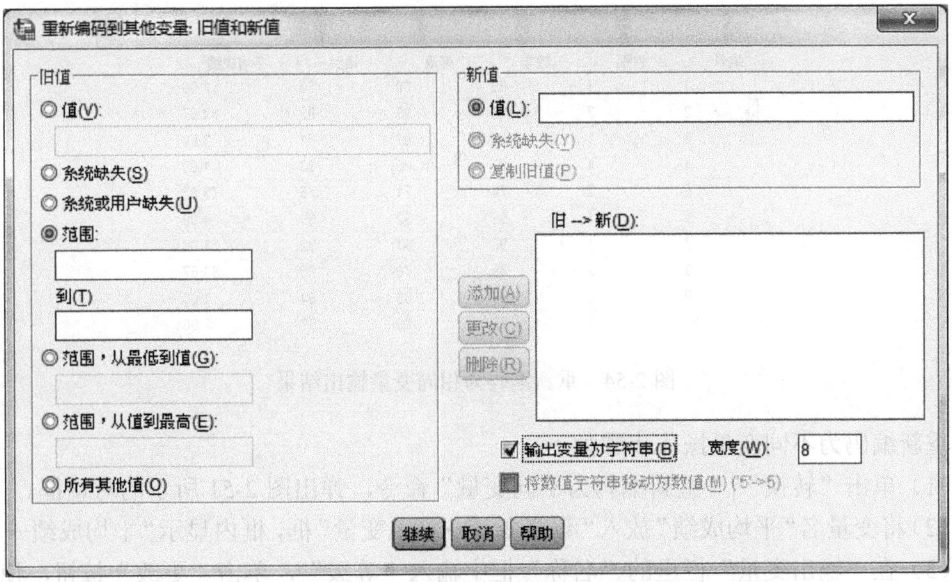

图 2-53 "旧值和新值"按钮对话框

- 范围，从值到最高：指定要被重新赋值的原观测值范围，从在框里输入的指定值到最大值；
- 所有其他值：指在上述选项操作后，尚未指定的所有其他值。

"新值"栏，是用于指定与原观测值对应的新编码，包括以下两个选项。

- 值：输入一个新的编码值；
- 系统缺失：将原观测值输入成为系统缺失值。

在"旧→新"栏中，选定新旧值对应关系后，单击"添加"按钮，添加进入框中，单击"更改"按钮后，可以确认修改对应关系，单击"删除"按钮可以将对应关系删除。

例 2.6：为了解某班男生的平均成绩情况，将他们的平均成绩分为 4 个档次，80 分以上的为"优秀=1"、70~80 分的为"良好=2"、60~70 分的为"中等=3"，60 分以下的为"差=4"。数据见"2-14 重新编码数据.sav"。同时使用"重新编码相同变量"和"重新编码不同变量"。

重新编码为相同变量操作步骤如下。

（1）单击"转换"|"重新编码为相同变量"命令，弹出图 2-50 所示的对话框。

（2）将变量名"平均成绩"放入"变量"框。

（3）单击"如果"按钮，弹出图 2-52 所示的对话框，选中"如果个案满足条件则包括"选项，其他内容被激活；在框内输入"性别=1"，单击"继续"按钮返回。

（4）单击"旧值和新值"按钮，弹出图 2-53 所示的对话框，选中"范围，从值到最高"，在框内输入 80，在"新值"栏里选中"值"，输入重新编码值"1"，单击"添加"按钮；选中"范围"，在框内分别输入 70、80，在"新值"栏里选中"值"，输入重新编码值"2"，单击"添加"按钮；选中"范围"，在框内分别输入 60、70，在"新值"栏里选中"值"，输入重新编码值"3"，单击"添加"按钮；选中"范围，从最低到值"，在框内输入 60，在"新值"栏里选中"值"，输入重新编码值"4"，单击"添加"按钮。

(5)单击"继续"按钮,返回主对话框,单击"确定"按钮运行,输出结果如图 2-54 所示。

编号	性别	数学	英语	语文	平均成绩
1	1	86	80	82	1.00
2	2	85	95	89	89.67
3	1	56	67	61	3.00
4	1	87	85	83	1.00
5	2	74	71	76	73.67
6	1	55	52	60	4.00
7	1	90	94	92	1.00
8	2	89	76	86	83.67
9	1	94	83	84	1.00
10	1	75	80	83	2.00

图 2-54 重新编码为相同变量输出结果

重新编码为不同变量操作步骤如下。
(1)单击"转换"|"重新编码为不同变量"命令,弹出图 2-51 所示的对话框。
(2)将变量名"平均成绩"放入"数字变量→输出变量"框,框内显示"平均成绩→?";
(3)在"输出变量"栏里的"名称"框中输入"等级",单击"更改"按钮,使"数字变量→输出变量"框内的显示变为"平均成绩→等级"。
(4)单击"如果"按钮,弹出图 2-52 所示的对话框,选中"如果个案满足条件则包括"选项,其他内容被激活;在框内输入"性别=1",单击"继续"按钮返回主对话框。
(5)单击"旧值和新值"按钮,弹出图 2-53 所示的对话框,选中复选框"输出变量为字符串",选中"范围,从值到最高",在框内输入 80,在"新值"栏里选中"值",输入重新编码值"优秀",单击"添加"按钮,选中"范围",在框内分别输入 70、80,在"新值"栏里选中"值",输入重新编码值"良好",单击"添加"按钮,选中"范围",在框内分别输入 60、70,在"新值"栏里选中"值",输入重新编码值"中等",单击"添加"按钮,选中"范围,从最低到值",在框内输入 60,在"新值"栏里选中"值",输入重新编码值"差",单击"添加"按钮。
(6)单击"继续"按钮,返回主对话框,单击"确定"按钮运行,输出结果如图 2-55 所示,生成新的变量名"等级"。

编号	性别	数学	英语	语文	平均成绩	等级
1	1	86	80	82	82.67	优秀
2	2	85	95	89	89.67	
3	1	56	67	61	61.33	中等
4	1	87	85	83	85.00	优秀
5	2	74	71	76	73.67	
6	1	55	52	60	55.67	差
7	1	90	94	92	92.00	优秀
8	2	89	76	86	83.67	
9	1	94	83	84	87.00	优秀
10	1	75	80	83	79.33	良好

图 2-55 重新编码为不同变量输出结果

第3章 统计描述分析

描述性统计分析是进行其他统计分析的基础和前提。在描述性分析中,通过各种统计图表及数字特征量可以对样本来自的总体特征有比较准确的把握,从而选择正确的统计推断方法。

SPSS 的许多模块都可完成描述性统计分析,但专门为该目的而设计的几个模块则集中在 descriptive statistics 菜单中,它们通过计算各种统计量或绘制统计图来实现描述功能,包括 Frequencies、Descriptives 和 Explore 等几个过程。

3.1 频数分布分析(Frequencies)

频数分布分析主要通过频数分布表、条图和直方图,以及集中趋势和离散趋势的各种统计量,描述数据的分布特征。

例 3-1:数据文件"胆固醇.sav"记录了 101 名正常成年女子的血清总胆固醇,对血清总胆固醇测量结果作描述性分析,并绘制直方图。操作过程如下。

(1)从菜单中单击"分析"|"描述统计"(Descriptive Statistics)|"频率"(Frequencies)命令,将弹出"频率"(Frequencies)主对话框,如图 3-1 所示。

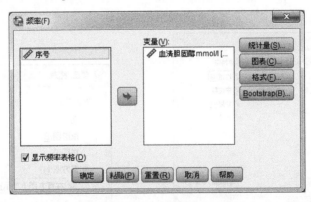

图 3-1 频数分布分析对话框

对话框底部有一项"显示频率表格"(Display frequency tables)复选框,SPSS 默认选择此项。选择此项后,输出结果将显示频数分布表,否则只显示直方图,不显示频数分布表。

(2)单击"统计量"按钮,弹出"频率:统计量"(Frequencies: Statistics)对话框,如图 3-2 所示。

在该对话框中，用户可以选择所要统计的统计量。对话框中各选项的具体意义如下。

① "百分位值"（Percentile Values）栏为复选项，在此栏中可选择多项。
- 四分位数（Quartile）：用于计算 P25、P50 和 P75。
- 割点（Cut points）：选择此项，在后面的文本框中输入数值，假设为 N（N 为在 2～100 之间的整数），则计算并显示 N 分位数。
- 百分位数（Percentile(s)）：选择此项，在后面的文本框中输入数值，可以有选择地显示百分位数。在文本框中可以输入 0～100 之间的数，输入后，单击"添加"（Add）按钮，将对应的百分位数添加到方框内的列表框中。利用"更改"（Change）按钮和"删除"（Remove）按钮，可以对列表框中的选项进行修改和删除。

② "离散"（Dispersion）栏（复选项）包含的选项如下：
- 标准差（Std Deviation）
- 最小值（Minimum）
- 方差（Variance）
- 最大值（Maximum）
- 范围（极差）（Range）
- 均值的标准误（S.E. Mean）

③ "集中趋势"（Central Tendency）栏（复选项）：包括均值（Mean）、中位数（Median）、众数（Mode）和合计（Sum）。

"集中趋势"栏下方有一个"值为组的中点"（Values are group midpoints）复选框，如果数据已经分组，而且数据取值为初始分组的中点，选择此项，将计算百分位数统计和数据的中位数。

④ "分布"栏（Distribution）（复选项）：包括峰度（Kurtosis）和偏度（Skewness）。

（3）单击"图表"（Charts）按钮，打开"频率：图表"（Frequencies：Charts）对话框，如图 3-3 所示。

图 3-2 频数分布分析中的统计量对话框

图 3-3 频数分布分析中的统计图对话框

在该对话框中，用户可以选择频数分析的图表类型。该对话框中各选项的具体意义如下。

① 图表类型（Chart Type）（单选项）：包括无（None）（系统默认选项）、条形图（Bar charts）、饼形图（Pie charts）和直方图（Histograms）。

如果选择输出"直方图"，可以选择是否在输出的直方图中添加正态分布曲线。如果需要输出正态分布曲线，则可勾选"在直方图上显示正态曲线"复选框。

② 图表值（Chart Values）（单选项组）：可选择图形中分类值的表现形式。

- 频率（Frequencies）：如果图表类型是直方图，则直方图的纵轴为频数；如果图表类型是饼形图，则饼形图中每块表示属于该组观测值的频数。
- 百分比（Percentage）：如果图表类型是直方图，则直方图的纵轴为百分比；如果图表类型是饼形图，则饼形图中每块表示该组的观测量数占总数的百分比。

（4）单击"格式"（Format）按钮，打开"频率：格式"（Frequencies：Format）对话框，如图3-4所示。

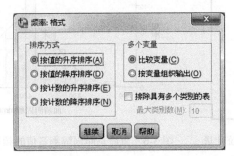

图3-4 频数分布分析中的频数输出格式对话框

在该对话框中，用户可以设置频率分布表的输出格式。对话框中各选项的意义如下。

① "排序方式"（Order by）栏：单选项组，用户可以选择频数分布表中数值及其对应频率的排列顺序。

- 按值的升序排序（Ascending values）：系统默认选项，频数分布表中将按照数值从小到大排列。
- 按值的降序排序（Descending values）：频数分布表中将按照数值从大到小排列。
- 按计数的升序排序（Ascending counts）：频数分布表中将按照计数从小到大排列。
- 按计数的降序排序（Descending counts）：频数分布表中将按照计数从大到小排列。

如果用户在"频率：图表"对话框中选择输出直方图，频数分布表将按照数值顺序排列。

② "多个变量"（Multiple Variables）栏：单选项组，当"频率"（Frequencies）主对话框的"变量"（Variable(s)）列表框中有多个变量时，利用"多个变量"栏可以设置表格的显示方式。

- 比较变量（Compare variables）：系统默认选项，SPSS将所有变量的描述统计的结果显示在同一张表格中，方便用户进行比较分析。
- 按变量组织输出（Organize output by variable）：SPSS将对应每个变量分别输出单独的描述统计表格。

在"频率：格式"对话框的底端，有一个"最大类别数"（Suppress tables with more than

n categories）文本框。通过输入数值，可确定频数表输出的方位，即输出数据的组数不得大于窗口中输入的数值。类别数最大参数的默认值是10。

（5）主要输出结果：主要输出结果有统计量（图3-5）和直方图（图3-6）。

N	有效	101
	缺失	0
均值		4.0296
均值的标准误		0.06559
中值		3.98
众数		3.95
标准差		0.65915
方差		0.434
偏度		0.041
偏度的标准误		0.24
峰度		-0.149
峰度的标准误		0.476
全距		3.36
极小值		2.35
极大值		5.71
和		406.99
百分位数	10	3.202
	20	3.51
	25	3.58
	30	3.672
	40	3.87
	50	3.98
	60	4.17
	70	4.348
	75	4.51
	80	4.582
	90	4.896

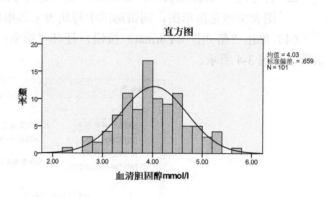

图3-5 血清总胆固醇测量值统计量　　图3-6 血清总胆固醇测量值的频数分布直方图及正态曲线

3.2 描述性统计分析（Descriptives）

描述性统计分析主要用以计算描述集中趋势和离散趋势的各种统计量，此外还有一个重要功能是对变量做标准化变换，即Z变换。

例3-2：对数据文件"演员.sav"中的两个变量："男演员年龄"和"女演员年龄"进行描述性分析。数据描述功能的操作步骤如下。

（1）打开"分析"（Analyze）菜单，选择"描述统计"（Descriptive Statistics）子菜单下的"描述"（Descriptives）命令，打开对话框如图3-7所示。将变量"男演员"和"女演员"选入右边的"变量"（Variable(s)）列表框中。

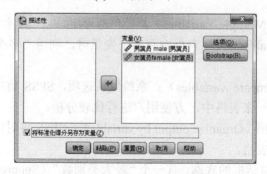

图3-7 描述性统计分析对话框

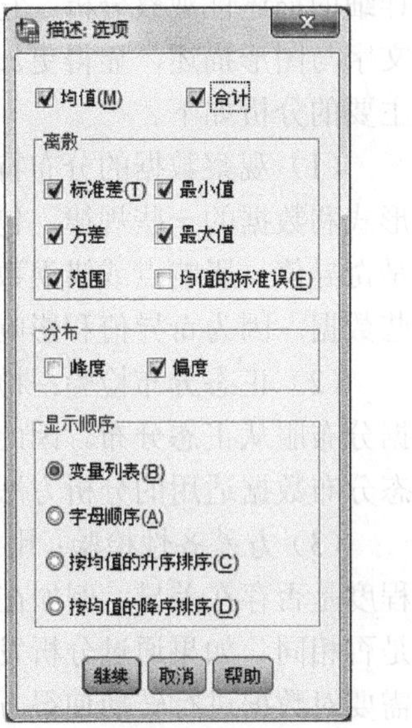

"将标准化得分另存为变量"(Save standardized values as variables)复选框：选择该项，将对"变量"(Variable(s))列表框中被选中变量的数据进行标准化，然后将标准化的结果保存到新变量中。新变量的变量名为原变量的变量名前面添加字母 z，并被添加在数据编辑窗口中变量的最后一列。数据标准化的计算公式为：$Z_i = (X_i - \bar{x})/s$，通过标准化，可以将均值为 $\bar{x}$、标准差为 s 的原变量转化成均值为 0、标准差为 1 的新变量。

（2）单击"选项"(Options)按钮，将打开"描述：选项"(Descriptives：Options)对话框，如图 3-8 所示，本例选择所有统计量。

在该对话框中，用户可以选择所要统计的统计量和图表输出方式。具体对话框中各选项的意义如下。

❑ 在对话框中最上面一行是均值（Mean）和合计（Sum）。

❑ "离散"（Dispersion）栏中的统计量包括：
标准差（Std Deviation）   最小值（Minimum）
方差（Variance）   最大值（Maximum）
范围（Range）   均值的标准误（S.E. Mean）

图 3-8 描述性统计分析选项对话框

❑ "分布"（Distribution）栏中的统计量包括峰度（Kurtosis）和偏度（Skewness）。

❑ "显示顺序"（Display Order）栏中，用户可以自行选择输出变量的排序方式，包括：

① 变量列表（Variable List）：在结果输出窗口中，用户选择输出的变量将按照变量在数据编辑窗口中原来的排列顺序进行排列。

② 字母顺序（Alphabetic）：在结果输出窗口中，用户选择输出的变量将按照变量名的字母排列顺序进行排列。

③ 按均值的升序排序（Ascending Means）：SPSS 将计算每个输出变量的平均值，并按照平均值从小到大对输出变量的顺序进行排列。

④ 按均值的降序排序（Descending Means）：SPSS 将计算每个输出变量的平均值，并按照平均值从大到小对输出变量的顺序进行排列。

（3）主要输出结果：本例输出结果见图 3-9。

	N	全距	极小值	极大值	和	均值	标准差	方差	偏度	
	统计量	统计量	统计量	统计量	统计量	统计量	统计量	统计量	统计量	标准误
男演员 male	36	45	31	76	1625	45.14	10.406	108.294	0.898	0.393
女演员 female	36	59	21	80	1402	38.94	13.546	183.483	1.503	0.393
有效的 N（列表状态）	36									

图 3-9 描述统计量

3.3 探索性分析（Explore）

探索分析是在对数据的基本特征统计量有初步了解的基础上，对数据进行的更为深入详细的描述性观察分析。它在一般描述性统计指标的基础上，增加了有关数据其他特征的文字与图形描述，显得更加细致与全面，有助于用户思考对数据进行进一步分析的方案。主要的分析如下。

（1）观察数据的分布特征：通过绘制箱锁图和茎叶图等图形，直观地反映数据的分布形式和数据的一些规律，包括考察数据中是否存在异常值等。过大或过小的数据均有可能是奇异值、影响点或错误数据。寻找异常值，并分析原因，然后决定是否从分析中删除这些数据。因为奇异值和影响点往往对分析的影响较大，不能真实地反映数据的总体特征。

（2）正态分布检验：检验数据是否服从正态分布。很多检验能够进行的前提即总体数据分布服从正态分布。因此，检验数据是否符合正态分布，就决定了它们是否能用只对正态分布数据适用的分析方法。

（3）方差齐性检验：用 Levene 检验比较各组数据的方差是否相等，以判定数据的离散程度是否存在差异。例如在进行独立样本的 T 检验之前，就需要事先确定两组数据的方差是否相同。如果通过分析发现各组数据的方差不同，还需要对数据进行方差分析，那么就需要对数据进行转换使得方差尽可能相同。Levene 检验进行方差齐性检验时，不强求数据必须服从正态分布，它先计算出各个观测值减去组内均值的差，然后再通过这些差值的绝对值进行单因素方差分析。如果得到的显著性水平（Significance）小于 0.05，那么就可以拒绝方差相同的假设。

例 3-3：对数据文件"南北差异温度.sav"中的变量"年平均温度" 按分组类变量为"地域"进行探索性分析。

探索分析的具体操作步骤如下。

（1）打开数据文件，增加变量"地域"，选择"分析"（Analyze）菜单，单击"描述统计"（Descriptive Statistics）子菜单下的"探索"（Explore）命令，SPSS 将弹出"探索"（Explore）对话框，如图 3-10 所示。

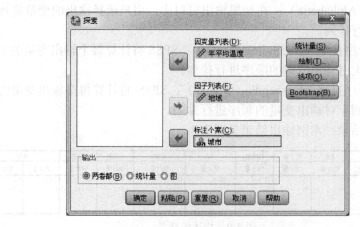

图 3-10 探索性分析主对话框

对话框中各项含义如下。

- 因变量列表（Dependent List）：因变量是用户所研究的目标变量。本例选入变量"年平均温度"。
- 因子列表（Factor List）：影响因变量的因素，本例选入变量"地域"。

- 标注个案（Label Cases by）：标注个案是区分每个观测量的变量。本例选入变量"城市"。
- 两者都（Both）：默认选项，表示同时输出描述统计量的统计表格和图形。本例选此项。统计量（Statistics）：表示只输出统计表格，不输出图表。
- 图：表示只输出图表，不输出统计表格。

（2）单击"统计量"（Statistics）按钮，打开"探索：统计量"（Explore：Statistics）对话框，如图 3-11 所示，本例全选。对话框中各项含义如下。

图 3-11 统计量对话框

- 描述性（Descriptives）：选择此项，将生成描述性统计表格。表中显示样本数据的描述统计量，包括平均值、中位数、5%调整平均数、标准误、方差、标准差、最大值、最小值、组距、四分位数、峰度、偏度及峰度和偏度的标准误。
- 均值的置信区间（Confidence Interval for Mean）：用户还可输入数值指定均值的置信区间的置信度，系统默认的置信度为 95%。
- M-估计量（M-estimators）：选择此项，将计算并生成稳健估计量。M 估计在计算时对所有观测量赋予权重，随观测量距分布中心的远近而变化，通过给远离中心值的数据赋予较小的权重来减小异常值的影响。
- 界外值（Outliers）：选择此项，将输出分析数据中的 5 个最大值和 5 个最小值作为异常嫌疑值。
- 百分位数（Percentiles）：选择此项，将计算并显示指定的百分位数，包括 5%、10%、25%、50%、75%、90%和 95%等。

（3）单击"绘制"（Plots）按钮，打开"探索：图"（Explore：Plots）对话框，如图 3-12 所示。

对话框中各项含义如下。

- "箱图"（Boxplots）栏（单选项组）：箱图，又称箱锁图。
  - 按因子水平分组（Factor levels together，系统默认）：选择此项，将为每个因变量创建一个箱锁图，在每个箱锁图内根据分组变量的不同水平的取值创建箱形单元。

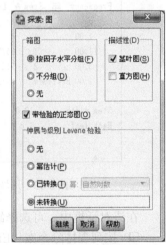

图 3-12 统计图对话框

  - 不分组（Dependents together）：选择此项，将为每个分组变量的水平创建一个箱锁图，在每个箱锁图内用不同的颜色区分不同因变量所对应的箱形单元，方便用户进行比较。
  - 无（None）：选择此项，不创建箱图。
- "描述性"（Descriptive）栏（复选项）：选择该组内的选项，可以生成茎叶图和（或）直方图。
  - 茎叶图（Stem-and-leaf，系统默认）：茎叶图主要由 3 个部分组成，即频率（Frequency）、茎（Stem）和叶（Leaf），在图中按从左到右的顺序依次排列，在图的底端，注明了茎的宽（Stem Width）和每一叶所代表的观测量数（Each Leaf）。图 3-13 为本例分析结果之一。本例茎宽为 10，每片叶子代表一例。

- ➢ 直方图（Histogram）：直接绘制直方图。
- ❑ "带检验的正态图"（Normality plots with test）复选框：选择此项，将进行正态性检验，并生成正态 Q-Q 概率图和无趋势正态 Q-Q 概率图。
- ❑ "伸展与级别 Levene 检验"（Spread vs level with Levene Test）栏（单选项组）：对所有的展布-水平图进行方差齐性检验和数据转换，同时输出回归直线的斜率及方差齐性的 Levene 检验，但如果没有指定分组变量，则此选项无效。
  - ➢ 无（None：不进行 Levene 检验，系统默认。选择此项，SPSS 将不产生回归直线的斜率和方差齐性检验。
  - ➢ 幂估计（Power Estimation）：对每组数据产生一个中位数的自然对数及四个分位数的自然对数的散点图。
  - ➢ 已转换（Transformed）：变换原始数据，用户可在后面的参数框中选择数据变换类型。
  - ➢ 未转换（Untransformed）：不变换原始数据时选择此项。

（4）单击"选项"（Options）按钮，打开"探索：选项"（Explore：Options）对话框，如图 3-14 所示。

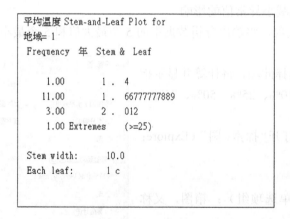

图 3-13　地域 1 的茎叶图　　　　　　　　图 3-14　探索性分析的选项对话框

在该对话框中，可选择缺失值的处理方式，SPSS 提供了 3 种处理方式：

- ❑ 按列表排除个案（Exclude cases listwise，系统默认）：选择此项，对所有的分析过程剔除分组变量和因变量中所有带有缺失值的观测量数据；
- ❑ 按对排除个案（Exclude cases pairwise）：同时剔除带缺失值的观测量及与缺失值有成对关系的观测量。在当前分析过程中用到的变量数据中剔除带有缺失值的观测量数据，在其他分析过程中可能包含缺失值；
- ❑ 报告值（Report values）：选择此项，将分组变量的缺失值单独分为一组，在输出频数表的同时输出缺失值。

（5）单击"确定"（OK）按钮，即可在结果输出窗口中得到探索分析过程的数据概述、基本统计描述表、极端值列表、正态分布检验、方差齐性检验、茎叶图、直方图、箱锁图、正态分布 Q-Q 图、离散正态分布 Q-Q 图等图。

(6) 参与分析过程的观察单位描述如图 3-15 所示，无缺失数据。

	地域	案例					
		有效		缺失		合计	
		N	百分比	N	百分比	N	百分比
年平均温度	0	1	100.0%	0	.0%	1	100.0%
	1	16	100.0%	0	.0%	16	100.0%
	2	16	100.0%	0	.0%	16	100.0%

图 3-15 案例处理摘要

(7) 描述性统计量如图 3-16 所示。

	地域		统计量	标准误
年平均温度	1	均值	18.7	0.672
		均值的95%置信区间 下限	17.268	
		上限	20.132	
		5% 修整均值	18.578	
		中值	17.8	
		方差	7.225	
		标准差	2.688	
		极小值	14.6	
		极大值	25	
		范围	10.4	
		四分位距	3.3	
		偏度	1.001	0.564
		峰度	0.782	1.091
	2	均值	10.906	0.8414
		均值的95%置信区间 下限	9.113	
		上限	12.7	
		5% 修整均值	10.963	
		中值	10.95	
		方差	11.326	
		标准差	3.3654	
		极小值	5.4	
		极大值	15.4	
		范围	10	
		四分位距	6	
		偏度	-0.141	0.564
		峰度	-1.252	1.091

a. 当 地域 = 0 时 年平均温度 是常量。它已被忽略。5%修整均值：将最大和最小的各 5%的观测值去掉后所得的均数。四分位距：为第 75 和第 25 百分位数之差。

图 3-16 观察单位描述

(8) M 估计量：如图 3-17 所示，是集中趋势的稳健估计量，共列出 4 种，分别为 Huber、Tukey、Hampel 和 Andrews M 估计量。除了给出的估计量外，还给出了不同方法计算估计量的加权常量。

	地域	Huber 的 M-估计器[a]	Tukey 的双权重[b]	Hampel 的 M-估计器[c]	Andrews 波[d]
年平均温度	1	18.069	17.721	17.978	17.718
	2	11.031	10.971	10.983	10.97

a. 加权常量为 1.339；b. 加权常量为 4.685；c. 加权常量为 1.700、3.400 和 8.500；d. 加权常量为 1.340*pi。

图 3-17 M-估计器输出结果

(9) 百分位数：如图 3-18 所示，分别给了加权平均和 Tukey 法计算百分位数的结果。

(10) 正态性检验：如图 3-19 所示，给出了 Kolmogorov-Smirnov 法和 Shapiro-Wilk 法两种正态性检验的结果。

	地域	百分位数						
		5	10	25	50	75	90	95
加权平均(定义1)	年平均1	14.6	15.65	17.25	17.8	20.5	23.53	.
	温度 2	5.4	5.89	8.125	10.95	14.15	15.4	.
Tukey的枢纽	年平均1			17.3	17.8	20.1		
	温度 2			8.25	10.95	13.9		

当地域 =0时,年平均温度是常量。它已被忽略。

图 3-18　百分位数输出结果

地域	Kolmogorov-Smirnov[a]			Shapiro-Wilk		
	统计量	df	Sig.	统计量	df	Sig.
年平均温度 1	0.188	16	0.136	0.915	16	0.138
2	0.127	16	.200*	0.941	16	0.361

a. Lilliefors 显著水平修正,*. 这是真实显著水平的下限,b. 当地域 =0 时,年平均温度是常量。它已被忽略。

图 3-19　正态性检验

- Sig:即 P 值。一般来说, P 值越大,越支持资料服从正态分布,当大于 0.05 时我们就可以得出数据分布符合正态分布的结论。
- Shapiro-Wilk 和 Kolmogorov-Smirnov 均可以进行正态性检验,但有时两者间的结果会出现差异,即一个认为正态而另一个认为偏态,通常此种情况下,我们根据样本量进行选择。

SAS 中规定:当样本含量 $n\leqslant 2000$ 时,结果以 Shapiro-Wilk(W 检验)为准,当样本含量 $n>2000$ 时,结果以 Kolmogorov-Smirnov(D 检验)为准。

SPSS 中则这样规定:如果指定的是非整数权重,则在加权样本大小位于 3~50 之间时,计算 Shapiro-Wilk 统计量。对于无权重或整数权重,在加权样本大小位于 3~5000 之间时,计算该统计量。

图 3-20 所示是地域 1 的年平均温度的标准正态性检验 Q-Q 图。如果数据服从正态分布,则散点的分布接近于一条直线,本例不支持正态分布。

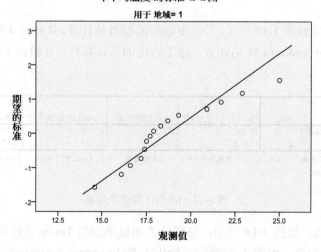

图 3-20　地域 1 的年平均温度的标准正态性检验 Q-Q 图

（11）方差齐性检验：图 3-21 所示给出了 Levene 方差齐性检验的结果，并列举了计算 Levene 统计量的 4 种算法，即基于的中心分别是均数中位数调整自由度的中位数和截两端数据的修整均数。

		Levene 统计量	df1	df2	Sig.
年平均温度	基于均值	1.578	1	30	0.219
	基于中值	1.802	1	30	0.19
	基于中值和带有调整后的df	1.802	1	29.094	0.19
	基于修整均值	1.665	1	30	0.207

a.当地域=0时年平均温度是常量。它已被忽略。

图 3-21　方差齐性检验

（12）箱图与极端值：箱图 3-22 所示中 5 条横线分别代表 5 个百分位点，箱体高度即四分位数间距（$=P_{75}-P_{25}$）。需指出，箱图是在剔除了变量的离群点（out-liers）和极端值（Extreme values）后形成的。图中的空心点（º）代表离群点，即观测值距箱体底线或顶线的距离为箱体高度的 1.5 倍至 3 倍时被视为离群点。图 3-23 所示是选项 outlier 的输出结果，每个变量最多列出 5 个最大值和 5 个最小值。

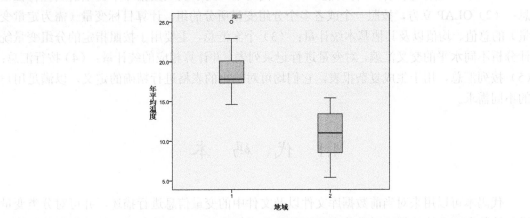

图 3-22　例 3-2 的箱图

地域			案例号	城市	值
年平均温度 1	最高	1	23	海口	25
		2	21	广州	22.9
		3	22	南宁	21.7
		4	14	福州	20.9
		5	24	桂林	19.3
	最低	1	27	贵阳	14.6
		2	28	昆明	16.1
		3	11	南京	16.6
		4	13	合肥	17.2
		5	26	成都	17.4[a]
2	最高	1	18	郑州	15.4
		2	30	西安	15.4
		3	16	济南	15
		4	3	石家庄	14.4
		5	17	青岛	13.4
	最低	1	9	哈尔滨	5.4
		2	32	西宁	6.1
		3	8	长春	6.8
		4	5	呼和浩	8
		5	29	拉萨	8.5

a.下限值中仅显示一部分具有值 17.4 的案例。

图 3-23　极值

第 4 章 基本统计分析的报表制作

在分析处理数据时,有时需要对分析结果做出简要的汇报,即需要统计报表制作技术。SPSS 的报表功能是以表格的形式,按照一定的要求对数据制备行列表,以展现数据内在的联系与规律,让用户在具体实施分析之前能够事先对数据的特征与属性进行大致的了解,以方便用户根据数据的特征进一步采取合适的统计分析方法或者分析工具。运用统计报表功能可以得到许多统计学的基本统计量,如均值、方差、标准差、极大值、极小值、偏度系数、峰度系数和标准误差等,亦能进行正态性检验、独立性检验,以及分析多变量之间的相互关系。

SPSS 19.0 报告模块含 5 种功能:(1)代码本,用于反映数据库中变量的属性特征信息;(2)OLAP 立方,按照一个或者多个分组变量所分的组,计算目标变量(需为定量变量)的总值、均值以及其他基本统计量;(3)个案汇总,主要用于按照指定的分组变量统计分析不同水平的交叉汇编,对变量进行记录列表,并计算相应的统计量;(4)按行汇总;(5)按列汇总,用于生成复杂报表,它们均可对输出的表格进行精确的定义,以满足用户的不同需求。

4.1 代 码 本

代码本可以用来对当前数据库文件以及文件中的变量信息进行描述,并可对分类变量进行计数和百分比计算,对数值变量进行均值、标准差、中位数和四分位数间距的计算。其分析模块如图 4-1 所示。

图 4-1 统计"报告"模块图示

4.1.1 模块解读

1. "代码本:变量"对话框

单击"分析"|"报告"命令,弹出图 4-2 所示的"代码本:变量"对话框。其左侧为

"变量"列表框，呈现的是当前数据库中所有的变量；右侧为"代码本变量"，是在左侧列表中选择的用于进行分析的变量。

2. "代码本：输出"对话框

在图 4-2 所示中单击"输出"按钮，弹出图 4-3 所示的"代码本：输出"对话框。左上角"变量信息"列表框，列出了变量的位置、标签、类型、格式、测量水平、角色、值标签、缺失值、自定义属性和保留属性等信息，上述中必需选择一个；右上角"文件信息"列表中列出了文件属性的信息，如文件名、位置、个案数、标签、文档、权重状态、自定义属性和保留属性；左下角"变量显示顺序"框，用于显示变量的显示顺序，用户可以根据自己的喜好来设置，一般情况下我们选择默认，"显示顺序"下拉列表中含字母顺序、测量水平、文件和变量列表选项。右下角"最大类别数"框用于限定分析的最大类别数，当类别数高于设定值时，将不对变量进行值标签、计数和百分比计算。

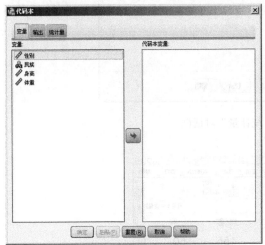

图 4-2 "代码本：变量"对话框

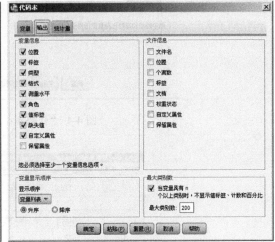

图 4-3 "代码本：输出"对话框

3. "代码本：统计量"对话框

单击"统计量"选项卡，弹出图 4-4 所示的"代码本：统计量"对话框。上面的"计数"和"百分比"复选框用于对分类变量和有序变量进行频数的计算，而"集中趋势和离散"下的复选框，用于对定量变量进行统计描述，指标有均值、标准差和四分位数。

4.1.2 实例详解

例 4.1：现测量某人群性别、民族、身高和体重数据，数据格式如图 4-5 所示。请运用"代码本"对文件及变量属性特征描述。

1. 操作步骤

（1）单击"分析"|"报告"命令，弹出图 4-2 所示的对话框。
（2）单击"变量"选项卡，将"变量"列表中的"民族"和"身高"分别选中，移入右侧"代码本变量"列表框。为节约篇幅，本例选择"民族"和"身高"，分别为分类变量和定量变量，以展示不同的结果形式。

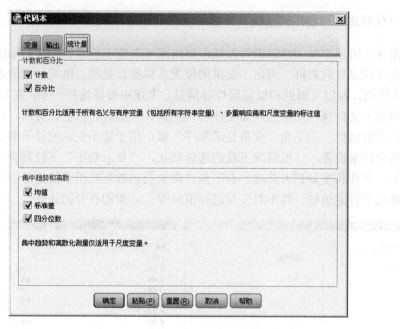

图 4-4 "代码本：统计量"对话框

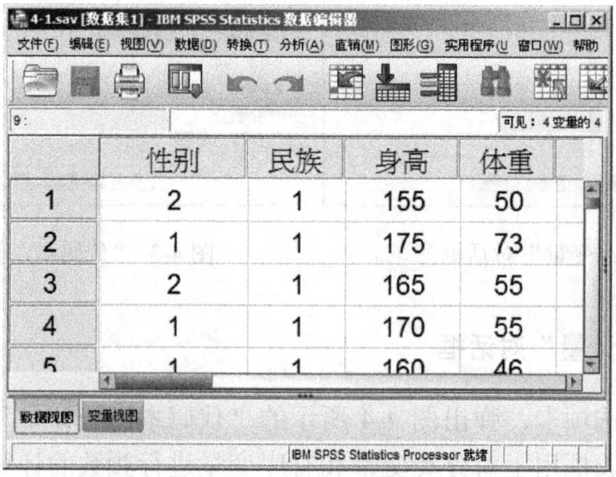

图 4-5 例 4.1 数据格式

（3）单击"输出"选项卡，弹出图 4-3 所示的对话框。为展示分析结果，本例将"变量信息"和"文件信息"复选框中的信息全部选中。

（4）单击"统计量"选项卡，弹出图 4-4 所示的对话框。将所有复选框选中，单击"确定"按钮。

2. 结果解读

本例分析结果分为 3 个表格，图 4-6 所示为文件信息表，表中列出了当前文件的文件名、所在位置、标签、权重变量和个案数情况。图 4-7 所示为分类变量"民族"的属性与特征，列出了"民族"标准属性特征，即这个变量在数据库中的位置、标签情况、类型、格式、测量和角色，并对其值进行计数和百分比计算。图 4-8 所示为定量变量"身高"的属性与特征，结果展示了标准属性特征、有效与缺失情况以及集中与离散指标（均值、标准差、P_{25}、中位数和 P_{75}）。

		值	
文件名		4-1.sav	
位置		C:\Documents and Settings\Administrator\桌面	
标签			
权重变量		<无>	
个案数	未加权的		41
	已加权的		41

图 4-6 文件信息表

		值	计数	百分比
标准属性	位置	2		
	标签	<无>		
	类型	字符串		
	格式	A9		
	测量	标称		
	角色	输入		
有效值	1	汉	33	80.50%
	2	回	4	9.80%
	3	壮	4	9.80%

图 4-7 变量"民族"的属性与特征

		值
标准属性	位置	3
	标签	<无>
	类型	数字
	格式	F9
	测量	刻度
	角色	输入
N	有效	41
	缺失	0
集中趋势和频散	均值	164.39
	标准差	8.637
	百分位 25	157
	百分位 50	163
	百分位 75	170

图 4-8 变量"身高"的属性与特征

4.2 在线分析处理报告（OLAP）

该过程是用于对一个或多个分组变量类别中连续变量的总和、均值和其他单变量进行统计。其可以为每个分组变量的每个类别创建单独的层，表中的每一个层是依据一个分组变量的结果输出。OLAP 最大的特点就是交互性强，用户可自主选择内容与形式。

4.2.1 模块解读

1. "OLAP立方"对话框

打开数据文件,单击"分析"|"报告"|"OLAP 立方"命令,弹出"OLAP 立方体"对话框,如图 4-9 所示。对话框左侧为数据库的变量列表,"摘要变量"框为需要分析的目标变量,"分组变量"框为对目标变量进行分组描述的依据变量。右侧有"统计量"、"差分"和"标题"3 个按钮。

2. "统计量"按钮

在图 4-9 所示中,单击"统计量"按钮,弹出"OLAP 立方:统计量"对话框,如图 4-10 所示。左侧为当前可以计算的所有统计量列表,读者可以根据自己的需要自行选定放入,右侧为"单元格统计量"列表。单击"继续"按钮,返回主对话框。

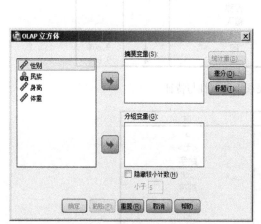

图 4-9 "OLAP 立方体"对话框

图 4-10 "OLAP 立方:统计量"对话框

3. "差分"按钮

在主对话框中单击"差分"按钮,弹出"OLAP:差分"对话框,如图 4-11 所示。该对话框用于设置差异的统计方式。

(1) 摘要统计量的差值:该选项组包括"无"、"变量之间的差值"和"组之间的差值"3 个选项,分别表示不进行差异计算、计算变量之间的差异计算和计算组之间的差异,若选择后面两项,则分别激活"变量之间移动的差值"和"个案之间移动的差值"选项组。

(2) 差值类型:提供"百分比差值"和"算数差值"两个选项,读者可根据自己的需要选择。

(3) 变量之间移动的差值:当图 4-9 所示"摘要变量"列表中至少放入两个以上汇总变量时,此项方能使用。该项包括"变量"、"减法变量"两个下拉框和"百分比标签"、

"数值标签"2个输入框。如果需要多对比较,可以将建立的差值比较放入右侧"对"列表中,然后再进行设置。

(4)"个案组之间移动的差值":用于设置组之间差异的选型,必须要有分组变量方可,包括一个"分组变量"下拉框和"类别"、"负类别"、"百分比标签"及"算术标签"4个文本输入框,分别用于设置分组变量、比较的各类别取值和差异的方式。

4."标题"按钮

单击"标题"按钮,弹出"OLAP立方:标题"对话框,如图4-12所示,读者可以在"标题"框和"题注"框分别设置所分析数据的标题和脚注。

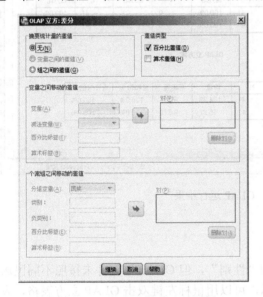
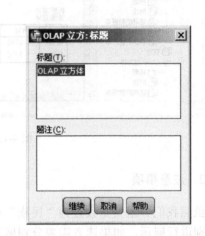

图4-11 "OLAP:差分"对话框　　　图4-12 "OLAP立方:标题"对话框

4.2.2 实例详解

依然以例4.1为例,现对"4-1.sav"数据进行OLAP立方分析。

1.操作步骤

(1)单击"分析"|"报告"|"OLA立方"命令,弹出图4-9所示的对话框。
(2)将"身高"和"体重"放入"摘要变量"框。
(3)将"性别"和"民族"放入"分组变量"框。
(4)单击"统计量"按钮,在图4-10所示对话框中,选择您所关心的统计量放入"单元格统计量"列表,此次笔者采用默认的统计量。本例"差分"和"标题"采用默认值,单击"确定"按钮运行。

2.结果解读

运行结果如图4-13所示,结果包括两个表,一为目标变量的案例处理的摘要,二为

OLAP 立方结果，表中列出了目标变量"身高"和"体重"的合计、样本量、总和的%和合计 N 的%。

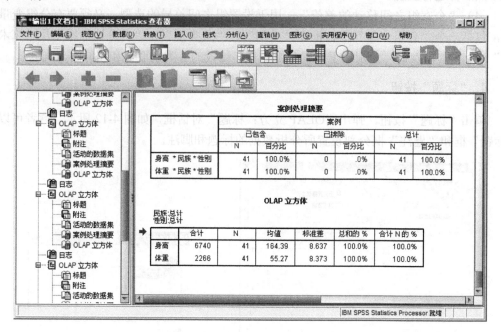

图 4-13　OLAP 运行结果

3. 注意事项

虽然我们分组变量设置为"民族"和"性别"，但 OLAP 立方并未按照不同民族和性别分别进行展示，如果读者需要分别展示，可以用鼠标左键双击 OLAP 立方表格，表格被激活为 OLAP 立方编辑状态，如图 4-14 所示，读者可以展开下拉列表分别选择展示。

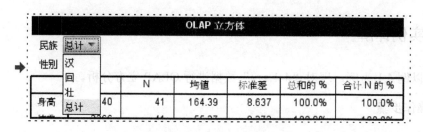

图 4-14　OLAP 立方编辑状态

4.3　个案摘要报告

个案的目标汇总实为对数据库中的个案（即每条的记录）的某些变量进行汇总展示。在个案摘要报告中，每个类别中的数据值可以列出也可不列出，而对于大型数据，可以选择展示部分结果。

4.3.1 模块解读

1. "摘要个案"对话框

打开一个数据库,单击"分析"|"报告"|"个案汇总"命令,弹出"摘要个案"对话框,如图 4-15 所示。左侧为数据库中的变量列表,右侧"变量"框为希望分析的变量列表,"分组变量"框用于设置分组变量。"显示个案"复选框用于设置输出的条件。

2. "摘要报告:统计量"对话框

在"摘要个案"对话框中单击"统计量"按钮,弹出"摘要报告:统计量"对话框。左侧为可以分析的"统计量"列表,右侧为"单元格统计量",读者可以根据自己需要从左侧列表选择一些统计量放入右侧进行分析,如图 4-16 所示。

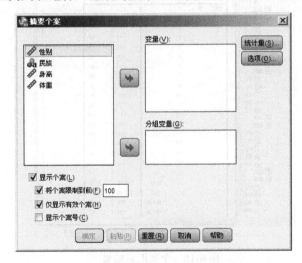

图 4-15 "摘要个案"对话框

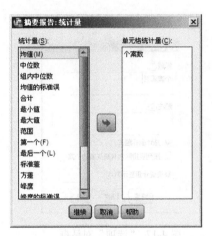

图 4-16 "摘要报告:统计量"对话框

3. "选项"对话框

在"摘要个案"对话框中单击"选项"按钮,弹出"选项"对话框。用于设定"标题"、"题注"、"总计副标题"、是否排除含有缺失值的个案及对缺失统计量的显示方式,如图 4-17 所示。

4.3.2 实例详解

依旧以例 4.1 为例,对不同性别个案的"身高"和"体重"进行汇总。

1. 操作步骤

(1)单击"分析"|"报告"|"个案汇总"命令,弹出图 4-15 所示的对话框。将"身高"和"体重"移入"变量"框。将"性别"放入"分组变量"框。

(2) 单击"统计量"按钮,将"均值"、"中位数"、"最大值"、"最小值"和"范围"移入"单元格统计量"列表。其他采用默认选项。回主对话框,单击"确定"按钮运行。

2. 结果解读

分析结果一为案例处理摘要,与前一节同,此处不列出。另一结果为个案汇总摘要,如图 4-18 所示,本例按照不同性别,分别列出个案,并算出不同性别个案的均值、中位数、极大值、极小值和范围。

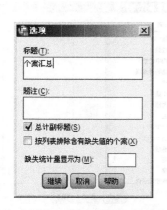

图 4-17 "选项"对话框

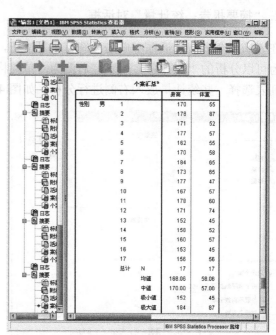

图 4-18 个案汇总结果

4.4 行形式摘要报告

行形式摘要报告可以根据读者的需求将数据重新整理组织,并按照用户的要求在结果输出窗口进行展示输出。同时行形式摘要报告还可以进行相关的统计分析并给出相应的统计量。

4.4.1 模块解读

1. "报告:行摘要"对话框

打开一个数据库,单击"分析"|"报告"|"按行汇总"命令,弹出"报告:行摘要"对话框,如图 4-19 所示。左边为当前数据库变量列表,右侧上部"数据列",可放入要分析的目标变量,目标变量放入后,其右下角"格式"按钮激活,单击弹出对话框如图 4-20

所示，可以对该变量的格式进行设置。"分组列"用于对目标变量进行分组计算，需放入分组变量。放入后可对其"摘要"、"选项"和"格式"进行设置。

图 4-19 "报告：行摘要"对话框

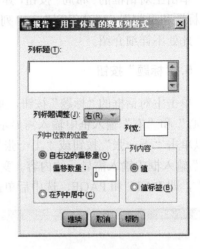

图 4-20 报告：目标变量的格式

2."摘要"按钮

主对话框含两个"摘要"按钮，分别用于对目标变量和分组变量进行统计量的计算，两个摘要对话框一样，如图 4-21 所示，可以计算总和、均值、最小值、最大值、个案数、标准差、峰度系数、方差以及偏度系数等统计量。

3."选项"按钮

单击主对话框的"选项"按钮，弹出图 4-22 所示的对话框，其中"按列表排除含有缺失值的个案（X）"表示一旦某条记录的某个变量缺失，则删除该条记录，不参加分析。"缺失值显示为"用于设置缺失值的显示方式；"计算页数的起点"用于设置输出结果的起始页码。

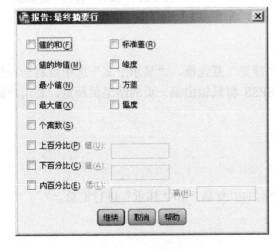

图 4-21 "报告：最终摘要行"对话框

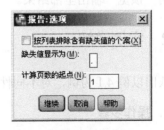

图 4-22 "报告：选项"对话框

4. "布局"按钮

单击主对话框的"布局"按钮,弹出图 4-23 所示的对话框,可以对结果的"页面布局"、"页标题和页脚"、"分组列"、"列标题"和"数据列行与分组标注"进行设置,较易理解,此处不详细介绍。

5. "标题"按钮

单击主对话框的"标题"按钮,弹出图 4-24 所示的对话框,页面标题行可以在"左"、"中心"和"右"输入框中输入需显示的内容,可以指定最多 10 页的标题,各页标题切换可以单击"下一张"按钮或"上一张"。页面页脚行同样可以进行在"左"、"中心"和"右"输入框中输入需显示的内容。变量列表为当前数据库的变量,下面还有两个"特殊变量",即 DATE 和 PAGE,选中后单击箭头按钮,可以放入相应的位置进行显示。

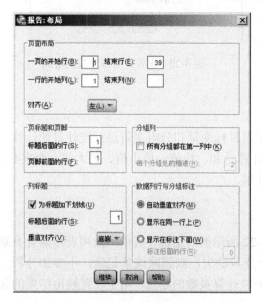

图 4-23 "报告:布局"对话框

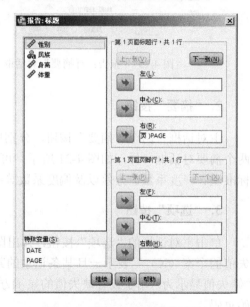

图 4-24 "报告:标题"对话框

6. 其他

主对话框还包括"显示个案"和"预览"复选框,"显示个案"选中后将会在结果中显示所有单个记录;"预览"选中后 SPSS 将只输出第一页的结果供预览,若用户满意,可取消"预览"输出全部结果。

4.4.2 实例详解

依旧以例 4.1 为例,对不同性别个案的"身高"和"体重"进行汇总。

1. 操作步骤

(1) 单击"分析"|"报告"|"按行汇总"命令,弹出图 4-19 所示的对话框。将"身

高"和"体重"放入"数据列变量"框,将"民族"放入"终止列变量",其他默认。

(2)单击"终止列变量"下面的"摘要"按钮,选择"合计"、"均值"、"最小值"和"最大值",本例选择这几项进行举例,用户可根据自己要求选择。

(3)单击主对话框的"摘要"按钮,为了在结果中有所区别,本例选择"合计"、"均值"、"最小值"、"最大值"、"峰度"和"偏度"。单击"确定"按钮运行,结果如图4-25所示。

2. 结果解读

如图4-25所示可见,按照"民族"变量分别对"身高"和"体重"进行了"合计"、"均值"、"最小值"和"最大值"计算。同时按照数据列变量"身高"和"体重"计算了"合计"、"均值"、"最小值"、"最大值"、"峰度"和"偏度"。

民族	身高	体重
汉		
合计	5499	1850
均值(M)	167	56
最小值	153	45
最大值	184	87
回		
合计	625	204
均值(M)	156	51
最小值	152	45
最大值	160	57
壮		
合计	616	212
均值(M)	154	53
最小值	153	45
最大值	156	59
总计		
合计	6740	2266
均值(M)	164	55
最小值	152	45
最大值	184	87
峰度	-.85	4.57
偏度	.39	1.75

图4-25 行摘要分析结果

4.5 列形式摘要报告

列形式摘要报告功能与行形式相同,只是在输出格式上略有差异,请见下面的介绍。

4.5.1 模块解读

1. "报告:列摘要"对话框

打开数据库,单击"分析"|"报告"|"按列汇总"命令,弹出"报告:列摘要"对话框,如图4-26所示,左边为当前数据库变量列表,右侧上部"数据列变量"框,可放入要分析的目标变量,目标变量放入后,"摘要"和"格式"按钮被激活;下面"终止列变量"框用于放入分组变量,分组变量放入后,"选项"和"格式"按钮被激活。

2. "摘要"按钮

当放入目标变量之后,"摘要"按钮被激活,单击弹出图2-27所示的"报告:摘要行"对话框。该框上面部分主要列出了数值变量的常用统计描述统计量;中间部分可分析具体数值所占的"上百分比"或者"下百分比";"内百分比"是指在某一范围内数值所占的百分比。该对话框中的各种选项只能单选,不能复选。

3. 其他

图4-26所示的对话框中的其他按钮功能与前面"行形式摘要报告"大致相同,此处不述。

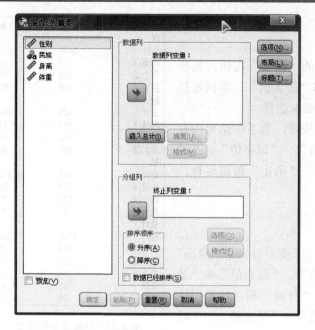

图 4-26 "报告：列摘要"对话框

图 4-27 "报告：摘要行"对话框

4.5.2 实例详解

依旧以例 4.1 为例，对不同性别个案的"身高"和"体重"进行汇总。

1．操作步骤

（1）单击"分析"|"报告"|"按列汇总"命令，弹出图 4-26 所示的对话框。将"身高"和"体重"放入"数据列变量"框，将"性别"放入"终止列变量"框，其他默认。

（2）选中"身高"变量，单击"摘要"按钮，选择"均值"；选中"体重"变量，单击"摘要"按钮，选择"内百分比"，范围设置为 45～50 公斤。本例选择这几项进行举例，用户可根据自己要求选择。

（3）其他选项默认，单击"确定"按钮运行，结果如图 4-28 所示。

2．结果解读

从结果图 4-28 显示，不同性别身高均值男=168 cm，女=162 cm，体重在 45～60 kg 之间的男性占 76.5%；而女性占 95.8%。读者可根据自己的需要进行相关选项的选择，以满足分析的目的。

图 4-28 分析结果

第2篇 基本统计分析方法篇

▶▶ 第5章　T检验

▶▶ 第6章　方差分析

▶▶ 第7章　定性资料统计推断

▶▶ 第8章　有序定性资料统计推断

▶▶ 第9章　统计图

▶▶ 第10章　诊断试验与 ROC 分析

▶▶ 第11章　缺失值分析

▶▶ 第12章　非参数检验

▶▶ 第13章　简单线性回归与相关

▶▶ 第14章　多重响应分析

▶▶ 第15章　SPSS 中随机化过程的实现

▶▶ 第16章　典型相关

第 5 章　T 检验

在针对连续变量的统计推断方法中，最常用的有 T 检验和方差分析两种，其中 T 检验是最基本的检验方法。做 T 检验分析时，当样本量较大时，研究者很少去考虑 T 检验的适用条件。因为由中心极限定理可知，只要样本量足够大，其样本均数的抽样分布仍然是正态的。也就是说，只要数据分布不是强烈的偏态，一般而言 T 检验都是适用的。当样本例数 n 较小时，一般要求样本取自正态总体，这可以通过第 3 章介绍的正态性检验来完成，或是用更直观的作图方法来判断。

5.1　均值（Means）过程

Means 过程是 SPSS 计算各种基本描述统计量的过程。与第 3 章中的计算某一样本总体均值相比，Means 过程其实就是按照用户指定条件，对样本进行分组计算均数和标准差，如按性别计算各组的均数和标准差。

用户可以指定一个或多个变量作为分组变量。如果分组变量为多个，还应指定这些分组变量之间的层次关系。层次关系可以是同层次的或多层次的。同层次意味着将按照各分组变量的不同取值分别对个案进行分组；多层次表示将首先按第一分组变量分组，然后对各个分组下的个案按照第二组分组变量进行分组。

Means 过程的计算公式为：

$$\bar{x}_1 = \frac{\sum_{i=1}^{n} x_{1i}}{n}$$

例 5.1：比较不同性别同学的成绩平均值，见"例 5-1.sav"。

1. 操作步骤

（1）单击"分析"|"比较均值"|"均值"命令，如图 5-1 所示，弹出图 5-2 所示的对话框。

（2）将变量"成绩"放入"因变量列表"框；将变量"性别"放入"自变量列表"框。

（3）单击"选项"按钮，弹出图 5-3 所示的对话框，选择需要的统计量，单击"继续"按钮，返回主对话框。

（4）单击"确定"按钮运行，输出结果。

2. 结果解读

图 5-4 所示为均值报告，按性别列出了变量的均数、样本和标准差，以及总的均数、

样本和标准差。

图 5-1 均值菜单

图 5-2 "均值"对话框

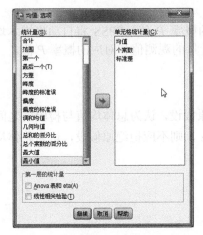

图 5-3 "均值：选项"对话框框

Report

成绩

性别	Mean	N	Std. Deviation
男	85.5	12	4.232
女	88.17	12	4.324
Total	86.83	24	4.4

图 5-4 均值报告

5.2 单样本 T 检验

单样本 T 检验的目的是利用来自某总体的样本数据，推断该总体的均值是否与指定的检验值之间存在显著性差异。这里，前提要求是样本来自的总体服从正态分布。

5.2.1 原理

1. 提出原假设

单样本 T 检验的原假设 H_0 为：总体均值与检验值之间不存在显著差异。表述为 H_0：$\mu = \mu_0$。μ 为总体均值，μ_0 为检验值。

2. 选择检验统计量

当总体分布为正态分布 $N(\mu,\sigma^2)$ 时，样本均值的抽样分布仍为正态分布，该正态分布的均值为 μ，方差为 σ^2/n，即：

$$\bar{X} \sim N\left(\mu, \frac{\sigma^2}{n}\right)$$

式中，μ 为总体均值，当原假设成立时，$\mu = \mu_0$，σ^2 为总体方差，n 为样本数。总体分布近似服从正态分布时，通常总体方差是未知的，此时可以用样本方差 S^2 替代，得到的检验统计量为 t 统计量，数学定义为：

$$t = \frac{\bar{X} - \mu}{\sqrt{\frac{S^2}{n}}} \quad \text{①}$$

式中，t 统计量服从自由度为 $n-1$ 的 t 分布。单样本 T 检验的检验统计量即为 t 统计量。当认为原假设成立时 μ 用 μ_0 代入。

3. 计算检验统计量观测值和概率 P 值

该步目的是计算检验统计量的观测值和相应的概率 P 值。SPSS 将自动将样本均值、μ_0、样本方差、样本数代入式①中，计算出 t 统计量的观测值和对应的概率 P 值。

4. 给定显著性水平α，并作出决策

如果概率 P 值小于显著性水平 α，则应拒绝原假设，认为总体均值与检验值之间存在显著差异；反之，如果概率 P 值大于显著性水平 α，则不应拒绝原假设，认为总体均值与检验值之间无显著差异。

5.2.2 模块解读

1. 单样本T检验

单击"分析"|"比较均值"|"单样本 T 检验"命令，弹出"单样本 T 检验"对话框，如图 5-5 所示。"检验变量"框中放入本次需要比较的变量"浓度"，"检验值"框输入已知总体均数，此例为已知标准浓度 20.00mg/L。

2. "选项"按钮

单击"选项"按钮，弹出图 5-6 所示的对话框，"置信区间百分比"中的水平通常设定为 95%。"缺失值"栏用于选择处理缺失值的方式，"按分析顺序排除个案"表示在分析时，检验变量中含有缺失值的将不被计算；"按列表排除个案"表示任何一个变量中含有缺失值的个案都不被计算。

5.2.3 实例详解

例 5.2：某药物在某种溶剂中溶解后的标准浓度为 20.00mg/L。现采用某种方法，测量

该药物溶解液 11 次，测量后得到的结果见"例 5-2.sav"。问：用该方法测量所得结果是否与标准浓度值有所不同？

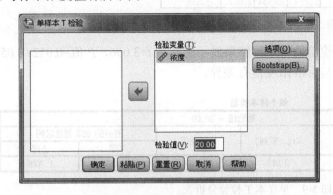

图 5-5 "单样本 T 检验"对话框　　　　图 5-6 "单样本 T 检验：选项"对话框

1．操作步骤

（1）单击"分析"|"比较均值"|"单样本 T 检验"命令，如图 5-7 所示，弹出图 5-5 所示的对话框。

图 5-7 "单样本 T 检验"菜单命令

（2）将变量"浓度"放入"检验变量"框。
（3）在"检验值"框输入已知总体均数，此例为 20.00。
（4）单击"确定"按钮运行，输出结果。

2．结果解读

（1）图 5-8 所示为单样本 T 检验统计量表，分别列出了检验变量的样本量、均数、标准差和标准误。

单个样本统计量

	N	均值	标准差	均值的标准误
浓度	11	20.984	1.0675	0.32186

图 5-8　单样本 T 检验统计量表

（2）图 5-9 所示为单样本 T 检验的结果，结果显示统计量 t=3.056，P 值=0.012<0.05，因此认为用该方法测量所得结果与标准浓度值有差异。

单个样本检验

	检验值 = 20.00					
	t	df	Sig.(双侧)	均值差值	差分的 95% 置信区间	
					下限	上限
浓度	3.056	10	0.012	0.98364	0.2665	1.7008

图 5-9　单样本 T 检验分析表

5.3　独立样本 T 检验

两独立样本 T 检验的目的是利用来自两个总体的独立样本，推断两个总体的均值是否存在显著差异。这个检验的前提要求是：（1）独立。两组数据相互独立，互不相关；（2）正态。即两组样本来自的总体符合正态分布；（3）方差齐性。即两组方差相等。

5.3.1　原理

1. 提出零假设

两独立样本 T 检验的原假设 H_0 为：两总体均值无显著差异。表述为：H_0：$\mu_1 - \mu_2 = 0$；其中，μ_1，μ_2 分别为第一个和第二个总体的均值。

2. 选择检验统计量

对两总体均值差的推断是建立在来自两个总体样本均值差的基础之上的，也就是希望利用两组样本均值的差去估计量总体均值的差。因此，应关注两样本均值的抽样分布，当两总体分布分别为 $N(\mu_1, \sigma_1^2)$ 和 $N(\mu_2, \sigma_2^2)$ 时，两样本均值差的抽样分布仍为正态分布，该正态分布的均值为 $\mu_1 - \mu_2$，方差为 σ_{12}^2。在不同的情况下，σ_{12}^2 有不同的计算方式。

第一种情况：当两总体方差未知且相等，即 $\sigma_1 = \sigma_2$ 时，采用合并的方差作为两个总体方差的估计，数学定义为：

$$Sp^2 = \frac{(n_1-1)S_1^2 + (n_2-1)S_2^2}{n_1 + n_2 - 2}$$

式中，S_1^2，S_2^2 分别为第一组和第二组样本的方差；n_1，n_2 分别为第一组和第二组样本的样本数。此时两样本均值差的抽样分布的方差 σ_{12}^2 为：

$$\sigma_{12}^2 = \frac{Sp^2}{n_1} + \frac{Sp^2}{n_2}$$

第二种情况：当两总体方差未知且不相等，即 $\sigma_1 \neq \sigma_2$ 时，分别采用各自的方差，此时两样本均值差的抽样分布的方差 σ_{12}^2 为：

$$\sigma_{12}^2 = \frac{S^2}{n_1} + \frac{S^2}{n_2} \quad ②$$

于是，两总体均值差检验的检验统计量为 t 统计量，数学定义为：

$$t = \frac{\overline{X}_1 - \overline{X}_2 - (\mu_1 - \mu_2)}{\sqrt{\sigma_{12}^2}} \quad ③$$

在第一种情况下，t 统计量服从 $n_1 + n_2 - 2$ 个自由度的 t 分布；在第二种情况下，服从修正自由度的 t 分布，修正的自由度定义为：

$$f = \frac{\left(\dfrac{S_1^2}{n_1} + \dfrac{S_2^2}{n_2}\right)^2}{\dfrac{\left(\dfrac{S_1^2}{n_1}\right)^2}{n_1} + \dfrac{\left(\dfrac{S_2^2}{n_2}\right)^2}{n_2}}$$

3．计算检验统计量观测值和概率 P 值

该步的目的是计算 F 统计量和 t 统计量的观测值以及相应的概率 P 值。SPSS 将自动依据单因素方差分析的方法计算 F 统计量和概率 P 值，并自动将两组样本的均值、样本数、抽样分布方差等代入式③中，计算出 t 统计量的观测值和对应的概率 P 值。

4．给定显著性水平 α，并作出决策

（1）利用 F 检验判断两总体的方差是否相等，并据此决定抽样分布方差和自由度的计算方法和计算结果。如果 F 检验统计量的概率 P 值小于显著性水平 α，则应拒绝原假设，认为两总体方差没有显著差异，应选择式②和式③计算出的结果。反之，如果概率 P 值大于显著性水平 α 则不应拒绝原假设，认为两总体方差无显著差异。

（2）利用 T 检验判断两总体均值是否存在显著差异。如果 T 检验统计量的概率 P 值小于显著性水平 α，则应拒绝原假设，认为两总体均值有显著性差异。反之，如果概率 P 值大于显著性水平 α，则不应拒绝原假设，认为两总体均值无显著差异。

5.3.2 模块解读

1．独立样本T检验

单击"分析"|"比较均值"|"独立样本 T 检验"命令，弹出"独立样本 T 检验"对话框，如图 5-10 所示。在"检验变量"框中放入本次需要比较的变量 score，"分组变量"框中放入分组变量 class。

2．"定义组"按钮

单击"定义组"按钮，弹出图 5-11 所示的"定义组"对话框，用于定义需要比较的组别。其中"使用指定值"表示分别输入两个值，每个值代表一个总体；"割点"表示分组变量为连续变量时，输入一个数字，大于等于该数值的为一个总体，对应一组样本。小于该值得为另一总体，对应另一组样本。

图 5-10 "独立样本 T 检验"对话框

3. "选项"按钮

单击"选项"按钮,弹出图 5-12 所示的"选项"对话框。"置信区间百分比"中的水平通常设定为 95%。"缺失值"栏用于选择处理缺失值的方式,"按分析顺序排除个案"表示在分析时,检验变量中含有缺失值的将不被计算;"按列表排除个案"表示任何一个变量中含有缺失值的个案都不被计算。

图 5-11 "定义组"对话框

图 5-12 "选项"对话框

5.3.3 实例详解

例 5.3:现希望评价两位老师的教学质量,试比较其分别任教的甲、乙两班(设甲、乙两班原成绩相近,不存在差别)考试后的成绩是否存在差异?见"例 5-3.sav"。

1. 操作步骤

(1)单击"分析"|"比较均值"|"独立样本 T 检验"命令,如图 5-13 所示,弹出图 5-10 所示的对话框。

(2)将变量 score 放入"检验变量"框;将变量 class 放入"分组变量"框。

(3)单击"定义组"按钮,弹出图 5-11 所示的对话框,选中"使用指定值"选项,在"组 1"中输入"1",在"组 2"中输入"2",单击"继续"按钮,返回主对话框。

(4)单击"确定"按钮运行,输出结果。

图 5-13 "独立样本 T 检验"菜单命令

2. 结果解读

(1) 图 5-14 所示为独立样本 T 检验统计量表,分别列出了"甲班"、"乙班"两个组的样本量、均值、标准差和标准误。

组统计量

	class	N	均值	标准差	均值的标准误
score	甲班	20	83.3	6.906	1.544
	乙班	20	75.45	9.179	2.053

图 5-14 独立样本 T 检验统计量表

(2) 图 5-15 所示为独立样本 T 检验分析的结果,并且进行了方差齐性检验。结果显示 Levene 统计量为 0.733,显著性 P 值为 0.397>0.05,故方差齐。不同组间独立样本 T 检验统计量 t=3.056,P 值为 0.004<0.01,因此认为两位老师分别任教的甲、乙两班考试后的成绩存在差异,即两位老师的教学质量存在差异。

独立样本检验

		方差方程的 Levene 检验		均值方程的 t 检验						
		F	Sig.	t	df	Sig.(双侧)	均值差值	标准误差值	差分的 95% 置信区间	
									下限	上限
score	假设方差相等	0.733	0.397	3.056	38	0.004	7.85	2.569	2.65	13.05
	假设方差不相等			3.056	35.29	0.004	7.85	2.569	2.637	13.063

图 5-15 独立样本 T 检验分析表

5.4 配对样本 T 检验

两配对样本 T 检验的目的是利用来自两个不同总体的配对样本，推断两个总体的均值是否存在显著差异。在配对设计得到的样本数据中，每对数据之间都有一定的相关，如果忽略这种关系就会浪费大量的统计信息，因此配对样本 T 检验的前提要求为：（1）两样本必须是配对的。配对可以从两个因素考虑，首先，两样本的观察值数目相等；其次，两样本的观察值的顺序不能随意更改。（2）样本来自的两个总体应服从正态分布。

5.4.1 原理

1．提出原假设

两配对样本 T 检验的原假设 H_0 为：两总体均值无显著差异，表述为 H_0：$\mu_1 - \mu_2 = 0$。μ_1，μ_2 分别为第一个和第二个总体的均值。

2．选择统计量

两配对样本 T 检验采用 t 统计量。其思路是：首先，对两组样本分别计算出每对观测值的差值得到差值样本；然后，利用差值样本，通过对其均值是否显著为 0 的检验来推断两总体均值的差是否显著为 0。如果差值样本的均值与 0 有显著差异，则可以认为两总体的均值有显著差异；反之，如果差值样本的均值与 0 无显著差异，则可以认为两总体均值不存在显著差异。

3．计算检验统计量观测值和概率 P 值

SPSS 将计算两组样本的差值，并将相应数据代入式①，计算出 t 统计量的观测值和对应的概率 P 值。

4．给定显著水平 α，并作出决策

给定显著水平 α，与检验统计量的概率 P 值作比较。如果概率 P 值小于显著水平 α，则应拒绝原假设，认为差值样本的总体均值与 0 有显著不同，两总体的均值有显著差异；反之，如果概率 P 值大于显著水平 α，则不应拒绝原假设，认为差值样本的总体均值与 0 无显著不同，两总体的均值不存在显著差异。

5.4.2 模块解读

1．配对样本T检验

单击"分析"｜"比较均值"｜"配对样本 T 检验"命令，弹出"配对样本 T 检验"对话框，如图 5-16 所示，把变量"干预前"、"干预后"选入"成对变量"框中。

第 5 章　T 检验

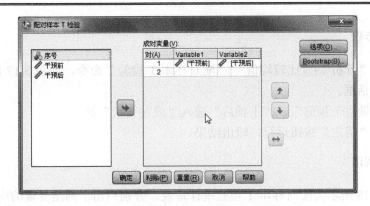

图 5-16　"配对样本 T 检验"对话框

2. "选项"按钮

单击"选项"按钮，弹出图 5-12 所示的"选项"对话框。"置信区间百分比"中的水平通常设定为 95%。"缺失值"栏用于选择处理缺失值的方式，"按分析顺序排除个案"表示在分析时，检验变量中含有缺失值的将不被计算；"按列表排除个案"表示任何一个变量中含有缺失值的个案都不被计算。

5.4.3　实例详解

例 5.4：某地区随机抽取 12 名贫血儿童的家庭，实行健康教育干预三个月，干预前后儿童的血红蛋白（%）测量结果见"例 5-4.sav"，试问干预前后该地区贫血儿童血红蛋白（%）平均水平有无变化？

图 5-17　"配对样本 T 检验"菜单命令

1. 操作步骤

(1) 单击"分析"|"比较均值"|"配对样本 T 检验"命令,如图 5-17 所示,弹出图 5-16 所示的对话框。

(2) 把变量"干预前"、"干预后"选入"成对变量"框。

(3) 单击"确定"按钮运行,输出结果。

2. 结果解读

(1) 图 5-18 所示为配对样本 T 检验统计量表,分别列出了两组变量的均值、样本量、标准差和标准误。

成对样本统计量

		均值	N	标准差	均值的标准误
对 1	干预前	49.5	12	11.334	3.272
	干预后	60.17	12	10.599	3.06

图 5-18 配对样本 T 检验统计量表

(2) 图 5-19 所示为配对样本 T 检验分析的结果,并且列出了干预前–干预后所得差值的均值、标准差、标准误和 95%置信区间。结果显示统计量 $t = -3.305$,P 值=0.007<0.01,因此认为干预前后该地区贫血儿童血红蛋白(%)平均水平有变化,综合本案,可以认为该种干预措施可以增加该地区贫血儿童血红蛋白(%)平均水平。

成对样本检验

		成对差分					t	df	Sig.(双侧)
		均值	标准差	均值的标准误	差分的 95% 置信区间				
					下限	上限			
对 1	干预前 - 干预后	-10.667	11.179	3.227	-17.769	-3.564	-3.305	11	0.007

图 5-19 配对样本 T 检验分析表

第6章 方差分析

在实际科研中，当比较两组资料均数是否相等时，可采用前面介绍的T检验。当组数大于2组时，即检验两组以上总体均数是否相等时，如果使用T检验会增加犯第I类错误的概率，这时应该用本章介绍的方差分析。方差分析的基本思想是根据资料的设计类型和研究目的，将全部观察值总的离散度和自由度分解为相应的几个部分，除了随机误差外，其余每个部分的变异可由某个因素的作用加以解释，如各组均数间的变异可由处理因素的作用加以解释，通过比较不同变异来源的均方，借助F分布作出统计推断，从而判断该因素对观测指标有无影响。方差分析的应用条件如下：（1）独立。各组数据相互独立，互不相关；（2）正态。即各组数据符合正态分布；（3）方差齐性。即各组方差相等。

6.1 单因素方差分析

统计学上的因素是指研究者所关心的实验条件，而水平是指因素的具体表现形式，如温度（30、60、90）℃、药物种类（A、B、C）和产地（山东、安徽、江苏）。此处的温度、药物种类和产地就是因素，而每个因素里具体的不同形式就称为水平。

6.1.1 原理

单因素方差分析即仅研究了单个研究因素，该因素有多个水平（≥3，如果2个水平就用T检验了），如在实验中按随机化原则将受试对象随机分配到一个研究因素的多个水平中去，然后观察实验效应（该实验效应为定量的），方差分析就是通过分析处理组均数之间的差别，推断试验中所代表的多个总体均数间是否存在差别。

其原理是将全部观察数据的变异（总变异）分解为组间变异和组内变异，如果组间的变异远远大于组内变异，则有理由认为本次研究的因素发挥着作用。

（1）总变异：即每个试验对象数据 x_{ij} 与总体均数 $\bar{x}$ 的差异，这种变异称为总变异。

$$SS_{总} = \sum_{i=1}^{k} \sum_{j=1}^{n_i} (x_{ij} - \bar{x})^2$$

（2）组间变异：各处理组的样本均数 $\bar{x_i}$ 与总体均数 $\bar{x}$ 的差异，这种变异称为组间变异。

$$SS_{组间} = \sum_{i=1}^{k} n_i (\bar{x_i} - \bar{x})^2$$

（3）组内变异：各处理组内部观察值 x_{ij} 与该组均数 $\bar{x_i}$ 的差异，这种变异称为组内变异。

$$SS_{组内} = \sum_{i=1}^{k} \sum_{j=1}^{n_i} (x_{ij} - \overline{x_i})^2$$

三种变异的关系为：$SS_{总} = SS_{组间} + SS_{组内}$

$$\nu_{总} = \nu_{组间} + \nu_{组内}$$

$$F = \frac{SS_{组间}/\nu_{组间}}{SS_{组内}/\nu_{组内}} = \frac{MS_{组间}}{MS_{组内}}$$

当组间变异与组内变异均只反映随机误差，即各样本来自同一总体，各组均数之间无差别，当各样本不是来自同一总体，组间变异反映处理效应和随机误差，而组内变异只反映随机误差，即组间变异大于组内变异，具体可用 F 检验来进行。

理论上当 F 值大于 1 时，认为处理因素有作用，即存在处理效应；当 F 值等于 1 时，可认为处理因素无作用或处理效应不显著，各组样本均值差异可以由随机误差来解释。

6.1.2 模块解读

1. 单因素方差分析

单击"分析"|"比较均值"|"单因素ANOVA"命令，弹出"单因素方差分析"对话框，如图 6-1 所示。"因变量列表"框中放入本次需要比较的变量"寿命"，"因子"框中放入要比较的因素，此例为不同"企业"。

2. "对比"按钮

单击"对比"按钮，弹出图 6-2 所示的对话框，此对话框是用于对组间平方和进行分解并确定均值的多项式比较。

图 6-1 "单因素方差分析"对话框　　　图 6-2 "单因素ANOVA：对比"对话框

（1）多项式：选择是否对方差分析的组间平方和进行分解并进行趋势检验。

（2）"度"下拉菜单：选中"多项式"后，此下拉菜单被激活，用于选择进行趋势检验的曲线类型，包括线性、二次项、立方、四次项和五次项。本例不同企业无好坏、有序之分，所以多项式不必选择；如果 3 个企业分别为乡镇企业、国企和合资企业，如读者考虑企业实力与电池寿命间是否存在趋势，则此处可选。

（3）1 的对比 1：用于精确定义组间均值比较的多项式系数。"添加"、"更改"和

"删除"按钮分别用于添加、更改和删除。一般按照分组变量升序给每组一个系数值,但务必所有系数值之和为零。列表中的第一个系数对应于分类变量的最小值,最后一个系数对应分类变量的最大值。可以同时建立多个多项式,一个多项式的一组系数输入结束后,单击"下一张"按钮,输入下一组数据。

3. "两两比较"按钮

单击"两两比较"按钮,弹出图 6-3 所示的对话框。

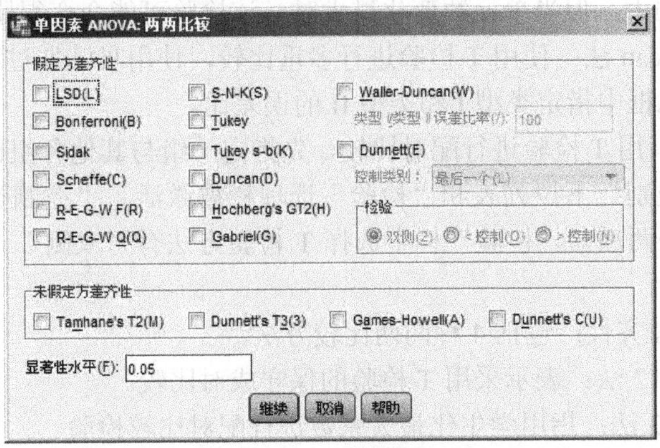

图 6-3 "单因素 ANOIVA:两两比较"对话框

(1) 假定方差齐:包括 14 种两两比较的方法。

- LSD 法:最小显著性差异法。用 T 检验完成组间成对均值的比较,检验的敏感度较高,即使各个水平间的均值存在细微差别也能被检验出来,但此法对第 I 类弃真错误不进行控制和调整。
- Bonferroni 法:为修正最小显著性差异法,用 T 检验完成组间成对均值的比较,即通过设置每个检验的误差率来控制整个误差率,采用此法看到的显著值是多重比较完成后的调整值。
- Sidak 法:用 T 检验统计量完成多重配对比较后,为多重比较调整显著值,其比 Bonferroni 方法的界限要小。
- Scheffe 法:当各组人数不相等或者想进行复杂的比较时,用此法比较合适。对所有可能的组合进行同步进入的均值配对比较。该方法用来检验组间所有可能的线性组合,而不只是成对组合,并控制整体显著性水平等于 0.05。该法相对保守,有时候方差分析有显著性差异,但用此法却发现不了差异。
- R-E-G-WF 法:是用 F 检验进行多重比较。
- R-E-G-WQ 法:根据 Student 极差统计量的多重比较。
- S-N-K 法:使用 T 范围分布在均值之间进行所有成对比较,同时使用步进式过程比较具有相同样本大小的同类子集内的均值对。均值按从高到低排列,首先检验极端的差分值。
- Turkey 法:使用 T 范围统计量进行组间所有成对比较,并将实验误差率设置为所有成对比较的集合误差率。
- Turkey'b 法:用 Student-Range 统计量进行所有组间均值的配对比较,其临界值是

Turkey 和 S-N-K 的相应值的平均值。
- Duncan 法：在进行配对比较时，使用逐步顺序进行计算得出结果，与 S-N-K 检验顺序一样，但不是给每个检验设定误差率，而是给所有的检验的误差率设定一个临界值。
- Hochberg's GT2 法：使用学生化最大系数的多重比较和范围检验，与 Turkey's 真实显著性差异检验相似。
- Gabriel 法：用正态标准系数进行配对比较，但单元数不等时，它通常比 Hochberg's GT2 法更强大，但当单元数变化过大时，该检验可能会变得比较随意。
- Waller-Duncan 法：使用 T 检验进行多重比较，使用贝叶斯过程的多重比较检验，需要在输入框中指定类型 I 和类型 II 的误差比。
- Duncan 法：用 T 检验进行配对比较，先指定一组与其他各组比较。选中此法，其下"控制类别"下拉列表和"检验"选项栏被激活。"控制类别"列表含最后一个和第一个两项。"检验"栏中选择 T 检验方法有"双侧"、"<控制"和">控制"3 项。

（2）未假定方差齐性：包括 4 种两两比较方法。
- Tamhane's T2 法：表示采用 T 检验的保守成对比较。
- Dunnett's T3 法：指用学生化最大系数进行配对比较检验。
- Games-Howell 法：表示执行方差不齐时的配对比较检验，该方法比较常用。
- Dunnett'S C 法：表示用 Student-Range 极差统计量进行配对比较检验。

（3）"显著性水平"为本次检验的检验水准，通常设置为 0.05。

4．"选项"按钮

在图 6-1 所示对话框中单击"选项"按钮，弹出对话框如图 6-4 所示。
（1）统计量栏包含如下 5 项。
- 描述性：选中该项，则结果中输出每个因变量的个案数、均值、标准差、均值的标准误、最小值、最大值和均值的 95%可信区间。
- 固定和随机效果：表示显示固定效应模型的标准差、标准误和 95%置信区间以及显示随机效应模型的标准误、95%置信区间、方差成分间的估计值。
- 方差同质性检验：选中此项，计算 Levene 方差齐性检验。
- Brown-Forsythe：表示计算分组均值相等的 Brown-Forsythe 统计量。当方差齐性未知时，此检验比 F 统计量更具优势。
- Welch：与 Brown-Forsythe 类似，当不能把握方差齐性时，比 F 检验稳健。

（2）"均值图"选项：输出各组的均值图，可以辅助判断各组间的趋势。
（3）"缺失值"栏：选择处理缺失值的方式，"按分析顺序排除个案"表示在分析时，检验变量中含有缺失值的将不被计算；"按列表排除个案"表示任何一个变量中含有缺失值的个案都不被计算。

5．Bootstrap按钮

（1）Bootstrap（自助法）按钮主要功能为让计算机对研究样本进行反复抽样，根据多次抽样的结果对总体均数的置信区间进行估计。在图 6-1 所示对话框中单击 Bootstrap 按钮，弹出图 6-5 所示的对话框，如选中"执行 Bootstrap"复选框，图 6-5 所示中其他复选框被激活。建议样本数不低于 1000，"设置 Mersenne Twister 种子"数，是为了让分析结果能够复制，即再运行时，设置同样的种子数，会得到相同的结果。

（2）"置信区间"中的水平通常设定 95%，有两种方法："百分位"即百分位数法，其 95% 置信区间值 P2.5～P97.5；"偏差修正加速 B（ca）"法，是对百分位数法的修正，结果更为精确，也需要更多的时间进行计算。

图 6-4 "单因素 ANOVA：选项"对话框　　　　图 6-5 Bootstrap 按钮对话框

（3）"抽样"栏指定系统进行反复抽样具体采用的方法，"简单"法是指系统从原始资料中不断抽取样本计算统计量后放回；"分层"法是按照原始资料某个特征进行分层，然后再进行抽样。但层内单位同质性较高，而层之间单位差异较大时，分层法抽样更为科学。

6.1.3　实例详解

例 6.1：比较 3 个不同电池生产企业生产电池的寿命，见"例 6-1.sav"。此例企业为因素，不同厂家为水平，本例为单因素 3 水平设计。

1. 操作步骤

（1）选择"分析"|"比较均值"|"单因素 ANOVA"命令，如图 6-6 所示，弹出图 6-1 所示对话框。

（2）将因变量"寿命"放入"因变量列表"框；将因素"企业"放入"因子"框。

（3）单击"对比"按钮，弹出图 6-2 所示的对话框，选中"多项式"复选框，并在"度"下拉菜单中选择"线性"选型，单击"继续"按钮，返回主对话框。

图 6-6 "单因素 ANOVA" 菜单命令

（4）单击"两两比较"按钮，弹出图 6-3 所示的对话框，本例选择 LSD 法和 Tamhane's T2 法进行讲解。

（5）单击"选项"按钮，弹出图 6-4 所示的对话框，选择"描述性"、"方差同质性检验"和"均值图"。

（6）单击"继续"按钮返回主菜单，单击"确定"按钮运行，输出结果。

2．结果解读

（1）图 6-7 所示为描述性统计量的结果，分别列出了 3 个不同电池企业的样本量、均值、标准差、标准误、均值的 95%置信区间以及最大和最小值。

描述
电池

	N	均值	标准差	标准误	均值的 95% 置信区间		极小值	极大值
					下限	上限		
1	12	43.25	3.334	0.962	41.13	45.37	38	48
2	12	32.33	3.576	1.032	30.06	34.61	26	37
3	12	43.83	3.881	1.12	41.37	46.3	39	50
总数	36	39.81	6.405	1.067	37.64	41.97	26	50

图 6-7 描述性统计量表

（2）图 6-8 所示为 Levene 方差齐性检验的结果，本例 Levene 统计量为 0.390。显著性 P 值=0.680>0.05，故 3 组数据方差齐性。

（3）图 6-9 所示为单因素方差分析的结果，并且进行了趋势检验，结果显示不同企业间方差分析统计量 F=38.771，P 值=0.000<0.01，因此认为不同企业间生产电池的寿命不同。

第6章 方差分析

方差齐性检验
电池

Levene 统计量	df1	df2	显著性
0.39	2	33	0.68

图 6-8 Levene 方差齐性检验

ANOVA
电池

			平方和	df	均方	F	显著性
组间	（组合）		1007.056	2	503.528	38.771	0
	线性项	对比	2.042	1	2.042	0.157	0.694
		偏差	1005.014	1	1005.014	77.384	0
组内			428.583	33	12.987		
总数			1435.639	35			

图 6-9 单因素方差分析表

（4）图 6-10 所示为两两比较的结果，分别为 LSD 法和 Tamhane 法，显著性小于 0.05 表示有差异。本例应该看 LSD 的结果，因为前面 Levene 方差齐性检验显示方差齐性。

多重比较
因变量电池

	(I)企业	(J)企业	均值差(I-J)	标准误	显著性	95%置信区间	
						下限	上限
LSD	1	2	10.917*	1.471	0	7.92	13.91
		3	-0.583	1.471	0.694	-3.58	2.41
	2	1	-10.917*	1.471	0	-13.91	-7.92
		3	-11.500*	1.471	0	-14.49	-8.51
	3	1	0.583	1.471	0.694	-2.41	3.58
		2	11.500*	1.471	0	8.51	14.49
Tamhane	1	2	10.917*	1.411	0	7.27	14.56
		3	-0.583	1.477	0.972	-4.41	3.24
	2	1	-10.917*	1.411	0	-14.56	-7.27
		3	-11.500*	1.523	0	-15.44	-7.56
	3	1	0.583	1.477	0.972	-3.24	4.41
		2	11.500*	1.523	0	7.56	15.44

*. 均值差的显著性水平为 0.05。

图 6-10 两两比较表

（5）图 6-11 所示为均值图，对不同电池生产企业电池寿命的均值进行作图，可形象展示各组间均值的差异，图中可见企业 2 与企业 1、企业 3 均值相差较大，结果与 LSD 法相同。

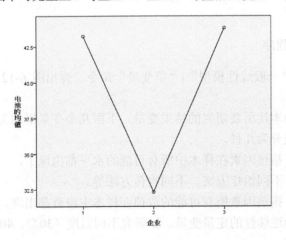

图 6-11 均值图

3．注意事项

在进行单因素方差分析时，应该掌握7个字，即"独立"、"正态"、"方差齐"，数据是否独立，是由研究者事先的课题设计决定的，而方差分析对正态性的要求并不是非常严格，当样本量较大时，即使不呈正态，也可方差分析；但对方差齐性要求相对较高，因此进行分析时最好进行方差齐性检验，如若方差不齐，建议还是采用非参数检验方法。

6.2 随机区组设计方差分析

6.2.1 原理

随机区组设计又称为配伍组设计，该方法属于两因素方差分析（Two-way ANOVA），用于多个样本均数间的比较，如将动物按体重、窝别等性质配伍，然后随机地分配到各个处理组中，即保证每一个区组内的观察对象的特征尽可能地相近。同一受试对象在不同时间点上的观察，或同一样品分成多份，每一份给予不同处理的比较也可用随机区组设计进行分析，随机区组设计资料的总变异可以分解成3个部分，即处理效应、区组间变异和随机误差，自由度也可分解成相应的3个部分。

3种变异的关系为：$SS_{总} = SS_{处理} + SS_{区组} + SS_{误差}$

$$\nu_{总} = \nu_{处理} + \nu_{区组} + \nu_{误差}$$

可以计算出两个F统计量，$F_{处理}$与$F_{区组}$，分别用于判定处理因素与区组因素是否发挥作用。

$$F_{处理} = \frac{SS_{处理}/\nu_{处理}}{SS_{误差}/\nu_{误差}} = \frac{MS_{处理}}{MS_{误差}}$$

$$F_{区组} = \frac{SS_{区组}/\nu_{区组}}{SS_{误差}/\nu_{误差}} = \frac{MS_{区组}}{MS_{误差}}$$

6.2.2 模块解读

1．调用单变量程序

单击"分析"|"一般线性模型"|"单变量"命令，弹出图6-12所示的"单变量"对话框。

（1）因变量：为本次所要研究的结果变量。下面几个变量框均为影响结果变量的原因变量，按照变量性质分为几种。

（2）固定因子：指该因素在样本中所有可能的水平都出现了，一般该变量自身属性为分类变量，如血型、不同治疗方案、不同宣传方法等。

（3）随机因子：指该因素所有可能的取值在样本中没有都出现，或不可能都出现，一般该变量自身属性为连续性的定量变量。如研究不同温度（30℃、40℃和50℃）对某药物提取产物的影响。

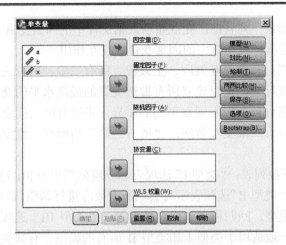

图 6-12 "单变量"对话框

（4）协变量：对因变量可能有影响，需要在分析时对其作用加以控制的连续性变量。如研究不同教学方法对学生英语成绩的影响，那么开始参加受试的学生的英语成绩有可能会影响教学效果，因此，应该在分析时将学生初始成绩作为协变量加以控制。

（5）WLS 权重：为权重变量框，在该框中给出加权二乘分析的权重变量。权重变量必须是数值型变量，如果权重是零、负数或者缺失，则该变量将不计入模型。另外，如果一个变量已经放入上面某个对话框，就不能再作为权重变量。

2. "模型"按钮

单击"单变量"对话框中的"模型"按钮，弹出"单变量：模型"对话框，如图 6-13 所示。

"单变量：模型"对话框中含有两种设定类型，其一为"全因子"模型，其二为"设定"模型。

（1）"全因子"模型：此项为系统默认，一旦选择此项，系统将分析所有因素变量、协变量主效应以及因素与因素间的交互作用，但不包括协变量的交互作用。

（2）"设定"模型：即自定义模型，如图 6-14 所示。选择该项后，"因子与协变量"、"模型"与"构建项"被激活。

图 6-13 "单变量：模型"对话框 1

图 6-14 "单变量：模型"对话框 2

- ❏ "因子与协变量"列表框：此框显示数据文件中的因素变量名。
- ❏ "模型"列表框：列出选中的因素变量和交互作用。
- ❏ "构建项"栏：包含交互效应、主效应、所有二阶、所有三阶、所有四阶和所有五阶选项。交互效应可以建立所有被选变量的最高水平的交互效应，此为系统默认。主效应指分析因素不同水平间的差异，不进行因素间交互作用分析。"所有二阶"表示所有二维交互效应；"所有三阶"指所有三维交互作用，四阶和五阶依次类推。
- ❏ "平方和"下拉列表："类型 I"选项表示分层处理平方和，适用于平衡的 ANOVA 和嵌套模型；"类型 II"选项表示对其他所有效应进行调整，适用于平衡的 ANOVA、主因子效应模型、回归模型和嵌套模型等；"类型 III"选项表示对其他所有效应进行调整，一般适用于类型 I 和类型 II 所有的模型、有缺失值和不平衡模型，使用范围广，为系统默认模型；"类型 IV"选项用于无缺失单元格的设计，对任何效应计算平方和。一般使用于类型 I 和类型 II 所列模型，无缺失值和不平衡模型。如无特殊要求，笔者建议选择"模型 III"。
- ❏ "在模型中包含截距"复选框：如果选中，计算模型中将含有截距项。

3．"对比"按钮

单击"单变量"对话框中的"对比"按钮，弹出"单变量：对比"对话框，如图 6-15 所示。

（1）"因子"列表：其中显示主对话框中选择的因素。每个因素后面的括号内显示其对比的方法。

（2）"更改对比"框：选中"因子"列表中某因素，单击"对比"下拉列表，选择对比方法，单击更改，即可完成设置。"对比"下拉列表中，"无"指不进行均值比较，此项为系统默认；"偏差"表示差别对照，选中将比较因素每个水平效应和总平均效应；"简单"表示简单对照，因素的各水平均与参考水平比较；"差值"表示差分对照，指除第一水平外，其余水平均与其前面水平的平均效应比较；"Helmert"指每个水平都与其后面的水平平均效应值比较；"重复"是指每个水平都与其后面的水平效应值比较；"多项式"是指多项式对照，比较线性、二次效应、三次效应等，常用于多项式趋势预测。选中某项对比方法后，"参考类别"被激活，作者可以根据自己的目的与设计，选择参考项。

4．"绘制"按钮

单击"绘制"按钮，弹出图 6-16 所示的对话框。此对话框可以绘制一个或多个因素变量作用后的因变量的均值分布图。"因子"列表中显示出此次参与分析的因素列表，"水平轴"是指横坐标轴，放入该框的变量作为均值图的横坐标，"单图"为均值线分割依据，放入该框变量的每一水平将会产生独立一条均值线。"多图"框，放入变量含义为，以此变量水平分类，做出多个统计图。"单图"框中变量为同一统计图中分成的多条线。

将因素放入对应框后，必须单击"添加"按钮，系统才认为此步有效。若要修改，可单击"图"框中的组图类型，单击"更改"或者"删除"按钮进行编辑。单击"继续"按钮返回主对话框。

第 6 章　方差分析

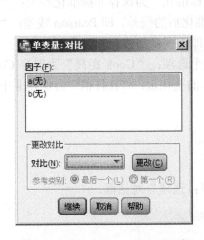

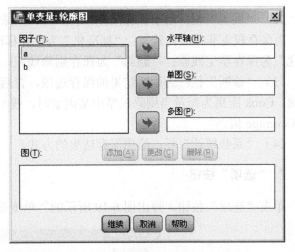

图 6-15　"单变量：对比"对话框　　　　图 6-16　"单变量：轮廓图"对话框

5．"两两比较"按钮

单击"两两比较"按钮，弹出图 6-17 所示的对话框，其中"因子"列表列出主对话框中我们选择的分析因素，将欲两两比较的因素选中放入右侧"两两比较检验"框，然后在"假定方差齐性"框中选择两两比较的方法，具体方法的意义见 6.1 节，此处不赘述。此过程中"未假定方差齐性"框不被激活，不能应用。

6．"保存"按钮

单击"保存"按钮，弹出图 6-18 所示的"单变量：保存"对话框。

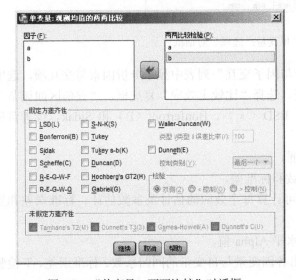

图 6-17　"单变量：两两比较"对话框　　　　图 6-18　"单变量：保存"对话框

（1）"预测值"栏：用于保存每个个案的预测值，包括 3 种："未标准化"为保存非标准化的预测值；"加权"表示加权后非标准化预测值；"标准误"表示保存预测值的标准误差。

· 89 ·

（2）"残差"栏：用于保存残差，含 5 种："未标准化"为保存非标准化残差；"加权"为保存权重非标准化残差；"标准化"为保存标准化后的残差，即 Pearson 残差；"学生化"为保存学生残差；"删除"为保存剔除残差，即因变量与修正预测值之差。

（3）"诊断"栏：为诊断结果的保存选项，含两个选项："Cook 距离"为保存 Cook 距离，Cook 距离为衡量当剔除模型中某因素时，残差的变化量；"杠杆值"为保存非中心化 Leverage 值。

（4）"系数统计"栏：给出保存结果的方式。

7．"选项"按钮

单击"选项"按钮，弹出图 6-19 所示的"单变量：选项"对话框。

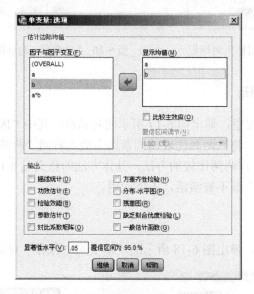

图 6-19 "单变量：选项"对话框

（1）"估计边际均值"栏："因子与因子交互"列表中显示分析因素与交互项，选中后单击向右箭头放入"显示均值"列表。选择"比较主效应"复选框，"置信区间调节"下拉列表被激活，内含 3 种比较方法：LSD（无）、Bonferroni（B）和 Sidak，读者可据 6.1 节内容选择。

（2）"输出"栏，包括 10 个复选框。

- 描述统计：输出例数、样本均数和标准差。
- 功效估计：效应大小的估计，可计算每个效应的估计及参数估计、标准误差和置信区间。
- 检验效能：计算功效的显著性水平 Alpha 值。
- 参数估计：进行参数估计，给出各因变量与自变量的回归系数、标准误差、T 检验以及 95%的置信区间。
- 对比系数矩阵：显示对照系数矩阵与 M 矩阵。
- 方差齐性检验：对各组间的方差齐性进行检验。
- 分布-水平图：绘制观测量（均值）与标准差和方差的散点图。

- ❏ 残差图：绘制残差图。
- ❏ 缺乏拟合优度检验：进行拟合度不足的检验。
- ❏ 一般估计函数：可以根据一般估计函数自定义假设检验，对比系数矩阵的行与一般估计函数是线性组合的。

（3）显著性水平和置信区间：设置本次检验的显著性水平，一般为 0.05。置信区间为 95%。

8．Bootstrap 按钮

请参见 6.1 节。

6.2.3 实例详解

例 6.2：某研究机构研究了 3 种动物饲料对 4 种品系小鼠体重增加的影响，数据如图 6-20 所示，数据库文件见 "6-2.sav"。

饲料种类	鼠品系	增重（g）	饲料种类	鼠品系	增重（g）
A饲料	KM小鼠	87	B饲料	wistar鼠	56
A饲料	KM小鼠	98	B饲料	wistar鼠	67
A饲料	KM小鼠	89	B饲料	wistar鼠	78
A饲料	KM小鼠	85	B饲料	wistar鼠	34
A饲料	SD大鼠	76	B饲料	C57BL/6鼠	56
A饲料	SD大鼠	77	B饲料	C57BL/6鼠	43
A饲料	SD大鼠	75	B饲料	C57BL/6鼠	34
A饲料	SD大鼠	66	B饲料	C57BL/6鼠	23
A饲料	wistar鼠	78	C饲料	KM小鼠	23
A饲料	wistar鼠	87	C饲料	KM小鼠	34
A饲料	wistar鼠	45	C饲料	KM小鼠	45
A饲料	wistar鼠	77	C饲料	KM小鼠	34
A饲料	C57BL/6鼠	89	C饲料	SD大鼠	45
A饲料	C57BL/6鼠	23	C饲料	SD大鼠	56
A饲料	C57BL/6鼠	76	C饲料	SD大鼠	87
A饲料	C57BL/6鼠	67	C饲料	SD大鼠	54
B饲料	KM小鼠	65	C饲料	wistar鼠	54
B饲料	KM小鼠	66	C饲料	wistar鼠	32
B饲料	KM小鼠	67	C饲料	wistar鼠	78
B饲料	KM小鼠	65	C饲料	wistar鼠	54
B饲料	SD大鼠	65	C饲料	C57BL/6鼠	54
B饲料	SD大鼠	65	C饲料	C57BL/6鼠	43
B饲料	SD大鼠	66	C饲料	C57BL/6鼠	21
B饲料	SD大鼠	45	C饲料	C57BL/6鼠	34

图 6-20　不同饲料对不同品系老鼠增重的影响数据库

1．操作步骤

（1）单击"分析"|"一般线性模型"|"单变量"命令，弹出图 6-12 所示的"单变量"对话框。

（2）将变量 X 放入"因变量"框；将因素 a 和因素 b 放入"固定因子"框。

（3）单击"模型"按钮，弹出图 6-14 所示的"单变量：模型"对话框，选择"设定"复选框，将左侧"因子与协变量"列表中的因素 a 和因素 b 放入右侧"模型"列表。选择"构建项"栏"类型"中的"主效应"。其他采用系统默认，单击"继续"按钮返回主对话框。

（4）单击"绘制"按钮，弹出图 6-16 所示的对话框，将因素 b 放入"单图"框，将因素 a 放入"水平轴"框，单击"添加"按钮，单击"继续"按钮返回主对话框。

（5）单击"两两比较"按钮，弹出图 6-17 所示的对话框，将因素 a 和因素 b 放入"两两比较检验"框，比较方法本例选择 LSD 法。

（6）单击"选项"按钮，弹出图 6-19 所示的"单变量：选项"对话框，将因素 a 和因素 b 放入"显示均值"栏，选择"比较主效应"复选框，采用默认 LSD（无）。"输出"栏选择"描述统计"和"方差齐性检验"。单击"继续"按钮，返回主对话框，单击"确定"按钮运行。

2. 结果解读

（1）图 6-21 所示为主效应模型检验，结果可见校正模型统计量 $F=6.772$，$P=0.000$，说明模型有统计学意义。因素 a 和因素 b 均有统计学意义，$P=0.000$ 和 $P=0.037$，均小于 0.05。

主体间效应的检验

因变量：体重

源	III 型平方和	df	均方	F	Sig.
校正模型	8929.625ᵃ	5	1785.925	6.772	0
截距	167796.75	1	167796.75	636.304	0
a	6487.875	2	3243.938	12.301	0
b	2441.75	3	813.917	3.086	0.037
误差	11075.625	42	263.705		
总计	187802	48			
校正的总计	20005.25	47			

a. R 方 = .446（调整 R 方 = .380）

图 6-21 主效应检验

（2）图 6-22 所示为不同饲料类型两两比较结果，从 Sig 值（即 P 值）可见，饲料 B 与饲料 C 间没有差异（P=0.117），其他均有差异，$P<0.05$。

成对比较

因变量：体重

(I) 饲料类型	(J) 饲料类型	均值差值 (I-J)	标准误差	Sig.ᵃ	差分的 95% 置信区间ᵃ 下限	上限
A饲料	B饲料	18.750*	5.741	0.002	7.163	30.337
	C饲料	27.938*	5.741	0	16.351	39.524
B饲料	A饲料	-18.750*	5.741	0.002	-30.337	-7.163
	C饲料	9.188	5.741	0.117	-2.399	20.774
C饲料	A饲料	-27.938*	5.741	0	-39.524	-16.351
	B饲料	-9.188	5.741	0.117	-20.774	2.399

基于估算边际均值

*. 均值差值在 .05 级别上较显著。

a. 对多个比较的调整：最不显著差别（相当于未作调整）。

图 6-22 不同饲料类型两两比较结果

（3）图 6-23 所示为不同品系小鼠喂养不同饲料的体重增重的均值图，可见 A 饲料较好，B 和 C 饲料差异不大，结果和图 6-22 一致。

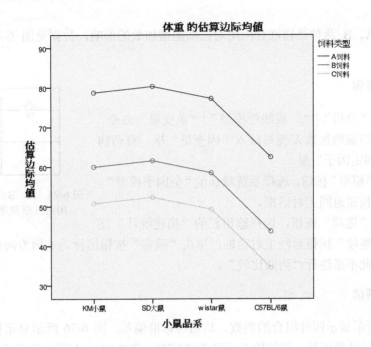

图 6-23　不同品系小鼠喂养不同饲料的体重增重的均值图

6.3　析因设计方差分析

6.3.1　原理

析因设计是在两个或多个实验因素的各水平组合的基础上，研究各实验因素的主效应以及各因素之间的交互作用，这里重点介绍两因素且每个因素两个水平的 2×2 析因设计。主效应是指某因素各单独效应的平均效应，即某一因素各水平之间的平均差别。单独效应是指其他因素水平固定时，同一因素不同水平之间的差异。交互效应是指某因素的单独效应随着另一因素的水平变化而变化，则称这两个因素存在交互作用。

2×2 析因设计处理变异包含了 A 因素、B 因素的主效应及 A、B 两因素间的交互效应，因此，离均差平方和与自由度的分解公式如下：

三种变异的关系为：$SS_{总} = SS_A + SS_B + SS_{A \times B} + SS_{误差}$

$$\nu_{总} = \nu_A + \nu_B + \nu_{A \times B} + \nu_{误差}$$

6.3.2　模块解读

由于析因设计方差分析采用依然是"分析"|"一般线性模型"|"单变量"过程，相应模块解读请参见 6.2 节。

6.3.3 实例详解

例 6.3：A、B 两种药物联合应用对红细胞增加数的影响，数据见图 6-24。数据库见"6-3.sav"。

1. 操作步骤

（1）单击"分析"|"一般线性模型"|"单变量"命令。

（2）将红细胞增加数 X 变量放入"因变量"框，将药物 A、B 放入"固定因子"框。

（3）单击"模型"按钮，选择系统默认的"全因子模型"，单击"继续"按钮返回主对话框。

（4）单击"选项"按钮，选择输出栏的"描述统计"复选框，单击"继续"按钮返回主对话框，单击"确定"按钮运行。本例为两因素，每因素两个水平，因此不必进行"两两比较"。

	A药	
B药	用	不用
用	2.1	0.9
	2.2	1.1
	2.0	1.0
不用	1.3	0.8
	1.2	0.9
	1.1	0.7

图 6-24 A、B 两种药物联合应用对红细胞增加数的影响

2. 结果解读

图 6-25 所示显示四种组合的例数、均值与标准偏差。图 6-26 所示显示析因设计方差分析的结果，从结果可见，总的校正模型 $F=98.750$，$P=0.000$，有统计学意义。因素 A、因素 B 以及 $A×B$ 两因素间交互作用均有统计学意义。结合专业可以解释为 A 药和 B 药均能升高红细胞，同时 A×B 药同时服用的红细胞升高效果更好。

描述性统计量
因变量: x

A药	B药	均值	标准 偏差	N
不用	不用	0.8	0.1	3
	用	1	0.1	3
	总计	0.9	0.1414	6
用	不用	1.2	0.1	3
	用	2.1	0.1	3
	总计	1.65	0.501	6
总计	不用	1	0.2366	6
	用	1.55	0.6091	6
	总计	1.275	0.5259	12

图 6-25 描述性统计结果

主体间效应的检验
因变量: x

源	III 型平方和	df	均方	F	Sig.
校正模型	2.962ᵃ	3	0.987	98.75	0
截距	19.508	1	19.508	1950.75	0
A	1.688	1	1.688	168.75	0
B	0.907	1	0.907	90.75	0
A*B	0.367	1	0.367	36.75	0
误差	0.08	8	0.01		
总计	22.55	12			
校正的总计	3.042	11			

a. R 方 = .974（调整 R 方 = .964）

图 6-26 析因设计方差分析结果

6.4 交叉设计方差分析

6.4.1 原理

交叉设计（cross-over design）是一种特殊的自身对照设计，它按事先设计好的实验次序，在各个时期对受试对象先后实施各种处理，以比较处理组间的差异。受试对象可以采

用完全随机分为两组或用分层随机化的方法来安排。例如，设有两种处理 A 和 B，首先将一组同质的受试对象随机分为两组，然后分别将 A 因素施与 I 组，同时将 B 因素施与 II 组，待第一阶段实验结束后再进行交换，此时按 A 因素施与 II 组，而 B 因素施与 I 组，进行第二阶段实验。实际上每个受试对象都接受了两种处理，同时 A 和 B 两种处理在两个时间阶段上都进行实验，这样 A 和 B 两种因素先后实验的机会相等，平衡了试验顺序的影响。其类型包括二阶段交叉设计、三阶段交叉设计和四阶段交叉设计等。本节以最简单的二阶段交叉设计进行介绍。

三种变异的关系为：$SS_\text{总} = SS_\text{处理} + SS_\text{阶段} + SS_\text{个体间} + SS_\text{误差}$

$$\nu_\text{总} = \nu_\text{处理} + \nu_\text{阶段} + \nu_\text{个体间} + \nu_\text{误差}$$

6.4.2 模块解读

由于交叉设计方差分析采用依然是"分析"|"一般线性模型"|"单变量"过程，相应模块解读请参见 6.2 节。

6.4.3 实例详解

例 6.4：为比较血液透析过程中，低分子肝素钙（A）与速避凝（B）对凝血酶原时间（TT）的影响，选择 20 例接受血液透析的病人为研究对象，采取二阶段交叉设计，试验数据如图 6-27 所示，试对数据进行分析，数据库请见 6-4.sav。

受试者	第1阶段	第2阶段	受试者合计
1	A11.0	B15.6	26.6
2	A11.5	B18.3	29.8
3	A19.5	B17.6	37.1
4	A16.2	B20.0	36.2
5	A19.9	B22.2	42.1
6	A15.7	B18.8	34.5
7	A12.3	B13.6	25.9
8	A12.0	B31.8	43.8
9	A22.3	B22.5	44.8
10	A14.6	B17.9	32.5
11	B32.6	A19.9	52.5
12	B14.1	A32.3	46.4
13	B36.7	A59.9	96.6
14	B23.1	A16.2	39.3
15	B13.8	A13.8	27.6
16	B13.3	A11.3	24.6
17	B17.9	A21.9	39.8
18	B15.0	A19.7	34.7
19	B13.5	A12.3	25.8
20	B44.8	A27.4	72.2

1. 操作步骤

（1）单击"分析"|"一般线性模型"|"单变量"命令，弹出"单变量"对话框，将凝血酶原时间 tt 移入"因变量"列表，将"阶段"（stage）和"药物类型"（drug）放入"固定因子"框，将"个体"（subject）放入"随机因子"框。

（2）单击"模型"按钮，弹出模型对话框，选中"设定"，将 stage、drug 和 subject 移入右侧模型框中，并将"构建项"框中"类型"改为主效应模型，单击"继续"按钮返回，单击"确定"按钮运行。

图 6-27 两种抗凝药对 TT（s）的影响

2. 结果解读

主要结果如图 6-28 所示，本例不同药物 drug 间比较，$F=0.580$，$P=0.456$，不能拒绝 H_0，两种药物间凝血酶原时间差异无显著性意义；不同阶段 stage 间比较，$F=1.470$，$P=0.241$，不能拒绝 H_0，两阶段间凝血酶原时间差异无显著性意义；不同个体 subject 间比较，$F=3.108$，$P=0.010$，拒绝 H_0，接收 H_1，可以认为不同个体间凝血酶原时间差异有显著性意义。

主体间效应的检验

因变量:TT

源		III 型平方和	df	均方	F	Sig.
截距	假设	16516.096	1	16516.096	110.412	0
	误差	2842.124	19	149.585ª		
stage	假设	70.756	1	70.756	1.47	0.241
	误差	866.195	18	48.122ᵇ		
drug	假设	27.889	1	27.889	0.58	0.456
	误差	866.195	18	48.122ᵇ		
subject	假设	2842.124	19	149.585	3.108	0.01
	误差	866.195	18	48.122ᵇ		

a. MS(subject)
b. MS(错误)

图 6-28 交叉设计方差分析结果

6.5 拉丁方设计方差分析

6.5.1 原理

拉丁方实际上是一种特殊类型的 3 个因素试验设计，其水平数必须相同。由于拉丁方仅为 3 个因素各水平完全组合的一部分，一般不考虑交互影响。当某因素各水平的变量平均值不相同时，还可用前述的方法进行任两水平之均值比较。为简化记号表达，这里用实例表达拉丁方设计的方差分析计算过程。

6.5.2 模块解读

由于拉丁方设计方差分析采用依然是"分析"|"一般线性模型"|"单变量"过程，相应模块解读请参见 6.2 节。

6.5.3 实例详解

例 6-5：为了比较 5 种防护服对脉搏数的影响，选用 5 个受试者，在 5 个不同的日期进行试验。用拉丁方设计，在行、列与字母上分别安排 3 个因素（日期、受试者、防护服），得到如图 6-29 所示的结果。

本例为 5×5 设计的拉丁方，应该按照拉丁方设计进行统计分析。

1. 操作步骤

（1）单击"分析"|"一般线性模型"|"单变量"命令，弹出"单变量"对话框。

（2）将"脉搏数"放入"因变量"列表框，将"日期"、"防护服"和"受试者"放入"固定因子"列表框。

日期	受试者					合计
	1	2	3	4	5	
1	A 129.8	B 116.2	C 114.8	D 104.0	E 100.6	565.4
2	B 144.4	C 119.2	D 113.2	E 132.8	A 115.2	624.8
3	C 143.0	D 118.0	E 115.8	A 123.0	B 103.8	603.6
4	D 133.4	E 110.8	A 114.0	B 98.0	C 110.6	566.8
5	E 142.8	A 110.6	B 105.8	C 120.0	D 109.8	589
合计	693.4	574.8	563.6	577.8	540	2949.6
5种防护服	A	B	C	D	E	
合计	592.6	568.2	608.6	578.4	602	

图6-29 5个日期5个受试者5种防护服的脉搏数（次/分）

（3）单击"模型"按钮，选择"设定"，将"因子与协变量"框中的"日期"、"防护服"和"受试者"放入右侧"模型"框。构建项的类型选择"主效应"，其他默认。单击"继续"按钮，返回主对话框。

（4）单击"两两比较"按钮，将"因子"列表框中的"日期"、"防护服"和"受试者"移入右侧"两两比较检验"列表框，选择LSD法进行两两比较。单击"继续"按钮，单击"确定"按钮运行。

2. 结果解读

图6-30所示为方差分析结果，表中可见防护服 $F=1.232$，$P=0.348$，说明不同防护服对脉搏次数没有影响；受试日期 $F=2.899$，$P=0.068$，说明受试时间对受试者的脉搏次数没有影响；受试者 $F=16.065$，$P=0.000$，说明不同受试者对脉搏次数有统计学差异，即受试个体间存在差异。图6-31对不同受试者进行了比较，发现受试者1自成1组，其他受试者2、3、4、5划分为另1组。

主体间效应的检验

因变量:脉搏

源	III 型平方和	df	均方	F	Sig.
校正模型	3566.787ᵃ	12	297.232	6.732	0.001
截距	347911.226	1	347911.226	7879.804	0
防护服	217.622	4	54.406	1.232	0.348
日期	512.022	4	128.006	2.899	0.068
受试者	2837.142	4	709.286	16.065	0
误差	529.827	12	44.152		
总计	352007.84	25			
校正的总计	4096.614	24			

a. R方 = .871（调整 R方 = .741）

脉搏
Student-Newman-Keulsᵃ,ᵇ

受试者	N	子集	
		1	2
5	5	108	
3	5	112.72	
2	5	114.96	
4	5	115.56	
1	5		138.6
Sig.		0.32	1

已显示同类子集中的组均值。基于观测到的均值。误差项为均方（错误）= 44.152。
a. 使用调和均值样本大小 = 5.000。
b. Alpha = .05。

图6-30 方差分析结果　　　　　　　　图6-31 组间两两比较

6.6 协方差分析

6.6.1 原理

科研设计的目的之一就是排除非研究因素的影响和干扰，然而有些影响因素在设计阶段无法排除或者控制时,我们只有在统计分析阶段,采用特殊的方法对该影响因素进行控制。如欲了解接受不同处理的小白鼠经一段时间饲养后体重增加量有无差别,已知体重的增加和小白鼠的进食量有关,接受不同处理的小白鼠其进食量有可能不同,这时为了控制进食量对体重增加的影响,可在统计阶段利用协方差分析。

6.6.2 模块解读

由于协方差分析采用依然是"分析"|"一般线性模型"|"单变量"过程,相应模块解读请参见 6.2 节。

6.6.3 实例详解

例 6.6:为研究 A、B 两种降压药对高血压病人收缩压的降压效果,研究者将受试对象随机分为两组,分别接受 A、B 降压药治疗 2 个月后,测量患者收缩压,资料见图 6-32。数据库见 6-6.sav。本例治疗前的血压专业上应该对治疗后的血压存在影响,因此采用协方差分析较为合适。

组别	治疗前血压	治疗后血压	组别	治疗前血压	治疗后血压
A	158	145	B	153	130
A	154	138	B	164	142
A	168	135	B	158	145
A	180	145	B	160	153
A	165	150	B	161	156
A	177	156	B	157	155
A	166	135	B	156	140
A	150	120	B	159	128
A	154	145	B	148	136
A	166	120	B	157	126
A	167	133	B	155	143
A	185	154	B	186	139
A	165	154	B	165	133
A	151	130	B	177	154
A	145	124	B	168	142

图 6-32 A、B 两种降压药对高血压病人收缩压的降压效果

1. 操作步骤

(1)单击"分析"|"一般线性模型"|"单变量"命令。
(2)将"治疗后血压"放入"因变量"框;将分组变量"组别"放入"固定因子"框;将"治疗前血压"放入"协变量"框。
(3)单击"模型"按钮,在弹出框中将"因子与协变量"列表中的"组别"和"治疗前血压"放入右侧"模型"列表。"构建项"中类型选择"主效应"。其他默认,单击"继续"按钮返回。
(4)单击"选项"按钮,将"因子与因子交互"列表中的"组别"移入右侧"显示均值"框,同时勾选"比较主效应"复选框;"输出"列表中选择"描述统计"和"方差齐性检验",单击"继续"按钮,返回主对话框,单击"确定"按钮运行。

2. 结果解读

图 6-33 所示给出两组的例数、均值和标准差；图 6-34 所示为两组治疗后血压的 Levene 方差齐性检验，本例 $F=0.049$，$P=0.826>0.05$，因此方差齐性，符合方差分析条件要求；图 6-35 所示为协方差分析结果，可见组别因素 $F=0.820$，$P=0.373$，组别因素（即两种药物）对降压效果没有差别；而治疗前血压因素的 $F=6.463$，$P=0.017$，说明治疗前血压确实对治疗后血压有影响。

描述性统计量
因变量:治疗后血压

组别	均值	标准偏差	N
A	138.93	12.145	15
B	141.47	9.862	15
总计	140.2	10.946	30

图 6-33 描述统计结果

误差方差等同性的 Levene 检验ª
因变量:治疗后血压

F	df1	df2	Sig.
0.049	1	28	0.826

检验零假设，即在所有组中因变量的误差方差均相等。
a. 设计：截距 + 组别 + 治疗前血压

图 6-34 方差齐性检验

主体间效应的检验
因变量:治疗后血压

源	III 型平方和	df	均方	F	Sig.
校正模型	709.936ª	2	354.968	3.466	0.046
截距	512.155	1	512.155	5.001	0.034
组别	83.961	1	83.961	0.82	0.373
治疗前血压	661.803	1	661.803	6.463	0.017
误差	2764.864	27	102.402		
总计	593156	30			
校正的总计	3474.8	29			

a. R 方 = .204（调整 R 方 = .145）

图 6-35 方差分析结果

6.7 嵌套设计方差分析

6.7.1 原理

嵌套设计被称为巢式设计（nested design）或系统分组（hierarchal classification）的资料，有些教科书上称这类资料为组内又分亚组的分类资料。根据因素数的不同，套设计可分为二因素（二级）、三因素（三级）等设计。将全部 k 个因素按主次排列，依次称为 1 级、2 级 ⋯ k 级因素，再将总离差平和及自由度进行分解，其基本思想与一般方差分析相同。所不同的是分解法有明显的区别，它侧重于主要因素，并且，第 i 级因素的显著与否，是分别用第 i 级与第 i+1 级因素的均方为分子和分母来构造 F 统计量，并以 F 测验为其理论根据。

嵌套设计的分析常采用方差分析，但在分析中需注意的是分析中的误差不是固定的，而是变动的，因为 B 因素的误差包含了 A 因素的误差，所以分析时需将 A 因素的误差分解出来。因此，嵌套设计的一个缺陷是在统计分析时不能分析有主次之分的因素之间的交互作用。在实验设计中，嵌套设计常用在研究因素只有部分因素可供研究者控制的实验中。

6.7.2 模块解读

本例所用主要模块依然是"分析"|"一般线性模型"|"单变量"过程，但因为 SPSS 没有直接嵌套设计选项，读者需对分析程序做修改，详见 6.7.3 小节的内容。

6.7.3 实例详解

例 6.7：选取某种植物 3 个品种（Plant），在每一株内选取两片叶子（Leaf）（嵌套在植株因素下的第二个因素），用取样器从每一片叶子上选取同样面积的两个样本（两次重复），称取湿重，结果如图 6-36 所示，数据库见 6.7.sav。对以上结果进行方差分析。

Plant1		Plant2		Plant3	
leaf1	leaf2	leaf1	leaf2	leaf1	leaf2
12.1	14.4	23.1	12.8	14.7	28.1
12.1	14.4	23.4	12.8	14.5	28.8

图 6-36 不同植物品系树叶重量数据（g）

1. 操作步骤

（1）单击"分析"|"一般线性模型"|"单变量"命令。

（2）将"重量"变量放入"因变量"列表；将"植物类别"、"树叶"和"检测"放入"固定因子"列表框。

（3）单击"模型"按钮，选择"设定"后，将"植物类别"、"树叶"和"检测"放入右侧"模型"框，单击"继续"按钮返回主对话框。

（4）注意：此时单击"粘贴"按钮，将刚才操作步骤存入语法编辑器，将语法中最后一行改成图 6-37 中最后一行的形式，单击语法编辑窗口中的"运行"|"全部"命令，观察结果。

2. 结果解读

如图 6-38 所示显示，不同植物类别间 $F=1344.497$，$P=0.000$，说明不同植物类别间树叶重量有统计学差异；同一植物的不同树叶间的重量比较 $F=1989.058$，$P=0.000$，说明不同树叶间的重量有统计学差异；不同检测间比较 $F=1.093$，$P=0.355$，说明不同检测间没有统计学差异。

图 6-37　嵌套设计方差分析程序

主体间效应的检验

因变量:重量

源	III 型平方和	df	均方	F	Sig.
校正模型	444.403a	6	74.067	1442.868	0
截距	3717.12	1	3717.12	72411.429	0
植物类别	138.035	2	69.017	1344.497	0
树叶(植物类别)	306.315	3	102.105	1989.058	0
检测	0.053	1	0.053	1.039	0.355
误差	0.257	5	0.051		
总计	4161.78	12			
校正的总计	444.66	11			

a. R 方 = .999（调整 R 方 = .999）

图 6-38　方差分析结果

6.8　重复测量数据方差分析

6.8.1　原理

重复测量资料是由在不同时间点上对同一对象的同一观察指标进行多次测量所得，重复测量设计是在科研工作中常见的设计方法，常用来分析在不同时间点上该指标的差异。重复测量设计最主要的优点就是提高了处理组间的精确度，因为它可以通过对同一个体数据的分析估计出实验误差的大小。它的另外一个优点是比较有效地利用了个体，这在实验过程中观察对象较难获得的情况下尤其重要。如果研究目的是观察处理因素随时间变化的趋势，这时可用重复测量设计，例如观察同一观察对象在不同时间点的某一变量值。但是，它的缺点是存在顺序效应（处理因素的排列先后可能会有不同的效应）和携带效应（前面的处理效应可能会影响到后面处理的效应）。解决的办法是处理顺序的随机化以及前后处理之间有充分的“清洗”时间。由于同一个体的不同次重复测量数据间往往存在相关，这

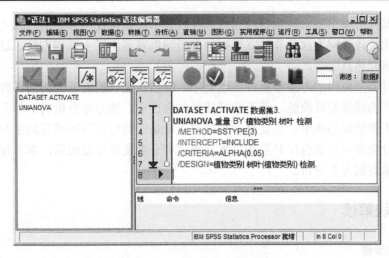

就违反了方差分析模型要求的数据独立性，导致其不能直接使用普通的一元方差分析模型来分析，为此统计学家为这种非独立数据的分析问题发展出了一系列方法，这也是当今统计方法学的研究热点之一。

进行重复测量资料的方差分析，比较复杂，除需满足一般方差分析的条件外，还必须进行协方差阵的球形假设检验，若不满足球形对称性质，则方差分析的 F 值是有偏的，从而增大了第 I 类错误的概率。重复测量数据对于定量资料包括等距重复测量和不等距重复测量；对于分类变量包括有序分类变量重复测量和分类变量重复测量，本节仅介绍定量资料的重复测量数据方差分析。

6.8.2 模块解读

1. 操作步骤

单击"分析"|"一般线性模型"|"重复度量"命令，弹出"重复度量定义因子"对话框，如图6-39所示。

（1）"被试内因子名称"框：该框中应输入测试因素的名称，最多8字符，但不能和数据集中其他变量名重复。

（2）"级别数（L）"框：该框需输入重复的次数。当"被试内因子名称"和"级别数"被定义后，"添加"按钮激活，单击添加；如果还有第二个测量因素可以重复该次操作。

（3）"度量名称（N）"框：若对组内因素所代表的测量仍有重复，可以在"度量名称"参数框中输入表示重复测量的变量，方法同上。定义结束单击"定义"按钮，弹出"重复度量"对话框，如图6-40所示。

图 6-39 "重复度量定义因子"对话框

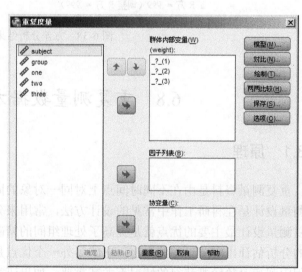

图 6-40 "重复度量"对话框

2. "重复度量"对话框

（1）因素列表框：左侧为数据库的因素列表框，框中列出了数据库中的因素变量。

(2)"群体内部变量(W)"框:该框中显示了已经定义的测量级别数,但变量名用?标注,需要我们按照顺序单击左侧"因素列表"中的变量名移入右侧"群体内部变量"框。如果顺序有误可以通过上下箭头按钮进行调整。

(3)"因子列表(B)"框:应该放入本次分析的处理因素,可以放入多个。

(4)"协变量(C)"框:如果因素列表中,存在专业角度上影响结果变量的协变量,可放入该框,具体可见相关章节。

(5)右侧的"模型"、"对比"、"绘制"、"两两比较"、"保存"和"选项"按钮设置参见 6.2 节。

6.8.3 实例详解

例 6.8:某研究者欲了解一套新的锻炼方法的减肥效果。该研究者在某小学随机抽取了 12 名肥胖学生,随机分成两组,第一组每天下午按新的锻炼方法锻炼,第二组不参与新的锻炼方法锻炼,并于实验开始的第 1、2、3 个月分别测量学生体重减重情况,测量值如图 6-41 所示,构建数据库见 6-8.sav。

1. 操作步骤

(1)单击"分析"|"一般线性模型"|"重复度量"命令,弹出"重复度量定义因子"对话框,单击"被试内因子名称"中的 Factor1,修改为 weight,也可默认不修改。

(2)"级别数"框中输入重复测量次数"3",单击"添加"按钮。

(3)单击左下角的"定义"按钮,将 3 次测量变量 One、Two 和 Three 按照框中测量的顺序,逐

受试对象	组别	测试时间		
		第1月	第2月	第3月
1	1	15	12	6
2	1	13	8	4
3	1	10	6	2
4	1	12	11	4
5	1	8	6	2
6	1	9	5	1
7	2	10	8	4
8	2	8	4	1
9	2	16	10	9
10	2	16	10	9
11	2	14	10	9
12	2	12	8	8

图 6-41 12 名学生体重减重情况(Kg)

个放入右侧框中,亦可按 Shift 键,将 3 个变量全部选中一次性放入。如若顺序出现差异,单击"群体内部变量"左侧的上下箭头来调整顺序,注意顺序一定不能出错。

(4)将因素变量 group 放入"因子列表"框。

(5)单击"模型"按钮,在弹出对话框中,选择"全因子"模型,单击"继续"按钮返回。

(6)在主对话框中单击"确定"按钮运行。

2. 主要结果解读

(1)图 6-42 所示为多变量检验结果,其中采用了 4 种检验方法计算了 T 检验值、F 值、假设 df 值和误差 df 值,表中可见不同测试时间的 weight 有统计学差异,$P=0.000$,而测试时间与组别间无统计学差异,$P=0.55$。然而是否以此结果为准的依据是球形性检验,若不符合球形性,才以此结果为准或者以一元方差分析中校正结果为准。

(2)图 6-43 所示为球形性检验结果,可见 Mauchly $W=0.983$,$P=0.926$,符合球形性,结果以一元方差结果为准。如果 $P \leq 0.05$,则不符合球形性检验,则给出了 3 种校正模式,即 Greenhouse-Geisser、Huynh-Feldt 和下限校正,其中以 Greenhouse-Geisser 较为常用。

多变量检验

效应		值	F	假设 df	误差 df	Sig.
weight	Pillai 的跟踪	0.958	103.565	2	9	0
	Wilks 的 Lambda	0.042	103.565	2	9	0
	Hotelling 的跟踪	23.014	103.565	2	9	0
	Roy 的最大根	23.014	103.565	2	9	0
weight * group	Pillai 的跟踪	0.475	4.069	2	9	0.055
	Wilks 的 Lambda	0.525	4.069	2	9	0.055
	Hotelling 的跟踪	0.904	4.069	2	9	0.055
	Roy 的最大根	0.904	4.069	2	9	0.055

a. 精确统计量
b. 设计：截距 + group
主体内设计：weight

图 6-42 多变量检验结果

Mauchly 的球形度检验

度量：MEASURE_1

主体内效应	Mauchly 的 W	近似卡方	df	Sig.	Epsilon Greenhouse-Geisser	Huynh-Feldt	下限
weight	0.983	0.153	2	0.926	0.983	1	0.5

检验零假设，即标准正交转换因变量的误差协方差矩阵与一个单位矩阵成比例。
a. 可用于调整显著性平均检验的自由度。 在"主体内效应检验"表格中显示修正后的检验。
b. 设计：截距 + group
主体内设计：weight

图 6-43 球形检验结果

（3）图 6-44 所示为方差分析结果。因为本例符合球形性，因此，以第一条"采用的球形度"结果，可见不同时间测量的体重有统计学差异，$F=129.068$，$P=0.000$；并且测试时间与组别交互作用检验 $F=4.386$，$P=0.026<0.05$，认为测试时间与组别间存在着交互作用。图 6-45 显示，组别间方差分析结果无统计学差异，$F=0.397$，$P=0.543$，即两组处理因素对体重减重影响没有差异。

主体内效应的检验

度量：MEASURE_1

源		III 型平方和	df	均方	F	Sig.
weight	采用的球形度	315.5	2	157.75	129.068	0
	Greenhouse-Geisser	315.5	1.967	160.413	129.068	0
	Huynh-Feldt	315.5	2	157.75	129.068	0
	下限	315.5	1	315.5	129.068	0
weight * group	采用的球形度	10.722	2	5.361	4.386	0.026
	Greenhouse-Geisser	10.722	1.967	5.452	4.386	0.027
	Huynh-Feldt	10.722	2	5.361	4.386	0.026
	下限	10.722	1	10.722	4.386	0.063
误差(weight)	采用的球形度	24.444	20	1.222		
	Greenhouse-Geisser	24.444	19.668	1.243		
	Huynh-Feldt	24.444	20	1.222		
	下限	24.444	10	2.444		

图 6-44 方差分析结果

主体间效应的检验

度量:MEASURE_1

转换的变量:平均值

源	III 型平方和	df	均方	F	Sig.
截距	2256.25	1	2256.25	111.665	0
group	8.028	1	8.028	0.397	0.543
误差	202.056	10	20.206		

图 6-45 组别间方差分析结果

（4）注意：当测量时间为不等距时，如第 1 个月、第 2 个月和第 5 个月，为不等距测量。此时应该采用不等距的方差分析，然而 SPSS 19.0 中不能直接计算，需要利用"语法编辑器"。继续以本题为例，如果测量时间就是第 1 个月、第 2 个月和第 5 个月。操作如下，将操作步骤中第（6）分改为"在主对话框中单击"粘贴"按钮"。将语法窗口中如图 6-46 所示的语法改为如图 6-47 所示。即将 /WSFACTOR=weight 3 Polynomial 改为 /WSFACTOR=weight 3 Polynomial(1 2 5)。再运行即可，为节省篇幅，读者可以自行运算，此处不赘述。

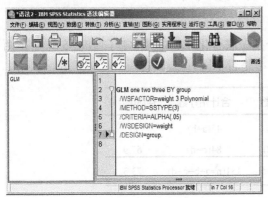

图 6-46 等距重复测量语法

图 6-47 不等距重复测量语法

第7章 定性资料统计推断

在上一章中所介绍的假设检验方法,是事先假定总体服从正态分布或近似正态分布。然而在实际问题中,我们有时并不知晓总体的分布类型,这就需要我们根据给定的样本数据进行假设检验。本章所介绍的检验方法就能帮助我们很好地解决这一问题。χ^2 检验就是一种用来检验给定的样本数据是否来自特定分布的办法。它主要运用于定性资料的统计推断,可以对成组设计四格表资料、配对设计四格表资料以及成组设计行乘列表资料进行 χ^2 检验。

7.1 成组设计四格表资料卡方检验

例 7-1:将食道癌患者随机分成两组,分别做联合化疗和单纯化疗,治疗 5 年后,两组的存活率见图 7-1,问两种疗法的总体存活率是否不同?

处理	存活数	死亡数	合计治疗数	存活率(%)
联合化疗	39(a)	8(b)	47(a+b)	83
单纯化疗	57(c)	27(d)	84(c+d)	67.9
合计	96(a+c)	35(b+d)	131(n=a+b+c+d)	73.3

图 7-1 食道癌患者治疗后 5 年存活率的比较

7.1.1 原理

χ^2 检验的零假设假定比较样本来自总体率相等的总体,它是实际频数与理论频数吻合程度的指标,差值越小,吻合程度越高。

χ^2 检验的统计量为:

$$\chi^2 = \sum_{i=1}^{k} \frac{(A_i - T_i)^2}{T_i} \quad \text{(公式 7-1)}$$

上面的统计量最先由英国统计学家 K.Pearson 提出。其中 A 表示实际频数,T 表示理论频数,k 表示组数,$i=1,2……k$。

理论频数 T 的计算可用公式 7-2:

$$T_{RC} = \frac{n_R n_C}{n} \quad \text{(公式 7-2)}$$

公式中 T_{RC} 表示第 R 行(row)第 C 列(column)的理论频数,n_R 为相应行的合计,

n_C 为相应列的合计，n 为总例数。

由公式 7-1 可看出，χ^2 值的大小除取决于 $|A-T|$ 的差值外，还与基本数据的格子数有关（因为每格的 $\frac{(A-T)^2}{T}$ 都 ≥ 0，且一般都 >0，故 χ^2 值一般随着格子数的增多而加大），严格地说是与自由度有关。四格表及行×列表的自由度，是指在表中周边合计数不变的前提下，基本数据可以自由变动的格子数，其中任何一个数据发生变化，其余三个数据由于受周边合计数的限制，只能随之相应变动，故其自由度为 1；若基本数据大于 4 个，则自由度也必大于 1。行×列表的自由度 ν：

$$\nu =(行数-1) \times (列数-1)$$ （公式 7-3）

当 n 足够大时，χ^2 的统计量近似地服从自由度为 k-1 的 χ^2 分布。

7.1.2 模块解读

1. 建立数据库

建立数据库，如图 7-2 所示。

2. 分析步骤

（1）单击"数据"|"加权个案"命令，弹出"加权个案"对话框，如图 7-3 所示。"加权个案"框中放入本次需要加权的变量"频数"。

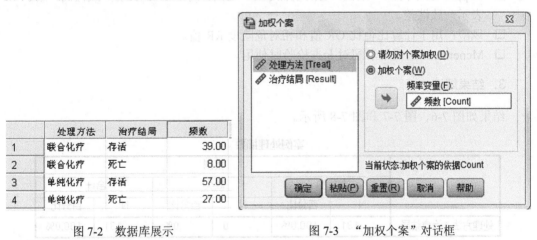

图 7-2　数据库展示　　　　　　图 7-3　"加权个案"对话框

（2）单击"分析"|"描述统计"|"交叉表"命令，弹出"交叉表"对话框，如图 7-4 所示。"行"框中放入本次需要比较的变量"处理方法"，"列"框中放入本次需要比较的变量"治疗结局"。

（3）单击"统计量"按钮，弹出图 7-5 所示的"统计量"对话框，勾选"卡方"，单击"确定"按钮。

- 卡方：此对话框是对资料进行卡方检验，对于四格表资料会自动校正卡方检验的结果。
- 相关性：用于计算行列变量的 Pearson 相关系数和 Spearman 等级相关系数。

图 7-4 "交叉表"对话框　　　　图 7-5 "统计量"对话框

- "名义"复选框组：用于分类变量的相关性，无论是有序分类还是无序分类变量均可使用。
- "有序"复选框组：用于反映分量变量一致性的指标。
- Kappa：表示内部一致性，它的值位于 0～之间，高于 0.75 表示一致性高，低于 0.4 表示一致性差。
- 风险：用于计算比值比 OR 值和相对危险度 RR 值。
- Mcnemar：主要用于配对卡方检验时使用。

3．结果解读

结果如图 7-6、图 7-7 和图 7-8 所示。

案例处理摘要

	案例					
	有效的		缺失		合计	
	N	百分比	N	百分比	N	百分比
处理方法 * 治疗结局	131	100.0%	0	.0%	131	100.0%

图 7-6　案例处理摘要

处理方法 * 治疗结局 交叉制表

计数

		治疗结局		合计
		存活	死亡	
处理方法	联合化疗	39	8	47
	单纯化疗	57	27	84
合计		96	35	131

图 7-7　整理交叉表

卡方检验

	值	df	渐进 Sig.(双侧)	精确 Sig.(双侧)	精确 Sig.(单侧)
Pearson 卡方	3.520a	1	.061		
连续校正b	2.790	1	.095		
似然比	3.693	1	.055		
Fisher 的精确检验				.067	.045
线性和线性组合	3.493	1	.062		
有效案例中的 N	131				

a. 0 单元格(.0%)的期望计数少于 5。最小期望计数为 12.56。
b. 仅对 2×2 表计算。

图 7-8 卡方检验结果

由上述结果我们可得出结论：有 0 个格子的期望频数小于 5，最小期望频数为 12.56，$N=131>40$，$\chi^2=3.520$，自由度 $df=1$，$P=0.061>0.05$，按 $\alpha=0.05$ 水准不拒绝 H_0，差别无统计学意义。故尚不能认为单纯手术疗法与联合疗法对食道癌患者治疗效果有差别。

7.2 配对设计四格表资料卡方检验

例 7-2：某医院采用甲乙两种方法测定 60 例恶性肿瘤患者体内 ck20 基因表达阳性率，甲法测定阳性率为 70.0%，乙法测定阳性率为 38.3%，两种方法一致测定阳性率为 26.7%。比较甲乙两种方法的测定阳性率是否有差异，如图 7-9 所示。

甲法	乙法		合计
	+	−	
+	16 (a)	26 (b)	42
−	7 (c)	11 (d)	18
合计	23	37	60

图 7-9 两种方法测定结果比较

7.2.1 原理

如果在定性资料的统计分析中，如两组率之间的比较，设计类型如果是按配对设计，则要按配对设计的卡方检验来完成。不能采用成组设计的卡方检验，否则会降低统计学的检验效能。

现将资料整理为配对计数资料的四格表，如图 7-9 所示。该实验结果表明：甲+乙+为 a，甲+乙−为 b，甲−乙+为 c，甲−乙−为 d，由于甲乙两法一致阳性数 a 和一致阴性数 d 相同，如果要比较甲乙两法何者为优，只要比较 b 和 c 即可，采用配对 χ^2 检验（或 McNemanr 检验）；如果要了解甲乙两法测定结果之间有无相关关系，则要考虑 a、b、c、d，采用普通四格表 χ^2 检验。

配对 χ^2 检验专用公式为

$$\chi^2 = \frac{(b-c)^2}{b+c} \quad \text{(公式 7-4)}$$

若 $b+c<40$，应该对式（7-4）进行校正，校正公式为

$$\chi^2 = \frac{(|b-c|-1)^2}{b+c} \quad \text{(公式 7-5)}$$

7.2.2 模块解读

1. 建立数据库

建立数据库，如图 7-10 所示。

2. 分析步骤

（1）单击"数据"|"加权个案"命令，弹出"加权个案"对话框，如图 7-11 所示。"加权个案"框中放入本次需要加权的变量"频数"。

图 7-10 数据库展示　　　　　图 7-11 "加权个案"对话框

（2）单击"分析"|"描述统计"|"交叉表"命令，弹出"交叉表"对话框，如图 7-12 所示。"行"框中放入本次需要比较的变量"甲法"，"列"框中放入本次需要比较的变量"乙法"。

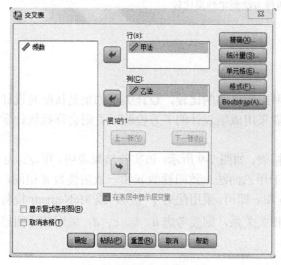
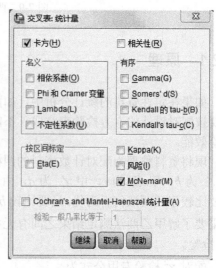

图 7-12 "交叉表"对话框　　　　　图 7-13 "统计量"对话框

(3) 单击"统计量"按钮，弹出图 7-13 所示的"统计量"对话框，单击"卡方"和 McNemar 复选框。

3. 结果解读

结果如图 7-14、图 7-15、图 7-16 所示。

案例处理摘要

	案例					
	有效的		缺失		合计	
	N	百分比	N	百分比	N	百分比
甲法 * 乙法	60	100.0%	0	.0%	60	100.0%

图 7-14 案例处理摘要

甲法 * 乙法 交叉制表

计数

		乙法		合计
		阳性	阴性	
甲法	阳性	16	26	42
	阴性	7	11	18
合计		23	37	60

图 7-15 整理交叉表

卡方检验

	值	df	渐进 Sig.(双侧)	精确 Sig.(双侧)	精确 Sig.(单侧)
Pearson 卡方	.003[a]	1	.954		
连续校正[b]	.000	1	1.000		
似然比	.003	1	.954		
Fisher 的精确检验				1.000	.588
线性和线性组合	.003	1	.954		
McNemar 检验				.001[c]	
有效案例中的 N	60				

a. 0 单元格(.0%)的期望计数少于 5。最小期望计数为 6.90。
b. 仅对 2×2 表计算。
c. 使用的二项式分布。

图 7-16 卡方检验结果

由上述结果我们可得出结论：有 0 个格子的期望频数小于 5，最小期望频数为 6.90，$N=60>40$，由 McNemar 检验得 $P=0.001<0.05$，按 $\alpha=0.05$ 水准拒绝 H_0，差别有统计学意义。两种方法测定阳性率有差别，显然甲法优于乙法。

7.3 成组设计行乘列表资料的卡方检验

7.3.1 多个样本率比较

例 7-3：某地调查了 2000～2003 四个年度中小学女生的贫血状况，如图 7-17 所示，问各年度间学生贫血率有无差别？

年份	贫血人数	正常人数	合计	检出率(%)
2000	279	4702	4981	5.6
2001	271	2089	2360	11.48
2002	367	2161	2528	14.52
2003	784	4199	4983	15.73
合计	1701	13151	14852	11.45

图 7-17 某地各年度学生贫血检出率的比较（%）

7.3.2 原理

如果是多个率的比较，其基本数据有 R 行 2 列，构成 $R\times 2$ 表，用以表述 R 个率的基本数据，如图 7-17 所示。$R\times 2$ 表的 χ^2 检验用于推断 R 个样本率各自所代表的总体率是否相等，其基本解题思路同前，χ^2 值的计算可按公式 7-1，但用公式 7-6 计算更为方便，两式等价。

$$\chi^2 = n(\sum \frac{A^2}{n_R n_C} - 1)$$ （公式 7-6）

上式中，A 为第 R 行第 C 列对应的实际频数，n_R 为第 R 行的行合计，n_C 为第 C 列的列合计，n 为总样本含量。

7.3.3 模块解读

1. 建立数据库

建立数据库，如图 7-18 所示。

2. 分析步骤

（1）单击"数据"|"加权个案"命令，弹出"加权个案"对话框，如图 7-19 所示。"加权个案"框中放入本次需要加权的变量"频数"。

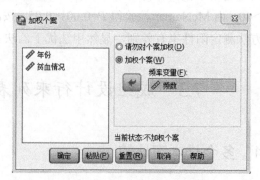

	年份	贫血情况	频数
1	2000	贫血	279.00
2	2000	正常	4702.00
3	2001	贫血	271.00
4	2001	正常	2089.00
5	2002	贫血	367.00
6	2002	正常	2161.00
7	2003	贫血	784.00
8	2003	正常	4199.00

图 7-18 数据库展示　　　　　　图 7-19 "加权个案"对话框

（2）单击"分析"|"描述统计"|"交叉表"命令，弹出"交叉表"对话框，如图 7-20

所示。"行"框中放入本次需要比较的变量"年份","列"框中放入本次需要比较的变量"贫血情况"。

（3）单击"统计量"按钮，弹出图 7-21 所示的"统计量"对话框，单击"卡方"复选框。

（4）单击"单元格"按钮，弹出图 7-22 所示的"交叉表：单元显示"对话框，单击"观察值"、"期望值"、"行"和"列"复选框。

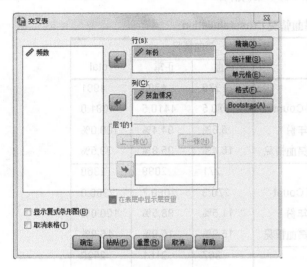

图 7-20 "交叉表"对话框

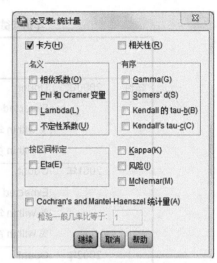

图 7-21 "统计量"对话框

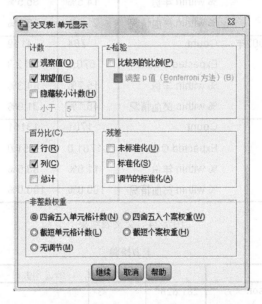

图 7-22 "交叉表：单元显示"对话框

3．结果解读

结果如图 7-23、如图 7-24、图 7-25 所示。

Case Processing Summary

	Cases					
	Valid		Missing		Total	
	N	Percent	N	Percent	N	Percent
年份 * 贫血情况	14852	100.0%	0	.0%	14852	100.0%

图 7-23 案例摘要

年份 * 贫血情况 Crosstabulation

			贫血情况		Total
			贫血	正常	
年份	2000年	Count	279	4702	4981
		Expected Count	570.5	4410.5	4981.0
		% within 年份	5.6%	94.4%	100.0%
		% within 贫血情况	16.4%	35.8%	33.5%
	2001年	Count	271	2089	2360
		Expected Count	270.3	2089.7	2360.0
		% within 年份	11.5%	88.5%	100.0%
		% within 贫血情况	15.9%	15.9%	15.9%
	2002年	Count	367	2161	2528
		Expected Count	289.5	2238.5	2528.0
		% within 年份	14.5%	85.5%	100.0%
		% within 贫血情况	21.6%	16.4%	17.0%
	2003年	Count	784	4199	4983
		Expected Count	570.7	4412.3	4983.0
		% within 年份	15.7%	84.3%	100.0%
		% within 贫血情况	46.1%	31.9%	33.6%
Total		Count	1701	13151	14852
		Expected Count	1701.0	13151.0	14852.0
		% within 年份	11.5%	88.5%	100.0%
		% within 贫血情况	100.0%	100.0%	100.0%

图 7-24 交叉表结果

卡方检验

	值	df	渐进 Sig. (双侧)
Pearson 卡方	281.626[a]	3	.000
似然比	306.284	3	.000
线性和线性组合	263.962	1	.000
有效案例中的 N	14852		

a. 0 单元格(0.0%) 的期望计数少于 5。最小期望计数为 270.29。

图 7-25 卡方检验结果

由上述结果我们可得出结论：有 0 个格子的期望频数小于 5，最小期望频数为 270.29，$N=14852>40$，$\chi^2=281.626$，自由度 $df=3$，$P<0.001$，按 $\alpha=0.05$ 水准拒绝 H_0，差别有统计学意义，故可认为该地四个年份中小学女生贫血检出率不全相等。

7.3.4 多个构成比之间的比较

例 7-4：某市对城市和农村小学三～四年级学生体重状况进行了抽样调查，资料如图 7-26 所示。试考察该地城、乡儿童体重状况的构成比有无差别。

地区	营养类型			合计
	消瘦	肥胖	正常	
城区	44(39.96)	9(6.3)	52(61.74)	105
郊区	44(51.04)	6(8.7)	95(85.26)	145
合计	88	15	147	250

图 7-26　某地城、郊儿童体重状况构成比较

7.3.5 原理

对多个构成比检验的目的是推断各样本分别代表的总体构成比是否相同，用 χ^2 检验，基本思想同前。首先假设各样本所代表的总体构成比相同，均等于合计的构成比，据此，可算得每个格子的理论频数（如图 7-26 所示的括号内数据）。如果检验假设是真实的，则每一格子的理论频数与实际频数一般均不会相差很大，即 χ^2 值一般不会很大；若根据样本信息算得一个很大的 χ^2 值，则有理由怀疑 H_0 的成立，进而拒绝它。

7.3.6 模块解读

1．建立数据库

建立数据库，如图 7-27 所示。

2．分析步骤

（1）单击"数据"|"加权个案"命令，弹出"加权个案"对话框，如图 7-28 所示。"加权个案"框中放入本次需要加权的变量"频数"。

	地区	营养类型	频数
1	城区	消瘦	44.00
2	城区	肥胖	9.00
3	城区	正常	52.00
4	郊区	消瘦	44.00
5	郊区	肥胖	6.00
6	郊区	正常	95.00

图 7-27　数据库展示

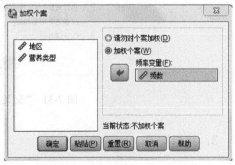

图 7-28　"加权个案"对话框

(2) 单击"分析"|"描述统计"|"交叉表"命令，弹出"交叉表"对话框，如图 7-29 所示。"行"框中放入本次需要比较的变量"地区"，"列"框中放入本次需要比较的变量"营养类型"。

(3) 单击"统计量"按钮，弹出图 7-30 所示的"统计量"对话框，单击"卡方"复选框。

图 7-29 "交叉表"对话框

图 7-30 "统计量"对话框

(4) 单击"单元格"按钮，弹出图 7-31 所示的"交叉表：单元显示"对话框，选择"观察值"、"期望值"、"行"和"列"复选框。

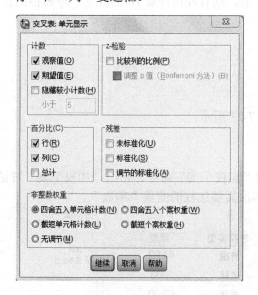

图 7-31 "交叉表：单元显示"对话框

3．结果解读

结果如图 7-32、图 7-33、图 7-34 所示。

Case Processing Summary

	Cases					
	Valid		Missing		Total	
	N	Percent	N	Percent	N	Percent
地区 * 营养类型	250	100.0%	0	.0%	250	100.0%

图 7-32 案例摘要

地区 * 营养类型 Crosstabulation

			营养类型			Total
			消瘦	肥胖	正常	
地区	城区	Count	44	9	52	105
		Expected Count	37.0	6.3	61.7	105.0
		% within 地区	41.9%	8.6%	49.5%	100.0%
		% within 营养类型	50.0%	60.0%	35.4%	42.0%
	郊区	Count	44	6	95	145
		Expected Count	51.0	8.7	85.3	145.0
		% within 地区	30.3%	4.1%	65.5%	100.0%
		% within 营养类型	50.0%	40.0%	64.6%	58.0%
Total		Count	88	15	147	250
		Expected Count	88.0	15.0	147.0	250.0
		% within 地区	35.2%	6.0%	58.8%	100.0%
		% within 营养类型	100.0%	100.0%	100.0%	100.0%

图 7-33 交叉表

卡方检验

	值	df	渐进 Sig.(双侧)
Pearson 卡方	6.956[a]	2	.031
似然比	6.941	2	.031
线性和线性组合	5.207	1	.022
有效案例中的 N	250		

a. 0 单元格(0.0%)的期望计数少于 5。最小期望计数为 6.30。

图 7-34 卡方检验结果

由上述结果我们可得出结论：有 0 个格子的期望频数小于 5，最小期望频数为 6.30，$N=250>40$，$\chi^2=6.956$，自由度 $df=2$，$P=0.031<0.05$，按 $\alpha=0.05$ 水准拒绝 H_0，差别有统计学意义，可认为该市城、郊两地儿童体重类型构成比不同。

7.4 似然比检验和确切概率法

7.4.1 似然比检验

例 7-5：某医院检测了郊区 430 名 5~7 岁儿童的血红蛋白（mg/ml），如图 7-35 所示。问该地儿童血红蛋白含量的构成比在不同年龄间有无差别？

年龄(岁)	血红蛋白含量(mg/ml)				合计
	30~	60~	90~	≥110	
5	3(2.10)	40	26	13	82
6	6(4.83)	57	83	43	189
7	2(4.07)	52	76	29	159
合计	11	149	185	85	430

图 7-35 某市郊区 430 名 5~7 岁儿童血红蛋白（mg/ml）构成比较

1. 建立数据库

建立数据库，如图 7-36 所示。

2. 分析步骤

（1）单击"数据"|"加权个案"命令，弹出"加权个案"对话框，如图 7-37 所示。"加权个案"框中放入本次需要加权的变量"频数"。

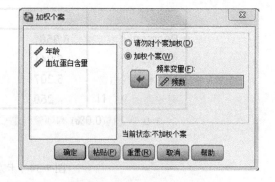

图 7-36 数据库展示　　　　　　　　　图 7-37 "加权个案"对话框

（2）单击"分析"|"描述统计"|"交叉表"命令，弹出"交叉表"对话框，如图 7-38 所示。"行"框中放入本次需要比较的变量"年龄"，"列"框中放入本次需要比较的变量"血红蛋白含量"。

（3）单击"统计量"按钮，弹出图7-39所示的"统计量"对话框，单击"卡方"复选框。
（4）单击"单元格"按钮，弹出图7-40所示的"交叉表：单元显示"对话框，选择"观察值"、"期望值"、"行"和"列"复选框。

图7-38 "交叉表"对话框

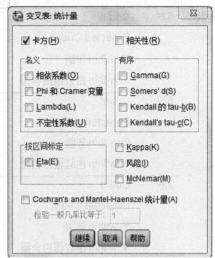

图7-39 "统计量"对话框

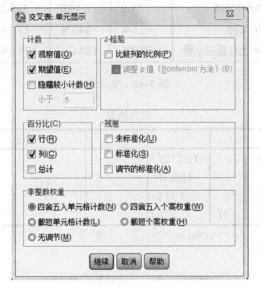

图7-40 "交叉表：单元显示"对话框

3. 结果解读

结果如图7-41、图7-42、图7-43所示。

Case Processing Summary

	Cases					
	Valid		Missing		Total	
	N	Percent	N	Percent	N	Percent
年龄 * 血红蛋白含量	430	100.0%	0	.0%	430	100.0%

图7-41 案例摘要

年龄 * 血红蛋白含量 Crosstabulation

			血红蛋白含量				Total
			30~	60~	90~	≥110	
年龄	5岁	Count	3	40	26	13	82
		Expected Count	2.1	28.4	35.3	16.2	82.0
		% within 年龄	3.7%	48.8%	31.7%	15.9%	100.0%
		% within 血红蛋白含量	27.3%	26.8%	14.1%	15.3%	19.1%
	6岁	Count	6	57	83	43	189
		Expected Count	4.8	65.5	81.3	37.4	189.0
		% within 年龄	3.2%	30.2%	43.9%	22.8%	100.0%
		% within 血红蛋白含量	54.5%	38.3%	44.9%	50.6%	44.0%
	7岁	Count	2	52	76	29	159
		Expected Count	4.1	55.1	68.4	31.4	159.0
		% within 年龄	1.3%	32.7%	47.8%	18.2%	100.0%
		% within 血红蛋白含量	18.2%	34.9%	41.1%	34.1%	37.0%
Total		Count	11	149	185	85	430
		Expected Count	11.0	149.0	185.0	85.0	430.0
		% within 年龄	2.6%	34.7%	43.0%	19.8%	100.0%
		% within 血红蛋白含量	100.0%	100.0%	100.0%	100.0%	100.0%

图 7-42 交叉表

卡方检验

	值	df	渐进 Sig. (双侧)
Pearson 卡方	12.712[a]	6	.048
似然比	12.637	6	.049
线性和线性组合	3.315	1	.069
有效案例中的 N	430		

a. 3 单元格(25.0%) 的期望计数少于 5。最小期望计数为 2.10。

图 7-43 卡方检验结果

由上述结果我们可得出结论：有 0 个格子的期望频数小于 5，最小期望频数为 2.10，$N=430>40$，$\chi^2=12.637$，自由度 $df=6$，$P=0.049<0.05$，按 $\alpha=0.05$ 水准拒绝 H_0，接受 H_1，差异有统计学意义，故可认为该地 5、6、7 岁三个年龄段儿童血红蛋白含量构成比总的来说有差别。

7.4.2 确切概率法

例 7-6：某高校调查一批高血压患者的血压控制情况和肥胖度，数据如图 7-44 所示，问患者血压控制情况与肥胖度是否有关？如图 7-44 所示。

第 7 章 定性资料统计推断

肥胖程度	血压控制情况			合计
	良好	尚可	不良	
不肥胖	18	20	13	51
轻度肥胖	3	4	8	15
中/重度肥胖	21	15	10	46
合计	42	39	31	112

图 7-44 某高校高血压患者的血压控制情况与肥胖程度表

1．建立数据库

建立数据库，如图 7-45 所示。

2．分析步骤

（1）单击"数据"|"加权个案"命令，弹出"加权个案"对话框，如图 7-46 所示。"加权个案"框中放入本次需要加权的变量"频数"。

	肥胖程度	血压控制情况	频数
1	不肥胖	良好	18.00
2	不肥胖	尚可	20.00
3	不肥胖	不良	13.00
4	轻度肥胖	良好	3.00
5	轻度肥胖	尚可	4.00
6	轻度肥胖	不良	8.00
7	中重度肥胖	良好	21.00
8	中重度肥胖	尚可	15.00
9	中重度肥胖	不良	10.00

图 7-45 数据库展示　　　　　图 7-46 "加权个案"对话框

（2）单击"分析"|"描述统计"|"交叉表"命令，弹出"交叉表"对话框，如图 7-47 所示。"行"框中放入本次需要比较的变量"肥胖程度"，"列"框中放入本次需要比较的变量"血压控制情况"。

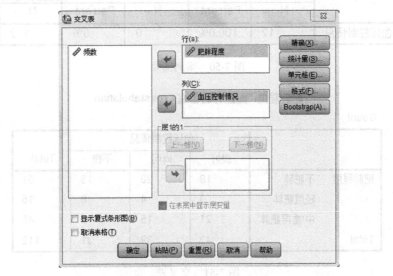

图 7-47 "交叉表"对话框

（3）单击"统计量"按钮，弹出图 7-48 所示的"统计量"对话框，单击"卡方"复选框。

（4）单击"精确"按钮，弹出图 7-49 所示的"精确检验"对话框，单击 Monte Carlo 选项。

图 7-48 "统计量"对话框

图 7-49 精确对话框

3. 结果解读

结果如图 7-50、图 7-51、图 7-52 所示。

Case Processing Summary

	Cases					
	Valid		Missing		Total	
	N	Percent	N	Percent	N	Percent
肥胖程度 * 血压控制情况	112	100.0%	0	.0%	112	100.0%

图 7-50 案例摘要

肥胖程度 * 血压控制情况 Crosstabulation

Count

		血压控制情况			Total
		良好	尚可	不良	
肥胖程度	不肥胖	18	20	13	51
	轻度肥胖	3	4	8	15
	中/重度肥胖	21	15	10	46
Total		42	39	31	112

图 7-51 交叉表

卡方检验

	值	df	渐进 Sig.(双侧)	Monte Carlo Sig.(双侧)			Monte Carlo Sig.(单侧)		
				Sig.	99% 置信区间		Sig.	99% 置信区间	
					下限	上限		下限	上限
Pearson 卡方	6.982[a]	4	.137	.136[b]	.127	.145			
似然比	6.479	4	.166	.182[b]	.172	.192			
Fisher 的精确检验	6.259			.177[b]	.167	.186			
线性和线性组合	.672[c]	1	.412	.444[b]	.432	.457	.224[b]	.214	.235
有效案例中的 N	112								

a. 1 单元格(11.1%)的期望计数少于 5。最小期望计数为 4.15。
b. 基于 10000 采样表,启动种子为 2000000。
c. 标准化统计量是 -.820。

图 7-52 卡方检验结果

卡方检验结果的右侧显示了 Monte Carlo 法计算的 P 值可信区间,应有单侧和双侧结果,由于表格过长,这里只显示双侧部分。其中,Pearson 卡方的近似概率为 0.137,而 Monte Carlo 法计算的确切概率法为 0.136,99%可信区间为 0.127~0.145,尚不能认为患者的血压控制情况与肥胖程度有关。

7.5 卡方检验的多重比较

例 7-7:某高校为了了解乡镇、县城和城市中不同教师对于教师聘任制的看法,进行调查,具体数据如图 7-53 所示。

对聘任制看法	地区			合计
	乡镇	县城	城市	
赞成	160	90	171	421
不赞成	60	32	43	135
合计	220	122	214	556

图 7-53 不同地区教师对聘用制的看法

7.5.1 原理

用 SPSS 19.0 进行不同变量的卡方检验中,如果检验后多组间有显著性差异,说明观察指标在各组之间不完全相同,这时要知道到底是哪两组或哪几组有差异,就需要进行两两比较,但遗憾的是,SPSS 未提供卡方检验的多组之间的两两检验的直接方案。网络上很多人讨论,但均没有简便可行的办法,有人提出用卡方分割法(partitions of χ^2 method),或者用 Scheffe 可信区间法和 SNK 法等等,比较复杂。现将一种比较简单的,可直接在 SPSS 中进行两两比较的方法举例如下。

7.5.2 模块解读

1．建立数据库

建立数据库，如图 7-54 所示。

2．分析步骤

（1）单击"数据"|"加权个案"命令，弹出"加权个案"对话框，如图 7-55 所示。"加权个案"框中放入本次需要加权的变量"频数"。

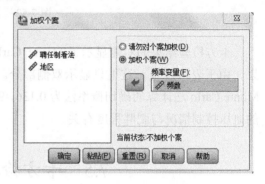

图 7-54　数据库展示　　　　　　　　图 7-55　"加权个案"对话框

（2）单击"数据"|"选择个案"命令，弹出"选择个案"对话框，单击"如果条件满足"，编辑语句"列变量名=1 or 列变量名=3"，如图 7-56 所示。

（3）单击"分析"|"描述统计"|"交叉表"命令，弹出"交叉表"对话框，如图 7-57 所示。"行"框中放入本次需要比较的变量"聘任制看法"，"列"框中放入本次需要比较的变量"地区"。

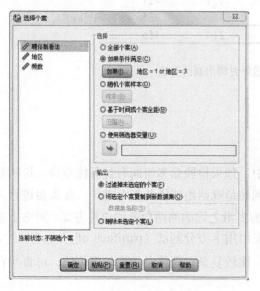
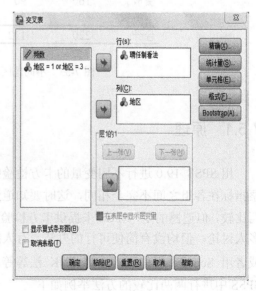

图 7-56　"选择个案"对话框　　　　　　图 7-57　"交叉表"对话框

（4）单击"统计量"按钮，弹出图 7-58 所示的"统计量"对话框，单击"卡方"复选框。

图 7-58 "统计量"对话框

3．结果解读

结果如图 7-59、图 7-60、图 7-61、图 7-62 所示。

Case Processing Summary

	Cases					
	Valid		Missing		Total	
	N	Percent	N	Percent	N	Percent
聘任制看法 * 地区	434	100.0%	0	.0%	434	100.0%

图 7-59 案例摘要

聘任制看法 * 地区 Crosstabulation

Count

		地区		Total
		乡镇	城市	
聘任制看法	赞成	160	171	331
	不赞成	60	43	103
Total		220	214	434

图 7-60 交叉表

卡方检验

	值	df	渐进 Sig.(双侧)	精确 Sig.(双侧)	精确 Sig.(单侧)
Pearson 卡方	.323[a]	1	.570		
连续校正[b]	.201	1	.654		
似然比	.319	1	.572		
Fisher 的精确检验				.553	.324
线性和线性组合	.322	1	.570		
有效案例中的 N	556				

a. 0 单元格(0.0%)的期望计数少于 5。最小期望计数为 29.62。
b. 仅对 2x2 表计算

图 7-61 卡方检验结果

聘任制看法 * 地区 Crosstabulation

Count

		地区			Total
		乡镇	县城	城市	
聘任制看法	赞成	160	90	171	421
	不赞成	60	32	43	135
Total		220	122	214	556

卡方检验

	值	df	渐进 Sig.(双侧)
Pearson 卡方	3.364a	2	.186
似然比	3.420	2	.181
线性和线性组合	3.023	1	.082
有效案例中的 N	556		

a. 0 单元格(0.0%) 的期望计数少于 5。最小期望计数为 29.62。

图 7-62　交叉表及检验结果

从本次结果上看，不管是三组还是两两之间相互比较，P 值均大于 0.05，无统计学差异。然而，在其他数据中要进行此类分析，可反复在数据中设计需要相互比较的行变量 1 与 2、2 与 3 等等，直到完成所有相比较的几组数据。需要注意的是，在进行卡方分割时，得出的 P 值显著性差异界值已经不再是 0.05，而是根据比较的次数进行分割，如本例需要进行 3 次比较，则小概率事件的界值应该 0.05/3=0.0167，只有得出的 P 值小于 0.0167 才能认为两组间有差异。

第8章 有序定性资料统计推断

无序 $R \times C$ 表定性资料可以采用前面介绍的 χ^2 检验，但对于有序定性资料，如主要的分组标志是无序的，而主要评价指标是有序的；或者两者都是有序的 $R \times C$ 表资料，就需要采用本章介绍的各种统计分析方法。

8.1 单向有序行×列表数据的分析

8.1.1 两组单向有序分类资料的秩和检验

所谓两组单向有序分类资料，本节主要是指在 $R \times C$ 表定性资料中，主要分组标志是无序的，而主要分析或者评价指标是有序的，如两种药物治疗某病疗效的比较，疗效评价指标是痊愈、好转、无效和死亡等。

例 8-1：用复方猪胆胶囊治疗老年性慢性支气管炎患者 403 例，疗效如图 8-1 第（1）～（3）栏所示。问该药对此两型支气管炎疗效是否相同？

疗效	人数		合计	秩次范围	平均秩次	秩和	
	喘息型	单纯型				喘息型	单纯型
-1	-2	-3	-4	-5	-6	(7)=(2)×(6)	(8)=(3)×(6)
治愈	23	60	83	1~83	42	966	2520
显效	83	98	181	84~264	174	14442	17052
好转	65	51	116	265~380	322.5	20962.5	16447.5
无效	11	12	23	381~403	392	4312	4704
合计	n_1 182	n_2 221	403			T_1 40682.5	T_2 40723.5

图 8-1 复方猪胆胶囊治疗两型老年性慢性支气管炎疗效比较

1. 秩和检验的步骤

（1）建立检验假设和确定检验水准。
H_0：两型老慢支疗效分布相同；
H_1：两型老慢支疗效分布不同。
$\alpha = 0.05$。

（2）编秩。本例各等级重复人数较多，故先计算各等级合计人数，见第（4）栏。再确定秩次范围，计算平均秩次。如"治愈"组共有 83 人，秩次范围应为 1~83，平均秩次为 (1+83)/2=42。仿此得第（5）、（6）栏。

（3）求秩和 T。将表 8-1 第（2）、（3）栏每组各等级例数与第（6）栏相应等级的平均秩次相乘，再求和，见第（7）、（8）栏。求得 T_1 =40682.5，T_2 =40723.5，T_1+T_2=40682.5+40723.5=81406。又 $N=n_1+n_2=403$，即 $T_1+T_2=N(1+N)/2=81406$，表明秩和计算无误。

（4）确定检验统计量 T。若两样本例数不等，以例数较少者为 n_1，即恒取 $n_1<n_2$，规定 n_1 组的秩和为 T；若例数相等，则任取一组的秩和为 T。故本例 n_1=182，n_2=221，检验统计量 $T=T_1$ =40682.5。

（5）确定 P 值，作出推断结论，可酌情选用查表法或正态近似法。

① 查表法：若 $n_1 \leq 10$，且 $n_2-n_1 \leq 10$，可查询相关统计书籍中的 T 界值表：先从表左侧找到相应的 n_1，再从表上方找到相应的 n_2-n_1，n_1 与 n_2-n_1 相交处有对应的 4 行界值。表中所列范围表示，在 H_0 成立的条件下，统计量 T 有相应的概率位于该范围内。若统计量 T 值在界值范围内，其 P 值大于相应的概率；若 T 值在界值范围外，则 P 值小于相应的概率；若 T 值恰等于界值，其 P 值小于或等于相应的概率。

② 正态近似法：当 $n_1>10$ 或 $n_2-n_1>10$ 时，T 分布已接近均数为 $n_1(N+1)/2$，方差为 $n_1n_2(N+1)/12$ 的正态分布，故可按公式 8.1 直接计算 Z 值，按标准正态分布界定 P 值并作出推断结论。

$$Z=\frac{|T-n_1(N+1)/2|-0.5}{\sqrt{n_1n_2(N+1)/12}} \quad （公式 8-1）$$

式中 0.5 为连续性校正数，在无相同观察值（即无相同秩次）时使用的，相同秩次不太多时可得近似值，但若相同秩次过多时（如超过 25%），计算之 Z 值偏小，应按公式 8.2 进行校正。Z 经校正后可略增大，P 值相应减小。

$$Z_c=Z/\sqrt{C} \quad （公式 8-2）$$

$C=1-\sum(t_j^3-t_j)/(N^3-N)$，$t_j$ 为第 j 个相同秩次的个数。如表 8.1 中治疗转归"痊愈"的有 83 个，"显效"的有 181 个，"好转"的有 116 个，"无效"的有 23 个，即 t_1=83，t_2=181，t_3=116，t_4=23，$\sum(t_j^3-t_j)$=(83³−83)+(181³−181)+(116³−116)+(23³−23)=8074188。将例 8-1 数据代入公式 8-1：

$$Z=\frac{|40682.5-182(403+1)/2|-0.5}{\sqrt{(182)(221)(403+1)/12}}=3.3669$$

本例相同秩次极多，需进行校正：

$$C=1-\frac{\sum(t_j^3-t_j)}{(N^3-N)}=1-\frac{8074188}{65450424}=0.8766$$

$$Z_c=Z/\sqrt{C}=3.3669/\sqrt{0.8766}=3.5961$$

$Z_{0.01}=2.58$，$P<0.01$，按 $\alpha=0.05$ 水准，拒绝 H_0，接受 H_1，差异有统计学意义。可认为复方猪胆胶囊治疗老年性慢性支气管炎喘息型与单纯型的疗效有差别。

2. 基本思想

两样本比较的秩和检验的基本思想是：比较的两个样本（样本含量分别为 n_1 及 n_2）如果来自同一总体或分布相同的两个总体（即 H_0 成立），则 n_1 样本之秩和 T 与其理论秩和

$n_1(N+1)/2$ 之差 $[T-n_1(N+1)/2]$ 由抽样误差所致，故此差值一般不会很大，差值很大的概率应很小。若从现有样本中算得的 T 与其理论秩和相差很大，则说明从 H_0 规定的总体中随机抽得现有样本及更极端样本的概率 P 很小，故按检验水准拒绝 H_0。

8.1.2 多组单向有序定性资料的秩和检验

多组单向有序定性资料是两组单向有序分类资料的扩展，相当于单因素方差分析的秩和检验。称为 H 检验（W.H.Kruskal 与 W.A.Wallis,1952），又称 Kruskal-Wallis 法。

例 8.2：某医院用三种复方小叶枇杷治疗老年性慢性支气管炎，数据如图 8-2 第（1）～（4）栏所示，比较其疗效有无差异？

疗效等级	例数			合计	秩次范围	平均秩次	秩和		
	老复方	复方I	复方II				老复方	复方I	复方II
-1	-2	-3	-4	-5	-6	-7	(8)=(2)×(7)	(9)=(3)×(7)	-10=(4)×(7)
控制	36	4	1	41	1~41	21	756	84	21
显效	115	18	9	142	42~183	112.5	12937.5	2025	1012.5
好转	184	44	25	253	184~436	310	57040	13640	7750
无效	47	35	4	86	437~522	479.5	22536.5	16782.5	1918
合计	382	101	39	522			93270	32531.5	10701.5

图 8-2 三种复方小叶枇杷治疗老年性慢性支气管炎疗效比较

1. 秩和检验的步骤

（1）建立检验假设和确定检验水准。
H_0：三药疗效总体分布相同；
H_1：三药疗效总体分布不同或不全相同。
$\alpha=0.05$。

（2）编秩。编秩方法同上。先计算各等级合计人数，见图 8.2 第（5）栏。再确定秩次范围，计算平均秩次，结果见第（6）、（7）栏。

（3）求秩和 T 三个处理组的秩和计算，即第（8）、（9）、（10）栏之合计。

（4）按（公式 8-3）计算检验统计量 H。

$$H = \frac{12}{N(N+1)} \sum \frac{R_i^2}{n_i} - 3(N+1) \qquad （公式 8-3）$$

式中 n_i 为各组例数，$N=\sum n_i$，R_i 为各组秩和。

$$H = \frac{12}{522(522+1)}(\frac{93270^2}{382} + \frac{32531.5^2}{101} + \frac{10701.5^2}{39}) - 3(522+1) = 21.6325$$

若相同秩次较多（如本例），按公式 8.3 算得的 H 值偏小，需按公式 8.4 进行校正：

$$H_c = H/\sqrt{C} \qquad （公式 8-4）$$

$C=1-\sum(t_j^3-t_j)/(N^3-N)$，$t_j$ 为第 j 个相同秩次的个数。本例各等级的合计数即为相同秩次的个数，$\sum(t_j^3-t_j)=(41^3-41)+(142^3-142)+(253^3-253)+(86^3-86)=19762020$

$$C=1-19762020/(522^3-522)=0.8611$$

$$H_c = H/\sqrt{C} = 21.6325/\sqrt{0.8611} = 23.3120$$

（5）确定 P 值，作出推断结论。

若组数 $k=3$，每组例数≤5，可直接查 H 界值（请查统计相关书籍）表确定 P 值；若 $k\geq 4$，或最大样本例数大于 5，则 H 近似服从 $\nu=k-1$ 的 χ^2 分布，可查相关统计书籍中的 χ^2 界值表确定 P 值。本例因每组例数远远超过 5，故按 $\nu=k-1=3-1=2$ 查 χ^2 界值表，得 $\chi^2_{0.05,2}=10.60$，$H_c > \chi^2_{0.05,2}$，$P<0.005$。按 $\alpha=0.05$ 水准拒绝 H_0，认为三药疗效有差别。

2. 基本思想

本法的基本思想与单因素的方差分析类似。假设有 k 个对比组，各组样本含量、秩和、平均秩和分别记为：n_j，R_j，$\bar{R}_j$；$N=n_1+n_2+...+n_k$。则总秩和为 $N(N+1)/2$，总秩次之平均为：$(N+1)/2$。假设没有相同的等级，则秩次的总离均差平方和为：

$$Q_{总} = \sum_{i=1}^{N}\left(i - \frac{N+1}{2}\right)^2 = N(N^2-1)/12 \qquad 公式 8\text{-}5)$$

秩次的组间离均差平方和为：

$$Q_{组间} = \sum_{j=1}^{k} n_j \left(\bar{R}_j - \frac{N+1}{2}\right)^2 = \sum_{j=1}^{k}\frac{R_j^2}{n_j} - \frac{N(N+1)^2}{4} \qquad （公式 8\text{-}6）$$

$$H = \frac{Q_{组间}}{Q_{总}/(N-1)} \qquad （公式 8\text{-}7）$$

即统计量 H 的核心部分是秩次的组间变异与总变异之比。H 越大，说明组间变异越大，反之亦然。当有相同等级时，按公式 8.4 校正。

8.1.3 两两比较的秩和检验（T 检验法）

经过多组比较的 Kruskal-Wallis 检验拒绝 H_0 后，需进一步作两两比较推断哪些总体分布不同。两两比较的方法较多，此处介绍扩展的 T 检验法，各组例数相等或不等时均可适用。统计量 t 值的计算公式如下：

$$t = \frac{\left|\bar{R}_A - \bar{R}_B\right|}{\sqrt{\frac{N(N+1)(N-1-H)}{12(N-k)}\left(\frac{1}{n_A}+\frac{1}{n_B}\right)}} \qquad （公式 8\text{-}8）$$

$$\nu = N-k$$

式中 $\bar{R}_A$ 及 $\bar{R}_B$ 为两对比组 A 与 B 的平均秩次，n_A 与 n_B 为样本含量；k 为处理组数；N 为总例数；H 为 Kruskal-Wallis 的 H 检验中算得的统计量 H 值或 H_c 值。公式 8.8 中之分母为 $(\bar{R}_A - \bar{R}_B)$ 的标准误。

例 8.3：分析例 8.2 资料哪些总体间分布有差异。

（1）建立假设检验和确定检验水准。

H_0：三个处理组中任两个总体分布均相同。

H_1：三个处理组中任两个总体分布均不同。

$\alpha=0.05$。

（2）各组平均秩次 $\bar{R}_i$，令老复方组为第 1 组、复方 I 为第 2 组、复方 II 为第 3 组，则：
$\bar{R}_1 = 93270/382 = 244.16$，$\bar{R}_2 = 32531.5/101 = 322.09$，$\bar{R}_3 = 10701.5/39 = 274.40$。

（3）列出两两比较计算表，求得 t 值，如图 8-3 所示。

对比组 A与B	样本含量 n_A	n_B	两平均秩次之差 $\|\bar{R}_A - \bar{R}_B\|$	t	P
-1	-2	-3	-4	-5	-6
1与2	382	101	77.93	4.7156	<0.001
1与3	382	39	30.24	1.2179	>0.20
2与3	101	39	47.69	1.7126	>0.05

图 8-3 例 8.2 资料的两两比较

表中第（5）栏为按公式（8.8）计算的 t 值。本例 $N=522$，$k=3$，$H_c=23.3120$，则 1 与 2 比较时的 t 值为：

$$t = \frac{|322.09 - 244.16|}{\sqrt{\frac{522(522+1)(522-1-23.312)}{12(522-3)}\left(\frac{1}{382} + \frac{1}{101}\right)}} = 4.7156$$

仿此得图 8-3 第（5）栏。

（4）确定 P 值，作出推断结论。

根据图 8-3 第（5）栏中的 t 值，按 $\nu=522-3$ 查 t 界值表，得 P 值，见图 8-3 第（6）栏。按 $\alpha=0.05$ 水准，老复方与复方 I 组之间差别有统计学意义，其余组间差别无统计学意义。

8.2 双向有序属性相同行×列表数据的分析

双向有序属性相同行×列表数据，常为 2×2 配对设计的扩展。其行和列变量均反应同一事物某一属性的相同水平。其数据结构如图 8-4 所示，分析此类数据一般使用 Kappa 一致性检验。

方向1	方向2				合计
	1	2	…	R	
1	A_{11}	A_{12}	…	A_{1R}	n_1
2	A_{21}	A_{22}	…	A_{2R}	n_2
…	…	…	…	…	…
R	A_{R1}	A_{R2}	…	A_{RR}	n_R
合计	m_1	m_2	…	m_R	n

图 8-4 双向有序属性相同行×列表的数据结构

例 8.4：甲乙两位专家同时对 200 名肿瘤患者的病理切片的病理分期进行读片评定，结果如图 8-5 所示。分析两位专家评定结果是否一致？

甲专家	乙专家			合计
	低度分化	中度分化	高度分化	
低度分化	50	10	5	65
中度分化	10	50	15	75
高度分化	10	20	30	60
合计	70	80	50	200

图 8-5 两位专家对肿瘤患者的病理切片的病理分期评定结果

Kappa 检验着重判断两个"方向"下的一致性，出现在图 8-5 对角线上的总数越多，则一致性越好。Kappa 值的计算可用下式：

$$Kappa = \frac{p_0 - p_e}{1 - p_e}$$ （公式 8-9）

p_0 为实际一致率，p_e 为理论一致率，其计算公式为：

$$P_0 = \frac{A_{11} + A_{22} + ... + A_{RR}}{n}$$ （公式 8-10）

$$P_e = \frac{n_1 m_1 + n_2 m_2 + ... + n_R m_R}{n^2}$$ （公式 8-11）

公式中的 A_{ii} 表示交叉表对角线的实际频数 n_i 和 m_i 分别代表对角线某实际数对应的行合计数和列合计数，n 代表总合计数，Kappa 值的公式可转变为：

$$Kappa = \frac{n(A_{11} + A_{22} + ... + A_{RR}) - (n_1 m_1 + n_2 m_2 + ... + n_R m_R)}{n^2 - (n_1 m_1 + n_2 m_2 + ... + n_R m_R)}$$ （公式 8-12）

例 8.4 的 Kappa 值计算如下：

$$Kappa = \frac{200(50 + 50 + 30) - (65 \times 70 + 75 \times 80 + 60 \times 50)}{200^2 - (65 \times 70 + 75 \times 80 + 60 \times 50)} = 0.471$$

Kappa=1，说明两结果完全一致，Kappa=-1，说明两结果完全不一致；Kappa=0，表明观察一致率完全由机遇所致。其参考评价原则为：Kappa≥0.75 时表示两结果一致性较好，0.40<Kappa<0.75 时表示一致性中等，0<Kappa≤0.40 时一致性较差，Kappa<0，说明一致程度比机遇造成的还差，两次检查结果很不一致，在实际应用中意义不大。通过计算得到的 Kappa 值为 0.471，介于 0.40~0.75 之间，可以推测甲乙两位专家对 200 名肿瘤患者病理分期判断结果一致性中等。Kappa 值为 0.471 样本指标，对总体的推断需要作假设检验，计算的统计量为：

$$U = \frac{Kappa}{S_{\bar{k}}}$$ （公式 8-13）

由于 $S_{\bar{k}}$ 的计算较为复杂，直接使用 SPSS 统计软件包计算结果，详见 8.4 节内容。

（1）建立检验假设和确定检验水准。

H_0：$K = 0$

H_1：$K \neq 0$

$\alpha = 0.05$

（2）计算检验统计量。

SPSS 统计软件包计算得 $U = 9.401$。

(3) 确定 P 值，作出推断结论。

根据软件计算结果，$P<0.05$，在 $\alpha=0.05$ 的水准上拒绝 H_0，差异有统计学意义，可以认为两位专家的评定结果存在一致性。

8.3 双向有序属性不同行×列表数据的分析

双向有序属性不同行×列表数据是经常遇到的一种数据形式，指标变量和分组变量都是有序的，检验的目的是指标在各组间的分布是否有差异，可以按照单向有序资料进行分析。

例 8.5：某地区地方性氟中毒各年龄组的治疗效果资料，如图 8-6 所示，问各年龄组之间治疗效果是否有差异？

年龄组	例数				合计	平均秩次	秩和			
	治愈	显效	好转	无效			治愈	显效	好转	无效
10-	35	1	1	2	39	20	700	20	20	40
20-	32	8	8	1	49	64	2048	512	512	64
30-	16	14	12	3	45	111	1776	1554	1332	333
40-	15	10	8	2	35	151	2265	1510	1208	302
≥50	11	10	22	6	49	193	2123	1930	4246	1158
合计	109	43	51	14	217	539	8912	5526	7318	1897

图 8-6 地方性氟中毒各年龄组疗效观察

(1) 建立检验假设和确定检验水准。

H_0：各年龄组间疗效总体分布相同；

H_1：各年龄组间疗效总体分布不全相同；

$\alpha=0.05$。

(2) 编秩：编秩同多组单向有序分类资料的秩和检验：先计算各等级的合计，再确定秩次范围及平均秩次。

(3) 计算检验统计量。

$$H = \frac{12}{N(N+1)}\sum \frac{R_i^2}{n_i} - 3(N+1)$$

$$H = \frac{12}{217(217+1)}\sum(\frac{9912^2}{109} + \frac{5526^2}{48} + \frac{7318^2}{51} + \frac{1997^2}{14}) - 3\times(217+1) = 54.2$$

$$C = 1 - \sum\frac{t_j^3 - t_j}{N^3 - N} = 1 - \frac{(39^3 - 39) + (49^3 - 49) + (45^3 - 45) + (35^3 - 35) + (49^3 - 49)}{(217^3 - 217)} = 0.96$$

$$H = H/C = 54.2/0.96 = 56.5$$

(4) 确定 P 值，做出推断结论。

已知 H_0 成立时，H_c 近似服从 $v=k-1=4$ 的 χ^2 分布。$H_c=56.5$ 查卡方界值表，得 $P<0.001$，按 $\alpha=0.05$ 水准拒绝 H_0，认为各年龄组间疗效分布差异有统计学意义。

第二种情况，考察两指标之间是否存在相关性，则采用 Spearman 等级相关检验。

例 8.6：某研究者调查一批高血压患者的血压控制情况和食用盐的口味，汇总情况如图 8-7 所示，问血压情况与食盐口味是否有相关性？

食盐口味	血压控制情况		
	良好	尚可	不良
重	4	13	44
中	15	2	15
轻	20	24	51

图 8-7　一批高血压患者的血压控制情况和食用盐的口味汇总情况

将两变量 x、y 成对的观察值分别从小到大排序编秩，p_i 表示 x_i 的秩次，q_i 表示 y_i 的秩次，具体的编秩方法与分类资料的编秩方法相同。Spearman 相关系数用 r_s 表示。

$$r_s = \frac{l_{pq}}{\sqrt{l_{pp} l_{qq}}} \qquad (公式 8-14)$$

$$l_{pp} = \sum p^2 - \frac{(\sum p)^2}{n} \qquad (公式 8-15)$$

$$l_{qq} = \sum q^2 - \frac{(\sum q)^2}{n} \qquad (公式 8-16)$$

$$l_{pq} = \sum pq - \frac{(\sum p)(\sum q)}{n} \qquad (公式 8-17)$$

1. 计算相关系数

$$r_s = \frac{l_{pq}}{\sqrt{l_{pp} l_{qq}}} = -0.15 \qquad (公式 8-18)$$

2. 相关系数的假设检验

类似于积差相关系数　$H_0: \rho_s = 0$，$H_1: \rho_s \neq 0$

当 $n \leq 50$ 时，可查相关统计书籍中的 r_s 界值表，若秩相关系数超过临界值，则拒绝；当 $n > 50$ 时，可以采用 t 检验，公式见直线相关与回归章节。

本例中，经 t 检验，$P=0.04$，拒绝 H_0，认为高血压控制情况与食盐口味相关有统计学意义。

8.4　SPSS 软件实现有序定性资料的分析方法

例 8.1 的 SPSS 操作方法，数据如图 8-8 所示。

疗效	人数		合计
	喘息型	单纯型	
治愈	23	60	83
显效	83	98	181
好转	65	51	116
无效	11	12	23
合计	N1=182	N2=221	403

图 8-8　复方猪胆胶囊治疗两型老年性慢性支气管炎疗效比较

1. 建立SPSS数据库

将慢性支气管炎患者的类型命名为"X1",其中"1"表示喘息型,"2"表示单纯型。将治疗的疗效命名为"X2",其中"1"表示无效,"2"表示好转,"3"表示显效,"4"表示治愈。将患者人数命名为"X3",SPSS数据文件格式如图8-9所示。

图 8-9　SPSS 软件数据库结构

图 8-10　频数变量加权菜单对话框示意图

2. SPSS软件实现方法

（1）数据加权,单击"数据"菜单中的"个案加权"命令（如图 8-10 所示）,系统弹出"加权个案"的对话框,选中"加权个案"选项（如图 8-11 所示）,将左侧变量人数 X_3 导入到"加权个案",单击"确定"按钮。

（2）单击"分析"选项中的"非参数检验"的"旧对话框"中的"2 个独立样本",将疗效 X_2 导入到"检验变量列表"框中,将类型 X_1 导入到"分组变量"框中,单击"定义组"按钮（如图 8-12 所示）,在弹出的对话框中填上"1"和"2","1"和"2"分别

图 8-11　纳入加权变量

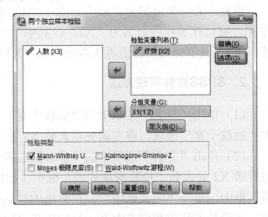

图 8-12　成组设计秩和检验主界面

代表两种慢性支气管炎的类型,并单击"继续"按钮。如果要输出确切概率,可以单击右侧"精确"按钮,选中"精确"选项。在检验方法中我们选中 Mann-Whitney U 检验,单击"确定"按钮。

3. 主要的输出结果

在输出的结果中给出了 Mann-Whitney Test 的基本结果。如图 8-13 所示的结果主要包括两组的人数,平均秩和和总秩和。同时结果输出了 Z 值和近似 p 值以及确切 p 值。

4. 结论

本例的检验结果 Z 值为-3.596,双侧 p 值为 0.000,按 α=0.05 水准,差异有统计学意义。可认为复方猪胆胶囊治疗老年性慢性支气管炎喘息型与单纯型的疗效有差别。

下面为例 8.2 的 SPSS 操作方法,数据如图 8-14 所示。

Mann-Whitney 检验

秩

	类型	N	秩均值	秩和
疗效	喘息型	182	180.47	32845.50
	单纯型	221	219.73	48560.50
	总数	403		

检验统计量ª

	疗效
Mann-Whitney U	16192.500
Wilcoxon W	32845.500
Z	-3.596
渐近显著性(双侧)	.000
精确显著性(双侧)	.000
精确显著性(单侧)	.000
点概率	.000

a. 分组变量: 类型

图 8-13 成组设计秩和检验显著性检验的结果

疗效	例数		
等级	老复方	复方I	复方II
控制	36	4	1
显效	115	18	9
好转	184	44	25
无效	47	35	4
合计	382	101	39

图 8-14 三种复方小叶枇杷治疗老年性慢性支气管炎疗效比较

1. 建立SPSS数据库

将复方的类型命名为"X1",其中"1"表示老复方,"2"表示复方 I,"3"表示复方 II。将治疗的疗效命名为"X2",其中"1"表示控制,"2"表示显效,"3"表示好转,"4"表示无效。将患者人数命名为"X3"。SPSS 数据文件格式如图 8-15 所示。

2. SPSS软件实现方法

(1) 单击"数据"菜单中的"加权个案"命令,系统弹出"加权个案"的对话框,选中"加权个案"选项,将左侧变量人数 X3 导入到"加权个案",单击"确定"按钮。

(2) 单击"分析"选项中的"非参数检验"的"旧对话框"中的"K 个独立样本",将疗效 X2 导入到"检验变量列表"框中(如图 8-16 所示),将类型 X1 导入到"分组变量"框中,单击"定义范围",在弹出的对话框中填上"1"和"3",并单击"继续"按钮。在检验方法中我们选中 Kruskal-Wallis H 检验。单击"确定"按钮。

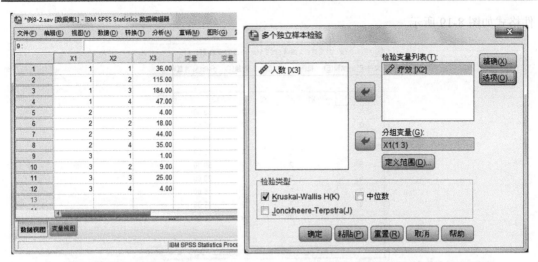

图 8-15 数据库结构　　　　　图 8-16 完全随机设计秩和检验主界面

3. 主要的输出结果

在输出的结果中给出了 Kruskal-Wallis Test 的基本结果。图 8-17 所示的结果主要包括三组的人数及平均秩和。同时结果输出了 χ^2 值、自由度和近似 P 值。

4. 结论

本例的检验结果 χ^2 值为 25.123，双侧 P 值为 0.000，按 $\alpha=0.05$ 水准，差异有统计学意义。可认为老复方、复方 I 及复方 II 三组在疗效上不完全相同。

下面是例 8.3 的 SPSS 操作方法，数据如图 8-18 所示。

Kruskal-Wallis 检验

秩

	类型	N	秩均值
疗效	老复方	382	244.16
	复方1	101	322.09
	复方2	39	274.40
	总数	522	

检验统计量 a,b

	疗效
卡方	25.123
df	2
渐近显著性	.000

a. Kruskal Wallis 检验
b. 分组变量: 类型

图 8-17 多组独立样本秩和检验显著性检验结果

甲专家	乙专家			合计
	低度分化	中度分化	高度分化	
低度分化	50	10	5	65
中度分化	10	50	15	75
高度分化	10	20	30	60
合计	70	80	50	200

图 8-18 两位专家对 200 名肿瘤患者病理分期评定结果

1. 建立SPSS数据库

将甲专家的评审结果的类型命名为"X1"，其中"1"表示低度分化，"2"表示中度分化，"3"表示高度分化。将乙专家的评审结果的类型命名为"X2"，其中"1"表示低度分化，"2"表示中度分化，"3"表示高度分化。将人数命名为"X3"，SPSS 数据文件格式如图 8-19 所示。

图 8-19 数据库结构

2. SPSS软件实现方法

（1）单击"数据"菜单中的"加权个案"命令，系统弹出"加权个案"对话框，选中"加权个案"选项，将左侧变量人数 X3 导入到"加权个案"，单击"确定"按钮。

（2）单击"分析"选项中的"描述统计"中的"交叉表"，将甲专家 X1 导入到"行"框中，将乙专家 X2 导入到"列"框中（如图 8-20 所示）。单击右侧"统计量"按钮，在弹出对话款中选中 Kappa 选项（如图 8-21 所示）。单击"确定"按钮。

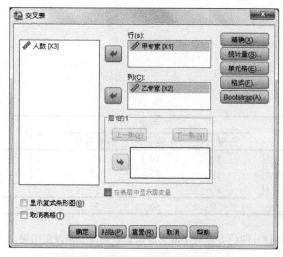

图 8-20 形成交叉表主界面

图 8-21 Kappa 一致性检验选项

3. 主要的输出结果

在输出的结果中给出了 Mann-Whitney Test 的基本结果（如图 8-22 所示）。在 Symmetric Measures 结果中输出了 Kappa 值和 P 值。

第 8 章 有序定性资料统计推断

对称度量

		值	渐进标准误差 a	近似值 T b	近似值 Sig.
一致性度量	Kappa	.471	.051	9.401	.000
有效案例中的 N		200			

a. 不假定零假设。
b. 使用渐进标准误差假定零假设。

图 8-22　Kappa 检验主要分析结果

4．结论

本例的检验结果为 $kappa$=0.471，P 值为 0.000，按 α=0.05 水准，差异有统计学意义，可以认为两位专家的评定结果存在一致性。

下面是例 8.4 的 SPSS 操作方法，数据如图 8-23 所示。

食盐口味	血压控制情况		
	良好	尚可	不良
重	4	13	44
中	15	2	15
轻	20	24	51

图 8-23　高血压患者的血压控制情况和食用盐的口味

1．建立SPSS数据文件

对于这种频数表资料，在建立数据库时可直接输入 3 个变量：行变量、列变量和记录每个格子中频数的变量，SPSS 数据文件格式如图 8-24 所示，然后用"加权个案"过程指定频数变量。

2．SPSS软件实现方法

（1）单击"分析"菜单中的"相关"子菜单，选择"双变量"命令，系统弹出"双变量相关"对话框，单击食盐口味、血压控制进入"变量"框内，选择 Spearman 检验，单击"确定"按钮，如图 8-25 所示。

图 8-24　数据库结构

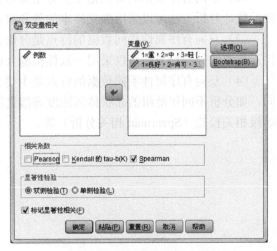

图 8-25　双变量等级相关主界面

（2）Spearman 相关分析结果输出如图 8-26 所示。

相关系数

			1=重，2=中，3=轻	1=良好，2=尚可，3=较差
Spearman的rho	1=重，2=中，3=轻	相关系数	1.000	-.150*
		Sig.（双侧）	.	.040
		N	188	188
	1=良好，2=尚可，3=较差	相关系数	-.150*	1.000
		Sig.（双侧）	.040	.
		N	188	188

*. 在置信度（双测）为 0.05 时，相关性是显著的。

图 8-26　等级相关显著性检验的结果

3. 主要输出结果

主要输出结果如图 8-26 所示，主要给出了几个基本统计量、相关系数、Sig.（双侧）和 N（样本量）。

4. 结论

本例相关系数 $P=0.04$，差异有统计学意义，认为高血压控制情况与食盐口味有统计学关联，此处因为 $r_s=-0.15$ 较小，因此虽然统计学存在关联，但关联度不大。

8.5　小　　结

（1）本章有序资料的分析方法分为单向有序、双向有序属性相同与双向有序属性不同 3 类。

（2）单向有序数据的特点是主要分组标志是无序的，而评价或分析指标是有序的，主要的统计分析方法可以采用独立样本的秩和检验（Mann-Whitney Test）。

（3）双向有序属性相同数据的特点是分组标志和评价指标都是有序的，而且是相同属性，主要统计分析方法可以采用一致性检验（Kappa 检验）等。

（4）双向有序属性不同数据的特点是主要分组标志和评价指标都是有序的，但属性不同，如分析不同年龄组的晶状体浑浊度等级之间有无关联。这类资料的分析方法可以采用等级相关检验（Spearman 相关分析）等。

第 9 章 统 计 图

统计描述分析包括图表法和指标法,统计图是统计分析结果表达的重要工具,它通过线段的升降、点的位置、直条的长短、面积的大小来表现事物间的数量关系,使用统计图可形象、直观、生动地描述统计资料的相关信息,广泛应用于资料的收集、整理以及研究结果的对比分析。一张好的统计图能够准确、直观地呈现统计结果,给读者留下深刻印象。SPSS 19.0 版本中,从"图形"菜单中取消了控制图(Control)、帕累托图(Pareto)、时间序列图(Time Series)等图形功能,保留了常用的几种图形。但是,这些图形依然可以通过"分析"菜单中相应的分析过程绘制。

9.1 SPSS 19.0 绘图功能简介

打开要分析的数据文件,单击"图形"菜单,如图 9-1 所示。我们可以看到下拉菜单包括"图表构建程序"、"图形画板模板选择程序"以及"旧对话框",其中"旧对话框"又包括常用的 11 种图形。统计图形除通过"图形"菜单直接实现外,部分图形还会伴随其他分析过程而输出,如描述分析中的频数过程、回归分析过程、时间序列过程等。

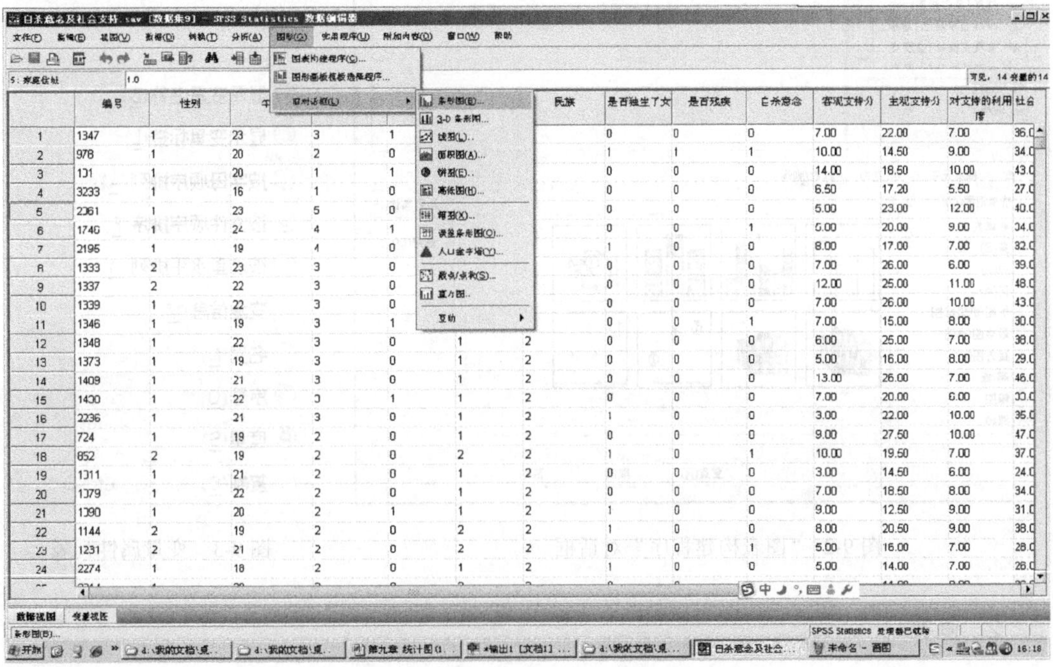

图 9-1 SPSS 19.0 "图形"菜单一览

9.1.1 图表构建程序简介

SPSS 19.0 的图形几乎完全可以通过鼠标的拖拉过程来实现图形的绘制工作。先选择图形的类型，然后从类型库中选择自己想要输出的图形描述，通过将不同的变量名拖入对应的坐标轴，用户可以绘制各种统计图形。

步骤如下：打开要分析的数据文件，在菜单中依次单击"图形"|"图表构建程序"命令，弹出"图表构建程序"对话框，如图 9-2 所示。

我们可以通过"图表构建程序"，根据预定义的图库图表或图表的单独部分生成图表，"图表构建程序"对话框包括如下几部分。

1. "变量"列表

位于图 9-2 左上角，该列表显示了"图表构建程序"所打开的数据文件中所有的可用变量，如果选择该列表中的分类变量，则"类别列表"会显示该变量已经定义的类别。我们还可以通过鼠标右键单击某个变量，然后选择一个测量级别以适合作图，如图 9-3 所示。此步操作仅对作图有效，不会改变原始数据中的数据测量类别。

图 9-2 "图表构建程序"对话框

图 9-3 变量属性列表

2. 画布

画布位于"图表构建程序"对话框的右上角，如图 9-2 所示。作图时，我们可以将图库图表或者基本元素拖放到画布上以生成图表,一旦有图库图表或基本元素被拖放到画布,便会生成预览。

3. 轴系

轴系是指特定坐标空间中的一个或多个轴。我们在将图库项拖入"展示区"时,"图表构建程序"会自动创建轴系。用户也可以从"基本元素"选项中选择一个轴系,每个轴系旁边都包含一个轴变量放置区,放置区呈现蓝色时,表示该区域需要放置变量。每个图表都需要添加一个变量至 x 轴变量放置区。

4. "库"选项卡

"库"选项卡位于图 9-2 所示的左下角,具体见图 9-4 所示。"选择范围"列表框涵盖了"图表构建程序"可以绘制的各种图形及收藏夹,当单击"选择范围"中某一图表类型时,右侧即显示该图表类型的所有可用图库。用户可以单击选中所需的图表类型,将其拖入"画布",也可双击将所需图表放入"展示区"。如果"展示区"已经有图表,则会自动替代,当然原先"画布"的图表也可以用鼠标右键单击,在出现的窗口选择"清除画布"亦可。

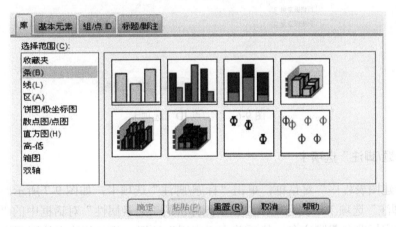

图 9-4 "库"选项卡

5. "基本元素"选项卡

在"图表构建程序"对话框中单击"基本元素",打开图 9-5 所示的"基本元素"选项卡界面。里面包括左侧 5 种选择轴和右侧的 10 种图形元素。一般用户先将选择轴拖入"画布",再将"选择元素"拖入"画布"。需要注意的是,并不是所有"选择元素"都可以用于上述 5 种轴,每种轴系只支持特定的元素。另对于初次使用的用户建议使用"图库图表",由于"图库图表"能够自动设置属性并添加功能,因此可以简化创建图表的过程。

6. "组/点ID"选项卡

在"构建图表程序"对话框,单击"组/点 ID"选项卡,如图 9-6 所示。若勾选"组/点 ID"选项卡中的某个复选框,将会在"画布"中增加相应的一个放置区;若取消一个复选框,将会取消"画布"中相应的放置区。

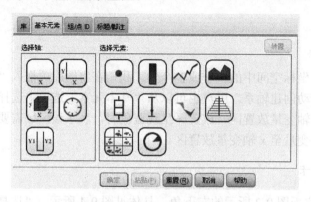

图 9-5 "基本元素"选项卡

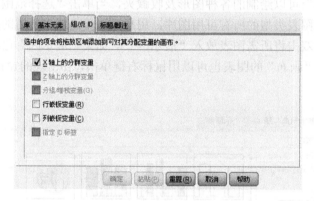

图 9-6 "组/点 ID"选项卡

7. "标题/脚注"选项卡

在"构建图表程序"对话框,单击"标题/脚注"选项卡,如图 9-7 所示。用户通过勾选"标题/脚注"选项卡中复选框,并在右侧弹出的"元素属性"对话框中的"内容"文本框中输入相应标题名或脚注名,然后单击"应用"按钮,就可使输出的图形添加标题或脚注;同理通过取消复选框可以去除已经设置的标题或脚注。

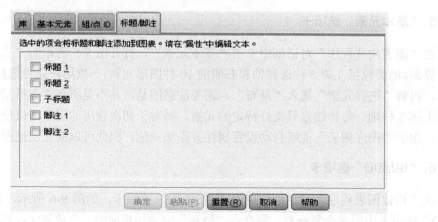

图 9-7 "标题/脚注"选项卡

8. "元素属性"按钮

单击"图形构建程序"对话框中的"元素属性"按钮,弹出如图 9-8 所示的对话框。

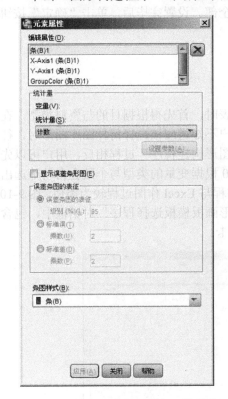

图 9-8 "元素属性"对话框

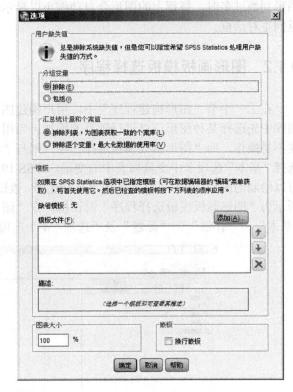

图 9-9 "选项"按钮设置

在"编辑属性"列表中,显示可以进行属性设置的图形元素,图 9-8 所示中包括"条"、X-Axisl、Y-Axisl 和 GroupColor。每一种图形元素可以设置的属性一般不同,用户可以按照预定目标对相应元素进行属性设置。

9. "选项"按钮

单击图 9-2 "图表构建程序"对话框右侧的"选项"按钮,弹出图 9-9 "选项"按钮设置,读者可以对缺失值与汇总统计量和个案值进行设置。

(1) 分组变量

SPSS 在处理分组变量缺失值时包括两种,"排除"是指绘图时忽略用户定义的缺失值;"包括"是指绘图时把缺失值作为一个单独的类别加以统计。

(2) 汇总统计量和个案值

若选择"排除列表,为图表获取一致的个案率",则表示绘图时直接忽略这个观测;若选择"排除逐个变量,最大化数据的使用率",则表示只有包含缺失值的变量用于当前计算和分析时才忽略这个样本。

(3) 模板

该列表框用于对绘图时的模板进行设置。绘图时最先使用默认的模板文件,也可以通过单击"添加"按钮,打开文件选择对话框,添加指定的文件预置模板文件。

（4）图表大小与嵌板

"图表大小"用于设置图形生成的大小，默认值为100%；"嵌板"用于图形列数过多时的显示设置。若勾选"换行嵌板"复选框，则表示图形列数过多时允许自动换行；否则图形列数过多时，每行上的图形会自动缩小以显示全部。设置完毕后，单击"确定"按钮返回主对话框。

9.1.2 图形画板模板选择程序

在上一小节"图形构建程序"中，用户构建图表时，首先得根据目的与资料类型，在图库中先选择某种图形，再进行轴系的添加。当用户不知道应该选择何种图库图形时，往往不易操作。而"图形画板模板选择程序"则与"图形构建程序"过程相反，用户可以先选择"基本"选项卡中变量列表中的变量，SPSS 19.0根据变量的类型与个数会自动筛选出可以绘制的图形，用户可以在图形中进行选择，该过程与Excel作图过程较为类似。图9-10所示为"图形画板模板选择程序"对话框。在"图形画板模板选择程序"对话框中，包含"基本"、"详细"、"标题"及"选项"4个选项卡。

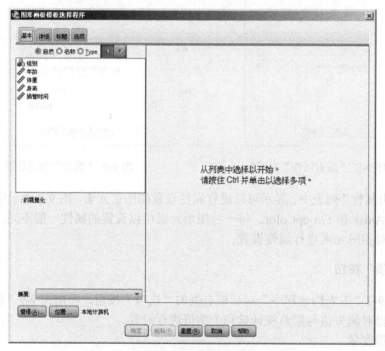

图9-10 "图形画板模板选择程序"对话框

1."基本"选项卡

当用户不清楚自己所需的图形时，可以选择"基本"选项卡，当用户单击"基本"选项卡变量列表中的某个或多个变量时，该变量所能绘制的图形就会展示在右侧的图形类型展示区。

（1）变量列表

选择"基本"选项卡后，所打开的数据库中所有变量将显示在变量列表中。用户可以选择变量列表框上部的"自然"、"名称"和"类型"单选项对变量进行排序。当用户选择某个变量或按 Ctrl 键选择多个变量时，相因变量可以绘制的图形就会展示出来。

（2）"摘要"下拉菜单

包括摘要统计量有和、均值、极小值和极大值，用以进行直观展示时的摘要统计。

2．"详细"选项卡

"图形画板模板选择程序"对话框中，选择"详细"选项卡，弹出界面如图 9-11 所示。

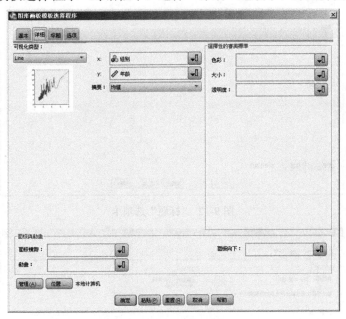

图 9-11 "详细"选项卡

（1）可视化类型：用户单击打开"可视化类型"下拉列表，选择好图表类型后，界面将自动显示所选的图形，当用户在"基本"选项卡中已经选择某种图形，"详细"选项卡将显示该图形。

（2）选择性审美标准：含 3 个对话框，分别设置"颜色"、"形状"和"透明度"。

（3）面板与动画：用以选择面板变量和动画变量，从而使用户得到个性化的图形。

3．"标题"选项卡

"图形画板模板选择程序"对话框中，选择"标题"选项卡，弹出界面如图 9-12 所示。当用户选择定制标题复选框时，会出现"标题"、"副标题"和"脚注" 3 个输入框，用户可以自行设置输入。

4．"选项"选项卡

"图形画板模板选择程序"对话框中，选择"选项"选项卡，弹出界面如图 9-13 所示。

用户可以在"标签"的输入右侧框设置在指定浏览器中出现的输出标签；"样式表"下面的"选择"按钮可以设置可视化的样式属性；"用户缺失值"可以设置分析数据出现缺失值的处理方式。

出于篇幅原因，"图表构建程序"和"图形画板模板选择程序"仅作功能与菜单上的阐述，本章后面部分我们将对"旧对话框"进行讲解。

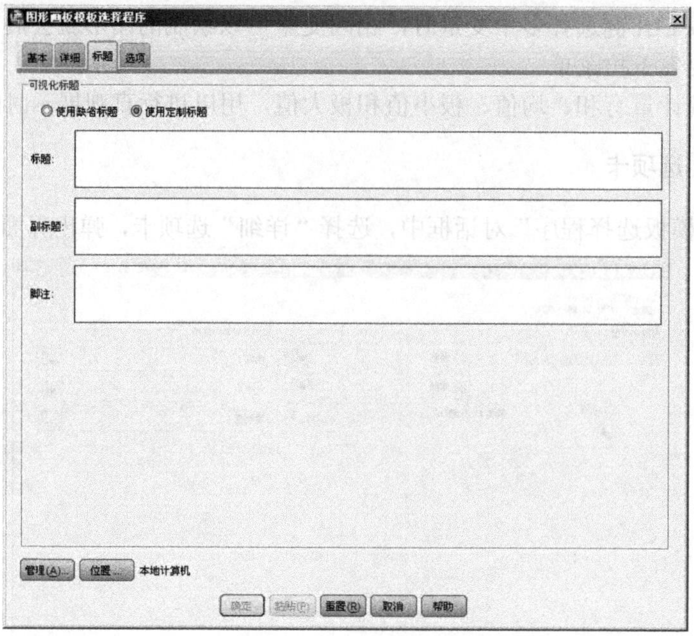

图 9-12 "标题"选项卡

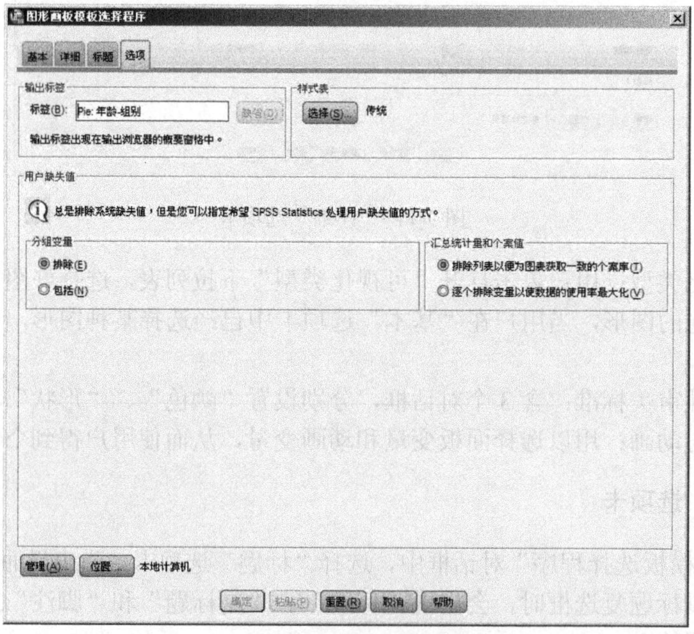

图 9-13 "选项"选项卡

9.2 条形图（Bar）

条形图，也称直条图（bar chart），简称条图，适用于相互独立的分组资料。以等宽直条长段的比例代表各相互独立指标的数值及它们之间的对比关系，所比较的资料可以是绝对数，也可以是相对数。直条图分为单式（图 9-14）、复式（图 9-15）和堆积条图（图

9-16）3 种。

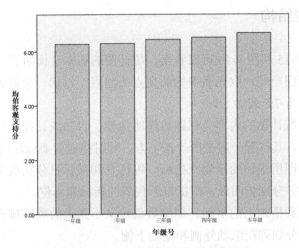

图 9-14　不同年级大学生客观支持得分

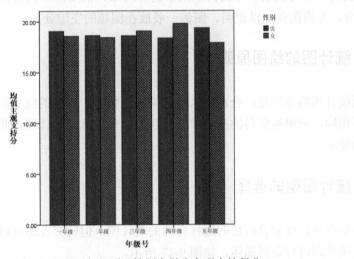

图 9-15　不同年级不同性别大学生主观支持得分 1

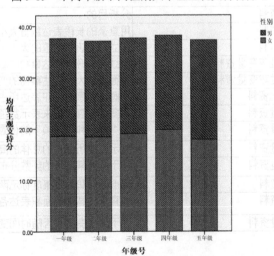

图 9-16　不同年级不同性别大学生主观支持得分 2

9.2.1 统计图的结构

从图 9-14、图 9-15 和图 9-16 可以看出，统计图的基本结构如下。
- 图域：即作图空间。取纵横坐标的交点为起点，以第一象限为作图区，图域的长宽比例一般为 7:5 或者 5:7。
- 标题：概括统计图的内容。标题应简明扼要，告知统计图资料来源的时间、地点及主要内容，其位置一般在图的正下方，同时标题前要标注图形的编号。
- 标目：描述图所描述的事物或指标。纵标目和横标目分别放置在纵轴的左侧和横轴的下方，并分别指明纵、横标目所代表的指标和单位。
- 刻度：纵轴和横轴上的坐标。刻度数值按从小到大的顺序排列，常用算术尺度和对数尺度，分别列在纵轴外侧和横轴下侧。
- 图例：针对复杂统计图内不同事物和对象，需要用不同图标、颜色和线型加以区分，并附图例加以说明。图例一般放在图域的空隙处。

9.2.2 统计图的绘图原则

绘制统计图的原则是：合理、精确、简明、协调。不同的统计图的适用条件和表达的信息均不相同，应根据资料的类型和分析目的合理地选用统计图，此外，统计图应满足视觉美观的要求。

9.2.3 统计图型的选择

应根据资料特征和分析目的选择合适的统计图，但研究者还可以根据具体情况设计其他类型的统计图进行资料描述，如图 9-17 所示。

统计图型	适用资料	分析目的
条图	分组资料	用直条的长段表达数值大小关系
3-D条图	分组资料	用立体图表达数值的大小关系
线图	连续性双变量资料	用线段的升降表达事物的动态变化
面积图	连续性双变量资料	用面积的大小表达事物的变化规律
饼图	构成比资料	用圆中的扇形面积表达所占比例
高低图	单变量资料	用多个垂直线段来表示数值区域
箱图	单变量资料	用"箱"和"触须"的位置标示变量的分布特征
误差条图	单变量资料	显示数据所来自的总体的离散程度
人口金字塔图	单变量资料	用于描述某变量的频数分布
散点图	定量资料	用点的趋势和密集度标示两变量的相互关系
直方图	定量资料	用直条的高度或面积表达各组段的频率或者频数
时间序列图	双变量资料	用于观察变量是否随时间变化而呈现某种趋势

图 9-17 常用统计图型的选择

9.2.4 模块解读

1. 单式直条图

例 9.1：编者曾于 2007 年对安徽省高校 3517 名大学生进行了社会支持的调查研究，见数据"社会支持"，现欲绘制不同年级大学生客观支持得分的直条图。

（1）单击"图形"|"旧对话框"|"条形图"命令，弹出"条形图"对话框，如图 9-18 所示。条形图类型可分为简单条图、复式条形图和堆积面积图。

① 简单条图，也叫单式条图，用于表现单个指标的大小，如图 9-14 所示。

② 复式条形图，也叫分组条图，用以表现两个或多个分组因素间的某指标的大小关系，如图 9-15 所示。

③ 堆积面积图，也叫堆积条图、分段条图。用于表现每个直条中某个因素各水平的构成情况，如图 9-16 所示。

（2）"图表中的数据为"选项框，其中有以下 3 个选项。

① 个案组摘要：按同一变量不同取值作分组汇总。该模式对应分类变量中的每一类观测值生成一个单式条图。

② 各个变量的摘要：按照不同变量汇总。对应每个变量生成一个直条，至少需要两个或两个以上变量生成相应的条图。

③ 个案值：反映了个体观测值。对应分类轴变量中每一个观测值生成一个直条。

（3）单击"简单"|"个案组摘要"|"定义"命令，弹出条图的主对话框，如图 9-19

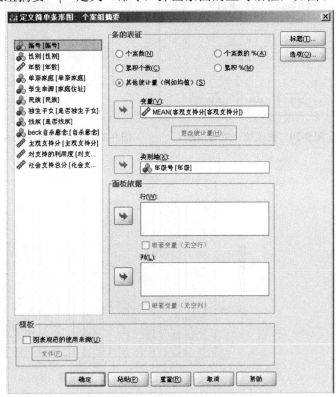

图 9-18 "条形图"对话框　　　　　图 9-19 条图主对话框

所示。其中对话框左侧为通用的候选变量列表框,右侧"条的表征"中,"个案数"是按记录个数汇总;"个案数的%"是按记录数所占百分比汇总;"累积个数"是按累计记录数汇总;"累积%"是按记录数所占累计百分比汇总;如果以上几种函数不满足要求,你可以选择"其他统计量",将相应的汇总变量选入下方的变量框,可单击下方的"更改统计量"按钮进行汇总变量的详细定义,如图 9-20 所示,统计量指标不再一一赘述,此处选入"客观支持分",软件默认为均值。

(4) "类别轴",即为条图的横轴,用于选择所需的分类变量,此处必须选入变量,将变量"年级"选入。

(5) "面板依据"框用于在图域中一次制作多个分类的单式条图,"行"框中若选入变量"性别",则会在两行中展示不同性别、年级大学生的客观支持得分均值直条,如图 9-21 所示;若将变量"性别"选入"列"对话框,则会在同一行中两列展示不同性别、年级大学生的客观支持得分均值直条,如图 9-22 所示。

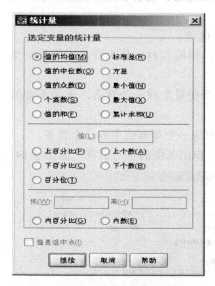

图 9-20 更改统计量对话框

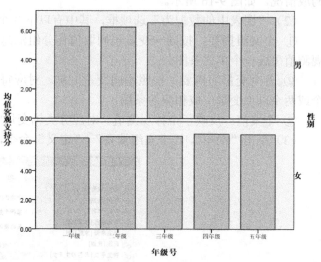

图 9-21 将"性别"拉入"面板依据"中的"行"框中

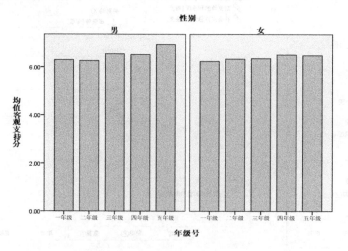

图 9-22 将"性别"拉入"面板依据"中的"列"框后

(6)"图表规范的使用来源",用于选择所用的统计图模块来源,较少使用。

(7)单击"标题"按钮弹出"标题"对话框,在其中应填入统计图的标题和脚注(如图 9-23 所示),但是若在此处写入统计图的标题,其默认的标题位置在统计图的正上方,不符合中文统计图的习惯,因此需将标题移入统计图的下方,或者在统计图制作完成后在统计图的下方补充标题。

(8)单击"选项"按钮弹出"选项"对话框,"选项"对话框在每个统计图的对话框中都有,用以定义与缺失值、误差有关的内容,如图 9-24 所示。

(9)单击"确定"按钮,即可获得图 9-14 所示结果。

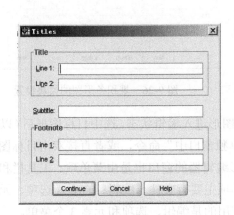

图 9-23　标题对话框

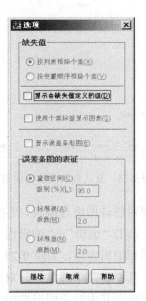

图 9-24　选项对话框

2．复式条图和堆积面积图

例 9.2:以例 9.1 数据为例,欲比较不同年级中不同性别大学生主观支持分,请绘制合适的条图。

单击"图形"|"旧对话框"|"条形图"命令,选择"复式条形图"和"个案组摘要"后,单击"定义"按钮,将主观支持分选入变量框,统计量默认为均数,横坐标仍为年级号,性别作为定义聚类,如图 9-25 所示,其他设置与单式条图相同,单击"确定"按钮后,所作复式直条图如图 9-15 所示。但如果将复式直条图的两种或多种分类在同一个直条中展示,即为堆积面积图,单击"图形"|"旧对话框"|"条形图"命令,选择"堆积面积图"和"个案组摘要"后,单击"定义"按钮,对话框设置如图 9-26 所示,所作堆积面积图如图 9-16 所示。

9.2.5　统计图编辑

SPSS 所生成的统计图都是按照默认选项直接产生的,而现实生活中人们常会按照作图目的或个人喜好对统计图进行调整和编辑。

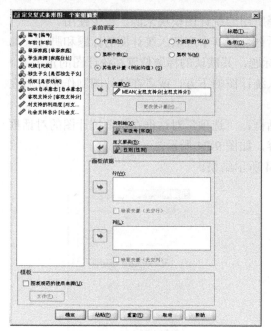
图 9-25 复式直条图的模块设置

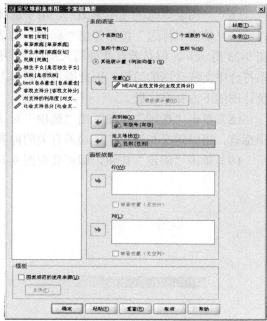
图 9-26 堆积条形图的模块设置

若要对统计图进行编辑,就必须使目标图形进入编辑状态,选中目标图形后(以图 9-15 为例),单击"编辑"|"编辑内容"|"在单独窗口中"命令,或者直接双击目标图形,即可进入图形编辑窗口,如图 9-27 所示。图形编辑器的窗口也是由菜单项、工具栏和状态栏组成,工具栏和菜单项是一一对应的,菜单项主要有文件、编辑、查看、选项、元素和帮助 6 个菜单,其中对于图形编辑来说主要使用的是编辑、选项和元素 3 个菜单。

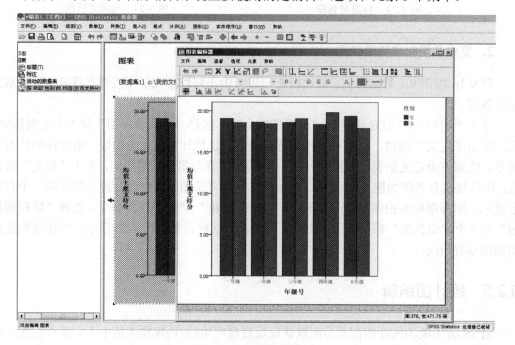
图 9-27 图形编辑窗口

1. "编辑"菜单项

"编辑"菜单是对图表进行编辑的主要菜单项,单击图表的空白区域,再单击"编辑"菜单项后,进入图表编辑菜单项,如图 9-28 所示。其中"属性"是针对图表进行编辑的主要定义模块,而"选择 X 轴"和"选择 Y 轴"则可对 X 轴和 Y 轴进行进一步编辑。"重新调整图表"可针对图表中某一鼠标选定区域进行展示,而"缩放以适合数据"是对图表大小进行调整以适合在展示框中进行展示。

将鼠标移至图表中的空白处,单击"属性"命令,进入"属性"对话框,如图 9-29 所示。"图表大小"可调整图表的高度和宽度;"填充和边框"可修改空白部分的颜色、边框及模式,"变量"选项卡中的"元素类型"则可将目前的条形图转化为内插线图、路径图、标记图和饼图。

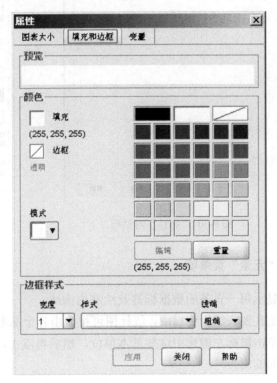

图 9-28 "编辑"菜单项　　　　图 9-29 "编辑"菜单项中的"属性"对话框

若鼠标单击图表中的直条,则意味着选中所有直条,此时,单击"编辑"|"属性"命令,弹出对话框如图 9-30 所示。其中,"深度和角度"可将平面直条转化为阴影和 3-D 直条;"类别"可针对类别轴变量进行合并或者进一步定义;"条形图选项"则是对直条的宽度进行调整,若调整为 100%,则类似于直方图;"变量"、"图表大小"和"填充和边框"选项卡的定义同前。

2. "选项"菜单项

单击"选项"菜单项,进入"选项"对话框,如图 9-31 所示。其中"X 轴参考线"和

"Y轴参考线"是在图表中绘制 X 和 Y 轴的取值参考线;"标题"、"注释"、"文本框"和"脚注"则可对该 4 项内容进行补充和修改;"显示网格线"可对 X 轴和 Y 轴的变量分类绘制刻度线;"隐藏图注"可将统计图的图示隐藏,"变换图表"则可将直条图纵向和横向进行转换。

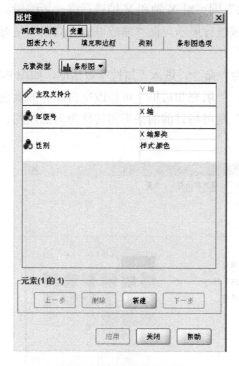

图 9-30 "属性"对话框

图 9-31 "选项"对话框

3. "元素"菜单项

可显示每一直条的数据标签及绘制内插线。

其实在图表编辑窗口中,统计图可视为由各个基本单位构成,如标题、坐标、图例等,可通过单击鼠标左键选中这些基本单位,然后再双击,即可弹出相应的对话框,从而完成统计图的编辑。

9.3 3-D 条形图(3-D Bar)

3-D 条形图是复式条图的三维立体表现形式。

例 9.3:以例 9.1 数据"社会支持"为例,绘制不同年级大学生的性别分布 3-D 条形图。

(1)单击"图形"|"旧对话框"|"3-D 条形图"命令,弹出"3-D 条形图"对话框,如图 9-32 所示。其中"个案组"、"单个变量"和"个别个案"的定义与条图相同。

(2)分别在"X 轴代表含义"和"Z 轴代表含义"选项框中选择"个案组",单击"定义"按钮,弹出 3-D 条形图定义主对话框,如图 9-33 所示。

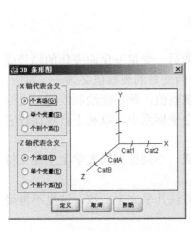

图 9-32 "3-D 条形图"对话框

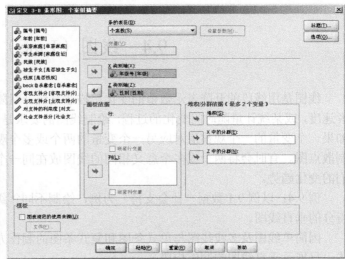

图 9-33 3-D 条形图定义对话框

(3) 将年级和性别分别选入"X 类别轴"和"Z 类别轴", 其 Y 轴表示描述统计量, 即为"图的表征", 本例选择默认的个案数; "面板依据"中的"行"与"列"的设置与条图相同, "堆积/分群依据"中的"堆积"、"X 中的分群"、"Z 中的分群"是指将 Y 轴、X 轴和 Z 轴指标按照某因素进行进一步的分类展示; 标题、选项和模板的定义同条形图部分。

(4) 由于本例只是对不同年级大学生的性别分布做 3-D 条形图, 直接单击"确定"按钮, 获得结果, 如图 9-34 所示。

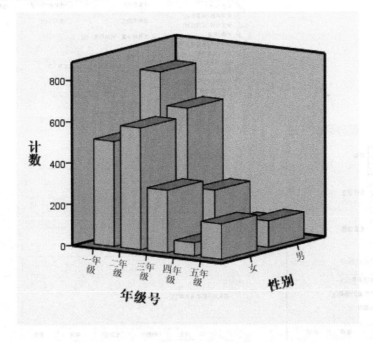

图 9-34 不同年级大学生的性别分布

9.4 线图（Line）

线图是用线段的升降表示数值的变化，描述某统计量随另一变量变化而变化的趋势或者速度，或某统计量随时间变化的过程。绘制线图的要求是两变量的观察值必须一一对应，如果一个变量的一个观察值对应另一个变量的两个或多个观察值，就不能绘制线图，可绘制散点图。有时会将两个或多个意义相同的线图放在同一个坐标系中，以利于直观比较它们的变化趋势。

例 9.4：以例 9.1 数据"社会支持"为例，绘制不同年级、不同性别间大学生主观支持得分的垂直线图。

因简单线图及多线线图与单式条图和复式条图的制作方法几乎完全一致，这里不再赘述，只展示垂直线图的制作构成。

（1）单击"图形"|"旧对话框"|"线图"命令，弹出"线图"对话框，如图 9-35 所示。简单线图对应于单式条图，多线线图对应于复式条图，垂直线图则等同于堆积条图，所不同的是堆积条图用的是直条的长短来显示数量间的关系，垂直线图使用线条的高低来反映。"图表中的数据为"选项框的定义同 9.2.4 小节完全一致。

（2）选中"垂直线图"、"个案组摘要"后，单击"定义"按钮，得到垂直线图制作主对话框，如图 9-36 所示。将主观支持分、年级和性别分别移入"变量"、"类别轴"和"定义点"后，单击"确定"按钮，即获得不同年级、性别间大学生主观支持得分的垂直线图，如图 9-37 所示。

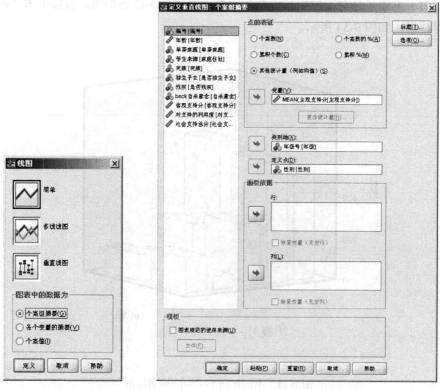

图 9-35 "线图"对话框　　　　图 9-36 垂直线图主对话框

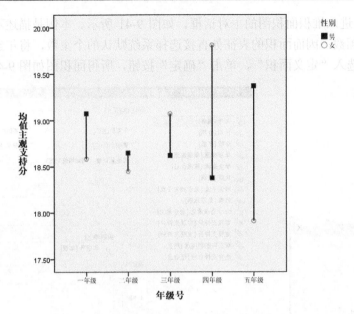

图 9-37　不同年级、性别间大学生主观支持得分情况

9.5　面积图（Area）

面积图，又称区域图，是用面积来表现某一变量随另一变量变化的关系，其制作步骤同直条图和线图相似。

9.5.1　简单面积图

例 9.5：以例 9.1 数据"社会支持"为例，绘制不同年级大学生频数的面积图。

（1）单击"图形"|"旧对话框"|"面积图"命令，弹出"面积图"对话框，如图 9-38 所示。面积图可分为两类，简单面积图和堆积面积图，简单面积图的图形等同于简单线图，而堆积面积图和直条图中的堆积面积图几乎完全一致。"图表中的数据为"选项框的定义同 9.2.4 小节完全一致。

（2）单击"简单"|"个案组摘要"|"定义"命令，进入简单面积图的主对话框，如图 9-39 所示。由于本例只是描述不同年级大学生的频数，因而面积的表征处直接选择系统默认的个案数，将年级号选入"类别轴"，单击"确定"按钮，所得面积图如图 9-40 所示。

9.5.2　堆积面积图

例 9.6：以例 9.1 数据"社会支持"为例，绘制不同年级、不同性别间大学生频数的堆积面积图。

单击"图形"|"旧对话框"|"面积图"命令，选择"堆积面积图"|"个案组摘要"|

"定义"选项,进入堆积面积图的主对话框,如图 9-41 所示。本例是描述不同年级、不同性别大学生的频数,因而面积的表征处直接选择系统默认的个案数,将年级号选入"类别轴",将性别选入"定义面积",单击"确定"按钮,所得面积图如图 9-42 所示。

图 9-38 "面积图"对话框

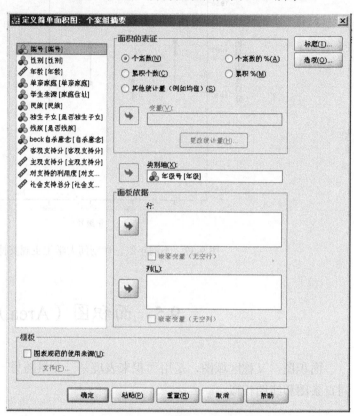

图 9-39 简单面积图主对话框

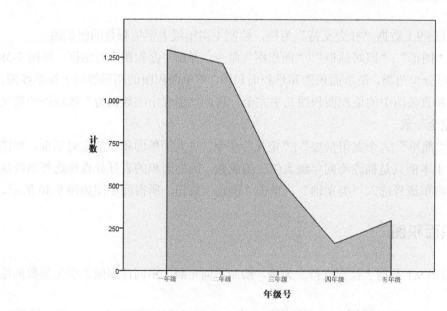

图 9-40 不同年级大学生频数分布面积图

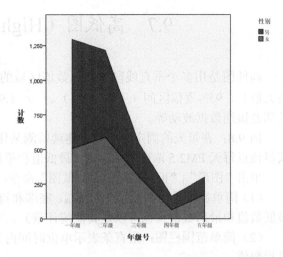

图 9-41　堆积面积图主对话框　　　　图 9-42　不同年级、不同性别大学生频数分布面积图

9.6　饼图（Pie）

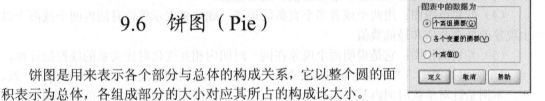

饼图是用来表示各个部分与总体的构成关系，它以整个圆的面积表示为总体，各组成部分的大小对应其所占的构成比大小。

例 9.7：以例 9.1 数据"社会支持"为例，绘制不同年级大学生频数的饼图。

图 9-43　"饼图"对话框

（1）单击"图形"|"旧对话框"|"面积图"命令，进入"饼图"对话框，如图 9-43 所示。"个案组摘要"、"各个变量的摘要"、"个案值"选项的定义同 9.2.4 小节完全一致，单击"定义"按钮，进入饼图定义对话框，如图 9-44 所示。

（2）因为是对各年级的频数进行统计，所以选择默认的"分区的表征"为"个案数"，将年级选入"定义分区"，单击"确定"按钮，获得各年级人数的饼图，如图 9-45 所示。

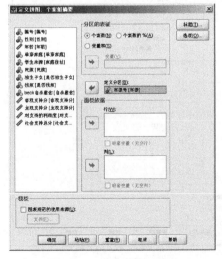
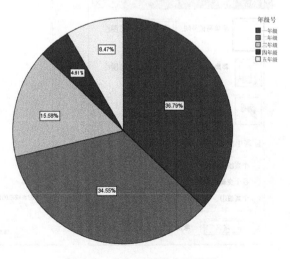

图 9-44　饼图定义对话框　　　　　　　图 9-45　各年级频数分布饼图

9.7 高低图（High-Low Charts）

高低图是用多个垂直线段来表示数值区域的统计图，如一组测定值的范围（最小值-最大值）、95%置信区间（下限-上限）、$\bar{x}\pm1.96s$（低值-均值-高值）和股票、货币市场长期及短期数据波动等。

例 9.8：在每天的固定时间点上连续监测某化工厂宿舍区空气中 PM2.5 的浓度一周，获得该点每天 PM2.5 浓度的最高值、最低值和平均值，数据见"PM25a"，请绘制高低图。

单击"图形"|"旧对话框"|"高低图"命令，进入"高低图"对话框，如图 9-46 所示。

（1）简单高低关闭图：用线段顶端、底端和符号来表示单位时间内某现象的最高数值、最低数值和最后数值（也可以是其他统计量）。

（2）简单范围栏图：用直条表示单位时间内某现象的最高数值和最低数值，但不显示最后数值。

（3）群集高低关闭图：用两条或者多条线段的顶端、底端和符号来表示单位时间内两个或两个以上现象的最高数值、最低数值和最后数值。

（4）群集范围图：用两个或者多个直条的顶端、底端来表示单位时间内两个或两个以上现象的最高数值和最低数值。

（5）差别面积图：它是说明两个现象在同一时间内相互变化对比关系的线性统计图。

"个案组摘要"、"各个变量的摘要"、"个案值"选项的定义同 9.2.4 小节完全一致。

本例是针对单位时间内某单一指标的最高值、最低值和平均值随时间的变化规律，应绘制简单高低关闭图。

单击"简单高低关闭"|"各个变量的摘要"|"定义"选项，进入简单高低关闭图主对话框，如图 9-47 所示。

图 9-46 "高低图"对话框

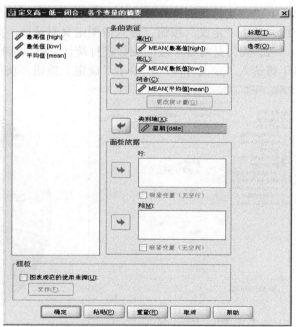

图 9-47 简单高低关闭图主对话框

第 9 章 统计图

在"高"、"低"、"闭合"和"类别轴"框中依次选入"最高值"、"最低值"、"平均值"和"星期",其他选项框的说明同前面一致。单击"确定"按钮,获得一周空气 PM2.5 高低图,如图 9-48 所示。

若数据库未按照每日的最高值、最低值和平均值进行汇总,只是给出每日中每次测量的具体数值,如数据库"PM25b",则可以通过"数据"|"分类汇总"对话框产生按天进行汇总的每日最高值、最低值和平均值,将星期选入"分组变量",将 PM25 选入"变量摘要"框,单击"函数"按钮,分别选择最大值、最小值和均值,并在"保存"栏中选择"写入只包含汇总变量的新数据文件",并创建新文件,如图 9-49 所示,所创建新文件如图 9-50 所示。

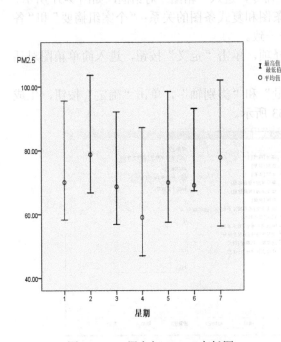

图 9-48 一周空气 PM2.5 高低图

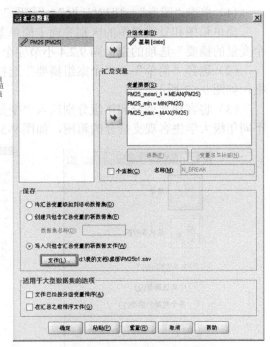

图 9-49 数据库分类汇总

	date	PM25_mean_1	PM25_min	PM25_max	变量	变量	变量
1	1	67.73	47.00	95.60			
2	2	76.65	57.50	103.60			
3	3	71.22	56.84	92.08			
4	4	62.37	47.00	87.16			
5	5	73.97	57.50	98.44			
6	6	77.05	67.30	93.12			
7	7	76.16	56.25	102.00			
8							

图 9-50 分类汇总所产生的数据库

· 163 ·

9.8 箱图（Boxplot）

箱图可直观描述连续型变量的分布及离散状态，箱图可显示数据的5个特征值，分别是最小值、下四分位数（P_{25}）、中位数（P_{50}）、上四分位数（P_{75}）和最大值。P_{25}和P_{75}构成箱图的"箱体"部分，去除异常值以外的最小值和P_{25}、去除异常值以外的最大值和P_{75}之间分别构成"箱子"的上下两条端线。异常值指的是大于1.5倍四分位数间距的数值，在箱图中用小圆圈"○"表示，大于3倍四分位数间距的数值称为极端值，在图中用星号"*"表示。

例9.9：以例9.1数据"社会支持"为例，绘制不同年级大学生客观支持分的箱图。

（1）单击"图形"｜"旧对话框"｜"箱图"命令，进入"箱图"对话框，如图9-51所示。

简单箱图和复式箱图的区别等同于简单条图和复式条图的关系；"个案组摘要"和"各个变量的摘要"选项的定义同9.2.4小节完全一致。

（2）选择"简单"、"个案组摘要"选择项，单击"定义"按钮，进入简单箱图对话框，如图9-52所示。

（3）将客观支持分和年级分别选入"变量"和"类别轴"，单击"确定"按钮，生成不同年级大学生客观支持分的箱图，如图9-53所示。

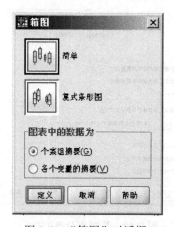

图9-51 "箱图"对话框

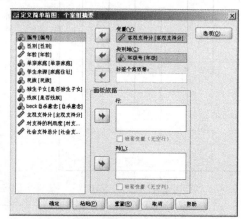

图9-52 简单箱图对话框

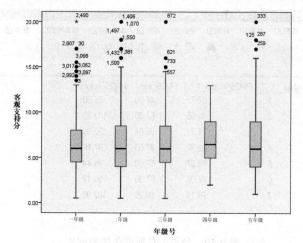

图9-53 不同年级大学生客观支持分的箱图

9.9 误差条图（Error bar）

误差条图可用来显示数据所来自的总体的离散程度，使用均数和可信区间、均数和标准差、均数和标准误描述数值变量。

例 9.10：以例 9.1 数据"社会支持"为例，1）用单式误差条图比较不同年级大学生客观支持分；2）用复式误差条图比较不同年级、不同性别大学生客观支持分。具体的步骤如下。

（1）单击"图形"|"旧对话框"|"误差条图"，进入"误差条图"对话框，见图 9-54。其中，简单及复式条形图的差异等同于单式条图和复式条图，"个案组摘要"及"各个变量的摘要"意义同本章 9.2.4 小节。

（2）选择"简单"和"个案组摘要"，单击"定义"按钮，进入简单误差条形图的定义对话框，见图 9-55。

图 9-54 "误差条图"对话框

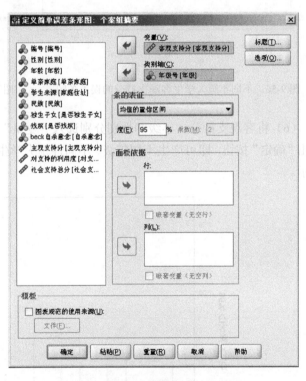

图 9-55 简单误差条图的定义对话框

（3）将客观支持分和年级选入"变量"和"类别轴"；在"条的表征"下拉菜单中，有 3 个可选择项：均数的置信区间、均数的标准误和标准差，与"度"和"乘数"结合，可分别展示均数的 95% 置信区间、均数的 2 倍标准误和 2 倍的标准差。本例选择默认的均数的 95% 置信区间；面板依据、标题、选项及模板意义同条图部分的定义一致。

（4）单击"确定"按钮，产生不同年级大学生客观支持分的误差条图，如图 9-56 所示。

（5）在上述第（2）步中选择"复式条形图"和"个案组摘要"，进入复式误差条图的定义对话框，如图9-57所示。

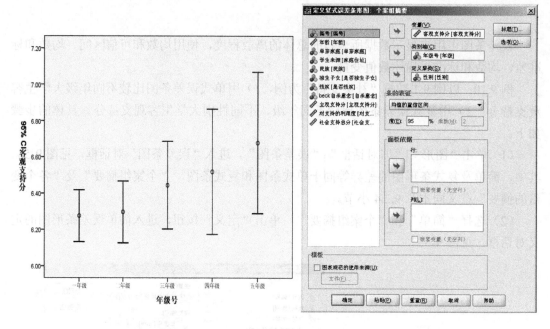

图9-56 不同年级大学生客观支持分的误差条图　　图9-57 复式误差条图的定义对话框

（6）将客观支持分、年级和性别分别选入"变量"、"类别轴"和"定义聚类"中，单击"确定"按钮，即可产生不同年级、不同性别大学生客观支持分的误差条图，如图9-58所示。

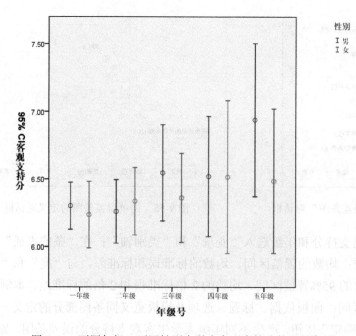

图9-58 不同年级、不同性别大学生客观支持分的误差条图

9.10 人口金字塔图（population Pyramid）

人口金字塔图是 SPSS 13.0 以后版本才有的一种图形，它是根据分类描述某变量的频数分布。

例 9.11：以例 9.1 数据"社会支持"为例，采用人口金字塔图描述不同性别大学生主观支持得分的频数分布。

（1）单击"图形"|"旧对话框"|"人口金字塔图"命令，进入人口金字塔图对话框，如图 9-59 所示。

（2）将主观支持分和性别分别选入"显示分布"和"分割依据"，其他选项定义如前。

（3）单击"确定"按钮，即可产生不同性别大学生主观支持得分的人口金字塔图，如图 9-60 所示。

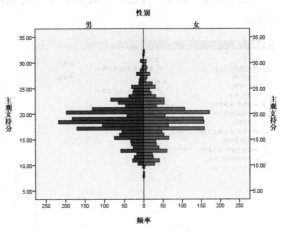

图 9-59　人口金字塔图对话框　　　　图 9-60　不同性别大学生主观支持分的人口金字塔图

9.11 散点图（Scatter）

散点图是用于表示两个或多个变量之间有无相关关系的统计图。单击"图形"|"旧对话框"|"散点图"命令，进入 "散点图"对话框，如图 9-61 所示。

（1）简单分布散点图：适用于两个变量之间关系描绘，每个点代表一个观察单位的两个变量值。

（2）矩阵分布散点图：采用矩阵形式表达多个变量之间两两关系的散点图。

（3）简单点图：采用点纵向累加的形式描述某单一变量的频数分布，每个点代表一个观察单位的变量值，图形与频数分布的直方图相似。

（4）重叠分布散点图：用于多个自变量与一个因变量或者多个因变量与一个自变量关系的重叠散点图，但应注意每一坐标轴上的度量衡单位必须一致。

（5）3-D分布散点图：用于描述三个变量之间综合关系的三维散点图。

9.11.1 简单分布散点图

例 9.12：以例 9.1 数据"社会支持"为例，描述大学生客观支持分和主观支持分的关系。

（1）在图 9-61 的基础上选择"简单部分"，单击"定义"按钮，进入"简单散点图"对话框，如图 9-62 所示。分别将客观支持分和主观支持分纳入"Y 轴"和"X 轴"。"设置标记"选项框可根据某外部变量（如性别）取值不同将每个点标注不同的颜色和符号，"标注个案"可针对某些特殊取值的个体进行标注。其他选项框意义如前所述。

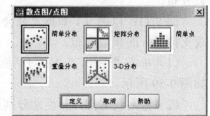

图 9-61 "散点图"对话框

（2）单击"确定"按钮，生成大学生主观支持分和客观支持分的简单散点图，如图 9-63 所示。

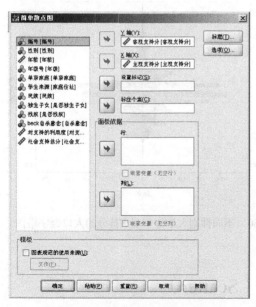

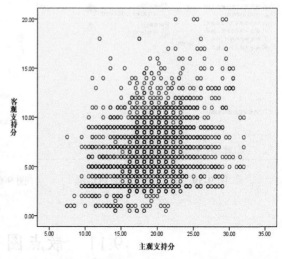

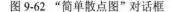

图 9-62 "简单散点图"对话框　　图 9-63 大学生主观支持分和客观支持分的简单散点图

9.11.2 矩阵分布散点图

例 9.13：以例 9.1 数据"社会支持"为例，描述大学生年龄与客观支持分、主观支持分的关系。

（1）在图 9-61 所示的基础上选择"矩阵分布"，单击"定义"按钮，进入"散点图矩阵"对话框，如图 9-64 所示。将年龄、客观支持分和主观支持分一起选入"矩阵变量"对话框，其他选项框定义如前。

(2)单击"确定"按钮,生成大学生年龄、客观支持分和主观支持分的矩阵散点图,如图 9-65 所示。

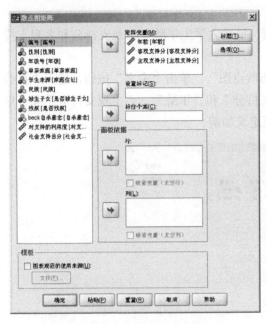

图 9-64 "散点图矩阵"对话框　　图 9-65 大学生年龄、客观支持分和主观支持分矩阵散点图

9.11.3 简单点图

例 9.14:以例 9.1 数据"社会支持"为例,描述大学生主观支持分的频数分布。

(1)在图 9-61 所示的基础上选择"简单点图",单击"定义"按钮,进入"定义简单点图"对话框,如图 9-66 所示。将主观支持分选入"X 轴变量"框,其他选项框定义如前。

(2)单击"确定"按钮,产生大学生主观支持分的简单点图,如图 9-67 所示。

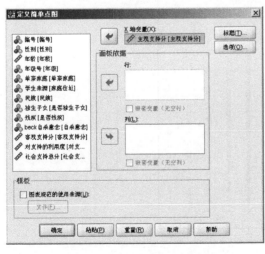
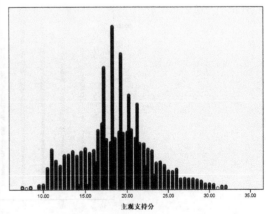

图 9-66 "定义简单点图"对话框　　图 9-67 大学生主观支持分的简单点图

9.11.4 重叠分布散点图

例 9.15 以例 9.1 数据"社会支持"为例，描述大学生年龄与主观支持分和客观支持分之间的关系。

（1）在图 9-60 的基础上，选择"重叠分布散点图"，单击"定义"按钮，进入"重叠散点图"对话框，如图 9-68 所示。将"客观支持分"和"年龄"、"主观支持分"和"年龄"分别选入"Y-X 对"选项框，其他选项框定义如前。

图 9-68 "重叠散点图"对话框

（2）单击"确定"按钮，产生大学生年龄与主观支持分和客观支持分的重叠分布散点图，如图 9-69 所示。

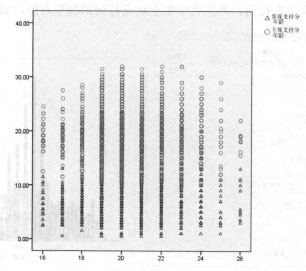

图 9-69 大学生年龄与主观支持分和客观支持分重叠分布散点图

9.11.5 3-D 分布散点图

例 9.16：以例 9.1 数据"社会支持"为例，描述大学生年龄、主观支持分和客观支持分之间的关系。

（1）在图 9-61 所示的基础上，选择"3-D 分布散点"，单击"定义"按钮，进入"3-D 散点图"对话框，如图 9-70 所示。将"客观支持分"、"主观支持分"和"年龄"分别选入"Y 轴"、"X 轴"和"Z 轴"选项框，其他选项框定义如前。

（2）单击"确定"按钮，产生大学生年龄、客观支持分、主观支持分的 3-D 分布散点图，如图 9-71 所示。

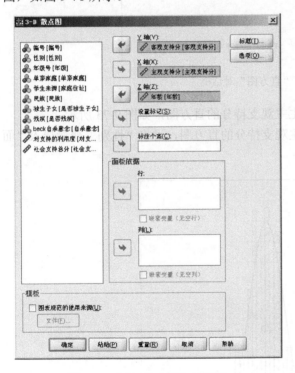

图 9-70 "3-D 散点图"对话框

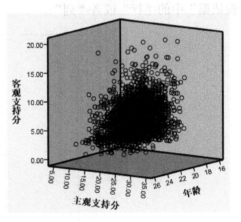

图 9-71 产生的 3-D 分布散点图

9.12 直方图（Histogram）

直方图是用来反映某个变量的分布情况，是一种常用的考察变量分布类型的统计图，直方图可以根据频数表资料进行绘制，也可以直接根据连续性变量的原始数据作图。

例 9.17：以例 9.1 数据"社会支持"为例，描述大学生主观支持分的频数分布。

（1）单击"图形"|"旧对话框"|"直方图"命令，进入"直方图"对话框，如图 9-72 所示。

（2）将主观支持分选入"变量"，并勾选"显示正态曲线"，其他变量定义如前。

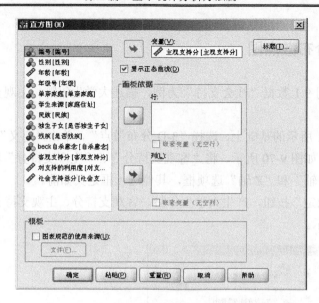

图 9-72 "直方图"对话框

（3）单击"确定"按钮，产生大学生主观支持分的直方图，如图 9-73 所示。

若需要对不同性别大学生分别绘制主观支持分的直方图，可将"性别"变量选入"面板依据"中的"行"或者"列"。

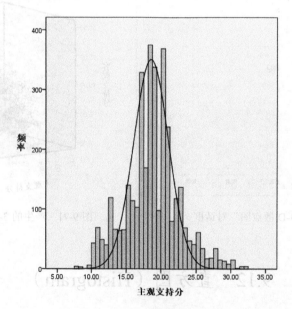

图 9-73 大学生主观支持分直方图

9.13 时间序列图（Time Series Plot）

时间序列图是以时间轴为横轴，变量为纵轴的一种统计图，其目的是观察变量是否随时间变化而呈现某种趋势。

例 9.18：以作者发表文章中 2005 年 1 月～2011 年 12 月某地艾滋病新发病例数为例，见数据“时间序列”，请绘制时间序列图。

（1）单击“数据”|“定义日期”命令，进入“定义日期”对话框，如图 9-74 所示。

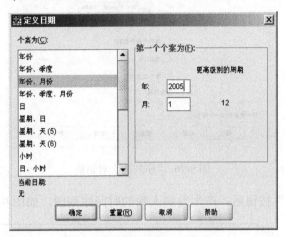

图 9-74 “定义日期”对话框

（2）由于数据是从 2005 年 1 月开始，而且是每月统计 1 次，因此，“个案为”应选择“年份、月份”时间模式，且“第一个个案为”的“年”应改为 2005 年，“月”为 1 月，如图 9-74 所示。也可将“个案为”选择为“年份、季度、月份”，这样可以随后观察季度间变化趋势。

（3）单击“确定”按钮后，在原始数据库中产生 3 个新变量：“YEAR-”、“MONTH-”和“DATE-”，如图 9-75 所示。

	年份	月份	发病数	YEAR_	MONTH_	DATE_	变量
1	1.00	1.00	0.00	2005	1	JAN 2005	
2	1.00	2.00	0.00	2005	2	FEB 2005	
3	1.00	3.00	2.00	2005	3	MAR 2005	
4	1.00	4.00	2.00	2005	4	APR 2005	
5	1.00	5.00	0.00	2005	5	MAY 2005	
6	1.00	6.00	3.00	2005	6	JUN 2005	
7	1.00	7.00	0.00	2005	7	JUL 2005	
8	1.00	8.00	1.00	2005	8	AUG 2005	
9	1.00	9.00	2.00	2005	9	SEP 2005	
10	1.00	10.00	0.00	2005	10	OCT 2005	
11	1.00	11.00	1.00	2005	11	NOV 2005	
12	1.00	12.00	0.00	2005	12	DEC 2005	
13	2.00	1.00	0.00	2006	1	JAN 2006	

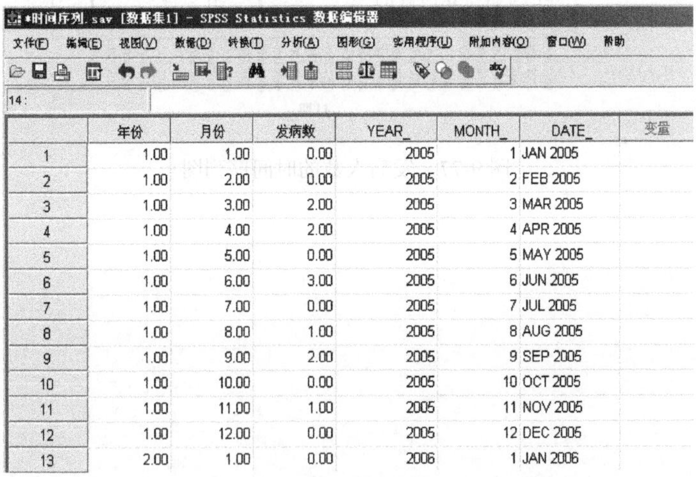

图 9-75 定义日期后产生的 3 个新变量

（4）单击“分析”|“预测”|“序列图”命令，进入“序列图”对话框，如图 9-76 所示，分别将“发病人数”和“DATE-”纳入“变量”和“时间轴标签”，其他选项框默认即可。

第 2 篇　基本统计分析方法篇

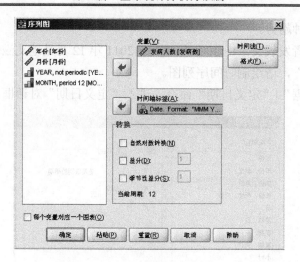

图 9-76　"序列图"对话框

（5）单击"确定"按钮后，产生发病人数的时间序列图，如图 9-77 所示。

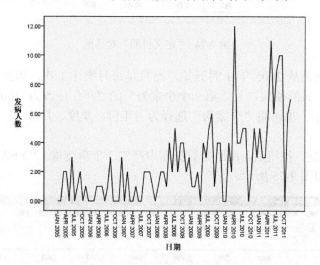

图 9-77　发病人数的时间序列图

第 10 章 诊断试验与 ROC 分析

诊断试验是指评价某种疾病诊断方法的临床试验。主要应用于疾病诊断、疾病随访、疗效考核以及药物毒副作用的监测。临床医师单凭经验往往不能稳妥诊断，如未能给患者及时有效的治疗，甚至会造成不可弥补的损失。掌握科学的研究和评价诊断试验的方法可为其选择合理的诊断方法奠定基础，同时可避免单凭经验造成的错误。ROC 分析是进行临床诊断试验评价的常用方法，本章将对其进行介绍。

10.1 常用诊断试验的评价指标

诊断试验在对疾病的诊断中所起的作用很重要，它的任务不仅仅是为临床医师做出对疾病的诊断提供证据。有时虽然某项诊断试验的结果为阳性，但不一定就被诊断为患某病。所以，无论诊断试验的结果如何，它都不等于诊断，而只能提供受检查者患某病的证据和可能性。

金标准是指当前公认的诊断疾病最可靠的标准方法，可正确区分"有病"或"无病"。当新试验实际上更优于传统"金标准"方法时，应采用最新的病理生理知识去更新传统的"金标准"。对于按金标准确定的二项分类总体，如患者与非患者，采用需要评价的诊断试验进行预测，其诊断结果分别写成阳性与阴性，资料可列成图 10-1 所示的四格表形式。图 10-1 所示中有 4 个可能结果，其中两个是正确的，即患者被诊断为阳性（真阳性）和非患者被诊断为阴性（真阴性）；两个错误，即患者被诊断为阴性（假阴性，或漏诊）和非患者被诊断为阳性（假阳性，或误诊）。

诊断试验	金标准		合计
	患者	非患者	
阳性	真阳性a	假阳性b	a+b
阴性	假阴性c	真阴性d	c+d
合计	a+c	b+d	a+b+c+d

图 10-1 诊断试验四格表

10.1.1 常用的诊断试验评价指标

1. 真实性

真实性（Validity）又称效度，指测量值与实际值相符的程度，故又称准确性。用于评价真实性的指标有灵敏度与假阳性率、特异度与假阴性率、正确指数、似然比和符合率。

(1) 灵敏度

灵敏度是指由金标准确诊有病的实验组内所检测出阳性病例数的比率(%)，即真阳性率。其灵敏度越高，假阴性率也就越低。假阴性率等于漏诊率，因此，灵敏度高的实验诊断用于疾病诊断时其值越高，漏诊的机会就越少。所以，灵敏度和假阴性率具有互补性。即：灵敏度=真阳性/病例组=$a/(a+c)$。

(2) 特异性

是指由金标准确诊为无病的对照组内所检测出阴性人数的比率(%)，即本诊断实验的真阴性率。特异性越高，其假阳性率也就越低。假阳性率等于误诊率，因此，特异性越高的检验诊断方法用于疾病诊断时，其发生误诊的机会就越少。由此可见，特异性和假阳性率也具有互补性。即：特异性=真阴性/对照组=$d/(b+d)$。

(3) 漏诊率

又称假阴性率，是指用金标准确诊为患某病的病例组中，被待评价的诊断试验判断为阴性的比例。灵敏度与漏诊率是互补的，灵敏度越高，漏诊率就越低。即：漏诊率=1-灵敏度=假阴性/病例组=$c/(a+c)$。

(4) 误诊率

又称假阳性率，是指用金标准确诊为无病的对照组中，被评价的试验判断为阳性的比例。特异性和误诊率也是互补的，特异性越高，误诊率就越低。即：误诊率=1-特异性=假阳性/对照组=$b/(b+d)$。

(5) 正确指数

又称约登指数(Youdon's Index)，指灵敏度与特异度之和减100%，表示筛检方法发现真正病人与非病人的总能力。正确指数的范围在0~1之间，指数越大，其真实性越高。

(6) 阳性预测值(postive predictive value)。

又称预测阳性结果的正确率，是指待评价的诊断试验结果判为阳性例数中，真正患某病的例数所占的比例，即从阳性结果中能预测真正患病的百分数，这也是临床医生最关心的诊断指标。阳性预测值的高低主要受患病率的影响，因此，临床实验诊断研究的阳性预测值能在不同的患病率情况下指导临床医师合理运用实验诊断项目。即：阳性预测值=真阳性/(真阳性+假阳性)=$a/(a+b)$。

(7) 阴性预测值(negative predictive value)

又称预测阴性结果的正确率，是指临床诊断实验检测出的全部阴性例数中，真正没有患本病的例数所占的比例。一般情况下(患病率)灵敏度越高的实验诊断项目，其阴性预测值越高，相反，特异性越高的临床实验诊断阳性预测值越好。但是，患病率对预测值的影响要比灵敏度和特异性的影响更为重要。即：阴性预测值=真阴性/(真阴性+假阴性)=$d/(c+d)$。

(8) 阳性似然比(positive likelihood ratio)

阳性似然比是指临床诊断检测出的真阳性率与假阳性率之间的比值，即阳性似然比=灵敏度/(1-特异性)。可用以描述诊断试验阳性时，患病与不患病的机会比。LR(+)提示正确判断为阳性的可能性是错误判断为阳性的可能性的倍数。LR(+)数值越大，提示能够确诊患有该病的可能性越大。它不受患病率影响，比起灵敏度和特异度更为稳定。利用这一指标可以计算出不同患病率的阳性预测值。阳性似然比=灵敏度/(1-特异性)=a(b+d)/b(a+c)。

(9) 阴性似然比（negative liklihoodratio）

阴性似然比是指临床实验诊断检测出的假阴性率与真阴性率之比值，此值越小，说明该诊断方法越好。可用以描述诊断试验阴性时，患病与不患病的机会比。LR(-)提示错误判断为阴性的可能性是正确判断为阴性的可能性的倍数。LR(-)数值越小，提示能够否定患有该病的可能性越大。阴性似然比=(1-敏感性)/特异性= $c(b+d)/d(a+c)$。

(10) 比值比（OR）

有病患者阳性试验似然比与阴性试验似然比的比值。数值越大，表明诊断试验区分患者与非患者的能力越大。

2. 可靠性

(1) 可靠性（reliabiliy）、重复性（repeatability）或精密度（precision）是指一项诊断试验在完全相同的条件下，重复研究时获得相同结果的稳定程度。在临床实践中，一般用符合率来表示可靠性。

符合率=(重复试验获得相同结果的次数/试验总次数)×100%

(2) 影响试验可靠性的因素有：

- 所使用的仪器、药品和试剂的变异。仪器，甚至是精密的仪器，如事前未校正，也可造成测量结果的系统误差。药品的质量、试剂配制的方法以及检验室的环境因素都可对试验结果产生影响。
- 测量变异。这与试验操作者的技术和责任心有关，因为任何测量都可出现不同程度的测量变异。若操作者能遵循操作规程，操作细心则可减少这种变异。若操作者可在某种程度上自行判断测量结果，则这种变异可以很大甚至难以控制。如用几种方法（即在不同的检验室，由不同的操作人员中使用不同的仪器）进行测量，测量数值的系统误差将是难以避免的。

测量变异包括观察者间误差（inter-observer error）和观察者自身误差（intra-observer error）。例如，两位眼科医师同时分别检查100例视网膜炎病人，按病情轻重分别登记，结果两人判断的符合率为72%，如图10-2所示。

A专家判断病情结果	B专家判断病情结果				合计
	无	轻	中	重	
无	24	5	2	0	31
轻	4	18	2	1	25
中	1	3	18	2	24
重	1	2	5	12	20
合计	30	28	27	15	100

图10-2 两位眼科医师独立检查100例视网膜炎病人的结果比较

$$符合率=\frac{24+18+18+12}{100}\times 100\% = 72\%$$

这是观察者间误差。同一观察者对同一批标本前后两次检查也有误差。例如一位细胞学专家两次重复检查肺癌细胞涂片 100 张，两次结果的符合率仅 49%，如图 10-3 所示。这是观察者自身误差。

第一次结果	第二次结果					合计
	不满意	阴性	模棱两可	疑似癌细胞	阳性	
不满意	2	1	1	0	0	4
阴性	7	26	19	1	0	53
模棱两可	4	2	11	5	3	25
疑似癌细胞	0	0	1	6	6	13
阳性	1	0	0	0	4	5
合计	14	29	32	12	13	100

图 10-3 同一专家重复两次检查 100 张肺癌细胞涂片结果比较

$$符合率 = \frac{2+26+11+6+4}{100} \times 100\% = 49\%$$

（3）生物学变异。不同季节和一日内的不同时间个体内部的生物学状态不断地发生变化，也就是产生变异。这样，在某个时点获得的某生物学现象的测量值只能是该时期内多次测量所获得的数值一个样本，并不能代表各次测量的真实数值。临床上各项检验工作多是在某一时点进行的，并将各种检验结果用于指导临床实践。所以临床医师应对个体的生物学变异给予足够的重视。

此外，不同个体的生物学状态不同，也将影响某生物学现象的测量值，使之产生变异。

10.1.2 提高诊断试验效率的方法

人们都在努力寻求既灵敏又特异的诊断试验，但在临床实践中这种理想的方法并不多，可以采用下述两种方法来提高诊断试验的效率。

1. 选择患病率高的人群（高危人群）

综上所述，一项诊断试验的灵敏度与特异度是相对固定的，而人群患病率水平对一项诊断试验阳性预测值的影响却很大。这样，结论是很清楚的，就是将一项诊断试验用于患病率低的人群，则阳性预测值较低，但若将其用于高危人群，则可明显提高阳性预测值。

现举例说明怎样选择患病率不同的人群来提高运动心电图试验的效率。已知运动心电图试验的灵敏度和特异度分别为 80% 和 74%。接受运动心电图检查的人群共有三种情况，即病例甲是老年人，具有典型心绞痛症状，病例乙是胸痛待查的中年人，病例丙是因情绪变化而产生胸痛症状的青年人，如图 10-4 所示，病例甲患心绞痛的可能性为 90%，通过心电图运动试验估计其阳性预测值为 97%，即增加了 7%；病例丙患心绞痛的可能性为 10%，根据同样的方法，估计其阳性预测值为 25%，即增加了 15%；病例乙患心绞痛的可能性为 50%，根据同法，估计其阳性预测值为 75%，即增加了 25%。由此可见，若在估计冠心病患病率为 40%~60% 的人群中用心电图运动试验来做冠心病诊断时，诊断的效率提高，即此时阳性和阴性预测值均明显增加。

估计患病率（%）	试验阳性		试验阴性	
	预测值（%）	增加数（%）	预测值（%）	增加数（%）
90	97	7	29	19
80	92	12	48	28
70	88	18	61	31
60	82	22	71	31
50	75	25	79	29
40	67	27	85	25
30	57	27	90	20
20	43	21	94	14
10	25	15	97	7

图 10-4　不同的估计患病率心电图运动试验的预测值

2. 采用联合试验的方法

现已证明，采用联合试验的方法可提高诊断试验的效率。联合试验的方法有两种，即并联和串联。

（1）并联试验（parallel test）又称平行试验。这种方法的作法是同时作几项诊断试验，只要其中一项为阳性就可诊断患某病。与单项诊断试验比较，并联试验可提高灵敏度和阴性预测值，却使特异度和阳性预测值下降，即并联试验使漏诊率下降，却增加了假阳性率。若临床医师需要一项灵敏度高的诊断试验，而此时只有两项或多项不十分灵敏的诊断方法，并联试验是首选的方法。例如，已知静脉造影术是诊断下肢深静脉栓塞的标准诊断方法，但这种方法既昂贵，又不安全。尚有两种方法即阻抗体积描记图和注射 ^{125}I 纤维蛋白原作下肢扫描也可用于该病的诊断。如使用单项试验，灵敏度和特异度各为 74%。若并联使用上述两项试验，其灵敏度和特异度可分别达到 94% 和 91%，如图 10-5 所示。由此可见，并联使用上述两项诊断试验是诊断下肢静脉栓塞的安全和节约的方法，并可提供准确的资料，因此可取代静脉造影术。

		静脉造影术（参照试验）的结果		
		阳性	阴性	合计
阻抗体积描记图和^{125}I纤维蛋白原扫描	两者之一或两者均阳性	81	10	91
	两者均阴性	5	104	109
	合计	86	114	200

图 10-5　阻抗体积描记图和注射 ^{125}I 纤维蛋白原扫描两法平行试验与静脉造影术的比较

灵敏度=81/86×100=94%
特异度=104/114×100=91%

（2）串联试验（serial test）也称系列试验。这种方法是依次顺序地做几项试验，但只有全部试验皆呈现阳性时才能做出诊断。具体的做法如图 10-6 所示。由于需要取得前一项诊断的结果才能做另一项试验,因而串联试验要用去一段时间。临床上是先做较简单、安全的试验,当出现阳性结果时,再做比较复杂或有一定危险的试验。

联合试验方式	结果		判断结果
	试验1	试验2	
平行试验	+	+	+
	+	-	+
	-	+	+
	-	-	-
系列试验	+	+	+
	+	-	-
	-	不必作	-

图 10-6 联合试验的判断方法

串联试验可提高诊断试验的特异度和阳性预测值,即出现阳性结果时患该病的可能性就更大,即降低了误诊率,却增加了漏诊率。当几项诊断试验特异度均不高时,采用串联试验最为适宜。例如,诊断心肌梗塞的三种试验中没有一项是特异的,如图 10-7 所示。若单独使用其中任何一项试验则漏诊不少患者。如采用串联试验方法则提高了心肌梗塞诊断的特异度,降低了误诊率。

酶试验	灵敏度(%)	特异度(%)
CPK	96	67
SGOT	91	74
LDH	87	91
CPK、SGOT、LDH	78	95

图 10-7 串联试验:诊断心肌梗塞的血清酶试验

10.2 ROC 曲线

在诊断医学中,提高区分有病和没病患者的检测结果的准确性是非常重要的。当检测结果是二元时,检测的准确性由敏感度和特异度来测量。然而对于连续的检测结果或有序分类的检测结果,当诊断界值发生变化时,灵敏度和特异度都发生变化,因此单纯用某一点上的灵敏度和特异度指标比较和评价几种诊断系统的诊断效能是不全面的;另一方面,在实际应用中,当一种方法的灵敏度高而另一种方法的特异度高时,很难对两者进行比较,而且传统的灵敏度和特异度指标比较,未考虑临界值的影响,因此,只有对不同的诊断界值下的灵敏度-特异度曲线进行全面的比较,才能比较客观地反映诊断系统的效能。在这种背景下,人们提出了 ROC 曲线这个统计工具,其应用越来越普遍。ROC 曲线分析的本质就是动态分析、比较不同诊断试验在变化的诊断界值条件下,对应的灵敏度和特异度曲线的变化。

10.2.1 ROC 分析的基本原理

ROC 分析资料可大致分为连续型资料与有序分类资料两种形式。连续型资料常见于某些定量检验；有序分类资料多见于医学影像诊断和心理学评价。

ROC 曲线是以诊断资料的（1-特异度）为横轴、灵敏度为纵轴所绘制的曲线。曲线下面积（记为 A）可反映诊断试验的价值的大小，常常取值范围在 0.5～1，完全无价值的诊断为 0.5，完全理想的诊断为 1。一般认为，面积 A 在 0.5～0.7 之间，表示诊断价值较低，在 0.7～0.9 之间，表示诊断价值中等；0.9 以上表示诊断价值较高（Swets, 1988）。在 SPSS 中给出了两种方法：一种是非参数法（公式较复杂，在此省略），另一种是双负指数法（Bi-negative Exponential Method），其公式为：

$$Q_1 = \frac{A}{2-A},\ Q_2 = \frac{2A^2}{1+A} \qquad \text{（公式 10-1）}$$

其 95%的置信区间为：$A \pm 1.96 SE_A$。

得出的 ROC 曲线下面积是否与原点到右上角的那几条机会线下面积有统计学差异，可检验 H_0：$A=0.5$。

10.2.2 模块解读

（1）单击"分析"|"ROC 曲线图"命令，弹出图 10-8 所示的"ROC 曲线"对话框。

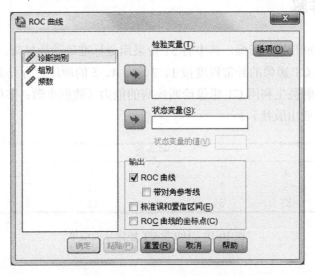

图 10-8 "ROC 曲线"对话框

- 检验变量：定义检验结果变量。
- 状态变量：定义金标准分组变量。
- 输出：包括下面几项内容。

➢ ROC 曲线：要求输出 ROC 曲线。
➢ 带对角参考线：要求输出的 ROC 曲线图带有对角参考线。
➢ 标准误和置信区间：要求输出 ROC 曲线下面积对应的标准误和置信区间。
➢ ROC 曲线的坐标点：输出 ROC 曲线的坐标点。

（2）单击"选项"按钮，弹出图 10-9 所示的选项对话框。

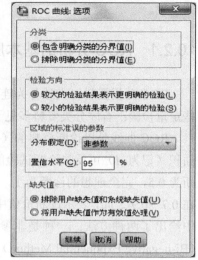

图 10-9 选项对话框

❑ 分类：
  ➢ 包含明确分类的分界值：阳性分类时包括诊断临界值（默认）。
  ➢ 排除明确分类的分界值：阳性分类时不包括诊断临界值。
❑ 检验方向：
  ➢ 较大检验结果表示更明确的检验：更大归类的阳性（默认）。
  ➢ 较小检验结果表示更明确的检验：更小归类的阳性。
❑ 区域的标准误的参数：
  ➢ 分布假定：非参数和双负指数。
  ➢ 置信区间：自定义置信区间，默认为 95%。

10.2.3 实例详解

例 10.1：有 109 份 CT 影像，其中有 51 份采用金标准确诊为异常，58 份确诊为正常。某放射医生对这些 CT 影像的异常程度按 1、2、3、4、5 的顺序进行分类，结果如图 10-10 所示。试回答该放射医生利用 CT 影像诊断疾病的能力（数据来源：宇传华主编，SPSS 与统计分析，电子工业出版社）。

金标准	诊断分类					合计
	1	2	3	4	5	
异常	3	2	2	11	33	51
正常	33	6	6	11	2	58

图 10-10 109 份 CT 影像分类结果

1. 操作过程

（1）单击"数据"|"加权个案"命令，弹出"加权个案"对话框。选择加权个案：频数。
（2）单击"分析"|"ROC 曲线"命令，弹出"ROC 曲线"对话框。设置如下：
检验变量：诊断类别。
状态变量：组别。

在状态变量的值：输入1。

(3) 选取所有的输出项，单击"确定"按钮运行，输出结果。

2. 结果解读

结果如图 10-11、图 10-12、图 10-13 所示。

如图 10-11 所示，给出了金标准每一分类的未加权与加权频数，显示出金标准为阳性者 51 例，阴性者 58 例；值越大，越有可能诊断为阳性，指示阳性代码为"1"。

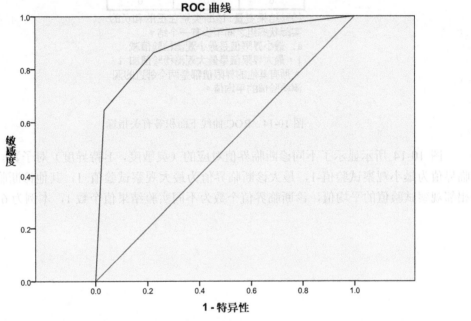

案例处理摘要

组别	有效的 N（列表方式）	
	未加权的	已加权的
正的[a]	5	51
负的	5	58

检验结果变量的值越大，越可以证明实际状态为正。

a. 正的实际状态为 1。

图 10-11　数据的基本信息

结生成的对角段。

图 10-12　ROC 曲线

曲线下的面积

检验结果变量:诊断类别

面积	标准误[a]	渐进 Sig.[b]	渐近 95% 置信区间	
			下限	上限
0.893	0.032	0	0.83	0.956

检验结果变量:诊断类别在正的和负的实际状态组之间至少有一个结。统计量可能会出现偏差。

a. 在非参数假设下

b. 零假设：实面积 = 0.5。

图 10-13　ROC 曲线下面积和相关指标

如图 10-14 所示可知，ROC 曲线下面积为 0.893，表示诊断试验的诊断准确度较好。

相应的标准误为 0.032，$P=0.000$，95%的置信区间为（0.830,0.956）。

曲线的坐标

检验结果变量:诊断类别

如果大于或等于则为正[a]	敏感度	1 − 特异性
0	1	1
1.5	0.941	0.431
2.5	0.902	0.328
3.5	0.863	0.224
4.5	0.647	0.034
6	0	0

检验结果变量:诊断类别在正的和负的实际状态组之间至少有一个结。

a. 最小界限值是最小观测检验值减1，最大界限值是最大观测检验值加1。所有其他的界限值都是两个邻近的观测检验值的平均值。

图 10-14　ROC 曲线下面积等有关指标

图 10-14 所示显示了不同诊断临界值对应的（灵敏度，1-特异度）对子数。最小诊断临界值为最小观察试验值-1，最大诊断临界值为最大观察试验值 1，其他诊断临界值为两相邻观察试验值的平均值，诊断临界值个数为不同实验结果值个数 1，本例为 6。

第 11 章 缺失值分析

在资料收集过程中，由于各种原因可能导致数据收集不全，就会产生缺失值，且这种情况往往无法避免。因此，缺失值分析是数据处理工作中常见的问题之一，如果处理不当，会导致部分分析过程简单地从分析中丢弃这些有缺失的个案；也可能会使分析结果精度降低，出现偏倚甚至是错误的结论；另外，很多统计过程背后的假设都基于完整的个案，而缺失值可能使所需的理论复杂化，部分分析过程无法完成。缺失值分析有助于解决由不完整的数据造成的若干问题，尽可能全面、有效地利用整个数据库。

11.1 缺失值分析简介

11.1.1 缺失值的类别

数据的缺失经常会存在着一定的规律，为了认识和研究缺失数据，按照数据缺失形式，我们常将其分为单元缺失与项目缺失两种。

（1）单元缺失：指针对需调查的个案进行调查而没有得到个案信息。如对整个班级进行调查，发放 60 份调查表，部分调查对象未交回调查表导致的资料缺失。这种缺失在数据分析阶段常常无能为力。

（2）项目缺失：指在调查内容中某些变量的观测结果有缺失。如对整个班级进行调查后，收回的调查表中，部分女生因为"保密"而未填写体重一项，造成资料缺失。

无论缺失数据的形式是单元缺失还是项目缺失，从缺失机制与方式上又可将其分为完全随机缺失、随机缺失与非随机缺失。

（1）完全随机缺失（Missing Completely at Random，MCAR）指已评价的结果或即将要进行的评价结果中，研究对象的缺失率是独立的。即缺失现象完全随机发生，与自身或其他变量的取值无关。如调查进行中，因被调查对象接到电话，有紧急事件需马上离开，调查无法完成导致的缺失。

（2）随机缺失（Missing at Random，MAR）指缺失数据的发生与数据库中其他无缺失变量的取值有关。某一观察值缺失的概率仅依赖已有的观察结果，不依赖未观察到的结果。比如，研究某新药对高血压患者的疗效，但一些血压过高的患者，根据纳入标准予以排除。MAR 是最常见的缺失机制。

（3）非随机缺失（Missing Not at Radom，MNAR）指数据的缺失不仅与其他变量的取值有关，缺失率与缺失数据有关，也和自身有关。这种缺失大都不是由偶然因素所造成的，常常是不可忽略的,比如在调查收入时,收入高的人出于各种原因不愿意提供家庭年收入值。对于 MNAR 此种缺失机制,目前尚无特别有效的方法能进行处理。

识别缺失数据的产生机制是极其重要的。首先这涉及到代表性问题,从统计上说,非随机缺失的数据会产生偏估计,因此不能很好地代表总体。其次,它决定数据插补方法的选择。随机缺失数据处理相对比较简单,但非随机缺失数据处理比较困难,原因在于偏差的程度难以把握。

11.1.2 SPSS 中的缺失值处理方法

针对不同的数据缺失情况,常见的处理方法有以下几类。

1. 删除缺失值

最常见、最简单的处理缺失数据的方法,使用这种方法时,如果任何个案在某一变量含有缺失数据的话,就把相对应的个案从分析中剔除。如果缺失值所占比例比较小的话,这一方法十分有效。然而,这种方法却有很大的局限性,它是以减少样本量来换取信息的完备,会造成资源的大量浪费,丢弃了大量隐藏在这些对象中的信息。

2. 缺失值替代

即"转换"选项卡中的"替换缺失值"菜单过程。此过程将所有的记录看成一个序列,然后采用某种指标对缺失值进行填充,它实际上专门用于解决时间序列模型中的缺失值问题。虽然其中的一些填充方法也可以用于普通数据,但相比之下,如果在非序列数据中使用该过程可能得不偿失,应当谨慎使用。常用的填充方式有算术均数、缺失值邻近点的算术均数、中位数以及线性插入等。

3. 缺失值分析

此过程是 SPSS 专门针对缺失值分析而提供的模块,它提供了对缺失值问题全面而强大的分析能力,主要功能有以下 3 种。

(1) 缺失值的描述和快速诊断:用灵活的诊断报告来评估缺失值问题的严重性,用户可以观察到它们在哪些变量中出现,比例为多少,是否与其他变量取值有关,从而得知这些缺失值出现是否会影响分析结论。

(2) 得到更精确的统计量:提供了多种方法用于估计含缺失值数据的均值、相关矩阵或协方差矩阵,通过这些方法计算出的统计量将更加可靠。

(3) 用估计值替换缺失值:使用 EM 或回归法,用户可以从未缺失数据的分布情况中推算出缺失数据的估计值,从而能有效地使用所有数据进行分析,来提高统计结果的可信度。

在前述的 3 种缺失机制中,非随机缺失很难得到有效的统计学处理,SPSS 的缺失值分析模块主要是对 MCAR 和 MAR 的情形进行分析,尤其是后者。

11.2 SPSS 缺失值分析

11.2.1 模块解读

1．进入缺失值分析

单击"分析"|"缺失值分析"命令，弹出"缺失值分析"对话框，如图 11-1 所示。

- 定量变量：选入待分析的定量变量。将"年龄"、"住院天数"和"受伤至入院的间隔时间"3 个变量纳入定量变量框中。
- 分类变量：选入待分析的分类变量，选入分类变量后，还可以在下方的"最大类别"处设置允许的最大分类数，超过此临界值的分类变量将不再进入分析，软件默认为 25。将"性别"纳入分类变量框。
- 个案标签：用以选入标签变量用于对结果进行标识。
- 使用所有变量：单击此按钮，左侧源变量列表的所有变量将进入特定的分析列表框，数值型变量将全部进入"定量变量"框，字符型等变量全部进入"分类变量"列表框。

2．"模式"按钮

单击"模式"按钮，弹出图 11-2 所示的"缺失值分析：模式"对话框，此对话框用于设置显示输出表格中的缺失数据模式和范围。

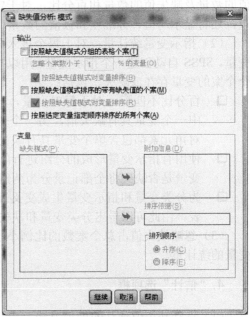

图 11-1 "缺失值分析"对话框　　　　图 11-2 "缺失值分析：模式"对话框

(1) 输出：共有 3 个选项。
- 按照缺失值模式分组的表格个案：为每个分析变量都输出缺失值样式表，以每种模式中显示的频率表制成表格。使用"按照缺失值模式对变量排序"以指定计数和变量是否按模式相似性排序。使用"忽略个案数小于 n%的变量"表示出现频数小于此比例的缺失模式将不被显示。
- 按照缺失值模式排序的带有缺失值的个案：针对每个分析变量将每一个带有缺失值或极值的个案制表。使用"按照缺失值模式对变量排序"以指定计数和变量是否按模式相似性排序。
- 按照选定变量指定顺序排序的所有个案：缺失值分析全部个案。对每个个案进行制表且每个变量都被表示为缺失值和极值。如果没指定变量排序依据，个案将按其在数据文件中出现的顺序列出。

(2) 变量：设置显示分析中所含变量的附加信息。
- 缺失模式：显示所有选入的分析变量。
- 附加信息：用于从左侧列表框中选入要输出附加信息的变量；在样式表中，对于定量变量，将输出均值，对于分类变量，将显示在每个类别中具有模式的个案数。
- 排序依据：个案按照指定变量的值的升序或降序列出。仅适用于全部个案的情况。
- 排序顺序：升序或降序。

3."描述"按钮

单击"描述"按钮，弹出图 11-3 所示的"缺失值分析：描述统计"对话框，设置要显示的缺失值描述统计变量。

(1) 单变量统计量：输出每个变量的非缺失值的数量及缺失值的数量和百分比，对于定量变量，还将显示均值、标准差和极值的数量。

(2) 指示变量统计量：对于每个进入分析的变量，SPSS 自动创建一个指示变量，用以指示单个个案的变量存在或缺失。包括：

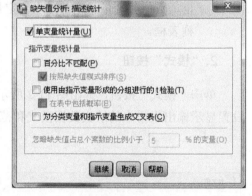

图 11-3 "缺失值分析：描述统计"对话框

- 百分比不匹配：对于每对变量，显示其中一个变量具有缺失值，另一个变量具有非缺失值的个案数百分比。表中的每个对角元素都包含单个变量具有缺失值的百分比。
- 使用有指示变量形成的分组进行的 t 检验：首先查找存在缺失值的变量，按照相因变量是否缺失将全部记录分为两组，再对所有连续性变量在这两组间进行 t 检验。
- 为分类变量和指示变量生成交叉表：每一个分类变量都和缺失指示变量生成交叉表。由此可以看出分类变量和缺失情况间的联系趋势。

(3) 忽略缺失值占总个案数的比例小于 $n\%$ 的变量：可以删除缺失值出现次数较小的变量的统计量。

4."估计"选项框

(1) 选择缺失值估计的处理方法。
- 列表法：分析时按列表排除个案，一旦任何分析变量具有缺失值，计算中将忽略该个案。

- 成对法：按配对的方式对缺失值进行分析，即只有当其在两配对变量都具有非缺失值时才使用个案。频率、均值以及标准差是针对每对分别计算的。由于忽略个案中的其他缺失值，两个变量的相关性与协方差不取决于任何其他变量的缺失值。
- EM 法：EM 迭代方法估计缺失值，每个迭代都包括一个 E 步骤和一个 M 步骤。在给定观察值和当前参数估计值的前提下，E 步骤查找"缺失"数据的条件期望值，这些期望值将替换"缺失"数据。在 M 步骤中，即使填写了缺失数据，也将计算参数的最大似然估计值。这是一种较为常用的方法。
- 回归法：此方法计算多个线性回归估计值并具有用于通过随机元素增加估计值的选项。对于每个预测值，其过程可以从一个随机选择的完整个案中添加一个残差，或者从 t 分布中添加一个随机正态偏差和一个随机偏差（通过残差均值方的平方根测量）。

（2）EM 按钮

单击 EM 按钮，弹出"缺失值分析：EM"对话框，如图 11-4 所示。此对话框用于设置 EM 算法的相关参数。

- EM 法基于指定分布下的可能性进行推论。软件默认正态分布。如果您知道分布的尾部比正态分布的尾部要长一些，则可以要求该过程从自由度为 n 的 Student's t 分布构建似然函数。混合正态分布同样提供具有较长尾部的分布。指定两个分布的混合正态分布与混合比例的标准偏差比率。混合正态分布假设只有分布标准偏差不同，均值必须相同。
- 最大迭代：设置最大迭代次数估计真正的协方差。达到此迭代次数后，即使估计值尚未收敛，过程也将停止。
- 保存完成数据：可以保存一个有归因值而不是缺失值的数据集。但仍要注意，使用归因值且基于协方差的统计量将会过低估计其各自的参数值。过低估计程度与共同未被观察到的个案数量成比例。

（3）"回归"按钮

单击"回归"按钮，弹出"缺失值分析：回归"对话框，如图 11-5 所示。此对话框用于设置回归法的相关参数。可以选择残差、普通变量、Student't 变量或无调节。

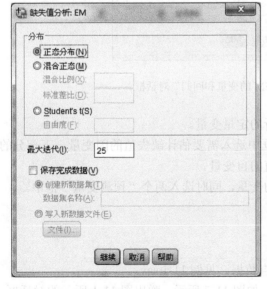

图 11-4 "缺失值分析：EM"对话框

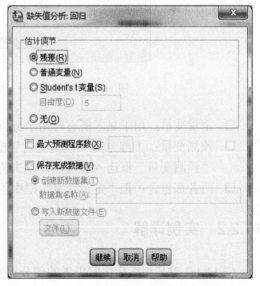

图 11-5 "缺失值分析：回归"对话框

- 残差：从要添加到回归估计的完整个案观察到的残差中，随机选择误差项。
- 普通变量：从期望值为 0 且标准差等于回归的均方误差项平方根的分布中，随机抽取误差项。
- Student't 变量：从 $t(n)$ 分布中随机抽取误差项，并按根均方误差标度误差项。
- 最大预测值程序数：设置估计过程中回归方程使用的预测变量（自变量）的最大个数。
- 保存完成数据：将数据集写入相应数据文件，将缺失值替换为由回归法估计的值。

（4）"变量"按钮

单击"变量"按钮，弹出"缺失值分析：EM 的变量和回归"对话框。如图 11-6 所示，用于选择指定变量的方式，默认使用所有定量变量。

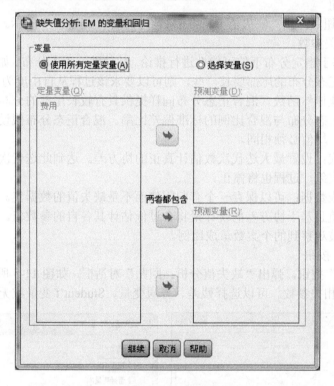

图 11-6 "缺失值分析：EM 的变量和回归"对话框

- 定量变量：用于显示所有可用于分析的定量变量。
- 预测变量：上部分的"预测变量"框中选入需要估计缺失值的因变量，下部分的"预测变量"框选入需要估计缺失值的自变量。
- 两者都包含：把"定量变量"框中的变量，同时选入两个"预测变量"框中。

11.2.2 实例详解

例 11.1：对某种疾病住院患者的部分调查数据，见例 11-1.sav。

（1）选择"分析"|"缺失值分析"命令，如图 11-7 所示，弹出图 11-1 所示的对话框。

图 11-7 "缺失值分析"菜单命令

（2）将"年龄"、"住院天数"和"受伤至入院的间隔时间"选入"定量变量"框，"性别"选入"分类变量"框。

（3）单击"模式"按钮，弹出如图 11-2 所示的对话框，选中"输出"选项组中的"按照缺失值模式分组的表格个案"复选框，从"缺失值模式"列表框中选中"住院天数"和"性别"两个变量进入"附加信息"框，其他采取默认设置。单击"继续"按钮，返回主对话框。

（4）单击"描述"按钮，弹出如图 11-3 所示的对话框，选择"单变量统计量"复选框及"指示变量统计量"选项组中的"使用由指示变量形成的分组进行的 T 检验"，为分类变量和指示变量生成交叉表。

（5）选中"估计"选项框中的 EM 和"回归"，其余采用默认设置。

（6）单击"确定"按钮运行，输出结果，如图 11-8 所示。

单变量统计

	N	均值	标准差	缺失		极值数目[a]	
				计数	百分比	低	高
年龄	471	42.5	11.661	29	5.8	2	2
住院天数	463	18.88	11.258	37	7.4	0	26
受伤至入院的间隔时间	470	45	100.329	30	6	0	58
性别	470			30	6		

a. 超出范围（Q1 - 1.5*IQR，Q3 + 1.5*IQR）的案例数。

图 11-8 单变量统计表

图 11-8 所示的"单变量统计"表给出了所有分析变量未缺失数据的频数、定量变量的均值和标准差，同时给出了各变量的缺失数量和缺失百分比。提供了数据的一般特征，以住院天数为例，均值为 18.88 天，标准差为 11.258，7.4%的个案缺失住院天数信息，且拥有 26 个极大值。

图 11-9、图 11-10 所示是使用 EM 法和回归法进行缺失值的估计和替换后，总体数据的均值和标准差的变化情况，其中"所有值"为原始数据特征，另外两行分别是采用 EM 法、回归法得到的统计参数。

估计均值摘要

	年龄	住院天数	受伤至入院的间隔时间
所有值	42.5	18.88	45
EM	42.19	19.11	45.56
回归	42.66	18.79	47.74

图 11-9 估计均值摘要

估计标准差摘要

	年龄	住院天数	受伤至入院的间隔时间
所有值	11.661	11.258	100.329
EM	11.629	11.199	102.301
回归	11.576	11.254	107.518

图 11-10 估计标准差摘要

图 11-11 所示通过单个方差 T 检验有助于标识缺失值模式可能影响定量变量的变量。按照相因变量是否缺失将全部记录分为两组，再对所有连续性变量在这两组间进行 T 检验。可以看出，年龄信息缺失者受伤至入院的间隔时间短，指示数据可能并未完全随机缺失。

单个方差 t 检验[a]

		年龄	住院天数	受伤至入院的间隔时间
年龄	t	.	1.9	3.2
	df	.	33.3	98.6
	# 存在	471	434	441
	# 缺失	0	29	29
	均值（存在）	42.5	19.1	46.41
	均值（缺失）	.	15.59	23.59
住院天数	t	28.6	.	1
	df	92.6	.	59.2
	# 存在	434	463	433
	# 缺失	37	0	37
	均值（存在）	44.28	18.88	45.86
	均值（缺失）	21.54	.	34.89
受伤至入院的间隔时间	t	12.3	0.2	.
	df	453.3	36.6	.
	# 存在	441	433	470
	# 缺失	30	30	0
	均值（存在）	42.97	18.91	45
	均值（缺失）	35.57	18.53	.
性别	t	0.8	0.8	0.5
	df	30.6	22.7	40.6
	# 存在	441	441	440
	# 缺失	30	22	30
	均值（存在）	42.66	18.99	45.36
	均值（缺失）	40.13	16.77	39.67

对于每个定量变量，由指示变量（存在·缺失）组成成对的组。
a. 不显示少于 5% 个缺失值的指示变量。

图 11-11 单个方差 T 检验

图 11-12 显示分类变量与定量变量的信息,与单个方差 T 检验表中的结果相似。再次根据是否缺失创建两组指示变量,只是此次其用于为各分类变量计算各类别的频率,有助于确定缺失值类别之间是否存在差异。由表可知,两组间的多个变量缺失比例在不同性别间分布不均衡。

性别			总计	男	女	缺失 SysMis
年龄	存在	计数	471	407	34	30
		百分比	94.2	94.7	85	100
	缺失	% SysMis	5.8	5.3	15	0
住院天数	存在	计数	463	401	40	22
		百分比	92.6	93.3	100	73.3
	缺失	% SysMis	7.4	6.7	0	26.7
受伤至入院的间隔时间	存在	计数	470	400	40	30
		百分比	94	93	100	100
	缺失	% SysMis	6	7	0	0

不显示少于 5% 个缺失值的指示变量。

图 11-12 分类变量和定量变量的交叉制表

图 11-13 所示的制表模式表格就是缺失值样式表,它给出了缺失值分布的详细信息,可见有 382 个个案无缺失,有 8 个个案在性别和住院天数两个变量上均缺失。

制表模式

案例数	缺失模式[a]				完整数,如果...[b]	性别[c]	
	年龄	受伤至入院的间隔时间	性别	住院天数		男	女
382					382	348	34
22			X		404	0	0
8			X	X	441	0	0
29				X	411	29	0
29	X				411	23	6
30		X			412	30	0

不显示少于 1% 个(5 个或更少)案例的模式。
a. 以缺失模式排列变量。
b. 完整案例数,如果未使用该模式(用 X 标记)中缺失的变量。
c. 在各个唯一模式处的频率分布。

图 11-13 制表模式输出结果

图 11-14、图 11-15 所示给出了 EM 法和回归法的相关统计量,包括均值、协方差和相关性。从表格下方的 Little 的 MCAR 检验结果可知,显著性(P)值明显小于 0.05,拒绝缺失值为 MCRA 的假设。

EM 均值 [a]

年龄	住院天数	受伤至入院的间隔时间
#	#	45.56

a. Little 的 MCAR 检验:卡方 = 149.150,DF = 6,显著性 = .000。

EM 协方差 [a]

	年龄	住院天数	受伤至入院的间隔时间
年龄	135.232		
住院天数	-9.286	#	
受伤至入院的间隔时间	46.211	#	10465.504

a. Little 的 MCAR 检验:卡方 = 149.150,DF = 6,显著性 = .000。

EM 相关性 [a]

	年龄	住院天数	受伤至入院的间隔时间
年龄	1		
住院天数	-0.071	1	
受伤至入院的间隔时间	0.039	#	1

a. Little的 MCAR 检验:卡方 = 149.150,DF = 6,显著性 = .000。

图 11-14　缺失值 EM 法的输出（3 个框一起）

回归均值 [a]

年龄	住院天数	受伤至入院的间隔时间
42.66	18.79	47.74

a. 将随机选中的案例的残差添加到各个估计。

回归协方差 [a]

	年龄	住院天数	受伤至入院的间隔时间
年龄	133.997		
住院天数	-4.229	126.66	
受伤至入院的间隔时间	17.241	34.052	11560.035

a. 将随机选中的案例的残差添加到各个估计。

回归相关性 [a]

	年龄	住院天数	受伤至入院的间隔时间
年龄	1		
住院天数	-0.032	1	
受伤至入院的间隔时间	0.014	0.028	1

a. 将随机选中的案例的残差添加到各个估计。

图 11-15　缺失值回归法的输出（3 个框一起）

第12章 非参数检验

在医学和经济学数据分析和挖掘中,我们常常进行统计推断,参数检验和非参数检验共同构成了统计推断的内容,在第5章中我们学习了参数检验中典型的T检验方法,对其原理和使用方法有了一定的了解。本章就来学习统计推断中的另一种方法:非参数检验。在本章中,主要从非参数的简介、卡方检验、二项式检验、游程检验、单样本检验、两独立样本检验、K个独立样本检验、两独立样本检验和K个相关样本检验9个部分来学习。

12.1 非参数检验简介

非参数检验也是非常重要的一种检验方法,本节对非参数检验与参数检验的区别以及优缺点进行介绍,详见如下。

12.1.1 非参数检验和参数检验

我们已经知道参数检验和非参数检验共同构成了统计推断的内容,因此非参数检验是相对于参数检验来说的,在以前的学习中我们也学到了一些参数检验的方法,如Z检验、T检验,这些检验都假设样本来自于正态分布的总体,将总体的数字特征看作未知的"参数",通过样本的数据特征对其总体进行统计推断。但在实际中,大部分情况并不满足参数检验的条件,非参数检验应运而生。非参数检验适用的范围很广,对资料没有要求,对总体分布几乎没有什么假定,只是有时对分布的形状做一些诸如连续、对称等的简单假设。

12.1.2 非参数检验的优点

相对于参数检验,非参数检验有以下优点:
(1)对数据的要求不严格,对资料的分布类型要求比较宽松。
(2)检验方法灵活,使用的用途广泛。
(3)非参数检验的计算相对简单,易于理解和掌握。

12.1.3 非参数检验的缺点

任何检验方法都有其优点和缺点,非参数检验也不例外。
(1)非参数检验方法对总体要求不高,适用于任何分布类型的资料,但其方法本身缺乏针对性,当资料满足参数检验的条件时,使用非参数检验会大大降低检验的功效。

（2）非参数检验的方法简单，主要使用等级或符号秩，而不是使用资料提供的原始数据，因此降低了原始信息的使用率，其检验的有效性也就比较差了。

12.2 卡方检验

12.2.1 卡方检验的概念

卡方检验（Chi-Square Test），也称为卡方拟合优度检验，主要用来检验观察频数与期望频数是否吻合，是 K. pearson 给出的一种最常用的非参数检验方法。

12.2.2 原理和方法

卡方检验的零假设 H_0：样本来源总体的分布与指定的理论分布无显著差异。

卡方统计量 χ^2：为检验实际分布与理论分布是否一致，我们常用卡方统计量，χ^2 统计量：

$$\chi^2 = \sum_{i=1}^{k} \frac{(A_i - T_i)^2}{T_i} \qquad \text{（公式 12-1）}$$

式中，k 为子集个数，A_i 为第 i 个子集的频数，T_i 为第 i 个子集的理论频数。根据皮尔逊定理，当 n 足够大时，χ^2 统计量的值近似服从 χ^2 (k-1) 的分布。当观察频数与理论频数越接近，χ^2 值越小，不能拒绝零假设；观察频数与理论频数相差越大，χ^2 值越大，越没有证据支持零假设。

12.2.3 模块解读

1. 卡方检验

单击"分析" | "非参数检验（N）" | "旧时对话框（L）" | "卡方（C）"命令，弹出"卡方检验"对话框，如图 12-1 所示，"检验变量列表"框中放入本次需要比较的变量"死亡胚胎数"。

（1）期望全距
- ❑ 从数据中获取：系统默认，在原始数据的最小值和最大值范围内，检验变量有多少不同的取值。
- ❑ 使用指定的范围：可以定义上下限，产生分析所需要的类别。

（2）期望值
- ❑ 所有类别相等：系统默认。
- ❑ 值：可以输入分析类别所对应的期望值，有几个类别输入几个期望值，输入后单击"添加"按钮完成。

2. "精确"按钮

单击"精确"按钮，弹出图 12-2 所示的"精确检验"对话框。

第 12 章 非参数检验

图 12-1 "卡方检验"对话框

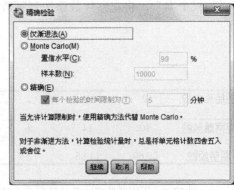

图 12-2 "精确检验"对话框

- 仅渐进法：基于假设分布下的检验，即 χ^2 检验，系统默认。
- Monte Carlo：计算机模拟法。对分布没有任何前提要求，以观察频数的周围合计为参数模拟样本，当样本量较大，用确切法计算用时过长时可选用此方法。
- 置信水平：系统默认为 99%的置信区间，自己可以按需要设置。
- 样本数：系统默认为 10000。
- 精确：每次检验的时限，系统默认为 5 分钟。

3. "选项"按钮

单击"选项"按钮弹出图 12-3 所示的"卡方检验：选项"对话框。

（1）统计量

- 描述性：在结果中输出基本的统计量，包括均值、最大值、最小值和标准差等。
- 四分位数：在结果中输出第 25、50 及第 75 百分位数。

图 12-3 "卡方检验：选项"对话框

（2）缺省值

- 按检验排除个案：系统默认，只排除检验变量中含缺失值的观察单位。
- 按列表排除个案：排除所有含有缺失值的变量。

12.2.4 实例详解

例 12.1：某毒理实验对 60 只怀孕小白鼠进行显性致死性实验，结果如图 12-4 所示，有研究报道胚胎死亡数服从负二项分布，表中给出了根据负二项分布求得的期望频数分布，试据此用 χ^2 检验验证以往报道的正确性（数据来源：陈平雁主编，SPSS 13.0 统计软件应用教程，人民卫生出版社）。

1．操作步骤

（1）单击"数据"|"加权个案"命令，弹出图 12-5 所示的"加权个案"对话框，选择"加权个案"，将观察频数添加到频数变量框中。

胚胎死亡数	0	1	2	3—
观察雌鼠数	30	14	8	8
期望频数	29.69	14.86	7.55	7.9

图 12-4 不同胚胎死亡数的雌鼠分布情况

图 12-5 "加权个案"对话框

（2）单击"分析"|"非参数检验"|"旧时对话框"|"卡方"命令，弹出图 12-1 所示的对话框。将"死亡胚胎数"添加到"检验变量列表"，在值中分别输入 29.69、14.86、7.55、7.90。

（3）单击"精确"按钮弹出图 12-2 所示的对话框，所有的选择为系统默认，单击"继续"按钮返回主对话框。

（4）单击"选项"按钮弹出图 12-3 所示的对话框，选择"描述性"和"四分位数"，单击"继续"按钮返回主对话框。单击"确定"按钮运行，输出结果。

2．结果解读

（1）图 12-6 所示为描述性统计量的结果，主要给出例数、均值、标准差、极大值和极小值以及百分位数。

描述性统计量

	N	均值	标准差	极小值	极大值	第25个	第50个（中值）	第75个
死亡胚胎数	60	0.9	1.085	0	3	0	0.5	2

图 12-6 描述性统计量

（2）图 12-7 所示分别给出各类别的观察数、期望数和残差结果。

	观察数	期望数	残差
0个	30	29.7	0.3
1个	14	14.9	-0.9
2个	8	7.6	0.5
3个~	8	7.9	0.1
总数	60		

图 12-7 观察数、期望值和残差

(3) 图 12-8 所示给出 χ^2 检验的结果，χ^2=0.081，p=0.994，不拒绝零假设，即胚胎死亡数符合二项分布。

	死亡胚胎数
卡方	.081[a]
df	3
渐近显著性	0.994

a.0 个单元（.0%）具有小于 5 的期望频率。单元最小期望频率为 7.6。

图 12-8 χ^2 检验结果

12.3 二项式检验

有些处理数据取值是二分类的，比如医学中的生与死、患病的有无、是否吸烟及喝酒等。对于从这类的总体中抽取的样本，要么是对立中的一类，要么是另一类，常将这样的数值用 0 和 1 来表示。如果进行 n 次相同的试验，则出现两类（0 或 1）的次数可以用离散型随机变量 X 来描述。如果随机变量 X 值为 1 的概率为 P，则 X 为 0 的概率 Q=1-P，这样的分布为二项分布。

二项分布检验就是用来检验样本是否来自指定概率为 P 的二项分布，其原假设为：样本总体与指定的二项分布无显著差异。

12.3.1 原理

二项分布检验是通过对二分类变量的单个取值做假设检验，当样本≤30 时，可以按（公式 12-2）计算概率值：

$$P\{X \leqslant x\} = \sum_{i=1}^{x} C_n^i p^i q^{n-i} \qquad (公式 12\text{-}2)$$

表示 n 次试验中某类变量出现的次数≤x 的概率。

12.3.2 模块解读

1. 二项分布

单击"分析"|"非参数检验"|"旧时对话框"|"二项式"命令，弹出图 12-9 所示的"二项式检验"对话框。

- 检验变量列表：选择需要检验的变量。
- 检验比例：确定检验的概率值，即总体率。系统默认为 0.50。
- 定义二分法：
  - 从数据中获取：直接从原数据中获取，系统默认。

> 割点：设定的变量超过两个取值时，选择此项，并输入分割的界值。

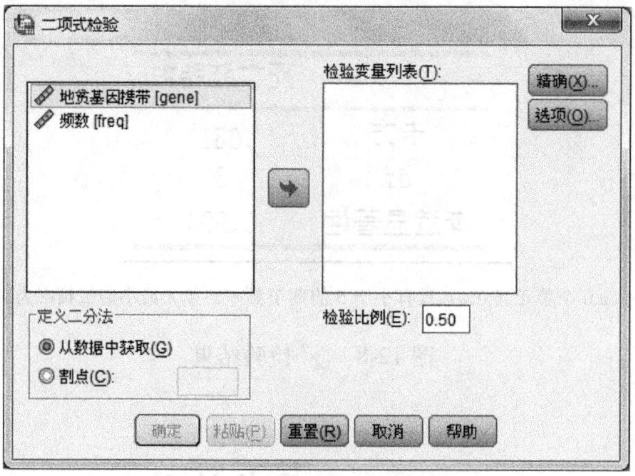

图 12-9 "二项式检验"对话框

2. "精确"按钮

单击"精确"按钮，弹出"精确检验"对话框，同上一节的图 12-2，解释也同上一节。

3. "选项"按钮

单击"选项"按钮，弹出"卡方检验：选项"对话框，同上一节的图 12-3，解释也同上一节。

12.3.3 实例详解

例 12.2：根据大量筛查得知某沿海省份成人的 α-地中海贫血基因携带率为 7.6%。某研究单位在本省某山区随机抽样调查成人 125 例，检出 α-地中海贫血基因携带者 12 例，问该山区与本省一般成人的 α-地中海贫血基因携带率有无差异（数据来源：陈平雁主编，SPSS 13.0 统计软件应用教程，人民卫生出版社）？

1. 操作过程

（1）数据格式：见数据文件"例 12-2.sav"，有 2 行 2 列，2 个变量分别为检验变量和频数变量。

检验变量：又是分组变量，变量名为 gene，标记为"地贫基因携带"。变量赋值为 1="是"，2="否"。需特别指出，变量赋值的大小顺序在这里是有区别的，赋值较小的代表阳性事件。

频数变量：变量名为 freq，标记为"频数"。

（2）单击"数据"|"加权个案"命令，弹出图 12-4 所示的"加权个案"对话框，选择"加权个案"，将"频数"添加到"频数变量"框中。

（3）单击"分析"|"非参数检验"|"旧时对话框"|"二项式"命令，弹出图 12-9 所示的"二项式检验"对话框，将"地贫基因携带"添加到"检验变量列表"框中。在"检

验比例"框中输入"0.076"。单击"确定"按钮运行,输出结果。

2. 结果解读

主要输出结果如图 12-10 所示,样本携带率为 9.6%,总体携带率为 7.6%,应用近似正态分步法,单侧检验概率(P 值)为 0.242,可以据此推断该山区与本省一般成年人的 α-地中海贫血基因携带率无显著差异。

二项式检验

		类别	N	观察比例	检验比例	精确显著性(单侧)
地贫基因携带	组 1	是	12	0.096	0.076	0.242
	组 2	否	113	0.904		
	总数		125	1		

图 12-10 二项式检验结果

12.4 游 程 检 验

在数据分析和挖掘中,我们除了关心样本数据的分布形状外,有时还希望知道样本的随机性,游程检验就是用来推断数据序列中两类事件的发生过程是否随机。

12.4.1 基本概念

游程检验(Runs Test)又称为变量的随机性检验,主要用于检验一个变量两个值的分布是否是随机分布的,即检验前一个个案是否影响下一个个案的值,如果不影响,则这组个案是随机的。什么是游程呢?游程(Run)就是指分类变量有相同取值的几个连续记录,一个游程就是指某序列中同类元素的一个持续的最大主集。其假设检验为原假设 H_0:变量值的分布是随机的。

例如在投硬币的试验中,我们以 1 表示正面,0 表示反面,在进行了多次试验并记录后,我们得到一个以 1、0 组成的数据序列,如:110001101111,在最前面的两个 1 为一个游程,游程的长度为 2;随后的 3 个 0 为第二个游程,长度为 3,以此类推,该序列共包含 5 个游程。

12.4.2 原理和方法

如果我们设 n_1 为出现 1 的个数,n_2 为出现 0 的个数,利用游程的数据构造检验统计量,当 n_1、n_2 较大时,我们可以取 $Z = \dfrac{r - u_r}{\sigma_r}$ 其中 r 为游程数,$u_r = \dfrac{2n_1 n_2}{n_1 + n_2}$,$\sigma_r^2 = \dfrac{2n_1 n_2 (2n_1 n_2 - n_1 - n_2)}{(n_1 + n_2)^2 (n_1 + n_2 - 1)}$。

在大样本条件下，游程 Z 近似服从正态分布。

12.4.3 模块解读

1. 游程检验

单击"分析"|"非参数检验"|"旧时对旧话框"|"游程"命令，弹出图 12-11 所示的"游程检验"对话框。

- 检验变量列表：输入要检验的变量。
- 割点：选择分界点的方法，这里给出了 4 种，分别为中位数、众数、均值和设定。

图 12-11 "游程检验"对话框

2. "精确"按钮

单击"精确"按钮，弹出"精确检验"对话框如图 12-2 所示，解释也同 12.2 节。

3. "选项"按钮

单击"选项"按钮，弹出"卡方检验：选项"对话框如图 12-3 所示，解释也同 12.2 节。

12.4.4 实例详解

例 12.3：数据文件 clinical trial.sav 是某一临床试验的数据，病人编号为 ID 代表了病例的入组顺序。试检验病例组分组 group 和性别 gender 的排列顺序是否随机（数据来源：陈平雁主编，SPSS 13.0 统计软件应用教程，人民卫生出版社）。

1. 操作过程

将变量 group 和 gender 选入到"检验变量列表"框中。"割点"选择"设定"，填入"2"。

2. 结果解读

主要输出结果如图 12-12 所示。

检验值：两个变量的分界点均为自定义的 2。

案例总数：即样本量为 60。

游程数：病例分组 group 有 40 个，性别 gender 有 25 个。

Z 检验的结果，病例分组（Z=2.344，P=0.019）顺序排列不随机，性别（Z=-1.303，P=0.193）顺序排列随机。

游程检验

	分组	性别
检验值[a]	2	2
案例总数	60	60
Runs 数	40	25
Z	2.344	-1.303
渐近显著性（双侧）	0.019	0.193

a. 用户指定的。

图 12-12 游程检验的主要结果

12.5 单样本 K-S 检验

单样本 K-S 检验是以两位苏联数学家柯尔莫哥（Kolmogorov）和斯米诺夫（Smirnov）的名字命名的，是一种拟合优度检验，适用于探索连续型随机变量的分布。单样本 K-S 检验可以将一个变量的实际频数分布与正态分布、均匀分布、泊松分布和指数分布进行比较。

12.5.1 原理和方法

单样本 K-S 检验的原假设 H_0：样本来自的总体与指定的理论分布无显著差异。它的检验基本思路是：先将顺序分类资料数据的理论累积频数分布，同观测的经验累计频数分布加以比较，求出它们最大的偏离值，然后在给定的显著性水平上检验这种偏离值的出现是否是偶然的。

设随机样本观测值的累计概率分布函为 $S(x)$，样本量为 n，在原假设成立的前提下，我们通过查表得到的相应理论累计概率分布函数为 $F(x)$。定义：

$$D = |S_n(x) - F_o(x)| \qquad \text{（公式 12-3）}$$

K-S 检验主要考察的就是公式 12.3 中那个最大的偏差。如果样本总体的分布与理论分布差异不明显，则 D 不应该太大；否则样本的总体分布与理论分布差异就较大。

12.5.2 模块解读

1. 单样本 K-S 检验

单击"分析"|"非参数检验"|"旧时对话框"|"1 样本 K-S"命令，弹出图 12-13 所示的"单样本 K-S 检验"对话框。

- 检验变量列表：输入检验的变量。
- 检验分布：选择检验的分布类型，这里给出了 4 种，包括常规、相等、泊松和指数分布。

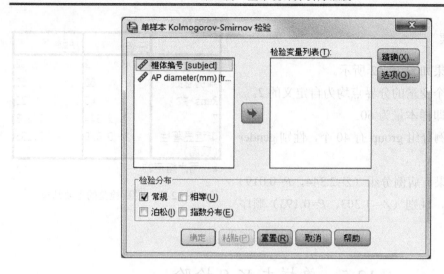

图 12-13 "单样本 K-S 检验"对话框

2. "精确"按钮

单击"精确"按钮,弹出"精确检验"对话框,如图 12-2 所示,解释也同 12.2 节。

3. "选项"按钮

单击"选项"按钮,弹出"卡方检验:选项"对话框如图 12-3 所示,解释也同 12.2 节。

12.5.3 实例详解

例 12.4:数据文件 diameter-sub.sav 记录了 216 个人体脊柱椎体的矢状面管径,试检验变量 trueap_mean(矢状面管径)是否服从正态分布(数据来源:陈平雁主编,SPSS 13.0 统计软件应用教程,人民卫生出版社)。

1. 操作过程

(1)将变量 trueap_mean 选入"检验变量列表"框中。
(2)检验分布:选择"常规"。
(3)单击"确定"按钮运行,输出结果。

2. 结果解读

主要输出结果如图 12-14 所示。该变量的样本量为 216;均数和标准差分别为 14.44 和 0.72;观察累积分布与理论累积分布的最大差值的绝对值为 0.058;最大正向差值为 0.032,最大负向差值为-0.058;K-S 检验统计量为 0.895(P=0.451)。因此不拒绝原假设,可以认为该变量的分布服从正态分布。

单样本 Kolmogorov-Smirnov 检验

		AP diameter(mm)
N		216
正态参数[a,b]	均值	14.4421
	标准差	0.71728
最极端差别	绝对值	0.058
	正	0.032
	负	-0.058
Kolmogorov-Smirnov Z		0.859
渐近显著性(双侧)		0.451

a. 检验分布为正态分布。
b. 根据数据计算得到。

图 12-14　单样本 K-S 检验的主要结果

12.6　两独立样本检验

有时样本所属的总体分布类型是未知的，但我们还想知道在这种情况下两个独立样本是否来自相同分布的总体。两独立样本检验（test for two independent samples）就是用来处理这类问题的一种有效方法。

12.6.1　原理和方法

在 SPSS 中给出了 4 种独立样本的非参数检验的方法。

1. Mann-Whitney U 检验

该检验等同于两组数据的 Wilcoxon 秩和检验和 Kruskal-Wallis 检验，都是检验两个样本的总体在位置上是否相等。

基本思路：首先将两组的样本混合并按升序排序，这时我们就得到了每个数据在整个数据中的位置，我们称之为等级或秩。如果数据在总体数据上的位置相同，我们称之为结，在计算这样的数据在总体数据中的位置时我们计算它们的平均秩。其次计算第一个样本每个观察值的秩大于第二个样本每个观察值的秩的次数，再计算第二个样本每个观察值的秩大于第一个样本观察值的秩的次数，分别用 U_1 和 U_2 表示，如果 U_1 和 U_2 比较接近，则说明两个样本来自于相同分布的总体，反之不是。

2. K-S检验（Kolmogorov-Smirnov检验）

K-S 检验（Kolmogorov-Smirnov 检验）是一种检验两组样本秩分累计频数和累计频率的差异检验。基本思路：首先计算两组样本的秩分累计频数和每个点上的累计频数，然后将两组的累计频率相减，得到一组差值序列，通过检验该差值序列总和的大小来检验两个独立样本分布是否有差异。

3．W-W检验（Wald-Wolfwitz runs 检验）

W-W 检验（Wald-Wolfwitz runs 检验）是一种对两组样本秩分别排列的游程检验。两独立样本的游程检验和单样本游程检验的思想基本相同，不同之处是如何得到游程数据。在两独立样本的游程检验中，计算游程的方法与样本观察值的秩有关，其方法是将两独立样本各个观察值依据其分组号分别用"0"和"1"进行编号（用"0"表示第一组，用"1"表示第二组），然后再混合成一个样本，并按每个观察值从小到大的顺序重新排序，再按每个观察值分组编号计算游程数。通过对该序列游程的检验，判断两样本是否来自同一总体。如果游程数较小，则样本来自的两个总体的分布形态有较大差距。如果游程数比较大，则可以认为是两样本数据充分混合的结果，即可认为两样本来自同一总体。

4．摩西极端反应检验（Moses extreme reaction）

摩西极端反应检验也是一种检验样本来自的两个总体分布是否存在显著差异的方法。其零假设 H_0：样本来自的两个总体分布无显著差异。

基本思路：将两组样本混合后排序，求出全部数据的秩分变量，以一个样本为控制样本，另一个为试验样本，以控制样本作对照，检验试验样本是否存在极端反应。首先将两组样本混合后按升序排序，然后找出控制样本最低秩和最高秩之间包含的观察值个数，称之为跨度（Span）。为控制极端值对分析结果的影响，也可以先去掉样本两个最极端的观察值后再求跨度。如果跨度很小，表明两个样本无法充分混合，可以认为试验样本存在极端反应。

12.6.2　模块解读

1．两独立样本检验

单击"分析"|"非参数检验"|"旧时对话框"|"两个独立样本"命令，弹出图 12-15 所示的"两个独立样本检验"对话框。

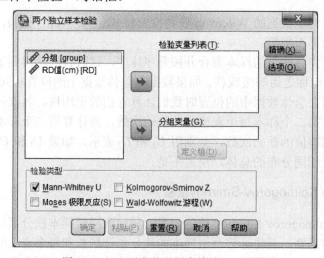

图 12-15　"两个独立样本检验"对话框

- 检验变量列表：输入检验的变量。
- 分组变量：选择分组变量。选择变量后，"定义组"按钮被激活，单击"定义组"按钮弹出图12-16所示的定义组对话框。
- 检验类型：给出了4种检验方法。

图 12-16 定义组对话框

2. "精确"按钮

单击"精确"按钮，弹出"精确检验"对话框，如图12-2所示，解释也同12.2节。

3. "选项"按钮

单击"选项"按钮，弹出"卡方检验：选项"对话框，如图12-3所示，解释也同12.2节。

12.6.3 实例详解

在两独立样本检验中，Mann-Whitney U 检验是最常用的检验方法，因此我们以 Mann-Whitney U 检验方法为例。

例12.5：对10例肺癌病人和12例矽肺病人，用 X 光片测量肺门横径右侧距 RD 值（cm），结果如图12-17所示，试比较两个人群的 RD 值有无差别（数据来源：陈平雁主编，SPSS 13.0 统计软件应用教程，人民卫生出版社）。

肺癌	2.78	3.23	4.2	4.87	5.12	6.21	7.18	8.05	8.56	9.6		
矽肺	3.23	3.5	4.04	4.15	4.28	4.34	4.47	4.46	4.75	4.82	4.95	5.1

图 12-17 两个人群的 RD 值

1. 操作过程

见数据文件 nonpara_3.sav。

（1）检测变量列表：RD 值（cm）。

分组变量：group，单击"定义组"按钮，在弹出的对话框中输入"1"和"2"，单击"继续"按钮返回主对话框。

（2）单击"确定"按钮运行，输出结果。

2. 结果解读

主要输出结果如图12-18和图12-19所示，肺癌病人的平均秩次为14.15，矽肺病人平均秩次为9.29。Mann-Whiteny U 统计量为33.500，Wilcoxon W 统计量为111.500，两种方法的检验统计量完全一致，为 Z=-1.748，p=0.080（双侧）。确切概率检验的 P 值为0.080。不拒绝原假设，可以认为两组人群 RD 值的分布无显著差异。

秩

	分组	N	秩均值	秩和
RD值(cm)	肺癌病人	10	14.15	141.5
	矽肺病人	12	9.29	111.5
	总数	22		

图 12-18 秩次统计量

检验统计量[b]

	RD值(cm)
Mann-Whitney U	33.5
Wilcoxon W	111.5
Z	-1.748
渐近显著性(双侧)	0.08
精确显著性[2*（单侧显著性）]	.080[a]

a. 没有对结进行修正。
b. 分组变量：分组。

图 12-19 两独立样本之和检验结果

12.7 K 个独立样本检验

多样本问题主要涉及如何检验几种不同的方法、决策或处理所产生的结果是否一样。比如在生活中不同消费者对不同产品的偏好是否有差异；不同运动方式或饮食习惯对减肥效果是否相同；商业活动中采取不同的决策方案风险大小是否有区别。多个独立样本的非参数检验就是解决此类问题的一种方法，它通过分析样本数据，推断样本来自的多个独立总体的分布是否存在显著差异。它的基本原理与两独立样本检验相同，两独立样本是多个独立样本检验中最基本的形式。

12.7.1 原理和方法

在 SPSS 中多个独立样本检验的方法主要有 3 种：Kruskal-Wakkis H 检验、中位数（Median）检验和 Jonkheere-Terpstra 检验。

1. Kruskal-Wallis H 检验

Kruskal-Wallis H 检验为 Mann-Whitney U 检验的扩展，用来检验 K 个独立样本是否来自不同总体，如果这 K 个样本服从相同分布，则在样本容量不太小的情况下，可以用公式 12.4 计算统计量，该统计量服从自由度为 k-1 的 χ^2 分布。

$$H = \frac{12}{N(N+1)} \sum_{j=1}^{k} \frac{R_i^2}{n_j} - 3(N+1)$$

（公式 12-4）

式中，k 为样本数，n_j 为第 j 个样本中的个案数，N 为所有样本的个案数之和；R_j 为第 j 个样本（列）中的秩和。

2. Median（中位数）检验

Median（中位数）检验用于检验多个样本是否来自具有相同中位数的总体。其零假设是：样本来自的多个独立总体的中位数无显著差异。进行检验时，根据公式 12.5 计算统计量 χ^2 值：

$$\chi^2 = \sum_{i=1}^{r}\sum_{j=1}^{k}\frac{(O_{ij}-E_{ij})^2}{E_{ij}} \quad \text{（公式 12-5）}$$

式中，O_{ij} 为第 j 列第 i 行的个案数，E_{ij} 为假设检验成历史，第 j 列第 i 行的个案数。如果 k 个独立样本来自同一总体，则统计量近似服从自由度为 $k-1$ 的 χ^2 分布，当个案具有很多相同等级或数据具有二分特性时，用该检验方法较合适。

3. Jonckheere-Terpstra 检验

Jonckheere-Terpstra 检验样本来自多个独立总体的分布是否存在显著差异。其零假设是：样本来自的多个总体的分布无显著差异。Jonckheere-Terpstra 检验的基本思想与 Mann-Whitney U 检验相似，也是计算一组样本的观测值小于其他组样本观测值的个数，根据公式 12.6 计算其统计量：

$$J\text{-}T = \sum_{i<k} U_{ij} \quad \text{（公式 12-6）}$$

式中，U_{ij} 为第 i 组样本观测值小于第 j 组样本观测值的个数。

12.7.2 模块解读

1. 多个独立样本检验

单击"分析"|"非参数检验"|"旧时对话框"|"多个独立样本"命令，弹出图 12-20 所示的"多个独立样本检验"对话框。

（1）检验变量列表：选入检验的变量。

（2）分组变量：选入分组变量，"定义范围"按钮被激活，单击"定义范围"按钮，弹出图 12-21 所示的定义范围对话框。

（3）检验类型：

- ❏ Kruskal-Wallis H：多组秩和检验。
- ❏ 中位数：多个中位数检验。
- ❏ Jonckheere-Terpstra：检验多个样本是否来自同一总体。对等级资料该方法较 Kruskal-Wallis H 法效能更高。

2. "精确"按钮

单击"精确"按钮，弹出"精确检验"对话框，如图 12-2 所示，解释也同 12.2 节。

3. "选项"按钮

单击"选项"按钮,弹出"卡方检验:选项"对话框,如图 12-3 所示,解释也同 12.2 节。

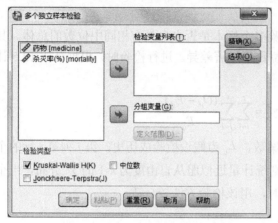

图 12-20 "多个独立样本检验"对话框

图 12-21 定义范围对话框

12.7.3 实例详解

例 12.6:为比较 3 种药物的杀灭钉螺效果,每种药每次对 200 只活钉螺进行杀灭,记录杀灭率数据文件见 nonpara_5.sav。试比较 3 种药物杀灭钉螺的效果有无差别(数据来源:陈平雁主编,SPSS 13.0 统计软件应用教程,人民卫生出版社)。

1. 操作过程

(1)检测变量列表:杀灭率。

分组变量:medicine,单击"定义组"按钮,在弹出的对话框中输入"1"和"3",单击"继续"按钮返回主对话框。

(2)检验类型选择 Kruskal-Wallis H,单击"确定"按钮运行,输出结果。

2. 结果解读

主要结果如图 12-22 和图 12-23 所示。H 统计量服从 χ^2 分布,因此以 χ^2 值表示检验统计量。可以得出 χ^2 =9.740,ν =2,P=0.008,3 组间差异有显著性差异,可以认为不同药物对钉螺的杀灭率有显著差异。根据平均秩次进一步推断,以甲药效果最好,乙药次之,丙药最差。

秩

	药物	N	秩均值
杀灭率(%)	甲药	5	12.6
	乙药	5	7.6
	丙药	5	3.8
	总数	15	

检验统计量[a,b]

	杀灭率(%)
卡方	9.74
df	2
渐近显著性	0.008

a. Kruskal Wallis 检验。
b. 分组变量:药物。

图 12-22 秩次统计量   图 12-23 多个独立样本秩和检验结果

12.8 两个相关样本检验

相关样本的非参数检验是在对总体不了解的情况下,对样本所在的相关配对总体的分布是否存在显著性差异进行检验。该检验一般应用于对同一研究对象(或配对对象)分别给予 K 种不同处理或处理前后的效果进行比较,前者推断 K 种效果有无显著差异,后者推断某种处理是否有效。本节中的两个相关样本检验就是解决后者的一种方法,在下一节中我们将介绍 K 个相关样本检验。

12.8.1 原理与方法

在 SPSS 中两个相关样本检验的方法主要有:Wilcoxon 检验、Sign(符号)检验、McNemar 检验和 Marginal Homogeneity 检验。

1. Wilcoxon检验

Wilcoxon 检验也称为 Wilcoxon 符号平均秩检验,主要用于检验两个相关样本是否来自相同的总体,但对总体分布形式没有限制。该检验方法要求检验变量为两个连续变量,首先将一个样本观测值减去另一个样本相应的观测值,记下差值的符号和绝对值,然后将绝对值差值数据按升序排序后,求出相应的秩;最后分别计算正值的秩的平均秩及总和、负值的秩的平均秩及总和。根据公式 12.7 计算统计量:

$$Z = \frac{T - \mu_T}{\sigma_T} \qquad \text{(公式 12-7)}$$

式中,$\mu_T = \dfrac{n(n+1)}{4}$,$\sigma_T = \sqrt{\dfrac{n(n+1)(2n+1)}{24}}$,$n$ 为样本量。

2. Sign检验

Sign 检验也称符号检验,该检验适用于相关样本资料和定性变量,测量特征是用正、负号而不是用定量测量。其零假设:样本来自的两配对样本对总体分布无显著差异。

基本思路:将两组样本中对应的观测值相减,分别得到正差值和负差值,计算正差值和负差值的个数,再比较正负差值个数的差异性。

3. McNemar检验

McNemar 检验,又称变量显著性检验。该检验将研究对象自身作为对照,检验其"前后"变化是否有显著差异。其零假设:样本来自的两配对总体分布无显著差异。该检验要求数据是二分类的,基本方法采用二项分布检验,统计量为 χ^2。

4. Marginal Homogeneity检验

Marginal Homogeneity 检验,又称边缘一致性检验,是 McNemar 检验从二分类事件向多分类事件的推广。方法是用 χ^2 检验事件发生前后观测数据的变化。

12.8.2 模块解读

1. 两个相关样本检验

单击"分析"|"非参数检验"|"旧时对话框"|"两个相关样本"命令,弹出图12-24所示的"两个相关样本检验"对话框。

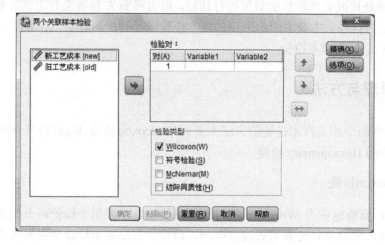

图12-24 "两个关联样本检验"对话框

(1)检验对:选入配对的变量。

(2)检验类型:

- Wilcoxon:符号秩检验。
- 符号检验:Sign检验,两组样本容量在25例以下时,用二项分布法,超过25例时,用正态分布法。
- McNemar:用于配对计数资料的比较,只适用于二分类并且每对的分类相同的资料。
- 边际同质性:Marginal Homogeneity 检验,适用于两组相关的等级资料比较。

2. "精确"按钮

单击"精确"按钮,弹出"精确检验"对话框,如图12-2所示,解释也同12.2节。

3. "选项"按钮

单击"选项"按钮,弹出"选项"对话框,如图12-3所示,解释也同12.2节。

12.8.3 实例详解

例12.7:某企业提出了一项新工艺,为了检验新工艺是否能降低单位成本,随机抽取16个工人,分别用新旧工艺生产产品,测得单位成本资料如图12-25所示,请在显著性水平0.05下检验新工艺是否降低了成本(数据来源:周慧彬,应用统计学,西南财经大学出版社；参见数据文件：例 12.7.sav。）。

new	25	12	14	22	21	17	22	16	17	18	19	24	22	15	22	23
old	18	17	16	19	24	19	28	18	22	24	22	30	25	20	24	21

图 12-25　新旧工艺的成本情况表

1．操作过程

（1）将变量"新工艺成本"和"旧工艺成本"选入"检验对"中。"检验类型"选择 Wilcoxon 检验法。

（2）单击"确定"按钮运行，输出结果。

2．结果解读

主要输出结果如图 12-26 和图 12-27 所示。

秩号：秩号的符号由"旧工艺成本-新工艺成本"决定，负秩号有 3 例，正秩号有 13 例，结有 0 例。

负秩号的平均秩次为 8.83，正秩号的平均秩次为 8.42，以负秩号占优，说明改进工艺后成本有所降低。

新旧工艺比较有显著差异，新工艺能够降低成本。

秩

		N	秩均值	秩和
旧工艺成本 - 新工艺成本	负秩	3[a]	8.83	26.5
	正秩	13[b]	8.42	109.5
	结	0[c]		
	总数	16		

a. 旧工艺成本 < 新工艺成本
b. 旧工艺成本 > 新工艺成本
c. 旧工艺成本 = 新工艺成本

图 12-26　秩次统计量

检验统计量[b]

	旧工艺成本 - 新工艺成本
Z	-2.160[a]
渐近显著性（双侧）	0.031

a. 基于负秩。
b. Wilcoxon 带符号秩检验。

图 12-27　两相关样本检验结果

12.9 K个相关样本检验

在前一节中我们学习了两个相关样本的非参数检验，该检验解决的问题相当于一种没有区组影响的单因子实验设计的分析：样本之间是独立的，每一个样本中的观察值也是相互独立的。要解决多个相关样本（如配对、配伍组资料）是否来自同一个总体的问题，就需要借助与多个相关样本检验（test for several related samples）方法。

12.9.1 原理与方法

在SPSS中，K个相关样本检验主要有3种：Friedman检验、Kendall's W检验和Cochran's Q检验。下面我们逐一介绍。

1. Friedman 检验

Friedman检验，也称为Friedman双向等级方差分析，其零假设：样本来自的多配对总体分布无显著差异。该方法的基本思想：消除区组内差异的影响，对不同区组的处理因素进行比较，因此独立地在每一区组内各自对数据进行排秩，消除区组内的差异，以检验各种处理之间是否存在差异。该检验的方法是将各样本按降序从大到小排序，得到 k 个样本的 k 列数据，然后对每行的 k 个观测值求秩，通过各样本的总秩次和与平均秩次来判断各样本的分布是否存在显著性差异。可根据公式12-8计算统计量：

$$\chi^2 = \frac{12}{bk(k+1)} \sum_{i=1}^{k} (R_i - \frac{b(k+1)}{2})^2 \quad \text{（公式12-8）}$$

式中，b 表示样本观测值的数目，k 表示样本个数，R_i 表示第 i 个样本的秩总和。

2. Kendall's W 检验

Kendall's W检验，也称Kendall's和谐系数检验，主要用于分析评判者的评判标准是否一致公平，它将每个评判对象的分数都看作是来自多个配对总体的样本。其零假设：样本来自的多配对总体分布无显著差异。方法是计算和谐系数 W，以分析 K 个相关样本是否来自同一总体或具有相同分布。协同系数 W 值介于0~1之间，W 越接近于1则表示各评判对象的评判标准是一致的。

3. Cochran's Q检验

Cochran's Q检验，也称Cochran二分变量检验，是McNemar检验的推广。该检验适用于二分类变量，其零假设：样本来自的多配对总体分布无显著差异。可根据公式12.9计算Cochran Q 统计量：

$$Q = \frac{k(k-1)\sum_{j=1}^{k}(G_j - \overline{G})^2}{k\sum_{i=1}^{n} L_i - \sum_{i=1}^{n} L_i^2} \quad \text{（公式12-9）}$$

式中：k 为样本数，n 为样本量；G_j 为及 j 列中取值为真的个数，$\overline{G}$ 为 G_j 的均值；L_i 为第 i 行取值为真的个数。在观察个数较大时，Q 统计量近似服从卡方分布。

12.9.2 模块解读

1. K 个相关样本检验

单击"分析"|"非参数检验"|"旧时对话框"|"K 个相关样本"命令，弹出图 12-28 所示的"多个关联样本检验"对话框。

（1）检验变量：选入检验变量。

（2）检验类型：

- Friedman：单样本重复测量或配伍组设计定量或等级资料的一种非参数检验方法。
- Kendall 的 W：和谐系数检验，取值在 0~1 之间，用来量度不同评判者之间的一致性程度，系数越接近于 1，一致性程度越高。
- Cochran 的 Q 检验：是 Friedman 检验在所有反因变量均为二分类结果时的一个特例，也是 McNemar 检验在多个样本情况下的推广。

2. "统计量"按钮

单击"统计量"按钮，弹出对话框如图 12-29 所示，可以选择要输出的统计量名称。

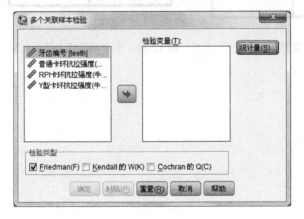

图 12-28 "多个关联样本检验"对话框

图 12-29 "统计量"对话框

12.9.3 实例详解

例 12.8：为研究不同卡环对牙齿的固定效果，以 10 颗取自新鲜尸体的牙齿为实验对象。每颗牙齿同时随机在不同部位固定 3 种卡环，即普通卡环、RPI 卡环和 Y 型卡环，测试抗拉强度。使用非参数检验比较 3 种卡环的固定效果有无差异（数据来源：陈平雁主编，SPSS 13.0 统计软件应用教程，人民卫生出版社）。

1. 操作过程

（1）数据文件见"teeth_2.sav"，共 10 行 4 列，10 行表示 10 个配伍组，4 列表示 4

个变量，其中 1 个变量是配伍组标识变量 teeth，其余 3 个变量代表 3 个处理组，变量名分别为 pull_gen、pull_RPI、和 pull_Y。

（2）检验变量：pill_gen、pull-RPI、和 pull-Y。

检验类型：☐Friedman.

（3）单击"确定"按钮运行，输出结果。

2. 结果解读

主要输出如图 12-30 和图 12-31 所示，可以得出检验结果 χ^2 =12.600，P=0.002，拒绝原假设，可以认为 3 种卡环的抗拉强度具有显著差异。RPI 卡环的抗拉强度最大，其次是普通卡环，最差的是 Y 型卡环。

秩

	秩均值
普通卡环抗拉强度(牛顿)	1.7
RPI卡环抗拉强度(牛顿)	2.9
Y型卡环抗拉强度(牛顿)	1.4

检验统计量^a

N	10
卡方	12.6
df	2
渐近显著性	0.002

a. Friedman 检验

图 12-30　秩统计量结果　　　　图 12-31　多个相关样本检验结果

第 13 章 简单线性回归与相关

在统计学中，研究一个问题的过程，经常是从单变量的分析开始，进一步分析双变量之间的关系，也可能会涉及到分析多变量之间的关系，如血压与年龄、子女身高与父母身高、儿童龋齿与饮食习惯、高中生心理问题的发生与个人性格、学习压力、家庭情况等等。客观事物之间普遍存在着统计关系，研究客观事物之间相互关联的数量特征具有重要的理论意义和实践意义。相关分析就是一种测度事物间统计关系强弱的手段和工具，旨在衡量变量之间线性相关程度的强弱。本章将对此问题作进一步的深入探讨，并对回归方法也作一简单介绍。

相关分析和回归分析都可以用来考察两个连续变量间的关系，但反映的是不同的方面，相关分析重点研究两个变量之间线性关系的强度和方向，两变量均为结果变量，不分主次。但在实际研究中，我们常需要通过可测或易测的变量进行估计，以达到预测的目的。回归分析就是研究一个变量如何随另一个变量变化的常用方法。

13.1 相关分析简介

13.1.1 基本概念

相关分析有个显著的特点为变量不分主次，处于同等地位。研究过程中的一些基本概念如下。

（1）线性相关：最简单的一种关联，两个随机变量 X、Y 之间呈线性趋势的关系，即两变量共同增大，或者一增一减，都属于线性相关讨论的范围。

（2）曲线相关：两变量之间存在相关趋势，但并非呈线性，而是一曲线。此时不可进行线性相关分析。

（3）非线性相关：X、Y 之间没有明显的线性关系，却存在着某种非线性关系，说明 X 仍是影响 Y 的因素。

（4）秩相关：也称等级相关，对原变量的分布不作要求，属于非参数统计方法。适用于那些不服从正态分布的资料，还有总体分布未知和原始数据用等级表示的资料。

（5）正相关与负相关：两变量 X、Y 同时增大或减小，变化趋势是同向的，称为正相关，两变量一增一减，变化趋势是反向的，称为负相关。

（6）完全相关：两变量之间线性相关的密切程度最高，相关系数的绝对值为 1，分为完全正相关和完全负相关。

13.1.2 相关系数的计算

1. 相关系数基本思想

相关分析往往考察的是两个连续变量的相关关系，实际上对于任何类型的变量，都可以使用相应的指标进行相关关系的考察。相应地，相关系数也就有了不同的表现形式。

相关系数能够以数字的方式准确描述变量间的线性相关程度。一般来说，如果两个变量的变化趋势同向，则它们之间的关系称为正线性相关关系；反之，称为负相关关系。

统计学中，一般用样本相关系数 r 来推断总体相关系数 ρ。大部分关联强度参数取值范围在 0~1 之间，0 表示完全不相关，1 表示完全相关；对于反映有序变量或连续变量间关联程度的参数，其取值范围 r 为 -1~+1，r 的正负值表示两变量之间线性相关的方向，$r>0$ 为正相关，$r<0$ 为负相关，$r=0$ 为零相关。r 的绝对值则表示两变量之间线性相关的密切程度，r 的绝对值越接近于 1，说明密切程度越高；r 的绝对值越接近于 0，说明密切程度越低。

用样本资料计算出来的相关系数 r 是一个样本统计量，存在抽样误差，不能直接说明样本所来自的两总体是否具有显著相关性，需要对它进行统计推断。

以下介绍几个最常见的相关系数，其中线性相关系数为参数统计方法，而 Spearman 和 Kendall 等级相关系数为非参数统计方法。

2. 线性相关系数

线性相关，又称简单相关，是用来定量描述两个变量间线性关系密切程度和相关方向的统计指标，适用于二元正态分布资料。线性相关系数又称简单相关系数、Pearson 积矩相关系数，有时也称积差相关系数。Pearson 积矩相关系数的计算公式为：

$$r = \frac{\sum(X-\bar{X})(Y-\bar{Y})}{\sqrt{\sum(X-\bar{X})^2 \sum(Y-\bar{Y})^2}}$$

SPSS 将自动计算 r 统计量。对 Pearson 积矩相关系数的统计检验是计算 t 统计量，计算公式为：

$$t = \frac{r-0}{S_r} = \frac{r}{\sqrt{\frac{1-r^2}{n-2}}}$$

t 统计量服从自由度为 $n-2$ 的 t 分布。

3. Spearman 等级相关系数

Spearman 等级相关系数相当于 Pearson 相关系数的非参数形式，它是根据各数据的排序名次，或称秩，而不是数据的实际值计算，适用于那些不满足正态分布的资料、总体分布未知的资料和等级资料。取值范围也在 -1~±1 之间，绝对值越大，相关性越强，符号表示相关的方向。

Spearman 等级相关系数记为 r_s，计算公式为：

$$r_s = 1 - \frac{6\sum d^2}{n(n^2-1)}$$

其中 d 为分别对 X、Y 取秩之后每对观察值的秩之差，n 为所有观察对的个数。

随后对 Spearman 等级相关系数 r_s 进行假设检验，零假设为 $\rho_s=0$，$a=0.05$，当 $n \leqslant 50$ 时，可直接查 Spearman 等级相关统计量表来确定 P 值。

4．Kendall 等级相关系数

Kendall 等级相关系数是对两个有序变量或两个秩变量之间相关程度的度量统计量，属于非参数统计范畴，它在计算时考虑了结点（秩相同的点）的影响。

下面介绍 SPSS 中的 Kendall Tau-b 的算法。它利用变量值的秩数据，计算一致对数目（U）和非一致对数目（V），Kendall 相关系数计算公式为：

$$T = 1 - \frac{4V}{n(n-1)}$$

SPSS 将自动计算 T 统计量。对 Kendall 等级相关系数进行统计推断，当 $n \leqslant 50$ 时，可直接查 Kendall 等级相关统计量表来确定 P 值。

13.1.3 SPSS 中的相应功能

SPSS 的相关分析功能被集中在 Statistics 菜单的"相关"子菜单中，包括"双变量相关"、"偏相关"和"距离相关"过程。

（1）"双变量相关"过程：用于两个或多个变量间的参数或非参数相关分析，若是多个变量，则需给出两两相关分析结果。此过程为"相关"子菜单中最为常用的一个过程。

（2）"偏相关"过程：若需要进行相关分析的两个变量其取值均受到其他变量的影响，可以通过偏相关分析对其他变量进行控制，给出在控制其他变量影响后两个变量的相关系数，分析思想和协方差分析类似。得出的偏相关系数能够准确地反映两个变量之间真实相关程度与方向。

（3）"距离相关"过程：此过程可对同一变量内部各观察单位间的数值或各个不同变量进行相似性或不相似性距离分析，前者可用于检测观察值的接近程度，后者则常用于考察预测值对实际值的拟合程度。可以作为因子分析、聚类分析和多维度分析的预分析。

本章着重讲述以上 3 个过程，并对线性回归进行简单的介绍。

13.2 双变量相关

13.2.1 原理

1．系数计算

当两个连续变量在散点图上的散点呈现直线趋势时，就可以认为二者存在直线相关趋势，也称为简单相关趋势。Pearson 相关系数，也称积矩相关系数，就是人们定量地描述线

性相关程度好坏的一个统计指标。样本的相关系数用 r 表示，总体相关系数用 ρ 表示。

相关系数的计算公式为：

$$r = \frac{\sum (X-\bar{X})(Y-\bar{Y})}{\sqrt{\sum(X-\bar{X})^2 \sum(Y-\bar{Y})^2}} = \frac{l_{XY}}{\sqrt{l_{XX}l_{YY}}}$$

式中：l_{XX} 表示自变量 X 的离均差平方和。

$$l_{XX} = \sum \left(X-\bar{X}\right)^2 = \sum X^2 - \frac{(\sum X)^2}{n}$$

l_{YY} 表示因变量 Y 的离均差平方和。

$$l_{YY} = \sum \left(Y-\bar{Y}\right)^2 = \sum Y^2 - \frac{(\sum Y)^2}{n}$$

l_{XY} 表示自变量 X 与 Y 的离均差平方和。

$$l_{XY} = \sum \left(X-\bar{X}\right)\left(Y-\bar{Y}\right) = \sum XY - \frac{(\sum X)(\sum Y)}{n}$$

相关系数 r 是标准化之后的协方差，可以很好地反映相关程度的强弱，而且数值范围为 $-1 \sim +1$，其正负就反映了相关的方向，便于应用。

相关系数的特点归纳为以下几点：

（1）相关系数 r 是一个无单位的量值，其取值范围为 $-1 \leqslant r \leqslant 1$。

（2）r 值为正表示正相关，r 值为负表示负相关，r 值等于 0 为零相关。

（3）相关系数的绝对值越接近于 1，表示两变量间的相关关系的密切程度越高；越接近于 0，则表示相关程度越不密切。

（4）$|r|=1$，为完全相关。在生物界由于影响因素众多，因此很少完全相关。

2．相关系数的检验方法

因为抽样误差的存在，根据样本资料计算得出的相关系数 r，必须对其进行检验，做是否 $\rho=0$ 的假设检验，以判断总体中两变量是否有线性相关关系。

常用的检验方法有两种：

（1）直接查相关系数临界值表，根据 $\nu = n-2$，查临界值表，比较 $|r|$ 与临界值，统计量绝对值越大，概率 P 越小；统计量绝对值越小，概率 P 越大。

（2）T 检验

H_0 为 $\rho=0$，H_1 为 $\rho \neq 0$，统计量 t 值为：

$$t = \frac{r-0}{S_r} = \frac{r}{\sqrt{\frac{1-r^2}{n-2}}}$$

H_0 成立时，t 值服从自由度 $\nu = n-2$ 的 t 分布。

3．积矩相关系数应注意的问题

（1）散点图可以使我们直观地判断两变量间是否具有线性关系，因此在进行相关分析前应先绘制散点图，以提示是否有必要进行线性相关分析。

（2）积矩相关系数要求两变量符合双变量正态分布。有些研究中，一个变量的数值随机变动，而另一个变量的数值却是人为选定的，此时不宜作相关分析。

（3）作相关分析时，应该剔除离群值。相关系数的数值受这些点的影响极大，要慎重考虑和处理，及时复核检查。

（4）相关分析要有实际意义，两变量相关并不代表两变量间一定存在内在联系。

（5）样本的相关系数为 0 时，并不意味着两变量一定无相关性。

（6）分层资料盲目合并时易出现假象。如原本分层具有相关性的资料，合并后反而无法显示相关性。

13.2.2 分析实例

例 13.1：对某省 9 个地区水质的碘含量及其甲状腺肿的患病率作调查后得到一组数据，如图 13-1 所示，试分析不同地区的甲状腺肿的患病率高低与本地区水质的碘含量有无关联。数据文件见"例 13-1.sav"。

地区	1	2	3	4	5	6	7	8	9
碘含量（μg/L）	1	2	2.5	3.5	3.5	4	4.4	4.5	5.2
患病率(%)	23.7	25	27.8	30.6	34.4	35.1	39	37.7	40.5

图 13-1　9 个地区水质中的碘含量及其当地甲状腺肿发病率

在做相关分析之前，可以先利用散点图初步观察两个变量之间有无相关趋势，在从图形能判断它们存在一定的相关趋势后，能使随后的相关分析更有意义。

依次单击菜单"图形"|"图形构建程序"命令，打开图形构建器，选择"散点图/点图"，将"碘含量"变量作为横轴，"患病率"变量作为纵轴作图，输出图形如图 13-2 所示。

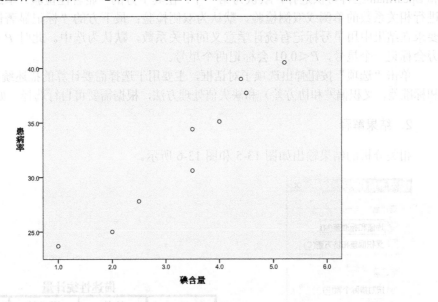

图 13-2　碘含量与患病率的散点图

观察碘含量对甲状腺肿患病率的散点图，可以初步判断二者存在一定的正相关关系。下一步可以直接进行相关分析，以明确这种相关性的存在性及其程度大小。

1. 操作步骤与界面说明

本例的操作步骤如下。

依次单击菜单"分析"|"相关"|"双变量…"命令,执行双变量相关分析过程,其设置窗口如图 13-3 所示。

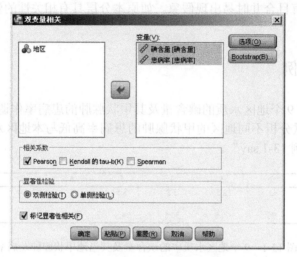

图 13-3　双变量相关分析的设置窗口

对于双变量的相关分析而言,操作是非常简单的,双变量相关主对话框上部用于选择希望进行相关分析的变量,在"变量"列表中选择碘含量和患病率,将其作为分析变量;中部"相关系数"下的复选框用于选择不同的相关分析指标,有 Pearson、Kendall 的 tau-b(K) 和 Spearman 三种可供选择,默认为第一个;在其下方的"显著性检验"单选框用于确定是进行相关系数的单侧或双侧检验,默认为双侧检验;最下方的"标记显著性相关"复选框要求在结果中用星号标记有统计学意义的相关系数,默认为选中。此时 $P<0.05$ 的系数值旁会标记一个星号,$P<0.01$ 会标记两个星号。

单击"选项"按钮弹出选项子对话框,主要用于选择需要计算的描述统计量(包括均值和标准差、叉积偏差和协方差)和缺失值处理方法,根据需要可自行选择,如图 13-4 所示。

2. 结果解释

相关分析的结果输出如图 13-5 和图 13-6 所示。

描述性统计量

	均值	标准差	N
碘含量	3.4	1.3398	9
患病率	32.644	6.1529	9

图 13-4　选项子对话框　　　　图 13-5　一般描述性统计结果

相关性

		碘含量	患病率
碘含量	Pearson 相关性	1	.971**
	显著性（双侧）		0
	N	9	9
患病率	Pearson 相关性	.971**	1
	显著性（双侧）	0	
	N	9	9

**. 在 .01 水平（双侧）上显著相关。

图 13-6　相关系数方阵结果

（1）描述性输出。"描述性统计量"表格给出了两个变量的基本统计信息，包括均值和标准差。

（2）相关性输出。"相关性"表格给出了 Pearson 相关系数及其检验结果。可见，Pearson 相关系数在 0.01 的显著性（双侧检验）上都非常显著，可以推断出碘含量与甲状腺肿之间存在着明显的正相关。

13.2.3　Spearman 等级相关系数

Pearson 积矩相关系数仅适用于二元正态分布，如果数据达不到要求，如何衡量两变量之间的相关关系呢？此时，可采用等级相关系数来描述两个变量间关联的程度与方向。

Spearman 等级相关系数又称秩相关系数，是利用两变量的秩次大小作线性相关分析，对原始变量的分析类型不作要求，属非参数统计方法。

对于例 13.1，秩相关系数计算结果如下所示。结果显示，Spearman 相关系数为 0.979，$P<0.01$，在 $\alpha=0.05$ 的水平上是拒绝原假设的，结论同前，如图 13-7 所示。

相关系数

			碘含量	患病率
Spearman 的 rho	碘含量	相关系数	1	.979**
		Sig.（双侧）	.	0
		N	9	9
	患病率	相关系数	.979**	1
		Sig.（双侧）	0	.
		N	9	9

**. 在置信度（双测）为 0.01 时，相关性是显著的。

图 13-7　Spearman 等级相关系数结果

13.2.4　Kendall 等级相关系数

此系数是用于反映分类变量相关性的指标，适用于两个变量均为有序分类的情况。例 13.1 的 Kendall 等级相关系数计算结果如图 13-8 所示。分析结果和前面相同。

相关系数

			碘含量	患病率
Kendall 的 tau_b	碘含量	相关系数	1	.930**
		Sig.（双侧）	.	0.001
		N	9	9
	患病率	相关系数	.930**	1
		Sig.（双侧）	0.001	.
		N	9	9

**. 在置信度（双测）为 0.01 时，相关性是显著的。

图 13-8　Kendall 等级相关系数结果

13.3　偏相关分析

13.3.1　偏相关分析的含义

线性相关分析计算的是两个变量间的相关系数，分析的是两个变量之间线性相关的程度。但在实际应用中，可能会受到其他变量的影响，使相关系数不能真正反映这两个变量间的线性相关程度。只有在其他变量固定不变的情况下计算相关系数，才能真正反映它们之间的相关关系。这样的相关分析称为偏相关分析，得出的相关系数叫做偏相关系数。利用偏相关分析，得出的偏相关系数能够准确地反映两个变量之间真实相关程度与方向。

13.3.2　偏相关系数的计算

偏相关分析是在排除了其他因素的影响后，考察两个因素间的关联程度。目的在于消除其他变量关联性的传递效应。根据固定变量个数的多少，偏相关分析可分为零阶偏相关、一阶偏相关和 ($p-1$) 阶偏相关。

偏相关系数的计算方法是先计算三个因素之间的相关系数，然后通过这三个简单相关系数来计算偏相关系数，公式为：

$$r_{12(3)} = \frac{r_{12} - r_{13}r_{23}}{\sqrt{1-r_{13}^2}\sqrt{1-r_{23}^2}}$$

$r_{12(3)}$ 就是在控制了第三个因素的影响所计算的第一、第二个因素之间的偏相关系数。r_{12}，r_{13}，r_{23} 分别是三个变量之间的两两简单相关系数。如果增加一个变量，则第一个和第二个因素的偏相关系数为：

$$r_{12(34)} = \frac{r_{13(3)} - r_{14(3)}r_{24(3)}}{\sqrt{1-r_{14(3)}^2}\sqrt{1-r_{24(3)}^2}}$$

当考虑两个以上的控制因素时，公式类推。

此外，对偏相关系数的显著性检验与简单相关系数的情形相似，无需记住繁琐的公式，理解即可。

13.3.3 分析实例

例 13.2：研究者测量得到 20 名男童身高 X（cm）、体重 Y（kg）、肺活量 Z（L）的数据如图 13-9 所示，试对控制身高后的体重与肺活量之间的关系进行研究。数据文件见"例 13-2.sav"。

编号	身高（X）	体重（Y）	肺活量（Z）	编号	身高（X）	体重（Y）	肺活量（Z）
1	139.1	30.4	2	11	153	32	1.75
2	163.6	46.2	2.75	12	157.5	43.3	2.25
3	156.2	37.1	2.75	13	155.1	44.7	2.75
4	156.4	35.5	2	14	143	31.5	1.75
5	149.7	31	1.5	15	160.8	40.4	2.75
6	145	33	2.5	16	158.2	37.5	2
7	135	27.6	1.25	17	150	36	1.75
8	153.3	41	2.75	18	144.5	34.7	2.25
9	152	32	1.75	19	154.6	39.5	2.5
10	160.5	47.2	2.25	20	156.5	32	1.75

图 13-9　20 名男童身高、体重和肺活量数据

1. 操作步骤与界面说明

依次点击菜单"分析"|"相关"|"偏相关…"命令，在"偏相关"对话框中（如图 13-10 所示），选择变量"体重（Y）"、"肺活量（Z）"至"变量"框；选择"身高（X）"至"控制"框。

在"显著性检验"选项中选择"双侧检验"；勾选"显示实际显著性水平"。在选项对话框中（如图 13-11 所示），勾选"均值和标准差"与"零阶相关系数"后返回。单击"确定"按钮结果如图 13-12、图 13-13 所示。

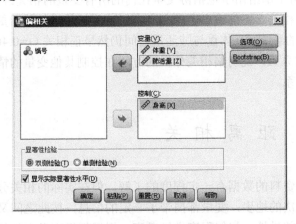

图 13-10　"偏相关"对话框　　　　图 13-11　偏相关分析选项对话框

描述性统计量

	均值	标准差	N
体重	36.1	6.5515	20
肺活量	2.15	0.52815	20
身高	151.08	8.86588	20

图 13-12　一般描述性统计结果

相关性

控制变量			体重	肺活量	身高
-无-[a]	体重	相关性	1	0.705	0.853
		显著性（双侧）	.	0.001	0
		df	0	18	18
	肺活量	相关性	0.705	1	0.601
		显著性（双侧）	0.001	.	0.005
		df	18	0	18
	身高	相关性	0.853	0.601	1
		显著性（双侧）	0	0.005	.
		df	18	18	0
身高	体重	相关性	1	0.461	
		显著性（双侧）	.	0.047	
		df	0	17	
	肺活量	相关性	0.461	1	
		显著性（双侧）	0.047	.	
		df	17	0	

a. 单元格包含零阶 (Pearson) 相关。

图 13-13　相关系数方阵结果

2. 结果解释

（1）描述性输出。"描述性统计量"给出关于 3 个变量的均值、标准差和频数。

（2）相关性输出。"相关性"表格上部给出了包括协变量在内的所有变量的相关方阵，结果显示 3 个变量之间都呈显著的正相关。下部输出了控制身高影响后的体重与肺活量之间的相关关系，结果显示在控制身高的影响后，体重与肺活量之间仍然呈正相关（$r=0.461$，$P=0.047$），但低于控制身高前的相关系数，说明偏相关分析的方法在控制其他变量的情况下，能够准确反映两个变量的相关关系。

13.4　距离相关

以上两节分析方法要求对所分析资料的数据有一定程度的了解。但在实际的相关分析中，变量可能多到无法用以上方法解决的地步，变量都携带了一定的信息，彼此之间又有重叠，这时往往需要先对各个指标的差异性、相似程度进行考察，根据结果再考虑如何进行进一步分析。本节介绍的距离分析就是简化数据的一种预分析过程。

距离分析可计算不同变量之间的相似性和不相似性，从而为进一步的分析（如聚类分析等）提供一定的信息。由于本过程只是一个预分析过程，因此，距离分析并不会给出常用的 P 值，只给出各变量间的距离大小，由读者自行判断其相似的程度。

13.4.1 距离测量与相似性测量指标

距离分析可以计算距离测量指标或者相似性测量指标，在主对话框中有多种指标可供设定，描述如下。

1. 距离测量指标

（1）区间变量（连续变量）：默认为 Euclidean 距离（欧氏距离），具体有如下几种。
① Euclidean 距离：取两变量差值的平方和的平方根为距离。
② 平方 Euclidean 距离：取两变量差值的平方和为距离，这种测量方法更重视较大的数值和距离。
③ Chebychev 距离：取两变量差值绝对值的最大值为距离。
④ 块：取以两变量差值的绝对值之和为距离。
⑤ Minkowski 距离：以两变量差值的 p 次幂的绝对值之和，再开 p 次根为距离，读者可以在幂下拉列表中更改 p 值，范围为 1～4。
⑥ 设定距离：以两变量差值的 p 次幂的绝对值之和，再开 t 次根为距离。读者需要在幂下拉列表中设定 p 值方，在根下拉列表中设定 t 值，范围都为 1～4。

（2）计数变量：默认为卡方统计量测量度量，具体如下。
① 卡方统计量测量度量。
② Phi 平方统计量度量：χ^2 值测距除以合计频数的平方根。

（3）二分类变量：默认为 Euclidean 距离，具体如下。
① Euclidean 距离：计算公式为 $\sqrt{b+c}$ ，其中 b、c 是指四格表中对角线上的元素。最小值为 0，最大值无上限。
② 平方 Euclidean 距离：即 $|b+c|$，最小值为 0，最大值无上限。
③ 尺度差分：这是一个反映不对称性的指标，取值范围为 0～1。
④ 模式差别：取值范围为 0～1。
⑤ 方差：以方差为测距，取值范围为 0～1。
⑥ 形状：取值范围为 0～1。
⑦ Lance 和 Williams（Bray-Curtis 非等距系数）：取值范围为 0～1，如图 13-14 所示。

2. 相似性测量指标

相似性测量指标实际上就是前述的那些相关分析指标体系，只是更为详细一些，主要分为以下两类。

（1）计量资料：度量标准可以采用 Pearson 相关性即常用的积距相关系数，也可采用余弦，即以变量矢量的余弦值为距离，大小界于 –1～+1 之间，数值越大表明相似性越高。

图 13-14 非相似性度量对话框

（2）二分类变量：包括一大堆测量指标，非常少用。只需要使用默认的 Russell 和 Rao 即可，如图 13-15 所示。

图 13-15 "距离：相似性度量"对话框

13.4.2 分析实例

例 13.3：有 10 名学生参加测试，检测了 7 个指标，分别用变量 $X1 \sim X7$ 表示，对其进行距离测量，看看哪几个距离比较接近，如图 13-16 所示。数据见"13-3.sav"。

1. 操作步骤与界面说明

依次单击菜单"分析"|"相关"|"距离…"命令，打开"距离"对话框，如图 13-17 所示，在变量列表中选中除"学生编号"以外的所有变量，将其作为分析变量选入"变量"列表，分别单击"变量间"和"相似性"单选框。

	X1	X2	X3	X4	X5	X6	X7
1	5.7	34	14	62	39	22	5
2	4	36	14	69	30	19	13
3	5	37	15	57	23	21	14
4	4.5	35	14	30	26	19	9
5	4	30	11	43	17	12	10
6	6.3	33	14	35	32	19	14
7	4.7	21	14	37	19	13	12
8	6	33	14	57	34	20	14
9	4.7	28	14	29	23	16	12
10	4.5	32	15	33	30	16	13

图 13-16　10 名学生的 7 个测试指标结果

单击"度量"按钮，弹出图 13-18 所示的对话框，单击"转换值"栏的下拉列表，选择"Z 得分"，单击"继续"按钮后返回。

图 13-17　"距离"对话框

图 13-18　"相似性度量"子对话框

结果如图 13-19、图 13-20 所示。

案例处理摘要

案例					
有效		缺失		合计	
N	百分比	N	百分比	N	百分比
10	100.00%	0	0.00%	10	100.00%

图 13-19　数据使用基本情况

近似矩阵

值向量间的相关性

	X1	X2	X3	X4	X5	X6	X7
X1	1	0.137	0.306	0.091	0.632	0.56	0.07
X2	0.137	1	0.235	0.49	0.512	0.767	-0.012
X3	0.306	0.235	1	0.043	0.427	0.566	**0.302**
X4	0.091	0.49	0.043	1	0.424	0.534	-0.077
X5	**0.632**	0.512	0.427	0.424	1	0.769	-0.211
X6	0.56	**0.767**	**0.566**	**0.534**	**0.769**	1	-0.107
X7	0.07	-0.012	0.302	-0.077	-0.211	-0.107	1

这是一个相似性矩阵

图 13-20　近似矩阵

2. 结果解释

(1) 案例处理摘要。给出了数据使用的基本情况，主要是对于有无缺失值的统计信息，本例无缺失，全部用于分析。

(2) 近似矩阵。给出各变量之间的相似矩阵，相关系数较大的几对变量已加粗。$X1$ 与 $X5$、$X2$ 与 $X6$、$X3$ 与 $X6$、$X4$ 与 $X6$、$X5$ 与 $X6$、$X7$ 与 $X3$，在进一步分析中应加以注意。

13.5 简单回归分析

在实际应用中，我们常需要通过可测或易测的变量对未知或难测的变量进行估计，来达到预测的目的。但两定量变量间关联性分析中的两个变量均为结果变量，不分主次，作为对它的完善，本节将介绍简单线性回归的基本知识，即两个连续性变量之间线性依存关系的统计方法。

13.5.1 原理

1. 概念与要求

（1）概念

线性回归（linear regression）是分析两个定量变量间数量依存关系的统计分析方法。如果某一个变量随着另一个变量的变化而变化，并且它们的变化关系呈直线趋势，就可以用直线回归方程来定量地描述它们之间的数量依存关系，这就是线性回归分析。

线性回归分析是通过建立线性回归方程来描述 Y 与 X 的数量依存关系的。

（2）要求

① 因变量 Y 与自变量 X 呈线性（linear）关系。

通过绘制 (X,Y) 散点图，观察散点的分布形态是否有直线趋势，来判断线性关系是否成立。

② 每个个体观察值之间相互独立（independent）。

通常利用专业知识来判断这项条件是否满足，即任意两个观察值之间不应该有关联性。

③ 应变量 Y 属于正态随机变量（normal distribution）。

通过专业知识或残差的散点图来判断这项条件是否满足，如果数据不满足正态性条件，首先考虑对原始数据进行变量变换使其正态化。

④ 在一定范围内，不同的 X 值所对应的随机变量 Y 的方差相等（equal variance）。

通常可利用 (X,Y) 的散点图或残差的散点图来判断等方差性，如果数据不满足等方差条件，可采用变量变换使其方差齐性化，或采用加权回归的方法。

2. 计算和检验

线性回归方程的一般表达式为：$\hat{Y} = a + bX$

式中：X 为自变量，$\hat{y}$ 为因变量 Y 的估计值。a 为回归直线在纵轴上的截距（intercept）。$a>0$ 时，表示直线或其延长线与 Y 轴在原点上方相交；$a<0$ 时，表示直线或其延长线与 Y 轴在原点下方相交；$a=0$ 时，回归直线或其延长线通过原点。b 为回归系数（coefficient of regression），即直线的斜率（slope），表示自变量 X 每改变一个单位时，因变量 Y 平均变化 b 个单位。$b>0$，表示随 X 增加，Y 亦增加；$b<0$，表示随 X 增加，Y 值减少；$b=0$，表示回归直线与 X 轴平行，即为 Y 与 X 无关。

建立直线回归方程的过程就是根据样本数据计算出 a 和 b 的过程。

求直线回归方程依据的是最小二乘法（least square method）的原理，即各实测点到回归直线的纵向距离的平方和最小，使回归方程可以较好地反映各点的分布情况。a 和 b 的计算式为：

$$b = \frac{\sum(X-\bar{X})(Y-\bar{Y})}{\sum(X-\bar{X})^2} = \frac{l_{XY}}{l_{XX}}$$

$$a = \bar{Y} - b\bar{X}$$

（1）方差分析

其原理与前面的单因素方差分析相同，统计量 F 的计算，$F = \dfrac{SS_{回归}/\nu_{回归}}{SS_{残差}/\nu_{残差}} = \dfrac{MS_{回归}}{MS_{残差}}$，$\nu_{回归}=1$，$\nu_{残差}=n-2$。

（2）T 检验

检验统计量 t 的计算公式为，$t = \dfrac{b-0}{S_b}$，其中 S_b 为回归系数的标准误，$S_b = \dfrac{S_{Y.X}}{\sqrt{l_{XX}}}$，$\nu = n-2$。

3. 回归分析的统计预测

利用回归方程进行统计预测是回归分析最重要的内容。所谓预测就是将预报因子（自变量）代入回归方程对预报量进行估计。

（1）总体均数的置信区间

可对总体均数进行置信区间的估计，该范围在散点图上表现为一个二维空间的弧形区带，也称回归直线的置信带。以 95% 的区间为例，其含义是在满足线性回归的假设条件下，两条弧形曲线所形成的区域包含真实总体回归直线的置信度为 95%。其标准误为：

$$S_{\hat{Y}_P} = S_{Y.X}\sqrt{\frac{1}{n} + \frac{(X_p - \bar{X})^2}{l_{xx}}}$$

相应的总体均数的 $(1-\alpha)$ 置信区间为：$\hat{Y}_P \pm t_{\alpha/2, n-2} S_{\hat{Y}_P}$。当 $X_P = \bar{X}$ 时标准误 $S_{\hat{Y}_P}$ 最小，所以在均数点 $(\bar{X}, \bar{Y})$ 处置信带宽度最小，越远离该均数点，置信带宽度越大。

（2）个体 Y 值的预测区间

总体中，当 X_P 为某一固定值时，个体 Y 值围绕着对应于 X_P 值的 $\hat{Y}_P$ 波动，其分布的标准差为：

$$S_{Y|X_P} = S_{Y.X}\sqrt{1 + \frac{1}{n} + \frac{(X_P - \bar{X})^2}{l_{XX}}}$$

个体 Y 值的预测区间为：$\hat{Y}_P \pm t_{\alpha/2, n-2} S_{Y|X_P}$。该区间是比总体回归置信带更远离的两条弧形曲线，以 95%的区间为例，表示的是期望有 95%的数据点所落入的范围。

13.5.2 分析实例

对例 13.1 进一步进行回归分析，计算它的回归方程。

1. 操作步骤与界面说明

依次单击"分析"|"回归"|"线性…"命令，将"碘含量"选入"自变量"框，"患病率"选入"因变量"框；单击"方法"框下拉列表，选择"进入"。单击"统计量…"按钮，在弹出的对话框中勾选"模型拟合度"和"描述性"，如图 13-21 所示。

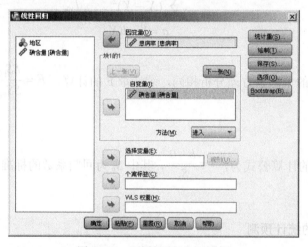

图 13-21 "线性回归"对话框

2. 结果解释

结果如图 13-22、图 13-23、图 13-24、图 13-25 所示。

输入/移去的变量[b]

模型	输入的变量	移去的变量	方法
1	碘含量[a]	.	输入

a. 已输入所有请求的变量。
b. 因变量：患病率。

图 13-22 回归模型的描述

模型汇总

模型	R	R方	调整R方	标准估计的误差
1	.971[a]	0.943	0.934	1.5747

a. 预测变量：(常量), 碘含量。

图 13-23 回归方程拟合情况的描述

Anova^b

模型		平方和	df	均方	F	Sig.
1	回归	285.504	1	285.504	115.136	.000[a]
	残差	17.358	7	2.48		
	总计	302.862	8			

a. 预测变量: (常量), 碘含量。
b. 因变量: 患病率。

图 13-24　回归模型的显著性检验结果

系数[a]

模型		非标准化系数		标准系数	t	Sig.
		B	标准 误差	试用版		
1	(常量)	17.484	1.507		11.6	0
	碘含量	4.459	0.416	0.971	10.73	0

a. 因变量: 患病率

图 13-25　回归系数及其显著性检验结果

图 13-22 所示是对模型中各个自变量纳入模型情况进行的汇总，由表可见，只有一个自变量，变量选择的方法为强行进入法，也就是将所有的自变量都放入模型中。

图 13-23 所示是对回归方程拟合情况的描述，可知相关系数的取值（R）、相关系数的平方即决定系数，校正后的决定系数和回归系数的标准误。R 为 0.971，与前面相关分析中的计算结果相同。决定系数反映模型拟合效果的好坏，取值越大，模型的效果越好。

图 13-24 所示为对模型进行方差分析的结果，$F=115.136$，$P=0.000$，提示模型具有统计学意义。

图 13-25 所示给出了回归方程中常数项、回归系数的估计值和检验结果，$a=17.484$，$b=4.459$，回归方程为：患病率 $=17.484+4.459\times$ 碘含量。对回归系数的检验拒绝了原假设，认为自变量对因变量的影响是确实存在的。

13.5.3　相关与回归分析的区别和联系

1. 区别

（1）资料要求：相关分析要求两个变量为均服从双变量正态分布的随机变量。回归分析要求应变量服从正态分布，而自变量可以是正态分布的随机变量，也可以是能精确测量和严格控制的变量。

（2）统计意义：相关反映两变量间的相互关系，回归则反映两变量间的依存关系。

（3）分析目的：相关分析表明两变量间线性关系的密切程度及相关方向，回归分析则用函数公式定量表达应变量随自变量变化的关系。

2. 联系

（1）方向一致：对同一资料，其相关系数 r 与回归系数 b 的正负号一致。

(2) 假设检验等价：对同一样本，有 $t_r=t_b=\sqrt{F}$。由于 t_b 计算较复杂，实际分析中常以 r 的假设检验代替对 b 的检验。

(3) 用回归解释相关：相关系数的平方 r^2 称为决定系数（coefficient of determination）：

$$r^2 = \frac{l_{XY}^2}{l_{XX}l_{YY}} = \frac{l_{XY}^2/l_{XX}}{l_{YY}} = \frac{SS_{回}}{SS_{总}}$$

r^2 是回归平方和与总的离均差平方和之比，表示回归效果的好坏，r^2 越接近 1，回归的效果越好；反之，则说明回归的效果不好或意义不大。

13.6 小　　结

相关系数 r 表示两变量间的线性关系密切程度和相关方向，取值范围为 $-1\sim\pm1$。R 的绝对值越大表明两变量间关系越密切，接近 0 表示不密切，接近于 1 表明关系较密切。r 为正表明两变量之间为正相关，反之为负相关。由于抽样误差的缘故，需对 r 进行检验。

研究中最常涉及的是线性相关关系，如果不满足线性相关的适用条件，可进行 Spearman 秩相关分析；如果需要扣除其他变量的影响，可进行偏相关分析；如果需要简化数据，可进行距离分析。

相关分析与回归分析之间具有密切的联系，如果要用统计指标对变量间的密切程度进行描述，则应进行相关分析；如果要反映一个变量变化时对另一个变量的影响，则应使用回归分析。相关系数与回归系数的正负号和假设检验是一致的。

第14章 多重响应分析

多重响应（Multiple Response），又称多选题，即针对同一个问题同时可选有多个答案（见引例题目）。它是市场及社会调研中十分常见的一种获取被调查者某些特征的调查形式。多重应答数据本质上属于分类数据，但由于各选项均是对同一个问题的回答，各选项之间有一定的相关，因此不宜将各选项单独进行分析。对于多重响应数据，除了数据录入不同于单选题数据外，SPSS 还单列了 Multiple Response 模块，在定义多重响应变量集合（Multiple Response Sets）之后，方可对集合内各变量（选项）进行频数表和列联表的描述和分析。

❖ 例 14.1：电信公司为客户提供如下功能服务，你使用过哪些功能服务？
    a.多线路使用   b.语音邮箱   c.寻呼业务   d.internet 服务
    e.来电显示   f.呼叫等待   g.呼叫转移   h.三方通话   i.电子账单

14.1 多重响应变量定义与数据录入

数据录入前，先得定义变量并编码变量值。通常情况下，单选题变量的定义和编码所遵循的规则是：视题目为变量，选项为变量值。而这一规则不适合于多重响应。SPSS 采用两种方法对多重响应变量进行定义和编码：多重二分法（Multiple dichotomy method）和多重分类法（Multiple category method）。

1. 多重二分法

所谓多重二分法，是指把每一个选项当作二分类变量(0,1)来定义和编码。其中，"0"若代表未选中，"1"就代表选中。于是有多少个选项便会有多少个二分类变量。比如引例中题目可以设置 9 个二分类变量，来表示某选项是否被选中。

针对上文的例子，首先在 SPSS 变量视窗定义变量，每个选项对应一个变量。上例选项中有 9 种电信功能服务，于是定义 9 个变量，同时可以根据需要在变量标签列对变量含义进行说明，如图 14-1 所示，第六列是每个变量取值的编码，如前所述，"1"代表选择了该项功能，"0"代表未选择该项功能。不过需要注意的是，多重响应的这 9 个变量的取值编码及其含义要一致。

变量定义结束后，激活数据视窗，可以录入数据。录入程序单选题，结果如图 14-2 所示。

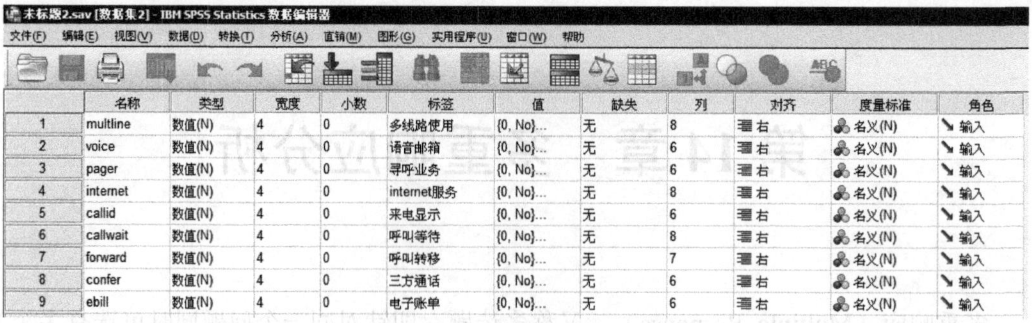

未标题2.sav [数据集2] - IBM SPSS Statistics 数据编辑器

文件(F) 编辑(E) 视图(V) 数据(D) 转换(T) 分析(A) 直销(M) 图形(G) 实用程序(U) 窗口(W) 帮助

	名称	类型	宽度	小数	标签	值	缺失	列	对齐	度量标准	角色
1	multline	数值(N)	4	0	多线路使用	{0, No}...	无	8	右	名义(N)	输入
2	voice	数值(N)	4	0	语音邮箱	{0, No}...	无	6	右	名义(N)	输入
3	pager	数值(N)	4	0	寻呼业务	{0, No}...	无	6	右	名义(N)	输入
4	internet	数值(N)	4	0	internet服务	{0, No}...	无	8	右	名义(N)	输入
5	callid	数值(N)	4	0	来电显示	{0, No}...	无	6	右	名义(N)	输入
6	callwait	数值(N)	4	0	呼叫等待	{0, No}...	无	8	右	名义(N)	输入
7	forward	数值(N)	4	0	呼叫转移	{0, No}...	无	7	右	名义(N)	输入
8	confer	数值(N)	4	0	三方通话	{0, No}...	无	6	右	名义(N)	输入
9	ebill	数值(N)	4	0	电子账单	{0, No}...	无	6	右	名义(N)	输入

图 14-1　变量视窗

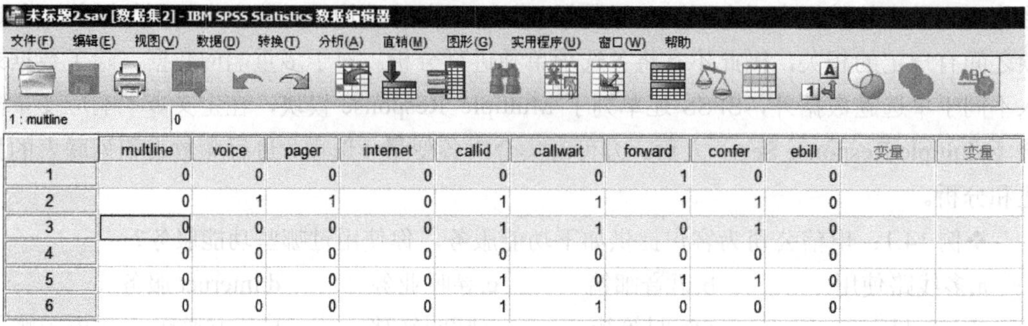

未标题2.sav [数据集2] - IBM SPSS Statistics 数据编辑器

文件(F) 编辑(E) 视图(V) 数据(D) 转换(T) 分析(A) 直销(M) 图形(G) 实用程序(U) 窗口(W) 帮助

1 : multline　0

	multline	voice	pager	internet	callid	callwait	forward	confer	ebill	变量	变量
1	0	0	0	0	0	0	1	0	0		
2	0	1	1	0	1	1	1	1	0		
3	0	0	0	0	1	1	0	1	0		
4	0	0	0	0	0	0	0	0	0		
5	0	0	0	0	1	0	1	1	0		
6	0	0	0	0	1	1	0	0	0		

图 14-2　多重二分法数据录入形式

从图 14-2 所示中可以看出，每个变量取值要么 0，要么 1。第一位受访者只有 forward（呼叫转移）这项服务的取值为 1，其他服务取值均为 0，表明第一位受访者只选了呼叫转移这项电信服务。第三位受访者则选择了来电显示（calid）、呼叫等待（callwait）和三方通话（confer）共三项服务。

有时候一个调查题目有很多备选答案，而被调查者最多只选择了其中少数几个答案。此时，如果按多重二分法进行变量定义、编码和录入，结果中大部分数据会是 0。由于多重响应最后统计指标是选中的例数和频率，即统计 1 的个数和频率，而 0 不在统计之列，因此过多的 0 除徒增工作量外，别无它用。出现这种情况就不适合用多重二分法进行变量定义和后续的数据录入了，合适的方法是多重分类法。

2. 多重分类法

多重分类法是把受访者每一次选择作为一个变量。具体实践是：首先统计所有受访最多选择多少个答案，然后根据被选答案数量的上限设置相同数量的变量。如图 14-2 所示中 6 位受访者（假定所有受访者就是这 6 个人）选择服务的数量依次 1、6、3、0、3 和 2，第二位受访者选择的服务最多，为 6 项服务，也就是所有受访者选择次数的上限是 6 次，此时就可定义 6 个变量。最后剩下的就是变量值的编码了。多重分类法变量值内容就是多选题的所有答案，只要对每个选项赋个值。还是以图 14-2 所示中 6 位受访者为例，变量是 6 个，假设依次定义为 select1，select2…select6，这个题目答案从多线路使用（multline）到电子账单(ebill)共 9 个答案，也就意味着上面 6 个变量的值有 9 个，可依次分别赋值 1,2,…9。至此，变量定义完成。不难看出，从 select1 到 select6 共用的是一套变量值编码。将图 14-2

所示的内容转化为多重分类法，结果如图 14-3 所示。第一位受访者只做了一次选择，即选择了 7，对应的内容是呼叫转移（forward），其他都是缺失。

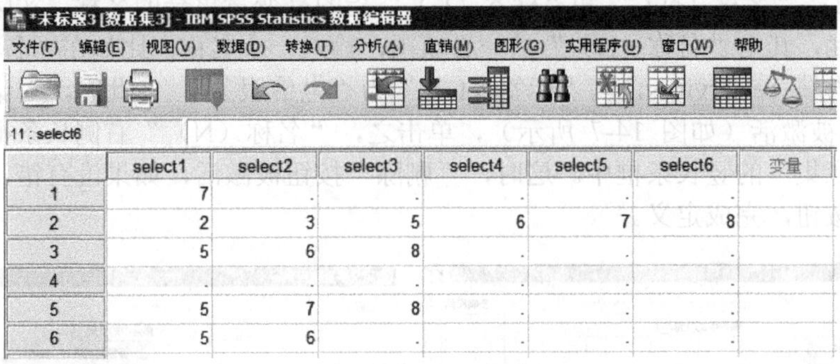

图 14-3 多重分类法数据形式

14.2 多重响应变量集的定义

数据录完后，接着可以分析了。不过，分析前还必须将前述多重响应的多个变量组合到一起，形成多重响应变量集（Multiple Response Sets），然后才可把所有变量当作一道题目来分析。SPSS 软件中有两个模块，多重响应（U）和表（T）均可执行多重响应变量集的定义（如图 14-4 和图 14-5 所示）。两者操作基本相同。两者不同点是前者生成的多重响应变量集不在 SPSS 数据文件中保存，后者会随文件一起保存；两者分析略有不同，后者生成的多重响应变量集只能用普通表进行分析，而不能被多重响应模块识别。当然两者分析效果没有多大区别。

图 14-4 分析-多重响应定义集 　　　　图 14-5 分析-表-多重响应定义集

这里主要介绍多重响应（U）定义多重响应变量集的实现过程。单击"分析（A）" | "多重响应（U）" | "定义变量集（D）"命令，弹出"定义多重响应集"对话框，如图 14-6 所示。选定对话框左侧变量列表中从"多线路使用"到"电子账单"所有 9 个变量，单击  按钮，将左侧所选变量选入右侧"集合中的变量"框内；变量列表下方是变量编码的两种

方法：二分法（D）和类别（G），根据情况选择其中之一。

根据图 14-2 所示中变量定义采用的是多重二分法，所以这里选择二分法，在"计数值"方框内输入 1；"名称（N）"和"标签（L）"指的是变量集合的名称，实际上就是多选题题目的内涵，其中"名称（N）"是一必填项，输入一个名称。比如在"名称（N）"后面的长条框内填 Telservices，其"标签（L）"为"电信服务"。此时，对话框右侧中的"添加"按钮被激活（如图 14-7 所示），单击之，"名称（N）"右侧长条框中变量名就进入"多响应集"的竖长条框中。这时，"删除"按钮被激活，如果没有错，不理它，单击"关闭"按钮，完成定义。

图 14-6　"定义多重响应集"对话框　　　　图 14-7　定义多重响应集参数设置

如果变量定义采用多重分类法，定义多重响应变量集方法和上面步骤一致，唯一的不同是在"将变量编码为"下面选择"类别（G）"，并在"范围"指定变量值起止值，如图 14-8 所示。

图 14-8　多重分类法定义多重响应集参数设置

14.3 多重响应变量集的频率分析

继续借用 14.1 节中的引例来分析，该数据是 SPSS 自带文件（SPSS 根目录 \Samples\English\telco.sav）部分数据，数据格式如图 14-1 所示。一旦完成多重响应变量集的定义后，别关闭文件，就可以分析了。

1．频率分析过程

单击"分析（A）"|"多重响应（U）"|"频率（F）"命令，弹出"多响应频率"对话框，如图 14-9 所示。选定左侧"多响应集"方框内的 Telservices，单击 ➡ 按钮，进入右侧"表格（T）"方框内，缺失值采用默认的处理方法，单击"确定"按钮，如图 14-10 所示。

"缺失值"复选框说明：

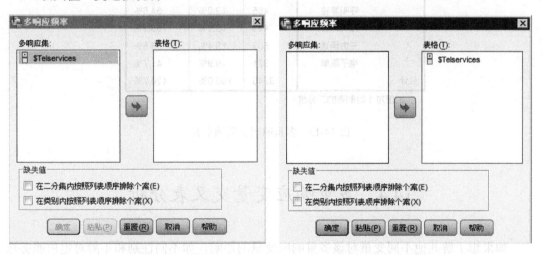

图 14-9 "多响应频率"对话框　　　　　图 14-10 多响应频率分析

- 在二分集内按照列表顺序排除个案（E）：适用于采用多重二分法定义的多重响应变量，缺失记录不计入分析。
- 在类别内按照列表顺序排除个案（X）：适用于采用多重分类法定义的多重响应变量，缺失记录不计入分析。

2．结果输出与解释

（1）图 14-11 所示给出了有效数据和缺失数据的基本信息。本例中 1000 受访者中的 111 人被划为缺失，实际上是 111 人没有选择任何电信服务。

（2）图 14-12 所示给出了多重响应变量集中每单个变量频率分布。表中从左侧第一列是多重响应变量集，向右依次列分别是每单个变量名、被选（应答）的次数、被选（应答）的百分比和人数百分比。

个案摘要

	个案					
	有效的		缺失		总计	
	N	百分比	N	百分比	N	百分比
$Telservices[a]	889	88.9%	111	11.1%	1000	100.0%

a. 值为 1 时制表的二分组。

图 14-11　受访者摘要

$Telservices 频率

		响应		个案百分比
		N	百分比	
电信服务[a]	多线路使用	475	12.7%	53.4%
	语音邮箱	304	8.1%	34.2%
	寻呼业务	261	7.0%	29.4%
	internet服务	368	9.8%	41.4%
	来电显示	481	12.9%	54.1%
	呼叫等待	485	13.0%	54.6%
	呼叫转移	493	13.2%	55.5%
	三方通话	502	13.4%	56.5%
	电子账单	371	9.9%	41.7%
总计		3740	100.0%	420.7%

a. 值为 1 时制表的二分组。

图 14-12　多重响应变量频率表

14.4　多重响应变量交叉表分析

如果想了解其他不同变量对该多重响应变量的影响，如不同性别和年龄对电信服务选择种类的影响，可以使用交叉表进行分析。例如，本例希望分性别进行考察，操作如下。

1. 列联表分析过程

单击"分析（A）"|"多重响应（U）"|"交叉表（C）"命令，弹出"多响应交叉表"对话框，如图 14-13 所示。左上侧方框为当前数据库中的变量列表，左下侧方框为多响应集变量，右侧方框分别是用于选入行（W）、列（N）和分层（L）变量。除变量集变量外，其他行、列和分层变量需要定义取值范围。对话框右上角有"选项"按钮，用于对输出指标和缺失值处理进行选择。

选定左侧"多响应集"方框内的 Telservices，单击第一行 ➡ 按钮，进入右侧"行（W）"方框内，选定左上方方框内"性别 gender"，单击第二行 ➡ 按钮，进入"列（N）"方框内，此时 gender 变量提示操作者需要定义变量值范围，单击"定义范围"按钮，分别在"最小值"和"最大值"后方框内填 0 和 1，单击"继续"按钮，返回"多响应交叉表"对话框，如图 14-14 所示。单击"选项"按钮，弹出"多响应交叉表：选项"对话框，如图 14-15

所示。根据需要进行相应选项，此处不赘述。

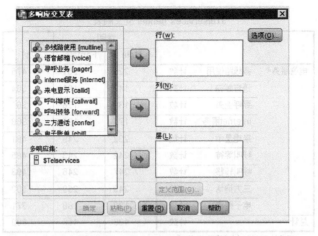

图 14-13 "多响应交叉表"对话框

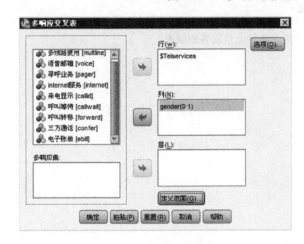

图 14-14 多响应交叉表分析

图 14-15 "多响应交叉表：选项"对话框

2．结果输出和解释

（1）图 14-16 所示给出了有效数据和缺失数据的基本信息。本例中 1000 受访者中的 111 人被划为缺失，实际上是 111 人没有选择任何电信服务。

个案摘要

	个案					
	有效的		缺失		总计	
	N	百分比	N	百分比	N	百分比
$Telservices*gender	889	88.9%	111	11.1%	1000	100.0%

图 14-16 受访者摘要

（2）图 14-17 所示给出了多重响应变量集中每单个变量频率分布。单元格内显示的是使用各种服务的男女人数以及以受访客户数为基数的百分比。比如多线路使用与男性交叉的单元格内，224 是使用此项服务的男性人数，51.7%为使用此项服务的男性占总共男性人数的百分比。

$Telservices*gender 交叉制表

			性别		总计
			Male	Female	
电信服务[a]	多线路使用	计数	224	251	475
	语音邮箱	计数	143	161	304
	寻呼业务	计数	133	128	261
	internet服务	计数	173	195	368
	来电显示	计数	232	249	481
	呼叫等待	计数	242	243	485
	呼叫转移	计数	247	246	493
	三方通话	计数	243	259	502
	电子账单	计数	183	188	371
总计		计数	433	456	889

百分比和总计以响应者为基础。

a. 值为 1 时制表的二分组。

图 14-17　男女各种电信服务的频率

第 15 章　SPSS 中随机化过程的实现

随机化是一种非常重要的统计学技术，是避免偏性的技巧之一，也是保证样本具有良好的代表性以及组间具备均衡可比性的重要方法之一。本章介绍随机化的基本原理及其 SPSS 软件实现方法。

15.1　基本原理

1．随机化的概念

（1）定义

所谓随机，即非随意。随机化是按照数学上概率的原理，使研究对象有同等的机会被抽中、或被分配到某一处理组，结果不受人为因素的干扰和影响；随机化是提高样本代表性和（或）组间均衡性的重要方法。科学实验中的随机化是通过随机数字实现的。

（2）分类

随机化包括随机抽样和随机分组两个层面。

① 随机抽样：按照随机的原则抽样，即按照确保研究总体中每个个体均有同等的机会被抽中的原则，抽取样本的方法。随机抽样有四种基本形式，即单纯随机抽样、等距抽样、整群抽样和分层抽样等。

② 随机分组：按照随机的原则分组，即按照保证研究对象有同等的机会进入各处理组的原则，将研究对象进行分组的方法。常用的随机分组方法有：完全随机设计分组和随机区组设计分组等。

2．随机化的设计

（1）随机抽样的设计

① 单纯随机抽样：是先将全部观察单位进行编号，然后再用随机数字法、抽签等方法随机抽取部分观察单位组成样本。

② 等距抽样：又称系统抽样、机械抽样，是按照一定的顺序，机械地每隔一定的单位抽取一个单位的抽样方法。

③ 整群抽样：先将总体分成若干群组，再随机抽取部分群组组成样本，被抽中的群组全部个体均为调查对象。

④ 分层抽样：先将研究对象按影响研究结局的主要特征分为若干层，然后在每一层中进行随机抽样，可分为按比例分层随机抽样和最优分配分层随机抽样。

（2）随机化分组的设计

① 完全随机设计的分组：是将同质的受试对象随机地分配到两个或多个水平（处理）组中，再观察和比较不同处理所产生的效应。其步骤为：编号（给受试对象编号）、取随机数（从随机数字表或随机数发生器获取）、确定组别。

② 随机区组设计的分组：也称配伍组设计，是先按一定条件（影响实验结果的非处理因素）将受试对象划分为若干个区组（配伍组），再将各区组内的受试对象随机地分配到各个处理组中。

15.2 模块解读

1. 设定随机种子

单击"转换"|"随机数字生成器"命令，弹出"随机数字生成器"对话框，如图 15-1 所示。

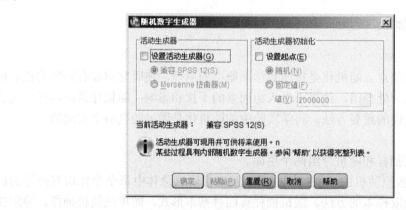

图 15-1 "随机数字生成器"对话框

（1）活动生成器：设置用于产生随机数字的"随机数字生成器"；软件提供了两个随机数字生成器，其中"兼容 SPSS12（S）"为 SPSS 12.0 及以前版本的生成器，"Mersenne 扭曲器（M）"为更新且更可靠的生成器；系统默认为"兼容 SPSS12（S）"。

（2）活动生成器初始化：设置随机数字产生的起点，相当于在随机数字表上指定行列。其中"随机"为软件随机产生随机种子，"固定值"为用户设定随机种子。用户设定具体的种子时，建议采用分析当天的日期，如 20130310，因为同一软件用相同种子数所产生的随机数是一样的（统计学上称为重现性）。系统默认为"随机"。

2. 生成随机数字

单击"转换"|"计算变量"命令，弹出"计算变量"对话框，如图 15-2 所示。

- ❑ 目标变量：用于定义要产生的目标变量，在空白处填入目标变量的名称，如"随机数"。单击其下的"类型与标签"按钮，可在弹出的对话框中定义目标变量的标签和类型。
- ❑ 数字表达式：用于填写数值表达式，防止目标变量的计算表达式，包括 SPSS 函数的使用，如"RV.UNIFORM(0,1)"。

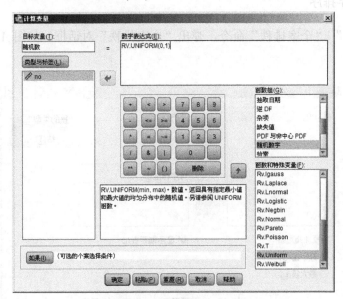

图 15-2 "计算变量"对话框

- 计算器板：类似于计算器的界面，其中的按钮就是 SPSS 的所有运算符。
- 函数组：列出了 SPSS 中所有函数的类别，如"随机数字"。单击一个类名，该组的所有函数和特殊变量将出现在"函数和特殊变量"选择栏中。
- 函数和特殊变量：列出了被选中"函数组"中包含的具体函数。单击某个函数，如"Rv.Uniform"，该函数的信息则出现于计算器板下面的空白框中。
- "如果"按钮：单击弹出对话框，如图 15-3 所示。可定义用于计算目标变量记录的条件，图 15-3 与图 15-2 所示的对话框基本相同。

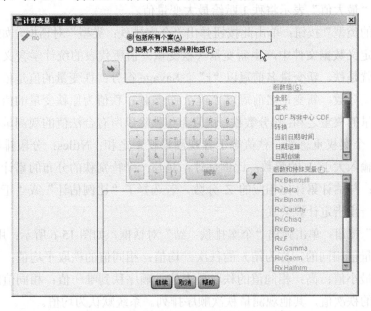

图 15-3 单击"如果"按钮弹出的对话框

3. 随机数字排序

单击"转换"|"个案排秩"命令,弹出"个案排秩"对话框,如图 15-4 所示,用于变量值求秩。

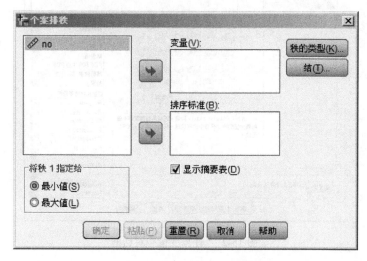

图 15-4 "个案排秩"对话框

- 变量:用于将要产生新的秩变量的原文件中的变量选入其中。
- 排序标准:用于定义排秩的范围,如果不定义标准,系统将对所有变量值进行排秩。
- 显示摘要表:为系统默认选项。
- 将秩 1 指定:用于指定秩次 1 的起始位置。"最小值"表示将秩 1 赋给最小变量值;"最大值"表示将秩 1 赋给最大变量值。
- "秩的类型"按钮:单击此按钮弹出"个案排秩:类型"对话框,如图 15-5 所示,用于定义数据文件中产生新变量(秩变量)值所代表的统计学含义。秩:新变量的值就是秩,新变量名前冠以"r";Savage 得分:秩变量的值是依据指数分布所得原始分数,新变量名前冠以"s";分数秩:秩值为原秩变量的值除以非缺失值观测量的权重之和;%分数秩:秩值为其秩除以所有合法值的观测量数目之和乘以100;个案权重总和:秩值等于各观测量权重之和;Ntiles:分段排秩,须在参数框中输入大于 1 的整数;比例估计:是与一个特别秩的分布的累计比估计;正态得分:与估计累计比相应的 Z 分数。若选择了"比例估计"或"正态得分",还可进一步指定计算公式。
- "结"按钮:单击弹出"个案排秩:结"对话框,如图 15-6 所示;用于指定"结"(变量值相同的,称为结)的秩次。均值:相同值的秩取平均值;低:相同值的秩取最小值;高:相同值的秩取最大值;顺序秩到唯一值:相同值的秩取第一个出现的秩次值,其他观测量秩次顺序排列。系统默认为均值。

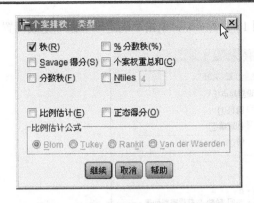

图 15-5 "个案排秩：类型"对话框　　　　图 15-6 "个案排秩：结"对话框

15.3 实 例 详 解

15.3.1 随机抽样

例 15.1：某高中班有学生 60 人，现欲了解其近视率，拟从中随机抽取 25%即 15 人作调查。见例 15-1.sav。

1．操作步骤

（1）建数据集：将该班学生从 1～60 编号，建立数据集。
（2）取样规定：规定取对应的随机数字较小的前 15 个同学组成样本。
（3）单击"转换"|"随机数字生成器"命令，如图 15-7 所示，弹出图 15-1 所示的对话框。

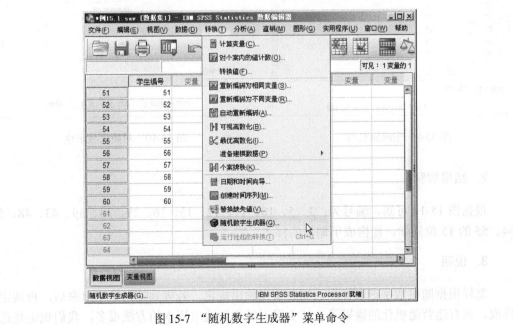

图 15-7 "随机数字生成器"菜单命令

(4) 设置随机生成器并设定随机种子（如图 15-8 所示），单击"确定"按钮，完成设置。

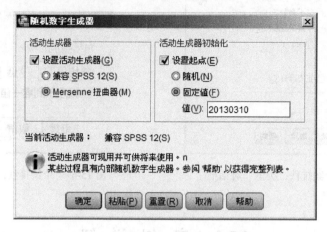

图 15-8 "随机数字生成器"设置

(5) 单击"转换"|"计算变量"命令，定义"目标变量"为"随机数"，数字表达式为"RV.UNIFORM(0,1)"，如图 15-2 所示，单击"确定"按钮即可计算产生随机数字，如图 15-9 所示。

(6) 单击"转换"|"个案排秩"命令，将"随机数"选入"变量栏"，其他采用系统默认设置，如图 15-10 所示，单击"确定"按钮运行，产生随机数的秩次，变量名为"R随机数"，如图 15-11 所示。

图 15-9 生成随机数

图 15-10 对随机数求秩

2．结果解释

根据图 15-12 可知，编号为：2、5、10、11、12、15、16、29、34、39、43、48、53、54、55 的 15 位同学，便构成了调查的样本。

3．说明

怎样根据随机数字选取样本，需要事先做出规定。若等到随机数字出来后，再规定怎样取，就有违背随机化的嫌疑了。其实根据随机数选取样本的方法很多，我们规定是选取较小的;其实也可以规定选取较大的,或将随机数字除以 4 后,取余数为 0 的,或余数为 1 的,或余数为 2 的,或余数为 3 的,等等均可。

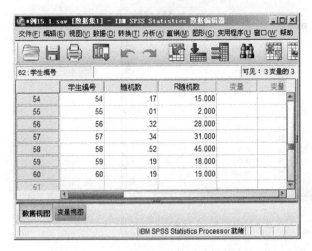

图 15-11 产生随机数秩次(R 随机数)

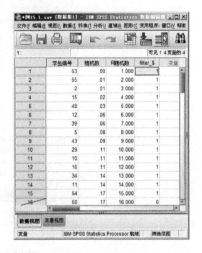

图 15-12 根据随机数秩次选取的样本

15.3.2 随机分组

例 15.2:将符合要求的 60 例研究对象,随机分为两组,要求每组 30 例,见例 15-2.sav。

1. 操作步骤

(1)建数据集:将研究对象按某特征进行排序,并从 1~60 编号,建立数据集。

(2)分组规定:对应的随机数字较小的前 30 例进入 A 组,较大的 30 例进入 B 组。

(3)设置随机种子(20130310),计算产生随机数,并对随机数求秩次,方法同例 15.1 中的相关操作。

2. 结果解释

根据图 15-13 所示可知,编号为 2、5、10、11、12、14、15、16、17、18、19、20、22、24、26、29、34、36、38、39、43、47、48、50、53、54、55、56、59、60 的 30 例研究对象进入 A 组,其余的 30 例则进入 B 组。

3. 说明

怎样分组需要事先做出规定。本例也可根据随机数秩次"R 随机数"的奇偶进行分组。

例 15.3:将符合要求的 60 例研究对象,随机分为三组,要求每组 20 例,见例 15-3.sav。

1. 操作步骤

(1)除分组规定外,其他同例 15.1。

(2)分组规定:秩次 1~20 入 A 组,21~40 入 B 组,41~60 归 C 组。

图 15-13　例 15.2 的完全随机分组结果

2. 结果解释

根据图 15-14 所示可知，编号为 2、5、10、11、12、15、16、22、26、29、34、39、43、48、50、53、54、55、59、60 的 20 例研究对象进入 A 组，编号为 4、14、17、18、19、20、24、25、27、36、37、38、40、41、45、46、47、49、56、57 的 20 例研究对象进入 B 组，其余的 20 例则进入 C 组。

图 15-14　例 15.3 的完全随机分组结果

3. 说明

怎样分组需要事先做出规定。本例也可将随机数秩次"R 随机数"除以 3 的余数（0、1、2）进行分组，如规定余数为 0 者入 A 组，为 1 者入 B 组，为 2 者入 C 组。

例15.4：将15对研究对象（30位）随机分入A、B两个处理组，见例15-4.sav。

1．操作步骤

（1）建数据集：设置两个变量，编号（从1～30），对子（从1～15）。
（2）分组规定："R随机数"=1的研究对象入A组，"R随机数"=2的入B组。
（3）指定随机生成器并设定随机种子（如图15-8）所示，单击"确定"按钮。
（5）计算产生随机数字，参数设置如图15-2所示，单击"确定"按钮。
（6）单击"转换"|"个案排秩"命令，将"随机数"选入"变量"栏，将"对子"选入"排序标准"，其他采用系统默认设置（如图15-15所示），单击"确定"按钮运行。

2．结果解释

结果如图15-16所示，据此可知，编号为2、4、5、8、10、12、14、15、18、20、22、24、26、27、29的15位研究对象进入A组，编号为1、3、6、7、9、11、13、16、17、19、21、23、25、28、30的15位进入B组。

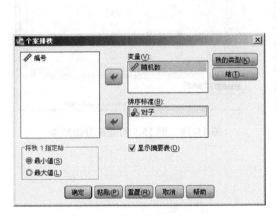

图15-15 例15.4的"个案排秩"对话框设置　　图15-16 例15.4的随机分组结果

3．说明

怎样分组需要事先做出规定，本例规定将"R随机数"小者进入A处理组。其实，规定将"R随机数"大者进入A处理组也可；或者采用掷币等方法随机确定入组。

例15.5：将30只雌性小鼠以体重为区组因素随机分入A、B、C三个处理组（10个配伍组）。见例15-5.sav。

1．操作步骤

（1）建数据集：设置两个变量，编号（从1～30），区组（从1～10）；
（2）分组规定："R随机数"=1的研究对象入A组，"R随机数"=2的入B组，"R随机数"=3的入C组。

(3) 指定随机生成器并设定随机种子（如图 15-8 所示），单击"确定"按钮；

(4) 计算产生随机数字，参数设置如图 15-2 所示，单击"确定"按钮。

(5) 将"随机数"选入"个案排秩"对话框的"变量"栏，将"区组"选入"排序标准"，其他采用系统默认设置（如图 15-17 所示），单击"确定"按钮运行。

2. 结果解释

结果如图 15-18 所示，据此可知，编号为 2、5、8、12、15、16、20、22、26、29 的 10 位研究对象进入 A 组，编号为 3、4、9、10、14、18、19、24、25、28 的 10 位进入 B 组，编号为 1、6、7、11、13、17、21、23、27、30 的 10 位进入 C 组。

说明：怎样入组需要事先做出规定，也可采用抽签或抓阄等方法随机确定入组。

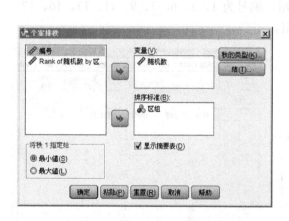

图 15-17 "个案排秩"对话框设置

图 15-18 例 15.5 的随机分组结果

第16章 典型相关

我们在进行相关性研究时,经常需要考察多个变量与多个变量之间即两组变量之间的相关性,并研究它们之间的相关系数 $p(u,v)$。在所有的线性组合中,找一对相关系数最大的线性组合,用这个组合的单相关系数来表示两组变量的相关性,叫作两组变量的典型相关系数,而这两个线性组合叫作一对典型变量。

典型相关分析最早由 1936 年霍特林 Hotelling 在《生物统计》上发表的论文《两组变量之间的关系》提出,其计算方法经过多年的应用日趋完善。在两组多变量的情形下,需要用若干对典型变量才能完全反映出它们之间的相关性。下一步,再在两组变量的与 $u1,v1$ 不相关的线性组合中,找一对相关系数最大的线性组合,它就是第二对典型变量,而且 $p(u2,v2)$ 就是第二个典型相关系数。这样下去,可以得到若干对典型变量,从而提取出两组变量间的全部信息。

典型相关分析就是测度两组变量之间相关程度的一种多元统计方法。简单相关系数(即普通回归方法)描述两组变量的相关关系的缺点是:只是孤立考虑单个 X 与单个 Y 间的相关,没有考虑 X、Y 变量组内部各变量间的相关。两组间有许多简单相关系数,使问题显得复杂,难以从整体描述。典型相关是简单相关、多重相关的推广。典型相关是研究两组变量之间相关性的一种统计分析方法,也是一种降维技术。当两个变量组均只有一个变量时,典型相关系数即为简单相关系数;当一组变量只有一个变量时,典型相关系数即为复相关系数。故可以认为典型相关系数是简单相关系数、复相关系数的推广,或者说简单相关系数、复相关系数是典型相关系数的特例。

16.1 原理解读

典型相关分析方法的基本思想和主成分分析非常相似,也是降维。即根据变量间的相关关系,寻找一个或少数几个综合变量(实际观察变量的线性组合)对来替代原变量,从而将两组变量的关系集中到少数几对综合变量的关系上,提取时要求第一对综合变量间的相关性最大,第二对次之,依此类推。这些综合变量被称为典型变量,或典则变量,第 1 对典型变量间的相关系数则被称为第 1 典型相关系数。

一般来说,只需要提取 1~2 对典型变量即可较为充分地概括样本信息。如果要研究一个变量和一组变量间的相关,则可以使用多元线性回归,方程的复相关系数就是我们要的东西,同时偏相关系数还可以描述固定其他因素某个自变量和应变量间的关系。但如果要研究两组变量的相关关系时,这些统计方法就无能为力了。例如,要研究居民生活环境与健康状况的关系,生活环境和健康状况都有一大堆变量,如何来做?如果做出两两相关系数?显然并不现实,我们需要寻找到更加综合、更具有代表性的指标,典型相关

（Canonical Correlation）分析就可以解决这个问题。

典型相关分析之前，首先应检验两组变量是否相关。如果不相关，则讨论两组变量的典型相关就毫无意义。典型相关分析的实质就是在两组随机变量中选取若干个有代表性的综合指标（变量的线性组合），用这些指标的相关关系来表示原来的两组变量的相关关系。这在两组变量的相关性分析中，可以起到合理的简化变量的作用；当典型相关系数足够大时，可以像回归分析那样，由一组变量的数值预测另一组变量的线性组合的数值。典型系数是原始变量转换为典型变式的权数，所反映的是组内变量在形成典型函数时的相对作用。如果原始变量的计量单位不同，不宜直接比较，可以采用标准化的典型系数构建典型分析的回归模型。

16.2　研　究　步　骤

（1）根据分析目的建立原始矩阵。

原始数据矩阵：

$$\begin{bmatrix} x_{11} & x_{12} & \cdots & x_{1p} & y_{11} & y_{12} & \cdots & y_{1q} \\ x_{21} & x_{2} & \cdots & x_{2p} & y_{21} & y_{22} & \cdots & y_{2q} \\ & & & \vdots & & & & \vdots \\ x_{n1} & x_{n2} & \cdots & x_{np} & y_{n1} & y_{n2} & \cdots & y_{nq} \end{bmatrix}$$

（2）对原始数据进行标准化变化并计算相关系数矩阵。

$$R = \begin{bmatrix} R_{11} & R_{12} \\ R_{21} & R_{22} \end{bmatrix}$$

其中 R_{11}、R_{22} 分别为第一组变量和第二组变量的相关系数阵，$R_{12} = R'_{21}$ 为第一组变量和第二组变量的相关系数。

（3）求典型相关系数和典型变量。

计算矩阵 $A = R_{11}^{-1} R_{12} R_{22}^{-1} R_{21}$ 以及矩阵 $B = R_{22}^{-1} R_{21} R_{11}^{-1} R_{12}$ 的特征值和特征向量，分别得到典型相关系数和典型变量。

（4）检验各典型相关系数的显著性。

16.3　实　例　详　解

例 16.1：为了研究气象因素与传染病发病之间的相关性，获得某省近年的月平均气压（X1）、月平均气温（X2）、月平均降水量（X3）、月平均风速（X4）与菌痢发病率（Y1）、流感发病率（Y2）和流脑发病率（Y3），数据请见例 16-1.sav，如图 16-1 所示为典型相关数据库。

1. 操作步骤

因为 SPSS 里没有直接可以进行典型相关的菜单，因此需要调用 SPSS 自带的宏程序。

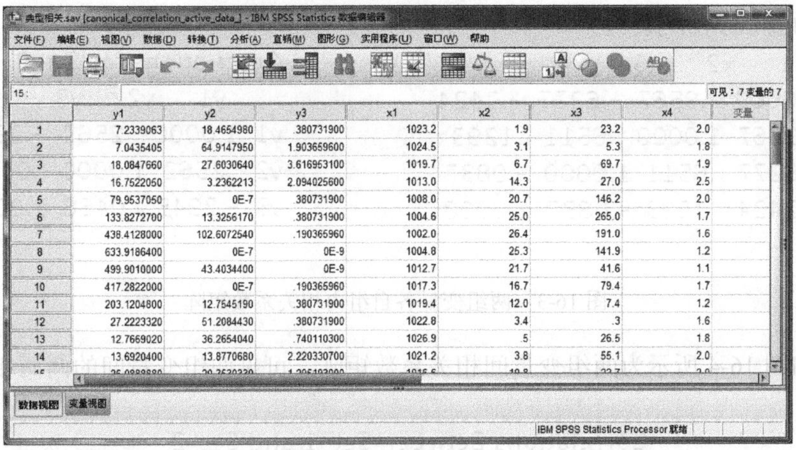

第 16 章 典型相关

图 16-1 典型相关数据库

（1）打开需要分析的数据库文件例 16-1.sav。

（2）单击"文件"|"新建"|"语法"命令，弹出语法编辑窗口，在窗口中输入如下内容：

```
INCLUDE 'F:\Program Files\spss19\Samples\English\Canonical
correlation.sps'.
 CANCORR SET1= x1 x2 x3 x4/
    SET2= y1 y2 y3/.
```

其中 INCLUDE 是用来调用 Canonical correlation.sps，输入时要注意 Canonical correlation.sps 程序所在的根目录，注意变量组的格式和空格。具体路径根据您 SPSS 安装目录里 Canonical correlation.sps 所在位置来写。本例如图 16-2 所示为典型相关程序，本例程序请见光盘数据"16 典型相关.sps"。

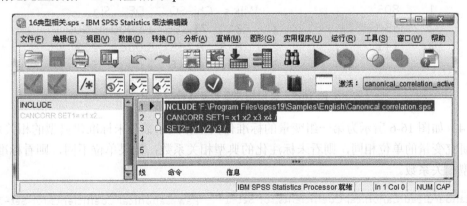

图 16-2 典型相关程序

（3）将语法编辑窗口中的程序代码全部选中，单击上方工具栏中的绿色三角箭头，运行。

2．结果解读

（1）如图 16-3 所示为两组变量相关系数矩阵。

```
Correlations for Set-1
      x1     x2     x3     x4              Correlations for Set-2
x1  1.0000 -.9567 -.6277 -.2424                    y1     y2     y3
x2  -.9567 1.0000  .6511  .1293             y1  1.0000  .2562 -.2945
x3  -.6277  .6511 1.0000 -.0837             y2   .2562 1.0000  .0468
x4  -.2424  .1293 -.0837 1.0000             y3  -.2945  .0468 1.0000
```

图 16-3　两组变量各自组内相关系数矩阵

（2）如图 16-4 所示为两组变量间相关系数矩阵，可见两组变量间的两两相关性。

```
Correlations Between Set-1 and Set-2
        y1      y2     y3
x1  -.4133   .1436  .1276
x2   .4876  -.1501 -.2379
x3   .2748  -.2067 -.3083
x4  -.3649   .1027  .4439
```

图 16-4　两组变量间相关系数矩阵

（3）如图 16-5 所示为典型相关系数及其检验结果，图左侧为计算出的 3 个典型相关系数，右侧为 3 个系数的统计检验结果。结果发现，只有第一个典型相关系数有统计学意义（$P=0.000$）。

```
Canonical Correlations    Test that remaining correlations are zero:
1    .803                   Wilk's  Chi-SQ    DF    Sig.
2    .330              1    .310   71.385  12.000   .000
3    .141              2    .873    8.265   6.000   .219
                      3    .980    1.218   2.000   .544
```

图 16-5　典型相关系数及其检验结果

（4）如图 16-6 所示为第一组变量的标准化典型相关系数与未标准化典型的相关系数。如果研究变量的单位相同，则看未标注化的典型相关系数；如果单位不同，则看标准化后的典型相关系数。

```
Standardized Canonical Coefficients for Set-1    Raw Canonical Coefficients for Set-1
         1       2       3                                1       2       3
x1    -.183  -2.125   1.874                       x1   -.021   -.248    .218
x2    -.989  -1.029   2.183                       x2   -.104   -.109    .230
x3     .058   -.881  -1.003                       x3    .001   -.013   -.015
x4     .721    .003   -.122                       x4   1.332    .006   -.225
```

图 16-6　第一组变量的标准化典型相关系数与未标准化典型的相关系数

本例因为变量单位不同，因此采用标准化的典型相关系数，因此来自气象因素的第一

典型变量 $V1= -0.183x_1-0.989x_2+0.058x_3+0.721x_4$，其中 x_2 和 x_4 的系数绝对值较大，反映气象因素的典型变量主要由气温（x_2）决定，其次为风速（x_4）。

（5）如图 16-7 所示为第二组变量的标准化典型相关系数与未标准化典型的相关系数。

```
Standardized Canonical Coefficients for Set-2    Raw Canonical Coefficients for Set-2
        1       2       3                               1       2       3
y1    -.809   .722    .120                    y1    -.004   .004    .001
y2     .419  -.134    .947                    y2     .006  -.002    .013
y3     .383   .966   -.187                    y3     .225   .567   -.110
```

图 16-7　第二组变量的标准化典型相关系数与未标准化典型的相关系数

（6）如图 16-8 所示为第一组变量的典型负载系数（又称结构相关系数：典型变量与原始变量之间的相关系数）和交叉负载系数（某一组中的典型变量与另外一组的原始变量之间的相关系数）。

```
Canonical Loadings for Set-1         Cross Loadings for Set-1
        1       2       3                    1       2       3
x1    .552   -.589    .445           x1    .443   -.194    .063
x2   -.683    .431   -.279           x2   -.548    .142   -.039
x3   -.532   -.217   -.748           x3   -.427   -.072   -.105
x4    .633    .459   -.210           x4    .508    .152   -.029
```

图 16-8　第一组变量的典型负载系数和交叉负载系数

（7）如图 16-9 所示为第二组变量的典型负载系数和交叉负载系数。典型负载系数是典型变量（式）与本组观测变量之间的两两简单相关系数，可以从一定程度上反映典型变量与同属本组的观测变量进行简单回归时测量散点与回归线之间的拟合程度。

```
Canonical Loadings for Set-2         Cross Loadings for Set-2
        1       2       3                    1       2       3
y1   -.814    .403    .417           y1   -.654    .133    .059
y2    .229    .096    .969           y2    .184    .032    .136
y3    .640    .747   -.178           y3    .514    .247   -.025
```

图 16-9　第二组变量的典型负载系数和交叉负载系数

（8）如图 16-10 所示为冗余分析结果，其是以原变量与典型变量间相关为基础。通过计算 X、Y 变量组由自己的典型变量解释与由对方的典型变量解释的方差百分比与累计百分比，反映由典型变量预测原变量的程度。左上表示第一组原始变量总方差中由本组变式代表的比例，右上表示第一组原始变量总方差中由第二组的变式所解释的比例，左下表示第二组原始变量总方差中由本组变式代表的比例，右下表示第二组原始变量总方差中由第一组的变式所解释的比例。

（9）另外在数据库文件中，自动生成了 s1_cv001：第一组的第一个典型变量；s2_cv001：第二组的第一个典型变量；s1_cv002：第一组的第二个典型变量；s2_cv002：第二组的第二个典型变量；s1_cv003：第一组的第三个典型变量；s2_cv003：第二组的第三个典型变量。

```
Redundancy Analysis:

Proportion of Variance of Set-1 Explained by Its Own Can. Var.      Proportion of Variance of Set-1 Explained by Opposite Can.Var.
        Prop Var                                                             Prop Var
CV1-1    .364                                                         CV2-1   .234
CV1-2    .198                                                         CV2-2   .022
CV1-3    .220                                                         CV2-3   .004

Proportion of Variance of Set-2 Explained by Its Own Can. Var.      Proportion of Variance of Set-2 Explained by Opposite Can. Var.
        Prop Var                                                             Prop Var
CV2-1    .375                                                         CV1-1   .242
CV2-2    .243                                                         CV1-2   .027
CV2-3    .381                                                         CV1-3   .008
```

图 16-10 冗余分析

第 3 篇 高级统计分析篇

- 第 17 章 Logistic 回归
- 第 18 章 对数线性模型
- 第 19 章 生存分析与 Cox 模型
- 第 20 章 聚类与判别
- 第 21 章 主成分与因子分析
- 第 22 章 多元方差分析
- 第 23 章 时间序列分析
- 第 24 章 信度分析
- 第 25 章 对应分析
- 第 26 章 神经网络模型
- 第 27 章 曲线回归与非线性回归
- 第 28 章 多重线性回归与相关
- 第 29 章 路径分析
- 第 30 章 中介效应与调节效应分析

第 17 章 Logistic 回归

在第 13 章介绍的简单回归模型中，要求因变量为连续型变量，且要符合正态性和方差齐性等条件。然而，在实际资料分析中，有一些因变量是分类变量，那么这样的资料就不能使用前面介绍的线性回归模型进行分析。遇到这种情况，我们一般采取 Logistic 回归模型对数据进行分析。

17.1 二项分类 Logistic 回归

二项分类 Logistic 回归是指因变量为二分类变量时的回归分析。在实际工作中，这样的例子很多，如在采用了某种治疗方案后，病人的治疗结局是有效或无效、生存或死亡；人们对自己的生存质量是否满意；想探讨胃癌发生的危险因素，可以选择两组人群，一组是胃癌组，一组是非胃癌组，两组人群肯定有不同的体征和生活方式等。这里的因变量就是是否胃癌，即"是"或"否"，为二分类变量。

17.1.1 原理

1. Logistic回归模型及其基本参数

在 Logistic 回归模型中，因变量设为 Y，服从二项分布，取值为 0 和 1，自变量为 X_1、$X_2\cdots X_n$。

（1）自变量所对应的 Logistic 回归模型为：

$$P(Y=1)=\frac{\text{EXP}(\beta_0+\beta_1 X_1+\beta_2 X_2+\cdots+\beta_n X_m)}{1+\text{EXP}(\beta_0+\beta_1 X_1+\beta_2 X_2+\cdots+\beta_n X_n)} \text{ 或 } P(Y=1)=\frac{1}{1+\text{EXP}(-\beta_0+\beta_1 X_1+\beta_2 X_2+\cdots+\beta_n X_n)}$$

或 $\text{logit}P(Y=1)=\beta_0+\beta_1 X_1+\beta_2 X_2+\cdots+\beta_n X_n$，与线性回归模型相同，$\beta_0$ 是常数项（或称截距），β_i 是 X_i（$i=1, 2, \cdots, m$）所对应的偏回归系数。

（2）优势比：事件发生（Pi）与不发生（$1-Pi$）的概率之比称为优势比（Odds Ratio），又称为 OR 值。因为 $0<Pi<1$，所以 OR 值定义为正值，取值范围$(0,\infty)$。对 OR 值做对数变换，就能得到 Logistic 回归模型的线性模式 $\ln\dfrac{P_i}{1-P_i}=\beta_0+\beta_1 X_1+\beta_2 X_2+\cdots+\beta_n X_n$。优势比的含义是，在其他自变量固定不变的情况下，自变量 X_n 改变一个单位，因变量对应的优势比平均改变 $\text{EXP}(\beta_n)$ 个单位。

（3）标准化 Logistic 回归系数：由于不同的变量其度量衡单位可能不同，不能直接采用偏回归系数的绝对值来比较各自变量的相对作用大小，而需要使用标准化偏回归系数。

值得注意的是，标准化偏回归系数一般不用来构建回归模型，它只是用来比较不同自变量对模型的贡献大小，构建回归模型仍需采用一般的回归系数 β_n。

2．Logistic回归模型的假设检验

Logistic 回归模型常用的检验方法有似然比检验和 Wald 卡方检验。

（1）似然比检验：似然比检验（likelihood ratio test）的基本思想是在比较两种不同假设条件下，对数似然函数值的差别大小。检验的无效假设为两种条件下的对数似然函数值差异无显著性差异。

（2）Wald 卡方检验：某一个自变量的假设检验采用 Wald 统计量，推断各参数回归系数是否为 0。

17.1.2 模块解读

1．二分类Logistic回归分析

单击"分析"|"回归"|"二元 Logistic"命令，弹出二分类 Logistic 回归分析对话框，如图 17-1 所示。"因变量"框只能选入 1 个二分类（0、1）的因变量，此次分析为"康复情况"，协变量可以选入多个自变量及其交互作用项，若在左侧变量框内同时选中两个以上变量时，">a*b>"按钮被激活，单击该按钮，所选变量被定义为交互变量。不同的变量组合可通过"上一张"和"下一张"按钮进行切换。

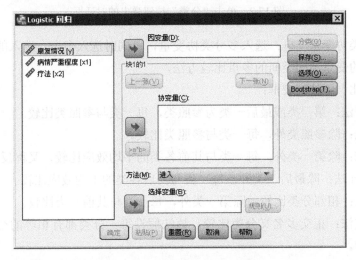

图 17-1　二元 Logistic 回归对话框

2．"方法"下拉列表框

选择变量进入方程的方法。
- 进入法：全变量模型。
- 向前条件法：基于条件参数估计的前进法。
- 向前 LR 法：基于偏最大似然估计的前进法。

- 向前 Wald 法：基于 Wald 统计量的前进法。
- 向后条件法：基于条件参数估计的后退法。
- 向后 LR 法：基于偏最大似然估计的后退法。
- 向后 Wald 法：基于 Wald 统计量的后退法。

3．"分类"按钮

单击"分类"按钮，弹出如图 17-2 所示的对话框，此对话框用于多分类变量的比较。

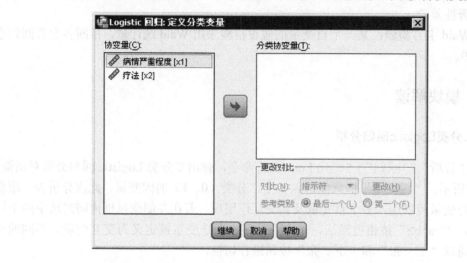

图 17-2　单击"分类"按钮弹出的对话框

（1）"分类协变量"框：选入多分类协变量，可同时选入多个。选入的协变量后的括弧内表示选定的变量不同类间的多重比较方法。

（2）"对比"下拉列表框：
- 指示符法：第一类或最后一类为参照类，每一类与参照类比较。
- 简单法：除参照类外，每一类与参照类比较。
- 差值法：除第一类外，每一类与其前各类的平均效应比较，又称反 Helmert 法。
- Helmert 法：除最后一类外，每一类与其后各类的平均效应比较。
- 重复法：相邻分类比较，除第一类外，每一类与其前一类比较。
- 多项式法：正交多名义分类比较，该法假设每一分类都有相等的空间，仅适于数值变量。
- 偏差法：除参照类外，每一类与总效应比较。

（3）"参考类别"选项：参照类选择，有"最后一个"和"第一个"两种选择。以上方法中，指示法、简单法或偏差法可选第一类，也可选最后一类作参照类。

4．"保存"按钮

单击"保存"按钮，弹出如图 17-3 所示的对话框，此对话框主要用于输出新的变量和参数。

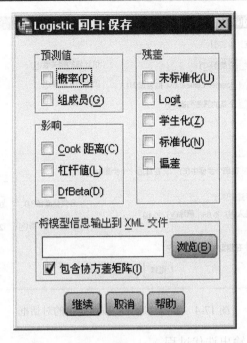

图 17-3 单击"保存"按钮弹出的对话框

(1)"预测值"复选框:
- 概率:事件发生概率的预测值,本例中事件系指"死亡(Y)"。
- 组成员:预测观察单位所属组别,即"N(未死亡)"组或"Y(死亡)"组。

(2)"影响"复选框:
- Cook 距离:Cook 影响统计量,剔除某一观察单位后残差的变化量。
- 杠杆值:每一观察单位对模型拟合的相对影响量。
- DfBeta(s):剔除某一观察单位后标准化回归系数的变化量。

(3)"残差"复选框:
- 非标准化:输出非标准化残差。
- Logit:输出 Logit 残差。
- 学生化:输出学生化残差。
- 标准化:输出标准化残差。
- 偏差:输出偏差。

5."选项"按钮

单击"选项"按钮,弹出如图 17-4 所示的对话框。

(1)"统计量和图"复选框:
- 分类图:根据模型计算结果用图形将观察单位区分为"N(未死亡)"或"Y(死亡)"两类。
- Hosmer-Lemeshow 拟合度:输出 Hosmer-Lemeshow 模型拟合指数。
- 个案残差列表:列出每一观察单位的非标准化残差、预测概率、实测和预测分类。
- 估计值的相关性:给出估计值的相关系数矩阵。

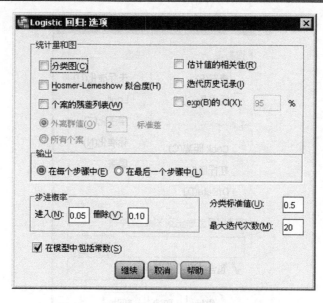

图 17-4 单击"选项"按钮弹出的对话框

- 迭代历史记录：输出迭代过程。
- exp（B）的 CI（95%）：相对危险度的 95%（系统默认）可信区间。

（2）"输出"选项卡：
- 在每个步骤中：输出每一步骤的统计图、统计表及统计量。
- 在最后一个步骤中：输出最后一步的统计图、统计表及统计量。

（3）步进概率，用于逐步筛选变量的概率水准。
- 进入：.05：以 $P \leq 0.05$ 为选入变量的标准。系统默认。
- 删除：.10：以 $P > 0.10$ 为剔除变量的标准。系统默认。
- 分类标准值：.5：以预测概率 0.5 为分类变量的分界点。系统默认。
- 最大迭代次数：20：最大迭代次数。系统默认 20 次。

17.1.3 实例详解

例 17.1：为了评价某新疗法的疗效，某研究者随机抽查了 40 名某病患者，治疗后一定时间内观察其康复状况，数据见例 17-1.sav。其中变量 Y 为康复状况（$Y=0$ 表示未康复，$Y=1$ 表示康复），$X1$ 表示病情严重程度（1 表示严重，0 表示不严重），$X2$ 表示疗法（0 表示新疗法，1 表示传统疗法）。目的是研究不同疗法对康复状况的作用有无差别。

1. 操作步骤

（1）单击"分析"|"回归"|"二元 Logistic"命令，如图 17-5 所示，弹出如图 17-1 所示的对话框。

（2）将因变量"康复情况"放入"因变量"框；将因素"病情严重情况"、"疗法"放入"协变量"列表框。

（3）单击"选项"按钮，弹出图 17-4 所示的对话框，选中"exp（B）的 CI（95%）"

选项,并在"输出"中选择"在最后一个步骤中"选项,单击"继续"按钮,返回主对话框。

图 17-5 "二元 logistic 回归"菜单命令

(4)单击"确定"按钮运行,输出结果。

2. 结果解读

(1)如图 17-6 所示为数据一般情况的分析,包括总样本量以及缺失值。

(2)如图 17-7 所示为因变量取值水平编码信息。

案例处理汇总

未加权的案例		N	百分比
选定案例	包括在分析中	40	100
	缺失案例	0	0
	总计	40	100
未选定的案例		0	0
总计		40	100

因变量编码

初始值	内部值
未康复	0
康复	1

图 17-6 一般情况汇总　　　图 17-7 因变量取值水平编码

(3)如图 17-8 所示为模型中仅含有常数项时的正确预测结果,此例中正确预测结果是 57.5%。其意义就是,原数据中 40 个观察个体中,未康复的有 23 人,康复的有 17 人,如果每一个体均分类到未康复,则可以得到正确预测百分率是 57.5%。

分类表

已观测		已预测	
		康复情况	
		未康复	康复
步骤0	康复情况 未康复	23	0
	康复	17	0
	总计百分比		

图 17-8 分类预测结果

（4）如图 17-9 所示中给出的是模型中未引入自变量时常数项的估计值，SE 为其标准误，Wals 为 Wals 卡方值，是对总体回归系数是否为零进行假设检验。

		B	SE	Wals	df	Sig	Exp(B)
步骤0	常量	-0.302	0.32	0.893	1	0.345	0.739

图 17-9 常数项的假设检验

（5）如图 17-10 所示为单变量分析结果，反映了当前未引入模型的变量的比分检验结果，其意义为向当前模型中引入某变量（如 $x1$）时，该变量回归系数是否等于 0 的比分检验假设。对于取值水平为二分类的自变量来说，得分检验的卡方值等于由该自变量与因变量构成的四格表的 pearson 卡方值。同时也给出了自变量全部进入模型后的得分检验结果。在本例中，自变量 $x2$ 与因变量之间有统计学意义，$x2$ 与因变量之间无统计意义，就全局而言，模型的全局性检验有统计学意义。

不在方程中的变量

			得分	df	Sig.
步骤0	变量	x1	0.921	1	0.337
		x2	5.013	1	0.025
	总统计量		6.427	2	0.04

图 17-10 单变量分析结果

（6）如图 17-11 所示给出了模型系数的全局性检验结果。结果解释：自变量进入模型的方法是输入法（所有自变量一次性进入模型），"步骤"表示每一步与前一步相比的似然比检验结果，"块"表示"块 1"与"块 0"相比的似然比检验结果，"模型"表示上一个模型与当前模型的似然比检验结果。对于输入法，这三种检验的结果相同，似然比卡方值为 6.788，$df=2$，$P=0.034$，说明至少有一个自变量具有统计学意义。

模型系数的综合检验

		卡方	df	Sig.
步骤1	步骤	6.788	2	0.034
	块	6.788	2	0.034
	模型	6.788	2	0.034

图 17-11 模型系数的全局性检验

(7) 如图 17-12 所示给出了 Cox & Snell 的决定系数和 Nagelkerke 的决定系数,其值分别为 0.156 和 0.210。

步骤	-2 对数似然值	Cox & Snell R 方	Nagelkerke R 方
1	47.761[a]	0.156	0.21

图 17-12　模型汇总

(8) 如图 17-13 所示是三个自变量重新引入模型后的回归模型进行预测的分类表格,预测正确率为 67.5%,比没有自变量只有常数项时高了 10%。

分类表

			已预测		
			康复情况		
	已观测		未康复	康复	百分比校正
步骤 1	康复情况	未康复	15	8	65.2
		康复	5	12	70.6
	总计百分比				67.5

图 17-13　引入自变量时分类预测结果

(9) 如图 17-14 所示反映的是模型中各自变量的偏回归系数(B)、标准误(SE)、Wals 卡方值、自由度(df)、P 值(sig)以及 OR 值和 OR 值的 95%可信区间(CI)。由此我们得出结论,自变量 X2(疗法)对某病患者的康复情况有影响,采用传统疗法(X2=1)的病人比采用新疗法(X2=0)的病人更不易康复,换句话说,就是新疗法比传统疗法的疗效更好。

方程中的变量

		B	S.E.	Wals	df	Sig.	Exp(B)	EXP(B) 的 95% C.I. 下限	上限
步骤 1	x1	-0.909	0.724	1.576	1	0.209	0.403	0.097	1.666
	x2	-1.669	0.729	5.24	1	0.022	0.188	0.045	0.787
	常量	0.928	0.639	2.11	1	0.146	2.529		

图 17-14　Logistic 回归分析结果

17.2　条件 Logistic 回归

从统计学的角度来看,控制潜在的混杂因素的干扰有两种办法,一是在设计时加以控制,二是在统计分析时对其进行调整。在设计阶段控制混杂因素的方法就是配对或配比(match)设计。即对每一个符合入组条件的病例,按配比因素寻找一个或几个非病例作为对照,再比较病例和对照各自以往的暴露经历,达到分析的目的。对于配对设计的资料,如果采用 Logistic 回归模型进行分析，就应该采用配对 Logistic 回归模型，也称为条件 Logistic 回归。

（1）设有某 1：m 配比设计，共 n 个配比组，资料形式如图 17-15 所示。

配比号	观察对象	组内编号	危险因素		
			x_1	…	x_p
1	病例	0	X_{101}	…	X_{10p}
1	对照1	1	X_{112}	…	X_{11p}
…	…				
1	对照m	m	X_{1m1}	…	X_{1mp}
2	病例	0	X_{201}	…	X_{20p}
2	对照1	1	X_{212}	…	X_{21p}
…	…				
2	对照m	m	X_{2m1}	…	X_{2mp}
…	…				
n	病例	0	X_{n01}	…	X_{n0p}
n	对照1	1	X_{n12}	…	X_{n1p}
…	…				
n	对照m	m	X_{nm1}	…	X_{nmp}

图 17-15 适用于配比设计研究的资料形式

其中，自变量的下标，第 1 个表示配比组，第 2 个表示组内编号，第 3 个表示危险因素（自变量）的编号。记第 i 个配比组的病例为 Y_i=1，对照为 Y_i=0。则第 i 个配比组可以建立一个 Logistic 回归：$\text{logit}\, P = a_i + \beta_1 X_1 + \beta_2 X_2 + \cdots + \beta_n X_n$。

模型假设，自变量在各配比组对结果变量的作用是相同的，即自变量的回归系数与配比组无关，其意义与上节中 Logistic 回归的解释一样。模型中 a_i 与该组配比因素有关，是该配比组特有的，其意义是该配比组的各自变量均为 0 时的基线风险。从下面的讨论可以看到，a_i 的大小对自变量的解释毫无帮助，且似然函数中亦不包含这些常数项，故常常不被考虑。因此，配比设计的 Logistic 回归常表达成：$\text{logit}\, P = a_i + \beta_1 X_1 + \beta_2 X_2 + \cdots + \beta_n X_n$，其中不包含常数项。由于回归模型中参数的估计是基于条件概率的，故配比设计的 Logistic 回归被称为条件 Logistic 回归（conditional logistic regression）。为便于区别，有的学者将成组设计的 Logistic 回归称为非条件 Logistic 回归。

（2）模型拟合

由于 SPSS 软件没有提供专门的分析模块，因此，在实际应用当中常采用分层 Cox 回归模型进行拟合。具体的拟合原理及实例分析在生存分析一章中讲解，其资料形式如图 17-15 所示。

17.3 有序 Logistic 回归

前面介绍的 Logistic 回归因变量为二分类变量，服从二项分布，但当变量水平数大于 2 并且为有序变量时，如治疗结局为无效、好转、康复三个水平，病情为轻、中、重三个等级，此类资料需要采用有序 Logistic 回归模型进行分析。

17.3.1 原理

1. 累积Logistic回归模型

对于因变量为有序变量的多分类资料，可以通过拟合（$i-1$）个（i 为因变量个数）Logistic 回归模型，成为累积 Logistic 回归模型。以三个水平的因变量为例，假设因变量的取值为 1、2、3，相应取值水平的概率为 π_1、π_2、π_3 对 m 个自变量拟合两个模型如下：

$$\text{Logit}\frac{\pi_1}{1-\pi_1} = \text{Logit}\frac{\pi_1}{\pi_2+\pi_3} = -a_1 + \beta_1 X_1 + \beta_2 X_2 + \cdots + \beta_m X_m$$

$$\text{Logit}\frac{\pi_1+\pi_2}{\pi_3} = \text{Logit}\frac{\pi_1+\pi_2}{\pi_3} = -a_2 + \beta_1 X_1 + \beta_2 X_2 + \cdots + \beta_m X_m$$

与传统的因变量为二分类的相比，进行 Logit 变换的分别为 π_1、$\pi_1+\pi_2$，即因变量有序取值水平的累积概率。从上面的模型可以看出，这种模型实际上是依次将因变量按不同的取值水平分割成两个等级，对这两个等级建立因变量为二分类的 Logistic 回归模型。

2. 回归模型参数的意义及其解释

与二分类 Logistic 回归相似，回归系数 β_m 表示在其他自变量不变的情况下，某一自变量改变一个单位，因变量提高一个及以上等级的对数优势比。

17.3.2 模块解读

1. 有序Logistic回归分析

单击"分析"|"回归"|"有序 Logistic"命令，弹出有序 Logistic 回归分析对话框，如图 17-16 所示。"因变量"选入有序分类的因变量，"因子"选入分类自变量，"协变量"选入连续型变量或 0、1 二分类变量。

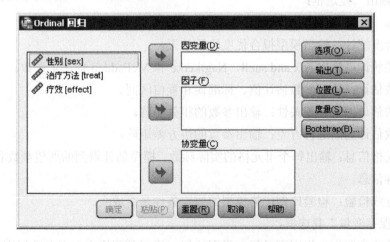

图 17-16　有序 Logistic 回归分析对话框

2. "选项"按钮

单击"选项"按钮,弹出如图 17-17 所示的对话框。
(1) "迭代"选项:设置最大似然估计模型迭代的收敛标准。
(2) "置信区间"框:设置参数置信区间的置信度范围,默认为 95。
(3) Delta 框:对频数为 0 的单元格进行校正。
(4) "奇异性容许误差"下拉列表框:设置奇异值标准。
(5) "链接"下拉列表框:选取模型的链接函数,默认为 Logit 链接函数。

3. "输出"按钮

单击"输出"按钮,弹出如图 17-18 所示的对话框。

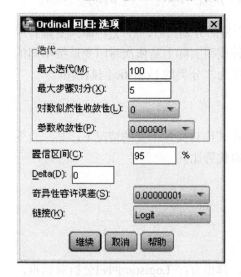

图 17-17 单击"选项"按钮弹出的对话框

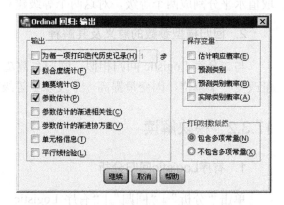

图 17-18 "Ordinal 回归:输出"对话框

(1) "输出"复选框:
- 为每一项打印迭代历史记录:设置迭代步数,输出迭代信息。
- 拟合度统计:输出模型拟合优度检验结果。
- 摘要统计:输出 cox and snell、Naglkerke 和 McFadden 伪决定系数。
- 参数估计:输出参数估计值、标准误和置信区间。
- 参数估计的渐进相关性:输出参数的相关矩阵。
- 参数估计的渐进协方差:输出参数的协方差矩阵。
- 单元格信息:输出每个单元格的实际频数、模型估计得到的期望频数和 Pearson 残差等信息。
- 平行线检验:检验比例优势模型的假定条件是否成立。

(2) "保存变量"复选框:
- 估计响应概率:将因变量每一类别的每一格子预测概率保存在数据窗口。
- 预测类别:将每一格子预测类别保存在数据窗口。

❏ 预测类别概率：将每一格子预测类别对应的预测概率保存在数据窗口。
❏ 实际类别概率：将每个格子实际类别对应的预测概率保存在数据窗口。
（3）"打印对数似然"单选按钮
❏ 包含多项常量：输出包含常数项的似然对数值。
❏ 不包含多项常量：输出不包含常数项的似然对数值。

4．"位置"按钮

单击"位置"按钮，弹出如图 17-19 所示的对话框。此对话框与一般线性回归模型的模型设置完全相同，主要用于定义模型的主效应与交互效应。

图 17-19 "有序回归：位置"对话框

5．"度量"按钮

单击"度量"按钮，弹出如图 17-20 所示的对话框。此对话框主要用于定义模型的尺度参数值。

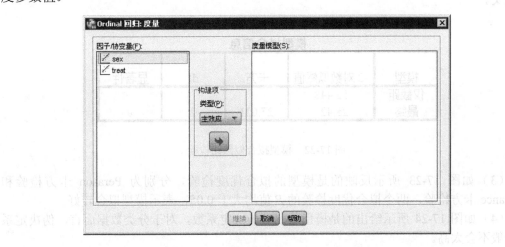

图 17-20 "Ordinal 回归：度量"对话框

• 271 •

17.3.3 实例分析

例 17.2：拟合性别和两种治疗方法对某病疗效的影响，疗效的等级为 3 个等级，具体赋值为，性别：男=0，女=1；新疗法=1，旧疗法=0 ；疗效：1=显效，2=有效，3=无效。试进行分析。

1．操作步骤

（1）单击"分析"|"回归"|"有序"命令，弹出图 17-16 所示的对话框。
（2）将因变量"疗效"放入"因变量"框；将因素"性别"、"治疗方法"放入"协变量"列表框。
（3）单击"选项"按钮，在置信区间内填入 95，单击"继续"按钮，返回主对话框。
（4）单击"确定"按钮运行，输出结果。

2．结果解读

（1）首先图 17-21 给出的是因变量每一类别的频数及构成比。

处理摘要

		N	边际百分比
疗效	显效	31	34.10%
	有效	15	16.50%
	无效	45	49.50%
有效		91	100.00%
缺失		0	
合计		91	

图 17-21 因变量每一类别的频数及构成比

（2）如图 17-22 所示反映的是对模型进行的似然比检验，P 小于 0.05 表示模型有统计学意义。

模型拟合信息

模型	-2 对数似然值	卡方	df	显著性
仅截距	52.448			
最终	25.427	27.021	2	0

图 17-22 模型拟合似然比检验

（3）如图 17-23 所示反映的是模型的拟合优度检验，分别为 Perason 卡方检验和 Deviance 卡方检验，两个拟合优度检验的 P 值均大于 0.05，表示模型拟合较好。
（4）如图 17-24 所示给出的是模型的三种伪决定系数，对于分类数据而言，伪决定系数一般不会太高。
（5）如图 17-25 所示是最重要的结果，是回归系数的参数估计及假设检验结果。本例因变量有 3 个水平，因此会得出两个回归方程：

拟合度

	卡方	df	显著性
Pearson	4.433	4	0.351
偏差	5.996	4	0.199

图 17-23　模型的拟合优度检验

伪 R 方

Cox 和 Snell	0.241
Nagelkerke	0.277
McFadden	0.136

图 17-24　伪决定系数

参数估计值

		估计	标准误	Wald	df	显著性	95% 置信区间 下限	上限
阈值	[effect = 1]	-2.892	0.628	21.19	1	0	-4.123	-1.66
	[effect = 2]	-2.01	0.58	12.005	1	0.001	-3.148	-0.873
位置	sex	-1.435	0.541	7.048	1	0.008	-2.495	-0.376
	treat	-2.004	0.489	16.788	1	0	-2.963	-1.045

图 17-25　回归系数的参数估计

$$\text{logit}(P_{\text{effect}=显效}) = \text{logit}\frac{P_{\text{effect}=显效}}{1-P_{\text{effect}=显效}}$$

$$=-2.892+(-1.435)*sex+(-2.004)*treat$$

$$\text{logit}(P_{\text{effect}=显效/有效}) = \text{logit}\left(\frac{P_{\text{effect}=显效}+P_{\text{effect}=有效}}{P_{\text{effect}=无效}}\right)$$

$$=-2.010+(-1.435)*sex+(-2.004)*treat$$

偏回归系数的具体意义与二分类 Logistic 回归中偏回归系数的意义基本相同，这里不再重复。

17.4　多项分类 Logistic 回归

17.4.1　原理

多个因变量的取值有时无大小顺序，如因变量为职业（学生、教师、工人、农民、商人、公务员等）或者居住地（山区、平原、丘陵等）等，这样的变量类型又称为多项无序分类变量，又称名义变量，名义变量与自变量之间建立的回归模型被称为多项分类 Logistic

回归模型。

1. 模型拟合

对于多项分类 Logistic 回归，与有序 Logistic 回归相同，模型会定义因变量的某个水平为参照水平，其他水平与其相比，拟合（i–1）个（i 为因变量个数）广义 Logistic 回归模型。以 3 个水平的因变量为例，假设因变量的取值为 1、2、3，相应取值水平的概率为 π_1、π_2、π_3，对 m 个自变量拟合两个模型如下：

$$\mathrm{logit}\frac{\pi_1}{\pi_3} = a_1 + \beta_{11}X_1 + \beta_{12}X_2 + \cdots + \beta_{1m}X_m$$

$$\mathrm{logit}\frac{\pi_1}{\pi_3} = a_2 + \beta_{21}X_1 + \beta_{22}X_2 + \cdots + \beta_{2m}X_m$$

在 SPSS 中可以通过多项 Logistic 过程来实现。

2. 模型回归参数的意义及解释

与前面的有序 Logistic 回归有所不同的是，每一个自变量有（m-1）个参数。参数的解释与有序 Logistic 回归相似，参数 β_{im} 表示在其他自变量固定不变的情况下，某一自变量 x_m 改变一个单位，反应类别 i 的对数优势比的改变量。

17.4.2 模块解读

1. 多项分类Logistic回归

单击"分析"|"回归"|"多项 Logistic"命令，弹出"多项 Logistic 回归"对话框，如图 17-26 所示。"因变量"选入多项分类的因变量，"因子"选入分类自变量，"协变量"选入连续型变量或二分类变量。

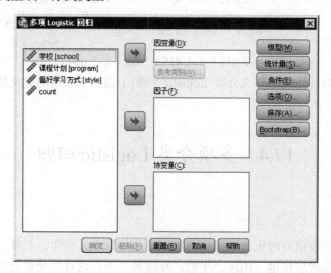

图 17-26 "多项 Logistic 回归"对话框

2. "模型"按钮

单击"模型"按钮，可在弹出的对话框中定义交互作用以及选择逐步回归模型，如图17-27所示。

3. "统计量"按钮

单击"统计量"按钮，弹出如图17-28所示的对话框，这里说明模型的拟合信息及输出的参数，具体意义和前面章节类似。

图17-27 "多项Logistic回归：模型"对话框　　图17-28 "多项Logistic回归：统计量"对话框

其他按钮的操作和意义与前面几节基本一致，在此不再赘述。

17.4.3　实例分析

例17.3：研究者随机抽取了3个不同的中学，研究不同课程计划对学生学习方式偏好的影响，具体见数据库mlogit.sav。本例有两个自变量：中学和课程计划；一个因变量：学习方式。其中学校变量有3个水平（1、2、3），课程计划有两个水平（1常规，2附加），学习方式变量有3个水平（1自修、2小组、3上课）。列出主要的模型拟合的结果；列出主要的参数估计的结果，并给出合理的解释。

1. 操作步骤

（1）单击"数据"|"加权个案"命令，弹出如图17-29所示的对话框，单击"加权个案"，将count变量放入"频数变量"框中，单击"确定"按钮。

图 17-29 "加权个案"对话框

(2) 单击"分析"|"回归"|"多项 logistic"命令，弹出图 17-26 所示的对话框。

(3) 将因变量"学习方式"放入"因变量"框；将因素"中学"放入"因子"列表框，将"课程计划"放入"协变量"列表框。

(4) 单击"统计量"按钮，在默认项目的基础上勾选"单元格可能性"（输出观察频数和预测频数）、"分类表"（输出观察频数与预测频数的交叉分类结果）和"拟合度"（输出模型拟合优度信息），如图 17-30 所示，单击"继续"按钮。

(5) 单击"确定"按钮运行，输出结果。

2．结果解读

(1) 软件首先会给出因变量每一类别的频数及构成比信息、模型的拟合信息、模型的伪决定系数和似然比检验等，如图 17-31～图 17-35 所示，这些信息的意义与前面章节基本相同，请参见前面的解释。

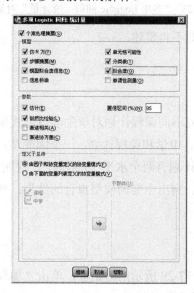

案例处理摘要

		N	边际百分比
偏好学习方式	自修	99	27.50%
	小组	91	25.30%
	上课	170	47.20%
学校	1	133	36.90%
	2	126	35.00%
	3	101	28.10%
有效		360	100.00%
缺失		0	
总计		360	
子总体		6	

图 17-30 需要输出的统计量　　图 17-31 因变量每一类别的频数及构成比

模型拟合信息

模型	模型拟合标准 -2倍对数似然值	似然比检验		
		卡方	df	显著水平
仅截距	71.616			
最终	52.147	19.469	6	0.003

图 17-32 模型拟合似然比检验

拟合优度

	卡方	df	显著水平
Pearson	1.824	4	0.768
偏差	1.826	4	0.768

图 17-33 模型的拟合优度检验

伪 R 方

Cox 和 Snell	0.053
Nagelkerke	0.06
McFadden	0.026

图 17-34 伪决定系数

似然比检验

效应	模型拟合标准 简化后的模型的-2倍对数似然值	似然比检验		
		卡方	df	显著水平
截距	52.147[a]	0	0	
课程	57.78	5.633	2	0.06
中学	65.321	13.174	4	0.01

图 17-35 模型的似然比检验

（2）软件最后输出的是最重要的信息，也就是回归系数的参数估计结果，如图 17-36 所示。根据图 17-36 所示，由所建立的模型可以看出，学习方式是自修的与上课学习相比，课程计划有统计学意义，不同学校有统计学意义。课程的偏回归系数是-0.621，OR 值是 0.537，说明常规计划和附加计划相比，学生更容易选择上课的学习方式，中学 1 与中学 3 相比，中学 1 的学生比中学 3 的学生更容易选择上课（OR=0.537，$P<0.05$）。其他结果读者可照此自行解释。

学习方式[a]		B	标准误	Wald	df	显著水平	Exp(B)	Exp(B) 的置信区间 95%	
								下限	上限
自修	截距	0.274	0.462	0.35	1	0.554			
	课程	-0.287	0.259	1.225	1	0.268	0.751	0.452	1.247
	[中学=1]	-0.998	0.333	8.979	1	0.003	0.369	0.192	0.708
	[中学=2]	-0.071	0.315	0.051	1	0.821	0.931	0.503	1.726
	[中学=3]	0[b]			0				
小组	截距	0.633	0.463	1.864	1	0.172			
	课程	-0.621	0.265	5.511	1	0.019	0.537	0.32	0.903
	[中学=1]	-0.596	0.327	3.323	1	0.068	0.551	0.29	1.046
	[中学=2]	-0.252	0.336	0.561	1	0.454	0.777	0.402	1.502
	[中学=3]	0[b]			0				

a. 参考类别是：上课。
b. 因为此参数冗余，所以将其设为零。

图 17-36 回归系数的参数估计

第 18 章 对数线性模型

对数线性模型是用于离散型数据或整理成列联表格式的计数资料的统计分析工具。在对数线性模型中,所有用作的分类的因素均为独立变量,列联表各单元中的例数为因变量。对于列联表资料,通常作χ^2检验,但χ^2检验无法系统地评价变量间的联系,也无法估计变量间相互作用的大小,而对数线性模型是处理这些问题的最佳方法。对数线性模型分析是把列联表资料的网格频数的对数表示为各变量及其交互效应的线性模型,然后运用类似方差分析的基本思想检验各变量及其交互效应的作用大小。

SPSS 中提供了三个过程:常规(General)过程、Logit 过程与模型选择过程,三个过程分别用于不同的研究目的,使用的算法也不相同,但参数估计的结果都是一样的,下面我们逐一讲解。

18.1 对数线性模型概述

对数线性模型适合于高维列联表和二维表,但高维表比较复杂,本节简单直观地通过二维表介绍一下对数线性模型,假定不同的行代表第一个变量的不同水平,而不同的列代表第二个变量的不同水平。用 m_{ij} 代表二维列联表第 i 行,第 j 列的频数。人们常假定这个频数可以用下面的公式来确定:

$$\ln(m_{ij}) = \alpha_i + \beta_j + \varepsilon_{ij} \qquad (公式 18\text{-}1)$$

这就是所谓的对数线性模型。这里 α_i 为行变量的第 i 个水平对 $\ln(m_{ij})$ 的影响,而 β_j 为列变量的第 j 个水平对 $\ln(m_{ij})$ 的影响,这两个影响称为主效应(main effect);ε_{ij} 代表随机误差。

二维列联表的更完全的对数线性模型为:

$$\ln(m_{ij}) = \alpha_i + \beta_j + (\alpha\beta)_{ij} + \varepsilon_{ij} \qquad (公式 18\text{-}2)$$

这里的$(\alpha\beta)_{ij}$代表第一个变量的第 i 个水平和第二个变量的第 j 个水平对 $\ln(m_{ij})$ 的共同影响,称为交叉效应。即当单独作用时,每变量的某水平对 $\ln(m_{ij})$ 的影响只有 α_i或β_j大,但如果这两个变量共同影响就不仅是 $\alpha_i+\beta_j$,而且还多出一项。这里的交叉项的诸参数的大小也是相对的,也需要约束条件来得到其"估计"。

高维列联表在计算机软件的选项上有所不同,而且可以构造一个所谓(多项分布)对数线性模型(loglinear model)来进行分析。利用对数线性模型的好处是不仅可以直接进行预测,而且可以增加定量变量作为模型自变量的一部分。

18.2 常规过程（General）

18.2.1 模块解读

1．调用常规过程

单击"分析"|"对数线性模型"|"常规"命令，弹出图 18-1 所示的"常规对数线性分析"对话框。

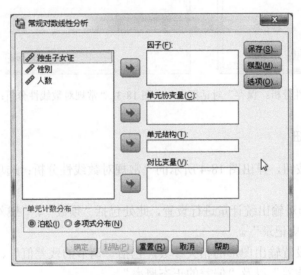

图 18-1 "常规对数线性分析"对话框

（1）因子：用于选入参与本次分析的因素变量。
（2）单元协变量：用于选入单元格协变量。
（3）单元结构：用于放入单元格结构变量，即定义权重变量。
（4）对比变量：用于选入连续型对照变量，以便计算广义对数比率。

2．"单元计数分布"选项栏

（1）泊松：当分析变量分布符合泊松分布时选用。
（2）多项式分布：当分析变量符合多项式分布时选用。

3．"保存"按钮

当单击图 18-1 右上角"保存"按钮时，弹出图 18-2 所示的"常规对数线性分析：保存"对话框，其中还有"残差"、"标准残差值"、"调节的残差值"、"偏离残差"和"预测值"，当选择后，将会在数据库文件中产生相应的变量。

4．"模型"按钮

单击"模型"按钮，弹出图 18-3 所示的"常规对数线性分析：模型"对话框，经过前面的学习，此对话框我们已经非常熟悉，其设置和解释与前面讲的多因素方差分析类似，此处不赘述。

图 18-2　"常规对数线性分析：保存"对话框　　　图 18-3　"常规对数线性分析：模型"对话框

5．"选项"按钮

单击"选项"按钮，弹出图 18-4 所示的"常规对数线性分析：选项"对话框，包含如下项目。

（1）输出：用于对输出统计量进行设置，此处包括"频数"、"残差"、"设计矩阵"、"估计"和"迭代历史记录"。

（2）图：用于设置输出图形的相关参数，包括"调节的残差值"、"调节残差值的正态概率"、"偏差残差"以及"偏差的正态概率"。

（3）置信区间：用于设置参数的置信区间，软件默认为 95%。

（4）标准：用于设置模型构建过程中的迭代参数，包括"最大迭代数"、"收敛性"和"Delta 调整系数"。通常采用默认值。

图 18-4　"常规对数线性分析：选项"对话框

18.2.2 实例详解

例 18.1：某研究者分析育龄夫妇是否领取独生子女证与所生育的第一个孩子性别的关系，并定量描述第一个孩子的性别对后续生育决策的影响。数据见图 18-5，数据库见例 18-1.sav，数据库构建样式如图 18-6 所示。

	男孩(sex=1)	女孩(sex=2)	合计
领证(take=1)	212	153	365
未领证(take=2)	186	214	400
合计	398	367	765

图 18-5 育龄妇女第一个孩子性别与是否领独生子女证的关系

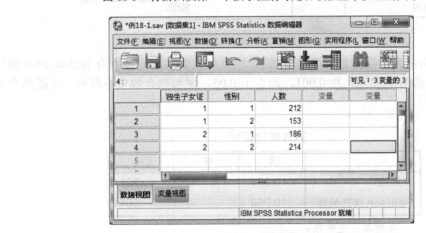

图 18-6 例 18.1 数据库文件录入格式

1. 操作步骤

（1）单击"数据"|"加权"命令，弹出加权对话框，对变量"人数"进行加权，然后单击"确定"按钮。

（2）单击"分析"|"对数线性模型"|"常规"命令，弹出图 18-1 所示的对话框。将变量"独生子女证"和"性别"放入"因子"框内。

（3）单击"模型"按钮，弹出图 18-3 所示的"常规对数线性分析：模型"对话框，本例先"设定模型"，选中变量"独生子女证"和"性别"放入"模型中的项"选项栏，"构建项"类型选择"主效应"；注：当（1）～（5）操作完，再采用系统默认的"饱和"模型做一遍。单击"继续"按钮返回主对话框。

（4）单击"选项"按钮，弹出图 18-4 所示的"常规对数线性分析：选项"对话框，选择"频数"、"残差"、"设计矩阵"、"估计"，其他默认，单击"继续"按钮返回。

（5）"单元计数分布"选项：此处选择"多项式分布"。

2. 主要结果解读

（1）图 18-7 所示为构建模型的数据信息与迭代信息，可见有效单元格 4 个，0 缺失，有效加权个案共 765 人，模型中两个变量均为二分类；收敛信息显示设置的最大迭代次数为 20 次，收敛容许度 0.001，本例迭代次数为 2 次迭代就达到收敛条件。

数据信息		N
案例	有效	4
	缺失	0
	加权有效	765
单元格	定义的单元格	4
	结构中的无效单元	0
	采样无效单元	0
类别	独生子女证	2
	性别	2

收敛信息[b,c]

最大迭代次数	20
收敛容限度	.00100
最终最大绝对差值	6.39255E-5[a]
最终最大相对差值	.00070
迭代次数	2

a. 由于参数估计的最大绝对变化小于指定的收敛条件，导致迭代已收敛。
b. 模型：多项式。
c. 设计：常量 + 独生子女证 + 性别。

图 18-7　模型数据信息与迭代信息

（2）图 18-8 所示为模型拟合优度检验信息，结果可见似然比检验值为 10.284，P=0.001，Pearson 卡方检验值为 10.258，P=0.001，均小于 0.05，说明拟合效果不理想。可能两个变量间存在交互效应。

拟合度检验[a,b]

	值	df	Sig.
似然比	10.284	1	.001
Pearson 卡方检验	10.258	1	.001

a. 模型：多项式。
b. 设计：常量 + 独生子女证 + 性别。

图 18-8　拟合度检验结果

（3）图 18-9 所示为单元格计数与残差结果，图中包括观测计数、预期计数、残差、标准化残差、调整残差与偏差。其中调整残差被多数学者认为进行残差判断的较好指标，当调整残差的绝对值小于 2 时，认为残差分布符合正态分布，此处调整残差绝对值均大于 3，因此残差分布不符合正态，结论与拟合度检验相互佐证。

单元格计数和残差[a,b]

独生子女证	性别	观测 计数	观测 %	期望的 计数	期望的 %	残差	标准化残差	调整残差	偏差
领证	男孩	212	27.7%	189.895	24.8%	22.105	1.850	3.203	6.833
	女孩	153	20.0%	175.105	22.9%	-22.105	-1.902	-3.203	-6.426
不领证	男孩	186	24.3%	208.105	27.2%	-22.105	-1.796	-3.203	-6.463
	女孩	214	28.0%	191.895	25.1%	22.105	1.844	3.203	6.831

a. 模型：多项式。
b. 设计：常量 + 独生子女证 + 性别。

图 18-9　单元格计数与残差结果

（4）图 18-10 所示为参数估计的结果，图中可见独生子女证与性别的 P 值分别为 0.206、0.263，均无统计学意义。

参数估计[c,d]

参数	估计	标准误	Z	Sig.	95% 置信区间	
					下限	上限
常量	5.257[a]					
[独生子女证 = 1]	-.092	.072	-1.265	.206	-.233	.050
[独生子女证 = 2]	0[b]	.				
[性别 = 1]	.081	.072	1.121	.263	-.061	.223
[性别 = 2]	0[b]	.				

a. 在多项式假设中常量不作为参数使用，因此不计算它们的标准误差。
b. 此参数为冗余参数，因此将被设为零。
c. 模型：多项式。
d. 设计：常量 + 独生子女证 + 性别。

图 18-10　参数估计的结果

（5）图 18-11 所示为调整残差的标准 Q-Q 图，图 18-12 所示为调整残差的消除趋势标准 Q-Q 图。分别对残差进行作图，图中也可见，残差分布不符合正态分布。

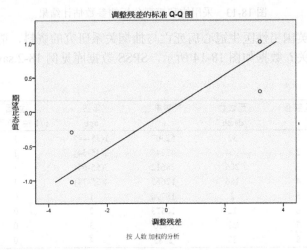

图 18-11　调整残差的标准 Q-Q

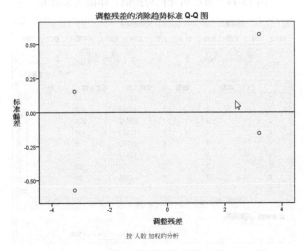

图 18-12　调整残差的消除趋势标准 Q-Q 图

（6）因为上述结果暗示存在交互效应，本例再采用饱和模型分析，其他结果不再展示。如图 18-13 所示为采用饱和模型分析的参数估计结果，图中可见独生子女证=1（领取）与性别=1（男孩）有显著性意义，$P=0.001$，意味着生男孩的父母易于领取独生子女证。

参数估计[c,d]

参数	估计	标准误	Z	Sig.	95% 置信区间 下限	上限
常量	5.368[a]					
[独生子女证 = 1]	-.335	.106	-3.165	.002	-.542	-.127
[独生子女证 = 2]	0[b]	.	.	.	.	.
[性别 = 1]	-.140	.100	-1.397	.162	-.336	.056
[性别 = 2]	0[b]	.	.	.	.	.
[独生子女证 = 1] * [性别 = 1]	.465	.146	3.191	.001	.179	.751
[独生子女证 = 1] * [性别 = 2]	0[b]	.	.	.	.	.
[独生子女证 = 2] * [性别 = 1]	0[b]	.	.	.	.	.
[独生子女证 = 2] * [性别 = 2]	0[b]	.	.	.	.	.

a. 在多项式假设中常量不作为参数使用，因此不计算它们的标准误差。
b. 此参数为冗余参数，因此将被设为零。
c. 模型：多项式。
d. 设计：常量 + 独生子女证 + 性别 + 独生子女证 * 性别。

图 18-13　采用饱和模型分析的参数估计结果

例 18.2：根据英国男性医生冠心病死亡与抽烟关系研究的资料，请推断冠心病死亡与抽烟、年龄是否有关？数据如图 18-14 所示，SPSS 数据库见例 18-2.sav，数据库构建格式如图 18-15 所示。

观察号	死亡数 death	观察单位 n	年龄 age	抽烟 s（1 抽　0 不抽）
1	32	52307	1(35-44)	1
2	104	43248	2(45-54)	1
3	206	28612	3(55-64)	1
4	186	12663	4(65-74)	1
5	2	18790	1	0
6	12	10673	2	0
7	28	5710	3	0
8	28	2585	4	0

图 18-14　冠心病死亡与抽烟、年龄关系研究

图 18-15　数据库录入格式

第 18 章　对数线性模型

分析：本例死亡人数相对于观察人数较小，因此死亡人数分布应符合 Poisson 分布，此处采用对数线性模型中的 Poisson 回归方法。

1. 操作步骤

（1）单击"数据"|"加权"命令，弹出加权对话框，对变量"死亡人数"进行加权，然后单击"确定"按钮。

（2）单击"分析"|"对数线性模型"|"常规"，弹出图 18-1 所示的对话框。将变量"年龄"和"抽烟"放入"因子"框内，将变量"观察人数"放入"单元协变量"框。

（3）单击"模型"按钮，弹出图 18-3 所示的"常规对数线性分析：模型"对话框，本例先"设定"，选中变量"年龄"和"抽烟"放入"模型中的项"选项栏，"构建项"类型选择"主效应"。

（4）单击"选项"按钮，弹出图 18-4 所示的"常规对数线性分析：选项"对话框，选择"频数"、"残差"、"设计矩阵"、"估计"，其他默认，单击"继续"按钮返回。

（5）"单元计数分布"选项：此处选择"泊松"。

2. 主要结果解读

（1）图 18-16 所示为模型数据信息与收敛信息，结果解释同前。

数据信息		N
案例	有效	8
	缺失	0
	加权有效	598
单元格	定义的单元格	8
	结构中的无效单元	0
	采样无效单元	0
类别	年龄	4
	抽烟	2

收敛信息[b,c]	
最大迭代次数	20
收敛容限度	.00100
最终最大绝对差值	.00171
最终最大相对差值	.00093[a]
迭代次数	5

a. 由于参数估计的最大相对变化小于指定的收敛条件，导致迭代已收敛。
b. 模型：泊松。
c. 设计：常量 + 年龄 + 抽烟。

图 18-16　模型数据信息与收敛信息

（2）图 18-17 所示为模型拟合度检验结果，结果可见似然比检验值为 1.946，$P=0.584$，Pearson 卡方检验值为 1.732，$P=0.630$，均大于 0.05，模型拟合效果较好。

拟合度检验[a,b]

	值	df	Sig.
似然比	1.946	3	.584
Pearson 卡方检验	1.732	3	.630

a. 模型：泊松。
b. 设计:常量 + 年龄 + 抽烟。

图 18-17　模型拟合度检验结果

（3）图 18-18 所示为单元计数与残差结果，解释同前。结果可见调整残差绝对值均小于 2，因此残差分布符合正态分布。

年龄	抽烟	观测		期望的		残差	标准化残差	调整残差	偏差
		计数	%	计数	%				
1	0	2	.3%	3.980	.7%	-1.980	-.992	-1.087	-1.099
	1	32	5.4%	30.020	5.0%	1.980	.361	1.080	.357
2	0	12	2.0%	13.579	2.3%	-1.579	-.428	-.508	-.437
	1	104	17.4%	102.421	17.1%	1.579	.156	.508	.156
3	0	28	4.7%	27.391	4.6%	.609	.116	.159	.116
	1	206	34.4%	206.609	34.5%	-.609	-.042	-.159	-.042
4	0	28	4.7%	25.050	4.2%	2.950	.589	.783	.578
	1	186	31.1%	188.950	31.6%	-2.950	-.215	-.783	-.215

a. 模型：泊松。
b. 设计：常量 + 年龄 + 抽烟。

图 18-18　单元计数与残差结果

（4）图 18-19 所示参数估计结果，结果可见除年龄=3 外，其他均有统计学意义，P 均小于 0.05。

参数	估计	标准误	Z	Sig.	95% 置信区间	
					下限	上限
常量	5.241	.070	74.921	.000	5.104	5.379
[年龄 = 1]	-1.840	.184	-9.972	.000	-2.201	-1.478
[年龄 = 2]	-.612	.115	-5.311	.000	-.838	-.386
[年龄 = 3]	.089	.095	.945	.345	-.096	.275
[年龄 = 4]	0[a]	.	.	.	.	.
[抽烟 = 0]	-2.021	.127	-15.890	.000	-2.270	-1.771
[抽烟 = 1]	0[a]	.	.	.	.	.

a. 此参数为冗余参数，因此将被设为零。
b. 模型：泊松。
c. 设计：常量 + 年龄 + 抽烟。

图 18-19　参数估计结果

（5）图 18-20 所示为残差分布，图 18-21 所示为残差标准 Q-Q 图，图 18-22 所示为趋势标准 Q-Q 图，分别对模型拟合后的残差进行作图分析，结果可见残差拟合较好。

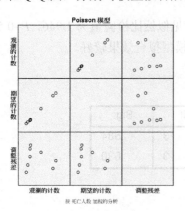

图 18-20　残差分布

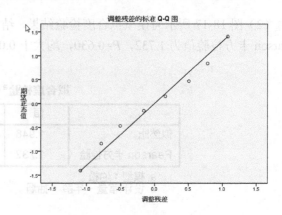

图 18-21　残差标准 Q-Q 图

第18章 对数线性模型

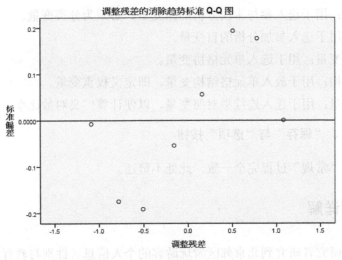

图 18-22 趋势标准 Q-Q 图

18.3 Logit 过程

若列联表资料各变量间分析不考虑因果关系，可以直接采用上面的 General 过程；如果考虑某因变量与一个或多个自变量之间对数线性模型拟合，则可以采用 Logit 过程。

18.3.1 模块解读

1．调用Logit过程

单击"分析"|"对数线性模型"|Logit 命令，弹出图 18-23 所示的"Logit 对数线性分析"对话框。

图 18-23 "Logit 对数线性分析"对话框

(1) 因变量：用于选入参与本次分析的因变量，必须为分类变量。

(2) 因子：用于选入参加分析的自变量。

(3) 单元协变量：用于选入单元格协变量。

(4) 单元结构：用于放入单元格结构变量，即定义权重变量。

(5) 对比变量：用于选入连续型对照变量，以便计算广义对数比率。

2．"模型"、"保存"与"选项"按钮

此处设置与"常规"过程完全一致，此处不赘述。

18.3.2 实例详解

例 18.3：某研究者研究到北京郊区游玩游客的个人信息（性别与教育程度）与选择游玩项目的关系，以便针对性开展项目的宣传，资料见 SPSS 数据库例 18-3.sav，数据库构建如图 18-24 所示。

图 18-24　数据库构建格式

1．操作步骤

(1) 单击"分析"｜"对数线性模型"｜Logit 命令，弹出图 18-23 所示对话框。将变量"娱乐项目"放入"因变量"框，将"性别"和"文化程度"放入"因子"框内。

(2) 单击"模型"按钮，弹出图 18-25 所示的"Logit 对数线性分析：模型"对话框，本例先"设定模型"，选中变量"文化程度"和"性别"放入"模型中的项"选项栏，"构建项"类型选择"主效应"，单击"继续"按钮返回主对话框。

(3) "选项"与"保存"设置同前面 General 过程。

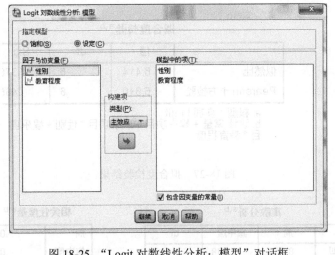

图 18-25 “Logit 对数线性分析：模型”对话框

2．主要结果解读

（1）图 18-26 所示为构建模型的数据信息与迭代信息，可见有效加权个案共 52 人，模型中 3 个变量均为 7、2、2 分类；收敛信息显示设置的最大迭代次数为 20 次，收敛容许度 0.001，本例迭代次数为 4 次迭代就达到收敛条件。

数据信息

		N
案例	有效	52
	缺失	0
	加权有效	52
单元格	定义的单元格	28
	结构中的无效单元	0
	采样无效单元	4
类别	娱乐项目	7
	性别	2
	教育程度	2

收敛信息[b,c]

最大迭代次数	20
收敛容限度	.00100
最终最大绝对差值	.00079[a]
最终最大相对差值	.99986
迭代次数	4

a. 由于参数估计的最大绝对变化小于指定的收敛条件，导致迭代已收敛。
b. 模型：多项 Logit。
c. 设计：常量 + 娱乐项目 + 娱乐项目 * 性别 + 娱乐项目 * 教育程度。

图 18-26 模型数据信息与迭代信息

（2）图 18-27 所示为模型拟合优度检验信息，结果可见似然比检验值为 6.414，P=0.378，Pearson 卡方检验值为 5.640，P=0.465，均大于 0.05，说明拟合效果较为理想。采用主效应分析就可以很好解释结果中的变异，理论不必继续采用饱和效应模型。

（3）图 18-28 所示为离散分析与相关性度量结果。在离散分析结果中，熵和集中度均按照可以由模型解释的离散型和不能由模型解释的离散型进行分解。相关性度量中，熵一行所对应的离散型标准进行测量时，因变量对总模型的贡献率为 0.089，相当于回归分析中的决定系数 R^2，本例虽然拟合效果较好，但因变量对总模型贡献率较弱，此处可能样本量较小，性别与文化程度之间可能有相关性。

拟合度检验 a,b

	值	df	Sig.
似然比	6.414	6	.378
Pearson 卡方检验	5.640	6	.465

a. 模型：多项 Logit。
b. 设计：常量 + 娱乐项目 + 娱乐项目 * 性别 + 娱乐项目 * 教育程度。

图 18-27 拟合度检验结果

离散分析 a,b

	熵	集中度	df
模型	8.859	2.598	12
残差	90.986	41.595	294
总计	99.844	44.192	306

a. 模型：多项 Logit。
b. 设计：常量 + 娱乐项目 + 娱乐项目 * 性别 + 娱乐项目 * 教育程度。

相关性度量 a,b

熵	.089
集中度	.059

a. 模型：多项 Logit。
b. 设计：常量 + 娱乐项目 + 娱乐项目 * 性别 + 娱乐项目 * 教育程度。

图 18-28 离散分析与相关性度量结果

（4）图 18-29 所示为单元计数与残差分析，结果可见调整残差绝对值均小于 2，效果较好。

单元计数和残差 a,b

性别	教育程度	娱乐项目	观测 计数	观测 %	期望的 计数	期望的 %	残差	标准化残差	调整残差	偏差
男	大学本科或以上	网球	4	17.40%	3.665	15.90%	0.335	0.191	0.83	0.836
		游泳	2	8.70%	1.862	8.10%	0.138	0.105	0.436	0.534
		射箭	1	4.30%	1.665	7.20%	-0.665	-0.535	-1.46	-1.01
		高尔夫	3	13.00%	2.544	11.10%	0.456	0.303	0.761	0.994
		垂钓	2	8.70%	2.101	9.10%	-0.101	-0.073	-0.198	-0.443
		攀岩	6	26.10%	5.581	24.30%	0.419	0.204	0.995	0.932
		体能健身	5	21.70%	5.581	24.30%	-0.581	-0.283	-1.38	-1.049
	大学本科以下	网球	0	0.00%	0.335	3.30%	-0.335	-0.588	-0.83	0
		游泳	2	20.00%	2.138	21.40%	-0.138	-0.106	-0.436	-0.516
		射箭	4	40.00%	3.335	33.40%	0.665	0.446	1.46	1.206
		高尔夫	1	10.00%	1.456	14.60%	-0.456	-0.408	-0.761	-0.866
		垂钓	1	10.00%	0.899	9.00%	0.101	0.111	0.198	0.461
		攀岩	1	10.00%	1.419	14.20%	-0.419	-0.38	-0.994	-0.836
		体能健身	1	10.00%	0.419	4.20%	0.581	0.917	1.38	1.319
女	大学本科或以上	网球	1	16.70%	1.335	22.20%	-0.335	-0.329	-0.831	-0.76
		游泳	0	0.00%	0.138	2.30%	-0.138	-0.375	-0.436	0
		射箭	1	16.70%	0.335	5.60%	0.665	1.182	1.46	1.479
		高尔夫	1	16.70%	1.456	24.30%	-0.456	-0.434	-0.761	-0.866
		垂钓	1	16.70%	0.899	15.00%	0.101	0.115	0.198	0.461
		攀岩	0	0.00%	0.419	7.00%	-0.419	-0.671	-0.995	0
		体能健身	2	33.30%	1.419	23.60%	0.581	0.558	1.38	1.172
	大学本科以下	网球	1	7.70%	0.665	5.10%	0.335	0.421	0.83	0.903
		游泳	1	7.70%	0.862	6.60%	0.138	0.153	0.436	0.544
		射箭	3	23.10%	3.665	28.20%	-0.665	-0.41	-1.461	-1.096
		高尔夫	5	38.50%	4.544	35.00%	0.456	0.265	0.762	0.977
		垂钓	2	15.40%	2.101	16.20%	-0.101	-0.076	-0.198	-0.443
		攀岩	1	7.70%	0.581	4.50%	0.419	0.562	0.995	1.042
		体能健身	0	0.00%	0.581	4.50%	-0.581	-0.78	-1.38	0

图 18-29 单元计数与残差分析

（5）图 18-30 所示为参数估计，此处给出各种可能的参数估计值。

参数估计^{c,d}

参数		估计	标准误	Z	Sig.	95% 置信区间	
						下限	上限
常量	[性别 = 1] * [教育程度 = 1]	1.719^a					
	[性别 = 1] * [教育程度 = 2]	-.870^a					
	[性别 = 2] * [教育程度 = 1]	.350^a					
	[性别 = 2] * [教育程度 = 2]	-.543^a					
[娱乐项目 = 1.00]		0.135	1.491	0.091	0.928	-2.788	3.058
[娱乐项目 = 2.00]		0.395	1.474	0.268	0.789	-2.495	3.284
[娱乐项目 = 3.00]		1.842	1.195	1.541	0.123	-0.5	4.183
[娱乐项目 = 4.00]		2.057	1.164	1.767	0.077	-0.225	4.338
[娱乐项目 = 5.00]		1.285	1.247	1.031	0.303	-1.158	3.728
[娱乐项目 = 6.00]		8.15E-10	1.502	0	1	-2.943	2.943
[娱乐项目 = 7.00]		0^b	.	.	.	.	.
[娱乐项目 = 1.00] * [性别 = 1]		-0.359	1.249	-0.288	0.774	-2.807	2.089
[娱乐项目 = 1.00] * [性别 = 2]		0^b	.	.	.	.	.
[娱乐项目 = 2.00] * [性别 = 1]		1.235	1.522	0.812	0.417	-1.748	4.218
[娱乐项目 = 2.00] * [性别 = 2]		0^b	.	.	.	.	.
[娱乐项目 = 3.00] * [性别 = 1]		0.233	1.221	0.191	0.848	-2.159	2.626
[娱乐项目 = 3.00] * [性别 = 2]		0^b	.	.	.	.	.
[娱乐项目 = 4.00] * [性别 = 1]		-0.811	1.139	-0.712	0.476	-3.043	1.421
[娱乐项目 = 4.00] * [性别 = 2]		0^b	.	.	.	.	.
[娱乐项目 = 5.00] * [性别 = 1]		-0.521	1.257	-0.414	0.679	-2.985	1.943
[娱乐项目 = 5.00] * [性别 = 2]		0^b	.	.	.	.	.
[娱乐项目 = 6.00] * [性别 = 1]		1.22	1.428	0.854	0.393	-1.579	4.019
[娱乐项目 = 6.00] * [性别 = 2]		0^b	.	.	.	.	.
[娱乐项目 = 7.00] * [性别 = 1]		0^b	.	.	.	.	.
[娱乐项目 = 7.00] * [性别 = 2]		0^b	.	.	.	.	.
[娱乐项目 = 1.00] * [教育程度 = 1]		-0.196	1.607	-0.122	0.903	-3.346	2.954
[娱乐项目 = 1.00] * [教育程度 = 2]		0^b	.	.	.	.	.
[娱乐项目 = 2.00] * [教育程度 = 1]		-2.728	1.497	-1.822	0.068	-5.661	0.206
[娱乐项目 = 2.00] * [教育程度 = 2]		0^b	.	.	.	.	.
[娱乐项目 = 3.00] * [教育程度 = 1]		-3.284	1.415	-2.321	0.02	-6.059	-0.51
[娱乐项目 = 3.00] * [教育程度 = 2]		0^b	.	.	.	.	.
[娱乐项目 = 4.00] * [教育程度 = 1]		-2.031	1.319	-1.539	0.124	-4.617	0.555
[娱乐项目 = 4.00] * [教育程度 = 2]		0^b	.	.	.	.	.
[娱乐项目 = 5.00] * [教育程度 = 1]		-1.741	1.429	-1.219	0.223	-4.541	1.059
[娱乐项目 = 5.00] * [教育程度 = 2]		0^b	.	.	.	.	.
[娱乐项目 = 6.00] * [教育程度 = 1]		-1.22	1.428	-0.854	0.393	-4.019	1.579
[娱乐项目 = 6.00] * [教育程度 = 2]		0^b	.	.	.	.	.
[娱乐项目 = 7.00] * [教育程度 = 1]		0^b	.	.	.	.	.
[娱乐项目 = 7.00] * [教育程度 = 2]		0^b	.	.	.	.	.

a. 在多项式假设中常量不作为参数使用，因此不计算它们的标准误差。
b. 此参数为冗余参数，因此将被设为零。
c. 模型：多项 Logit。
d. 设计：常量 + 娱乐项目 + 娱乐项目 * 性别 + 娱乐项目 * 教育程度。

图 18-30　参数估计

18.4　模型选择过程

对于列联表资料，变量间的复杂关系事先通常并不知晓，我们往往需要对各变量关系做一探索性分析,以寻求建立最佳的模型,模型选择过程就可以帮助我们在众多模型中选出最佳的对数线性模型。

18.4.1 模块解读

单击"分析"|"对数线性模型"|"模型选择"命令,弹出图 18-31 所示的"模型选择对数线性分析"对话框。

图 18-31 "模型选择对数线性分析"对话框

(1) 因子:用于放入本次分析的因素变量。每一个放入的变量需要单击"定义范围"按钮,将该变量的范围进行设置。

(2) 单元格权重:用于设置权重变量。

(3) 建立模型:提供了向后排除和一步进入两种方法。

模型与选项设置同前述。

18.4.2 案例详解

例 18.4:某研究者研究不同性别、教育程度、年龄旅游者对旅游考虑因素的关系,数据库见例 18-4.sav。

1. 操作步骤

(1) 单击"分析"|"对数线性模型"|"模型选择"命令,弹出图 18-31 所示的对话框。将变量"年龄"、"性别"、"教育程度"和"考虑因素"放入"因子"变量框,分别进行范围定义。

(2) 单击"模型"按钮,采用饱和模型。

(3) 模型建立：采用向后排除法。
(4) 选项：选择"频率"、"残差"和"参数估计"，其他默认。

2. 结果解读

(1) 图 18-32 所示为数据信息列表，摘要了个案数目、变量个数与变量分类类型。

数据信息

		N
个案	有效	52
	超出范围[a]	0
	缺失	0
	加权有效	52
类别	性别	2
	教育程度	2
	年龄	4
	选择休闲度假地点的原因	2

a. 由于超过因子值范围，个案被拒绝。

图 18-32 数据信息列表

(2) 图 18-33 所示为模型交互判别结果，采用两种方法：K-WAY 和高阶效果以及 K-WAY 效果，结果可见两种方法反映 0 阶与 1 阶交互有统计学意义，两者 $P=0.000$。2 阶和 3 阶交互没有意义，$P>0.05$。

K-Way 和高阶效果

	K	df	似然比 卡方	Sig.	Pearson 卡方	Sig.	迭代数
K-Way 和高阶效果[a]	1	31	102.463	.000	124.000	.000	0
	2	25	68.694	.000	72.265	.000	2
	3	13	11.506	.569	12.869	.458	5
	4	3	.275	.965	.149	.985	3
K-way 效果[b]	1	6	33.769	.000	51.735	.000	0
	2	12	57.188	.000	59.396	.000	0
	3	10	11.231	.340	12.721	.240	0
	4	3	.275	.965	.149	.985	0

用于这些检验的 df 没有为结构零或抽样零进行调整。使用这些 df 的检验可能有些保守。
a. 检验 k-way 和高阶效果是否为零。
b. 检验 k-way 效果是否为零。

图 18-33 模型交互判别结果

（3）图 18-34 所示为参数估计值，看法与前面一样。

参数估计值

效果	参数	估计	标准误	Z	Sig.	95% 置信区间	
						下限	上限
性别*教育程度*年龄*考虑因素	1	-0.107	0.387	-0.277	0.781	-0.866	0.651
	2	0.119	0.333	0.357	0.721	-0.533	0.771
	3	0.096	0.293	0.328	0.743	-0.478	0.67
性别*教育程度*年龄	1	0.037	0.387	0.096	0.924	-0.722	0.796
	2	0.136	0.333	0.408	0.683	-0.516	0.788
	3	-0.294	0.293	-1.004	0.316	-0.868	0.28
性别*教育程度*考虑因素	1	-0.094	0.193	-0.485	0.628	-0.473	0.285
性别*年龄*考虑因素	1	0.292	0.387	0.755	0.45	-0.466	1.051
	2	-0.081	0.333	-0.243	0.808	-0.733	0.571
	3	-0.42	0.293	-1.434	0.152	-0.994	0.154
教育程度*年龄*考虑因素	1	0.233	0.387	0.601	0.548	-0.526	0.992
	2	-0.268	0.333	-0.806	0.42	-0.92	0.384
	3	0.014	0.293	0.049	0.961	-0.56	0.589
性别*教育程度	1	0.164	0.193	0.849	0.396	-0.215	0.543
性别*年龄	1	0.116	0.387	0.301	0.764	-0.642	0.875
	2	-0.385	0.333	-1.156	0.248	-1.037	0.267
	3	0.152	0.293	0.519	0.604	-0.422	0.726
教育程度*年龄	1	0.176	0.387	0.455	0.649	-0.583	0.935
	2	0.352	0.333	1.059	0.29	-0.3	1.004
	3	-0.027	0.293	-0.093	0.926	-0.601	0.547
性别*考虑因素	1	-0.494	0.193	-2.553	0.011	-0.873	-0.115
教育程度*考虑因素	1	-0.434	0.193	-2.244	0.025	-0.813	-0.055
年龄*考虑因素	1	-0.048	0.387	-0.123	0.902	-0.806	0.711
	2	0.051	0.333	0.153	0.878	-0.601	0.703
	3	-0.083	0.293	-0.284	0.776	-0.657	0.491
性别	1	0.085	0.193	0.439	0.661	-0.294	0.464
教育程度	1	0.025	0.193	0.13	0.897	-0.354	0.404
年龄	1	-0.7	0.387	-1.807	0.071	-1.458	0.059
	2	0.076	0.333	0.228	0.819	-0.576	0.728
	3	0.562	0.293	1.919	0.055	-0.012	1.136
考虑因素	1	-0.153	0.193	-0.794	0.427	-0.532	0.225

图 18-34 参数估计值

（4）图 18-35 所示为模型构建步骤摘要，反映每一步迭代的过程与变量的筛选，最终入选变量为教育程度*考虑因素、性别*考虑因素和年龄。

（5）图 18-36 所示反映模型最终的收敛信息。图中可见最终入选变量为教育程度*考虑因素、性别*考虑因素和年龄。

（6）图 18-37 所示拟合优度检验，结果反映采用上述筛选出来的变量构建模型的拟合优度，结果可见似然比检验值为 23.201，$P=0.449$，Pearson 检验值为 22.238，$P=0.506$，均大于 0.05，模型拟合情况较好。

注：如果要进一步得出模型方程，可按照此处筛选出来的变量，采用 General 过程或者 Logit 过程进行模型拟合。另本章实验数据均来自网络。

步骤[a]		效果	卡方[c]	df	Sig.	迭代数
0	生成类[b]	性别*教育程度*年龄*考虑因素	0	0	.	
	已删除的效果 1	性别*教育程度*年龄*考虑因素	0.275	3	0.965	3
1	生成类[b]	性别*教育程度*年龄, 性别*教育程度*考虑因素, 性别*年龄*考虑因素, 教育程度*年龄*考虑因素	0.275	3	0.965	
	已删除的效果 1	性别*教育程度*年龄	2.64	3	0.45	2
	2	性别*教育程度*考虑因素	0.139	1	0.71	7
	3	性别*年龄*考虑因素	3.388	3	0.336	3
	4	教育程度*年龄*考虑因素	0.103	3	0.991	3
2	生成类[b]	性别*教育程度*考虑因素, 性别*年龄*考虑因素, 教育程度*年龄*考虑因素	0.378	6	0.999	
	已删除的效果 1	性别*教育程度*年龄	7.844	3	0.049	4
	2	性别*教育程度*考虑因素	0.232	1	0.63	10
	3	性别*年龄*考虑因素	5.287	3	0.152	3
3	生成类[b]	性别*教育程度*年龄, 性别*年龄*考虑因素, 教育程度*考虑因素	0.61	7	0.999	
	已删除的效果 1	性别*教育程度*年龄	8.121	3	0.044	4
	2	性别*年龄*考虑因素	6.032	3	0.11	5
	3	教育程度*考虑因素	12.292	1	0	2
4	生成类[b]	性别*教育程度*年龄, 教育程度*考虑因素, 性别*年龄*考虑因素	6.642	10	0.759	
	已删除的效果 1	性别*教育程度*年龄	4.883	3	0.181	4
	2	教育程度*考虑因素	9.002	1	0.003	2
	3	性别*年龄	18.129	1	0	4
	4	年龄*考虑因素	0.278	3	0.964	5
5	生成类[b]	性别*教育程度*年龄, 性别*年龄*考虑因素	6.92	13	0.906	
	已删除的效果 1	性别*教育程度*年龄	4.959	3	0.175	4
	2	性别*年龄	11.045	3	0.001	2
	3	教育程度*考虑因素	20.393	1	0	3
6	生成类[b]	教育程度*考虑因素, 性别*教育程度, 性别*年龄	11.879	16	0.752	
	已删除的效果 1	教育程度*考虑因素	11.076	1	0.001	4
	2	性别*年龄	20.424	1	0	4
	3	性别*教育程度	0.021	1	0.896	4
	4	性别*年龄	5.352	3	0.148	3
	5	教育程度*年龄	6.701	3	0.082	3
7	生成类[b]	教育程度*考虑因素, 性别*考虑因素, 性别*年龄, 教育程度*年龄	11.9	17	0.806	
	已删除的效果 1	教育程度*考虑因素	19.155	1	0	2
	2	性别*考虑因素	28.502	1	0	2
	3	性别*年龄	5.517	3	0.138	2
	4	教育程度*年龄	6.866	3	0.076	2
8	生成类[b]	教育程度*考虑因素, 性别*考虑因素, 教育程度*年龄	17.417	20	0.626	
	已删除的效果 1	教育程度*考虑因素	18.073	1	0	2
	2	性别*考虑因素	27.421	1	0	2
	3	教育程度*年龄	5.784	3	0.123	2
9	生成类[b]	教育程度*考虑因素, 性别*考虑因素, 年龄	23.201	23	0.449	
	已删除的效果 1	教育程度*考虑因素	18.073	1	0	2
	2	性别*考虑因素	27.421	1	0	2
	3	年龄	24.255	3	0	2
10	生成类[b]	教育程度*考虑因素, 性别*考虑因素, 年龄	23.201	23	0.449	

a. 在每一步骤中, 如果最大显著性水平大于 .050, 则删除含有"似然比更改"的最大显著性水平的效果。
b. 在步骤 0 之后, 将在每一步骤显示最佳模型的统计量。
c. 对于"已删除的效果", 从模型中删除该效果之后, 这是卡方中的更改。

图 18-35 模型构建步骤摘要

收敛信息[a]

生成类	教育程度*考虑因素, 性别*考虑因素, 年龄
迭代数	0
"观测边际"与"拟合边际"之间的最大差异	.000
收敛性准则	.250

a. 最终模型的统计量在"反向消除"之后。

图 18-36 模型最终的收敛信息

拟合优度检验

	卡方	df	Sig.
似然比	23.201	23	.449
Pearson	22.238	23	.506

图 18-37 拟合优度检验

第 19 章 生存分析与 Cox 模型

在前面章节的学习中,我们主要了解的是单一因变量分析的有关问题。例如,观察使用两种方法治疗某种疾病的疗效是否有差异,我们主要是看不同方法对疾病的治愈率是否有差别,但同时可能会忽略一个问题:治疗时间的长短。有甲、乙两种方法治疗某疾病,两种方法的治愈率分别为 75%和 90%,通过卡方检验差异存在统计学意义,但是甲的治疗时间为 2 个月,乙的治疗时间为 2 年,试问哪种方法对患者更有益。如果我们用前面所学的方法很难得到满意的答案或得到片面的答案。如果运用生存分析方法,我们就能得到一个较为综合并且合理的答案。

19.1 非参数分析

生存分析,是一种将生存时间和生存结果综合起来对数据进行分析的一种统计分析方法。生存分析源于古老的寿命表研究,在医学领域相应的数据主要来自对随访事件的研究。随访资料的特点主要有:存在截尾数据;数据呈正偏态分布。

学习生存分析,需要先了解以下一些基本的概念。

- 生存时间:指从某个起始事件开始,到出现我们想要得到的终点事件发生所经历的时间,也称为失效时间。生存时间具有的特点是:分布类型不确定,一般表现为正偏态分布;数据中常含有删失数据。
- 完全数据:指从事件开始到事件结束,观察对象一直都处在观察范围内,我们得到了事件从开始到结束的准确时间。
- 删失数据:指在研究分析过程中由于某些原因,未能得到所研究个体的准确时间,这个数据就是删失数据,又称为不完全数据。产生删失数据的原因有很多:在随访研究中大多是由于失访所造成;在动物实验研究中大多由于观察时间已到,不能继续下去所造成。
- 生存概率:指从某单位时间段开始,存活的个体到该时间段结束时个体仍存活的可能性。

    生存概率 = 下一时段开始的人数 / 该时段开始的人数 = 1-死亡概率
- 生存函数:指个体生存时间 T 大于等于 t 的概率,又称为累积生存概率,或生存曲线。

    $S(t) = P(T>t)$ = 生存时间大于等于 t 的病人数 / 随访开始的病人总数

    $S(t)$ 为单调不增函数,$S(0)$ 为 1,$S(\infty)$ 为 0。
- 半数生存时间:指 50%的个体存活且有 50%的个体死亡的时间,又称为中位生存时间。因为生存时间的分布常为偏态分布,故应用半数生存时间较平均生存时间更加严谨。

- 风险函数：指在生存过程中，t 时刻存活的个体在 t 时刻的瞬时死亡率，又称为危险率函数、瞬时死亡率、死亡率等。一般用 $h(t)$ 表示。

$$h(t) = 死于区间(t, t+\Delta t)的病人数 / 在 t 时刻尚存的病人数 \times \Delta t$$

生存分析的方法，按照使用参数与否一般可以分为三种：

（1）参数方法，数据必须满足相应的分布。常用的参数模型有：指数分布模型、Weibull 分布模型、对数正态分布模型、对数 Logistic 分布模型和 gamma 分布模型。

（2）半参数方法，是目前非常流行的生存分析方法，相对而言，半参数方法比参数方法灵活，比非参数方法更易解释分析结果。常用的半参数模型为 Cox 模型。

（3）非参数方法，当数据没有参数模型可以拟合时，通常可以采用非参数方法进行生存分析。常用的非参数模型包括生命表分析和 Kalpan-Meier 方法。

19.1.1 寿命表法模块解读

寿命表法适用于样本含量较大的资料，通常数据先按时间段进行划分区间，然后再进行相应的分析。

1. 寿命表法

单击"分析"|"生存函数"|"寿命表"命令，弹出"寿命表"对话框，如图 19-1 所示。"时间"框中放入生存时间变量"术后年数"，"显示时间间隔"框中写入本次最长的时间跨度 10，"步长"写入 1，以便计算出每年的生存率，如果想要得到两年生存率则写入 2，依次类推。"状态"框中选入"生存情况"，选入后"定义事件"按钮被激活。单击弹出"寿命表：为状态变量定义事件"对话框，如图 19-2 所示。

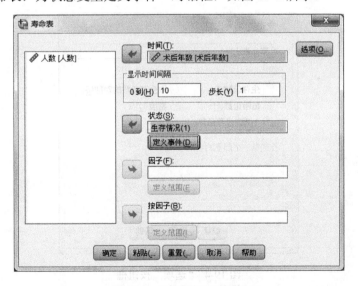

图 19-1 "寿命表"对话框

对于表示已发生事件（本例以发生死亡事件为已发生事件）的值有两种选择：对分类变量选择"单值"项，本次以 1 为死亡所以输入 1。其他值系统均默认以删失值处理；对连续性变量则选择"值的范围"项，在两个框中从左至右依次填入最小值和最大值，系统则会认为在此范围内的值为已发生事件，不在此范围内的系统默认为删失值。单击"继续"按钮返回主对话框。"因子"框用于选入第一个因素变量，一般为分组因素，例如若要分别计算男、女的情况，则将"性别"选入，本例没有牵涉到分组因素故不选。若选入则"定义范围"按钮被激活，单击弹出"定义因子范围"对话框，如图 19-3 所示，将分组因素的最小值、最大值填入对话框中，结果则会以不同的组给出解释。单击"继续"按钮返回主对话框。"按因子"框用于选入第二个因素变量，操作结果及解释与"因子"相同，在此不再复述。

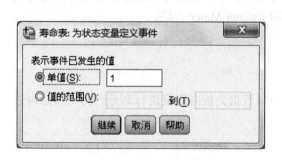

图 19-2 "定义事件"按钮框

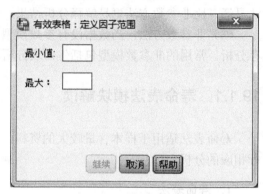

图 19-3 "定义范围"按钮框

2. "选项"按钮

单击"选项"按钮，弹出图 19-4 所示的对话框，此对话框用于输出寿命表、图及因子水平的比较。

图 19-4 "选项"按钮框

（1）寿命表：选中则在结果中输出寿命表，不选不会输出，系统默认选中。
（2）图：输出相应选中的图。
  ❏ 生存函数：输出累积生存函数曲线；

第 19 章 生存分析与 Cox 模型

- 危险函数：输出累积风险函数散点图；
- 1 减去生存函数：输出 1 减去生存函数的曲线，即累积"死亡"函数曲线图；
- 取生存函数的对数：输出对数累积生存函数曲线图；
- 密度：输出密度函数散点图。

（3）比较第一个因子水平：若"因子"项选入变量，则此项处于被激活状态，本次未选"因子"项，故此项并未处于激活状态。

- 无：不进行比较；
- 整体比较：进行因子项的整体比较，类似于方差分析中的总体比较，其检验的零假设为因子分组的各项的生存曲线全部相同。对立假设为各组中至少有一组与其他组不同；
- 两两比较：进行因子项的两两比较，同时也会给出整体比较的结果，相当于方差分析中的两两比较。

19.1.2 寿命表法实例详解

例 19.1：某医院对 114 例男性胃癌患者术后生存情况进行 11 年随访，据此计算男性胃癌患者术后各年的生存率。具体数据见 19-1.sav 数据库。

1. 操作步骤

（1）单击"分析"|"生存函数"|"寿命表"命令，如图 19-5 所示，单击"寿命表"则弹出图 19-1 所示的对话框。

图 19-5 "寿命表"菜单命令

（2）将"术后年数"放入"时间"框，显示时间间隔分别填入 10 和 1；"生存情况"选入"状态"栏，单击"定义事件"按钮在"单值"框中填入 1，如图 19-2 所示。

（3）单击"选项"按钮，弹出图 19-4 所示的对话框，本例选中"寿命表"和"生存函数"。

（4）单击"继续"按钮返回主对话框，单击"确定"按钮运行，输出结果。

2. 结果解读

（1）图 19-6 所示为 114 例男性胃癌患者术后生存情况的寿命表，分别列出了期初时间、期初记入数、期内退出数、历险数、期间终结数等 13 种项目的数值。注意本例数据的中位生存时间在表的左下角处，为 5.74 年，中位生存时间也可用线性内插法计算。

年限表^a

期初时间	期初记入数	期内退出数	历险数	期间终结数	终结比例	生存比例	期末的累积生存比例	期末的累积生存比例的标准误	概率密度	概率密度的标准误	风险率	风险率的标准误
0	114	5	111.500	3	.03	.97	.97	.02	.027	.015	.03	.02
1	106	4	104.000	9	.09	.91	.89	.03	.084	.027	.09	.03
2	93	1	92.500	10	.11	.89	.79	.04	.096	.029	.11	.04
3	82	0	82.000	22	.27	.73	.58	.05	.213	.040	.31	.07
4	60	2	59.000	2	.03	.97	.56	.05	.020	.014	.03	.02
5	56	2	55.000	8	.15	.85	.48	.05	.082	.028	.16	.06
6	48	2	45.000	12	.27	.73	.35	.05	.128	.034	.31	.09
7	32	1	31.500	10	.32	.68	.24	.05	.111	.033	.38	.12
8	21	0	21.000	5	.24	.76	.18	.04	.057	.025	.27	.12
9	16	1	15.500	3	.19	.81	.15	.03	.035	.020	.21	.12
10	12	1	11.500	11	.96	.04	.01	.01	.000	.000	.00	.00

a. 中位数生存时间为 5.74。

图 19-6　男性胃癌患者术后生存情况

（2）图 19-7 所示为生存函数图，它是对生存函数的图形展示。由图可以看出本例的累积生存率下降比较均衡。

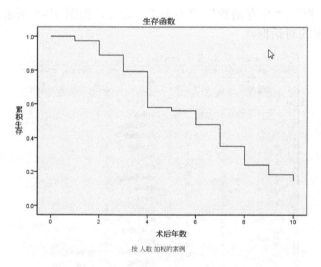

图 19-7　男性胃癌患者术后生存函数图

19.1.3　Kaplan-Meier 法模块解读

Kaplan-Meier 法利用概率乘法定理计算生存率，又称乘积极限法，适用于小样本或大样本未分组资料的分析。

1. Kaplan-Meier 法

单击"分析"|"生存函数"|Kaplan-Meier 命令，弹出 Kaplan-Meier 分析的对话框，如

图 19-8 所示。"时间"框中放入"生存时间","状态"框中放入"生存情况",随后"定义事件"按钮被激活,单击"定义事件"按钮弹出"定义状态变量事件"对话框,如图 19-9 所示。不同于图 19-2 所示"寿命表"中的"状态变量定义事件"框,本框中含有 3 个选项:"单值"、"值得范围"和"值的列表",前两项的用法同"寿命表"。

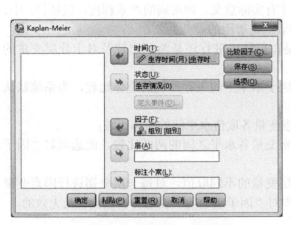
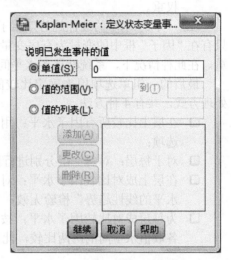

图 19-8　Kaplan-Meier 法分析对话框　　　　图 19-9　"定义事件"按钮框

"值的列表",可以设置多个事件发生的列表,例如认为数值为 1、5、9 的均为发生事件,则在"值的列表"框中依次填写 1、5、9 并单击"添加"按钮,则系统认为 1、5、9 的个体为发生事件,其他均按删失处理。在框中选择相应的项,单击"更改"、"删除"按钮分别为更改、删除相应的项。0 表示"出现结局"、1 表示"删失"、2 表示"实验结束时仍存活",本例则应该在"单值"框中填入 0。单击"继续"按钮返回主对话框。"因子"框中选入分组的变量,本例选入"组别"。"层"框为选入的分层变量,类似于"寿命表"中的"按因子"。"标注个案"用于选入观测的标签变量,系统将以变量标签值列出所有的变量。

2. "比较因子"按钮

选中"因子"后,"比较因子"按钮将从休眠状态转入激活。单击"比较因子"按钮,弹出"比较因子水平"对话框,如图 19-10 所示。此对话框用于检验不同因子水平的生存分布及线性趋势。

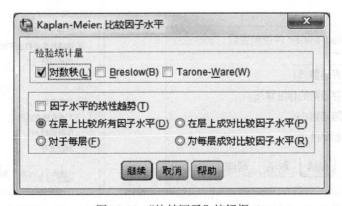

图 19-10　"比较因子"按钮框

(1) 检验统计量：用于检验统计量的不同方法。
- 对数秩：用于检验各组的生存分布是否相同，各时刻赋予相同的权重；
- Breslow：用于检验各组的生存分布是否相同，各时刻按个案数赋予权重；
- Tarone-Ware：用于检验各组的生存分布是否相同，各时刻按个案数的平方根赋予权重。

(2) "因子水平的线性趋势"用于检验因素变量的水平间是否存在线性趋势，此选项只有在"因子"框中的变量为有序变量时才有实际意义，如疾病的严重程度，包括轻、中、重。在此种情况下，系统默认各水平间的效应是等距的。

最后的一组单选项用来确定比较的是在总体中进行还是两两比较及对于分层变量的处理方式，共有 4 种方法。
- 在层上比较所有因子水平：用于因子水平下的生存曲线的整体比较，为系统默认选项；
- 对于每层：对每一层分别进行因素变量各取值水平间的整体比较；
- 在层上成对比较因子水平：对因素变量各水平之间的两两比较，此选项对"因子水平的线性趋势"检验无效；
- 为每层成对比较因子水平：按分层变量的不同取值，对每一层分别进行因素变量各取值水平间的两两比较，此选项对"因子水平的线性趋势"检验也是无效的。

3. "保存"按钮

单击"保存"按钮，弹出"保存新变量"对话框，如图 19-11 所示。通过对此对话框的选择可以将相应的信息保存为新变量，新变量可在以后的分析中用于检验假设或检查假设。此对话框包括以下 4 个选项。
- 生存函数：保存累积生存率的估计值，变量名为前缀 SUR-加顺序号；
- 生存函数的标准误：保存累积生存率估计值的标准误，变量名为前缀 SE-加顺序号；
- 危险函数：保存累积风险函数的估计值，变量名为前缀 HAZ-加顺序号；
- 累积事件：保存终结事件的累积频数，变量名为前缀 CUM-加顺序号。

4. "选项"按钮

单击"选项"按钮，弹出"选项"对话框，如图 19-12 所示。此对话框用于设置分析过程中需要计算的统计量和需要输出的图形。

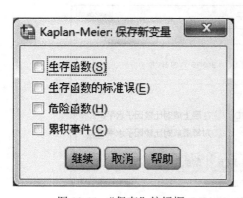

图 19-11 "保存"按钮框

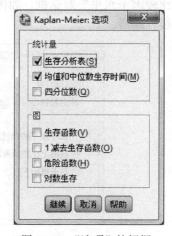

图 19-12 "选项"按钮框

(1) 统计量
- 生存分析表：输出以个体为单位的生存表，类似于寿命表；
- 均值和中位数生存时间：输出生存表的均值和中位数，及其生存时间的标准误和置信区间；
- 四分位数：输出生存时间的 3 个四分位数的相应的值及标准误。

(2) 图

在同一张图上输出各因子的相应函数曲线。共有 4 种相应的函数曲线其意义同"寿命表"：生存函数、1 减去生存函数、危险函数、对数生存。

19.1.4 实例详解

例 19.2：某医院对 44 例某病患者随机化分组后，一组为对照组，一组为实验组，实验组采用某种干预措施，对照组不采用任何干预措施，观察患者生存时间。试通过 K-M 法进行生存分析，要求评价干预措施有无效果，同时绘制生存曲线图。具体数据见 19-2.sav 数据库。

1．操作步骤

(1) 单击"分析"|"生存函数"|Kaplan-Meier 命令，如图 19-13 所示，弹出图 19-8 所示的对话框。

图 19-13 Kaplan-Meier 菜单命令

(2) 将"生存时间"放入"时间"框中，"生存情况"放入"状态"框中，单击"定义事件"按钮，在"单值"框中填入 0；将"组别"选入"因子"框中；如图 19-8、图 19-9

所示。

（3）单击"比较因子"按钮，弹出图19-10所示的对话框，在"检验统计量"中3个复选框均选择。

（4）单击"选项"按钮，弹出图19-12所示的对话框，"统计量"中选择"生存分析表"和"均值和中位数生存时间"，"图"中选择"生存函数"。

（5）单击"继续"按钮返回主对话框，单击"确定"按钮运行，输出结果。

2. 结果解读

（1）图19-14所示给出了"个案处理摘要"的信息，包括不同组别及整体的总数、事件数、删失数及删失数所占总数的百分比。

个案处理摘要

组别	总数	事件数	删失	
			N	百分比
prednisolone组	22	11	11	50.0%
对照组	22	16	6	27.3%
整体	44	27	17	38.6%

图19-14 个案处理摘要表

（2）图19-15所示为"生存表"信息，给出了类似寿命表的相关信息。此项分别将每个观测单独占据一行，限于篇幅本例值给出一部分信息。

生存表

组别		时间	状态	此时生存的累积比例		累积事件数	剩余个案数
				估计	标准误		
prednisolone组	1	2.000	出现结局	.955	.044	1	21
	2	6.000	出现结局	.909	.061	2	20
	3	12.000	出现结局	.864	.073	3	19
	4	54.000	出现结局	.818	.082	4	18
	5	56.000	删失	.	.	4	17
	6	68.000	出现结局	.770	.090	5	16
	7	89.000	出现结局	.722	.097	6	15

图19-15 不同组别生存表

（3）图19-16所示给出了"生存表的均值和中位数"的信息，包括各组及整体均值、中位数的估计值、标准误、置信区间值。由图可以看出无论均值还是中位数对照组均要小于实验组。因为生存数据为偏态分布，中位数估计要强于均值估计。

生存表的均值和中位数

组别	均值[a]				中位数			
	估计	标准误	95% 置信区间		估计	标准误	95% 置信区间	
			下限	上限			下限	上限
prednisolone组	125.264	13.402	98.996	151.532	146.000	28.786	89.580	202.420
对照组	72.545	14.839	43.462	101.629	40.000	12.899	14.719	65.281
整体	98.925	10.812	77.733	120.117	89.000	21.232	47.385	130.615

a. 如果估计值已删失，那么它将限制为最长的生存时间。

图9-16 不同组别的均值、中位数表

（4）图 19-17 所示给出了"整体比较"的假设检验值，从 3 种检验的 Sig 值可以看出，在 0.05 的水平下，实验组和对照组的差异均显著。

整体比较

	卡方	df	Sig.
Log Rank (Mantel-Cox)	4.660	1	.031
Breslow (Generalized Wilcoxon)	6.543	1	.011
Tarone-Ware	6.066	1	.014

为 组别 的不同水平检验生存分布等同性。

图 19-17　不同组别的均值、中位数表

（5）图 19-18 所示给出了两组"生存函数"的生存曲线图，从图中可以形象看出对照组要比实验组下降得快。

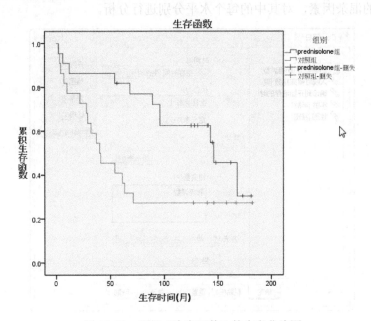

图 19-18　两组"生存函数"的生存曲线图

19.2　Cox 回归模型

19.2.1　方法介绍

之前介绍的两个非参数分析方法，只能研究单个因素或不考虑混杂因素时的生存分析。对于同时分析多个影响因素的生存分析，则需用半参数分析方法 Cox 回归模型来进行操作。Cox 回归模型是假定因素对死亡风险作用强度在所有时间上都保持一致的前提下进行的。对于不满足此前提条件的，需要用到下一节的时间依存变量 Cox 模型。Cox 回归模

型能够建立生存时间与危险因素之间依存关系的数学模型。对于 Cox 回归模型的详细理论推导过程，有兴趣的读者可以参考相应的纯理论统计书籍。

19.2.2 模块解读

1. Cox 回归

单击"分析"|"生存函数"|"Cox 回归"命令，弹出"Cox 回归"对话框，如图 19-19 所示。"时间"框中放入"生存时间"，"状态"框中放入"生存状态"；选入后"定义事件"按钮被激活，单击"定义事件"按钮，弹出"为状态变量定义事件"对话框，在"单值"的框中填入 1，其框组的含义、操作与图 19-8 所示的 Kaplan-Meier 对话框中的框组完全相同，在此不再做详细的复述。单击"继续"按钮返回主对话框。"协变量"框中选择需要分析的变量，其变量的选择设置及方法同前面相应的章节。"层"中放入分层变量，可以看作相应的混杂因素，对其中的每个水平分别进行分析。

图 19-19 "Cox 回归"对话框

2. "分类"按钮

在"协变量"框中选入变量后，"分类"按钮将被激活，单击将出现"定义分类协变量"对话框，如图 19-20 所示。此对话框的含义、操作与前面相应章节对话框的框组完全相同。

3. "绘图"按钮

单击"绘图"，弹出"图"对话框，如图 19-21 所示。此对话框用于设置分析过程中输出的图类型。包含：生存函数、危险函数、负对数累积生存函数的对数、1 减去生存函数 4 个类型，具体解释见"寿命表"。选择任一个"图类型"项，则"协变量值的位置"

和"单线"、"更改值"被激活,将分类协变量选择进入"单线"框中,系统将按分类值分别输出相应的图形。"更改值"默认选"均值",以每个协变量的平均值作为常数;若选择"值"按钮,则可在后面的框中输入自己的值用于绘图。单击"更改"按钮确认使用。

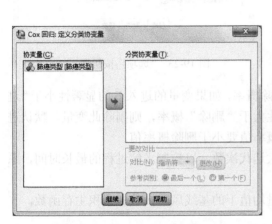

图 19-20 "分类"按钮框

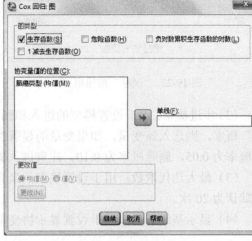

图 19-21 "绘图"按钮框

4."保存"按钮

单击"保存"按钮,弹出"保存新变量"对话框,如图 19-22 所示。此对话框用于保存相应生存函数的形式。

- 函数:保存累积生存率的估计值,变量名为前缀 SUR-加顺序号;
- 标准误:保存累积生存率的标准误,变量名为前缀 SE-加顺序号;
- 负对数累积生存函数的对数:保存应用了 ln(-ln)转换之后的累积生存率的估计值,变量名为前缀 LML-加顺序号;
- 危险函数:保存累积风险函数的估计值,变量名为前缀 HAZ-加顺序号;
- 偏残差:保存生存时间的偏残差,变量名为前缀 PR-加顺序号;
- DfBeta:保存 Beta 系数,变量名为前缀 DFB-加顺序号;
- X*Beta:保存线性预测因素分值,变量名为前缀 XBE-加顺序号。

"将模型信息导出到 XML 文件"输出框,用于把模型的相关信息以 XML 格式保存到指定的文件夹中。

5."选项"按钮

单击"选项",弹出"选项"对话框,如图 19-23 所示。用于设置输出模型统计量及步进概率。

(1)模型统计量:"CI 用于 exp(B)"框用于设置相应的置信区间,默认为 95%的置信区间。"估计值的相关性"用于输出回归系数的相关系数矩阵。"显示模型信息"选项用于选择需要显示的模型信息,选择"在每个步骤中"则显示每一步进入过程中都输出相关的信息,选择"在最后一个步骤中"则只会显示最后的回归模型的相关信息。

图 19-22 "保存"按钮框

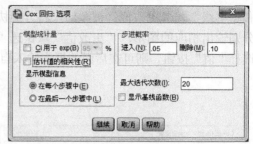
图 19-23 "选项"按钮框

(2) 步进概率：用于设置模型的进入和删除概率，如果变量的进入 F 的显著性小于"进入"概率，则选入该变量，如果变量的显著性大于"删除"概率，则剔除此变量。默认进入概率为 0.05，删除概率为 0.10，注意进入概率值要小于删除概率值。

(3) 最大迭代次数：用于设置模型的最大迭代次数，以控制求解过程的最长时间，系统默认为 20 次。

(4) 显示基线函数：用于设置显示协变量均值下的基线风险函数和累积生存函数。

6．Bootstrap 按钮

单击 Bootstrap 按钮，弹出 Bootstrap 对话框，如图 19-24 所示。此对话框的设置、解释与前面相应章节相同，详见相应章节。

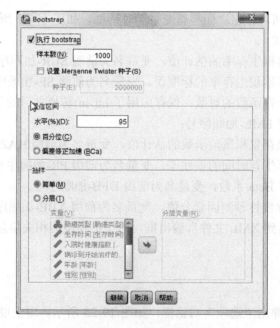

图 19-24 Bootstrap 按钮框

19.2.3 实例详解

例 19.3：某研究者想研究肺癌 4 种亚型的生存时间有无差别，收集了一些肺癌病例的数据。要求列出 Cox 回归模型的主要分析结果并能合理地解释结果。具体数据详见 19-3.sav 数据库。

1．操作步骤

（1）单击"分析"|"生存函数"|"Cox 回归"命令，如图 19-25 所示，则弹出前面的图 19-19 所示的对话框。

图 19-25 "Cox 回归"菜单命令

（2）将"生存时间"放入"时间"框，"生存状态"放入"状态"框。单击"定义事件"按钮，在"单值"框中填入"1"，单击"继续"按钮返回主对话框。将其他的各因素全部选入"协变量"框中。"方法"框中本例选择"进入"方法，不同的数据初步分析后可以选择相应的方法，当自变量个数较多时建议选择"向前：LR"方法，或者先将每个协变量独自选进模型，再将有意义的协变量一起选进模型，运用"进入"方法。本例只有 5 个自变量，选择"进入"法相对较好。各种方法对模型纳入自变量的最终个数一般不会有差异，每一个被纳入的协变量的影响大小会有不同。

（3）单击"分类"按钮将"肺癌类型"选进"分类协变量"的框中，单击"继续"按钮按钮返回主对话框。

（4）单击"绘图"按钮在"图类型"中选择"生存函数"，单击"继续"按钮返回主对话框。

（5）单击"选项"按钮在"模型统计量"中选择"CI 用于 exp（B）"，单击"继续"按钮返回主对话框。

（6）单击"确定"按钮进入结果页面。

2．结果解释

（1）图 19-26 所示给出了"案件处理摘要"的信息，从中可以很清晰的看出案例中的

"事件"发生数、"删失"发生数、"合计"数及其所占的百分比。

（2）图19-27所示给出了"分类变量编码"表的相关信息，从中可以看出生成哑变量的各分类水平的频数和编码对照。本例以"鳞癌"为对照，其他种类得出数据均以鳞癌为标准。

案例处理摘要

分析中可用的案例		N	百分比
	事件[a]	64	94.1%
	删失	4	5.9%
	合计	68	100.0%
删除的案例	带有缺失值的案例	0	.0%
	带有负时间的案例	0	.0%
	层中的最早事件之前删失的案例	0	.0%
	合计	0	.0%
合计		68	100.0%

a. 因变量：生存时间。

图 19-26　案件处理摘要表

分类变量编码[b]

肺癌类型[a]		频率	(1)	(2)	(3)
	1=腺癌	18	1	0	0
	2=大细胞癌	12	0	1	0
	3=小细胞癌	18	0	0	1
	4=鳞癌	20	0	0	0

a. 示性参数编码。
b. 分类变量：肺癌类型（肺癌类型）。

图 19-27　分类变量编码表

（3）图19-28所示分别给出了未引入任何自变量时无效模型和引入自变量后模型的-2倍的对数似然值。图19-28所示给出无效模型的-2倍的对数似然值为420.463，图19-29所示给出引入自变量后模型的-2倍的对数似然值为368.213，其差值为50.734，在自由度为7的情况下，差异有统计学意义，P 值 Sig<0.001。

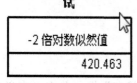

模型系数的综合测试

-2倍对数似然值
420.463

图 19-28　无效模型综合测试表

模型系数的综合测试[a]

-2倍对数似然值	整体（得分）			从上一步骤开始更改			从上一块开始更改		
	卡方	df	Sig.	卡方	df	Sig.	卡方	df	Sig.
368.213	50.734	7	.000	52.250	7	.000	52.250	7	.000

a. 起始块编号1. 方法=输入

图 19-29　引入自变量后的综合测试表

（4）图19-30所示给出了"方程中的变量"的相关信息，从中可以看出各自变量或哑变量的回归系数的估计值（B）、估计值的标准误（SE）、估计值的Wald检验值、自由度（df）、显著性水平值P（Sig）、各自变量或哑变量的效果估计值（Exp（B））及其95.0%CI值的上限和下限值。图中可以看出确诊时间、年龄及性别在模型中均没有统计学意义。肺癌类型、健康指数之间的差异是存在统计学意义的。"腺癌"、"大细胞癌"、"小细胞癌"相对危险度分别是"鳞癌"的4.187、2.457、5.275倍，而且差异均有统计学意义，4种肺癌类型的严重程度分别为"鳞癌"、"大细胞癌"、"腺癌"、"小细胞癌"。"健康指数"是保护因素，随着"健康指数"的增加，危险性在逐渐减小，"健康指数"每增加一个单位，危险性减0.957倍。

（5）图19-31所示给出了"协变量均值"的相关信息，从中可以看出各变量的均值信息。

（6）图19-32所示给出了"协变量均值处的生存函数"的图形，是在各协变量均值水平时的累积生存函数曲线，其意义在于研究样本所在总体人群的生存率变化情况。图中可以看出肺癌患者的中位数生存时间约为100天。

方程中的变量

	B	SE	Wald	df	Sig.	Exp(B)	95.0% CI用于 Exp(B) 下部	上部
肺癌类型			13.637	3	.003			
肺癌类型(1)	1.432	.451	10.075	1	.002	4.187	1.729	10.136
肺癌类型(2)	.899	.423	4.505	1	.034	2.457	1.071	5.634
肺癌类型(3)	1.663	.469	12.554	1	.000	5.275	2.102	13.235
健康指数	-.043	.008	30.436	1	.000	.957	.943	.972
确诊时间	-.003	.011	.081	1	.776	.997	.976	1.019
年龄	-.025	.014	3.355	1	.067	.975	.950	1.002
性别	-.407	.386	1.112	1	.292	.666	.313	1.418

图 19-30 "方程中的变量"的相关信息

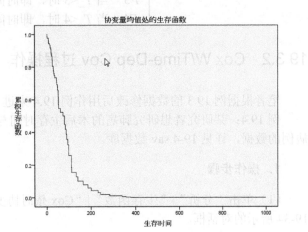

协变量均值

	均值
肺癌类型(1)	.265
肺癌类型(2)	.176
肺癌类型(3)	.265
健康指数	57.926
确诊时间	8.897
年龄	59.118
性别	1.279

图 19-31 协变量均值表

图 19-32 生存函数图

19.3 时间依存变量的处理方法

19.3.1 时间依存变量 Cox 模型

在分析生存数据的过程中，我们一般都理想化地认为风险比例不随时间变化而变化，但是有时风险比例也会随时间的变化而变化，如果我们一味地假定风险比例不随时间的变化而变化，就会造成很大的偏差。在分析这样的数据时我们通常需要用到时间依存变量 Cox 模型的分析方法，相对于前面的 Cox 比例风险模型，此种方法也称为非比例风险模型。在分析这样的模型时，必须首先指定时间依存协变量（多个协变量时就必须用编程来做）。可以用一个代表时间的系统变量（以 T_- 表示），来完成这一步，主要有以下两种方法。

（1）如果怀疑某个协变量的比例风险，可以将其及时间变量 T_- 定义成时间依存协变量（当然多个协变量时就必须用编程来做了），常用的方法是把它们简单地进行相乘（如果能指定相应更符合的函数更好），然后通过对时间依存协变量系数的显著性检验来判断比例风险是否合理。

（2）有些协变量虽然在不同的时间点取不同的值，但与时间并非系统地相关，在这种情况下，需要用到逻辑表达式来定义分段时间依存协变量，逻辑表达式取 1 时为真，取 0

时为假。用一系列的逻辑表达式，可以从一系列观测记录中建立自己的时间依存变量。例如，对第一次服用硫唑嘌呤的系统性红斑狼疮患者，前一个月需要每周监测血相中的白细胞数，每周一次，共观察 4 次，（变量名为 $F1$~$F4$）。时间依存协变量可以这样定义：$(T\_<1)*F1+(T\_>=1\ \&\ T\_<2)*F2+(T\_>=2\ \&\ T\_<3)*F3+(T\_>=3\ \&\ T\_<4)*F4$（&表示"逻辑与"，即一般编程语言中的"AND"）。请注意括号中的值只能有一个取 1，而其他的值只能取 0，也就是说，这个函数意味着当时间小于一周时（此时第一个括号内取值为 1，而其他括号内取值为 0）使用 $F1$ 的值，大于一周而小于两周时使用 $F2$ 的值，依次类推。

$$\text{此时时间协变量}=\begin{cases}F1 & \text{当 }T\_<1\text{ 时，即时间小于 1 周时}\\F2 & \text{当 }T\_<2\text{ 时，即时间小于 2 周且大于 1 周时}\\F3 & \text{当 }T\_<3\text{ 时，即时间小于 3 周且大于 2 周时}\\F4 & \text{当 }T\_<4\text{ 时，即时间小于 4 周且大于 3 周时}\end{cases}$$

19.3.2　Cox W/Time-Dep Cov 过程操作

笔者根据例 19.3 的数据修改后用作例 19.4 来进行分析。

例 19.4：某研究者想研究肺癌的术后生存时间与手术时年龄的关系，收集了一些肺癌病例的数据，详见 19-4.sav 数据库。

1．操作步骤

（1）单击"分析"|"生存函数"|"Cox 依时协变量"命令，如图 19-33 所示，弹出图 19-34 所示的对话框。

图 19-33　"Cox 依时协变量"菜单命令

（2）将"T_ * 年龄"通过操作写入"T_COV_的表达式"框中，如图 19-34 所示；单击"模型"按钮，进入"Cox 回归"对话框，如图 19-35 所示。

（3）相应的操作同 Cox 回归分析，只是将相应的回归协变量放入"协变量"框中，如果是多个协变量也一并放入"协变量"框中，如图 19-35 所示。

（4）单击"确定"按钮进入结果页面。

第 19 章 生存分析与 Cox 模型

图 19-34 "计算依时协变量"对话框

图 19-35 "Cox 回归"对话框

2．结果解释

图 19-36~图 19-41 所示给出了相应的结果信息。其结果解读同 Cox 回归分析结果解释。

案例处理摘要

		N	百分比
分析中可用的案例	事件[a]	54	93.1%
	删失	4	6.9%
	合计	58	100.0%
删除的案例	带有缺失值的案例	0	.0%
	带有负时间的案例	0	.0%
	层中的最早事件之前删失的案例	0	.0%
	合计	0	.0%
合计		58	100.0%

a. 因变量: 生存时间

图 19-36 案件处理摘要表

块 0：起始块

模型系数的综合测试

-2 倍对数似然值
340.082

图 19-37 起始块测试

块 1：方法 = 输入

迭代历史[b]

	-2 倍对数似然值[a]	系数 T_COV_
1	254.368	.003
2	211.460	.007
3	169.379	.014

a. 起始块数量 0，初始对数似然函数: -2 对数似然: 340.082
b. 3 迭代之后至少有一个系数趋向无穷大

图 19-38 块 1 测试

模型系数的综合测试[a]

-2 倍对数似然值	整体 (得分)			从上一步骤开始更改			从上一块开始更改		
	卡方	df	Sig.	卡方	df	Sig.	卡方	df	Sig.
169.379	69.127	1	.000	170.703	1	.000	170.703	1	.000

a. 起始块编号 1. 方法 = 输入

图 19-39 模型系数综合测试表

方程中的变量

	B	SE	Wald	df	Sig.	Exp(B)
T_COV_	.014	.003	29.320	1	.000	1.014

图 19-40　方程中变量信息表

协变量均值

	均值
T_COV_	2545.107

图 19-41　协变量均值表

第 20 章 聚类和判别

物以类聚，人以群分，聚类分析和判别分析都是研究将样品或变量分类的方法，不同的是聚类分析事先并不知道研究对象的类别，它根据研究对象本身提供的信息，通过统计手段做出分类决策，有一定的探索性；而判别分析是事先已知研究对象的类别，根据有关类别的信息建立判别函数，再利用该判别函数判断未知类别个体属于何种类别。在实际分析当中，当对样本的分类不清楚时，可以先聚类分析，然后进行判别分析。

20.1 概 述

20.1.1 聚类分析基础知识

1. 聚类分析的概念和目的

聚类分析是根据某些数量特征将观察对象进行分类的一种数理统计方法。聚类分析属于分类学，它是人们认识自然界未知事物的基本工具之一。通过分类人们可以将研究事物划分为不同类别，并探索产生这种类别的原因，进而提出合理、有效的处理该类事物的办法。比如，生物学家根据生物的特点，将它们按照界、门、纲、目、科、属、种进行分类；卫生部门根据医疗水平、工作效率等众多指标，将若干医院分为几个等级类别等。另外，在多元统计分析中，通过聚类分析可以将众多的观测变量分类，确定各类中的典型变量以达到降维目的。

2. 聚类方法

根据聚类的对象不同，聚类可以分为对样品聚类（Q-型聚类）和对变量聚类（R-型聚类）；根据聚类方法的不同，聚类分析大致可以归为以下几种。

（1）系统聚类法：首先将 n 个样品看成 n 类，然后将性质最接近的两类合并为一类，得到 n-1 类，然后再从这些类中找出性质最接近的两个类合并为 $n-2$ 类，重复上述步骤，一直到所有样品聚为一类。整个过程可以绘成聚类图或树状图，按图做出适当的分类。

（2）加入法：假设已经存在一个分类系统，将所有样品依次加入已有的聚类图，得到一个新的聚类图。

（3）分解法：首先将所有样本分为一类，然后根据某种最优准则将它分为两类。再用同样的方法把这两类各自分为两类，从中选一个使目标函数较好者，这样两类变成了三类，如此下去，一直到每类只有一个样品为止，将分类过程画成图，根据图适当做出分类。

（4）动态分类法：首先将样品粗糙分为 n 类，然后根据某种最优准则进行调整至不能调整为止。

此外，还有有序样品的聚类、条件系统聚类、有重叠的类、预报、模糊聚类、运筹方法等聚类方法，有关详细介绍读者可参阅其他书籍。

3. 距离和相似系数

聚类分析的实质就是将性质相近的样品或变量聚在一起。在聚类分析中反映样品或变量间性质远近的统计量称为聚类统计量，常用的聚类统计量有距离和相似系数。

（1）距离：用于对样品的聚类。距离有绝对值距离、欧式距离、明氏距离、马氏距离等，常用的是欧氏距离，这里只介绍欧氏距离。

对于任两个样品 i 和 k 可定义欧氏距离（Euclidean distance）：

$$D_{ik} = \sqrt{(X_{i1}-X_{k1})^2 + (X_{i2}-X_{k2})^2 + \cdots + (X_{im}-X_{km})^2} = \left[\sum_{j=1}^{m}(X_{ij}-X_{kj})^2\right]^{1/2}$$

其中，x_{ij} 和 x_{kj} 分别为第 i 个样品的第 j 个变量和第 k 个样品的第 j 个变量值。

为消除各指标量纲不同的影响，在求样品间距离前常常需要把指标标准化，即把每一个观察值转换成标准值：

$$X'_{ij} = (X_{ij} - \overline{X_j})/S_j$$

其中，$\overline{X_j}$ 和 S_j 分别为第 j 个变量的样本均值和样本标准差，标化后的指标的均数为 0，标准差为 1。用标化值进行聚类分析。

（2）相似系数：常用于对变量的聚类。相似系数有夹角余弦、相关系数等。对于连续性资料常用的有 Pearson 相关系数；对于分类资料常用的有 Pearson 列联系数。

Pearson 相关系数：

$$r_{ik} = \frac{\sum_{j=1}^{m}(x_{ij}-\overline{x_i})(x_{kj}-\overline{x_k})}{\sqrt{\sum_{j=1}^{m}(x_{ij}-\overline{x_i})^2 \sum_{j=1}^{m}(xkj-\overline{x_k})^2}}$$

Pearson 列联系数：

$$C_{xy} = \sqrt{\frac{x^2}{x^2+n}}$$

其中，x^2 为 R×C 分类资料的列联表的 x^2 值。n 为 R×C 分类资料样品总个数。

20.1.2 判别分析基础知识

1. 判别分析的概念和目的

判别分析是已知一个分类样本，根据这个样本所提供的信息建立判别函数，然后用这个判别函数去判别相同性质但未知分类的个体应归属于哪一类。例如临床上常根据就诊者的症状、体格检查、化验结果等判断患者的身体健康状况；教练员根据学员的生理指标、心理指标和考试成绩判断其适合何种培养方式。

2. 判别分析的前提条件

（1）样本量应尽可能大。

（2）对已知分类或分组（即因变量）的标准要尽可能客观、准确和可靠，使建立起来的判别函数能起到准确的判别效果。

（3）自变量（即观察指标）和因变量之间要有重要的影响关系，选择自变量时应挑选既有区别性又有重要性的指标，这样可以用最少的变量达到较高的判别能力。

（4）各观察指标变量尽可能服从正态分布。

（5）各观察指标变量应是连续型变量，判断类别或组别变量应是分类变量。

（6）所选择的各观察指标变量之间的相关性应较弱，也就是相关性检验不能达到显著水平，并且两个变量之间的相关性在不同的类别或组别中应一致。

3．判别分析方法

判别分析的方法很多，常用的有 Fisher 判别分析、Bayes 判别分析、距离判别分析、最大似然判别分析和逐步判别分析等。

4．判别函数优劣的评价

对判别函数的优劣进行评价，常用的评价方法有回代考核、前瞻性考核以及刀切法。回代考核是把训练样本带入新建的判别函数，根据判别结果和原始结果的符合率来评价判别函数的优劣，一般要求符合率高于 80%，表示判别效果好；前瞻性考核对训练样本以外的样本（外考核样本）进行判别。前瞻性考核的结果更能说明判别函数的优劣；刀切法的基本思想是：每次搁置一个样品，用其余的 n-1 个样品建立判别函数，然后用判别函数对搁置的样品判别分类。从第一个样品到最后一个样品，每个都被判别分类一次，通过 n 次考核的结果评价判别效果。刀切法和前瞻性考核具有同样的评价能力。

20.1.3 SPSS 聚类和判别分析模块

1．二阶段聚类

（1）"二阶聚类分析"对话框

单击"分析"|"分类"|"两步聚类"命令，弹出"二阶聚类分析"对话框，如图 20-1 所示。

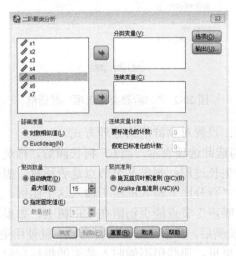

图 20-1 "二阶聚类分析"对话框

① "分类变量"框：用于从左侧的变量列表框中选入待分析的分类变量。
② "连续变量"框：用于从左侧的变量列表框中选入待分析的连续变量。
③ "距离度量"框：用于指定度量两个类别之间的距离定义，有两种方法：
- 对数相似值：它假设连续变量服从正态分布，分类变量服从多项式分布，所有变量均相互独立。
- Euclidean：欧式距离，它假设所有变量都为连续性变量。
④ "连续变量计数"框：用于显示是否需要标准化处理的连续性变量的个数，包括：
- 要标化的计数：它显示要进行标准化处理的连续性变量的个数。
- 假定已标准化的计数：即不需要进行标准化处理的连续性变量的个数。
⑤ "聚类数量"框：用于设置如何确定聚类个数，有如下两种办法：
- 自动确定：按照在"聚类准则"栏设置的，由系统自动确定最优的聚类个数；同时，也可以在"最大值"输入框输入指定的聚类个数的最大值。
- 指定固定值：由用户自己输入聚类个数。
⑥ "聚类准则"框：用于指定聚类方法中确定最优聚类个数的准则，包括"施瓦兹贝叶斯准则（BIC）"和"Akaike 信息准则（AIC）"，用户选择一个。

（2）"选项"按钮

单击"选项"按钮，弹出图 20-2 所示的"二阶聚类：选项"对话框，单击"高级"按钮展开高级选项设置，单击"继续"按钮返回。

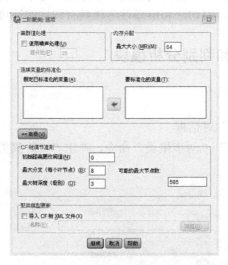

图 20-2 "二阶聚类：选项"对话框

① "离群值处理"框：设置对离群值的处理方式。
"使用噪声处理"：勾选此选项表示，当 CF 树长满后，稀疏节点被合并为一个噪声节点，然后重新执行 CF 树生长过程；判定某个节点是否稀疏，需要它的观测个数比最大节点的指定比例还低即可，"百分比"输入框用于输入这个比例，系统默认为 25%；当 CF 树再次长满后，需判断"噪声"节点能否仍留在 CF 树上，如果不能就把它们删除；不勾选此选项表示，当 CF 树长满后，若存在过多的异常点，就使用更宽松的临界值让 CF 树重新生长。在最后的聚类结果里，那些仍不能归入某类的指标标记为异常，它们自成一类，但不计入聚类的类别个数。

②"内存设置"框：设置聚类过程能使用的最大内存数。

③"连续变量的标准化"框：设置对连续变量的标准化规则。包括"要标准化的变量"框和"假定已标准化的变量"框，根据指标是否标准化选入这两个框。

④"CF 树调节准则"框：设置 CF 树的调整准则，包括：
- 初始距离更改阈值：指定 CF 树生长的初始临界值，默认为 0。
- 最大分支：指定单个节点能拥有的最多子节点的个数，默认为 8。
- 最大树深度：指定 CF 树的最大深度，默认为 3。
- 可能的最大节点数：显示当前过程可能产生的最大节点个数。

⑤"聚类模型更新"框：设置关于引入和更新旧模型的选项。

(3)"输出"按钮

单击"输出"按钮，弹出图 20-3 所示的"二阶聚类：输出"对话框，单击"继续"按钮返回。

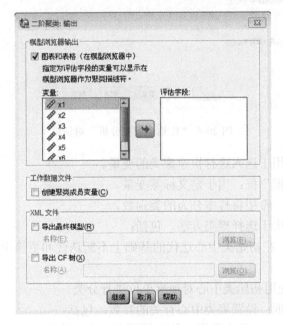

图 20-3 "二阶聚类：输出"对话框

①"图表和表格"复选框：设置输出的图和表，在下面的"变量"栏中将输出的变量选入右侧"评估字段"栏。

②"工作数据文件"框：用于指定当前数据集中保存哪些结果。选择"创建聚类成员变量"复选框表示保存最终的聚类结果。

③"XML 文件"框：设置以 XML 格式输出最终的聚类模型和 CF 树。
- 导出最终模型：将最终模型输出到指定的 XML 文件，"浏览"按钮用于指定文件路径。
- 导出 CF 树：将当前 CF 树输出到指定的 XML 文件，"浏览"按钮用于指定文件路径。

2．K-均值聚类

(1)"K 均值聚类分析"对话框

单击"分析"|"分类"|"K-均值聚类"命令,弹出"K均值聚类分析"对话框,如图20-4所示。

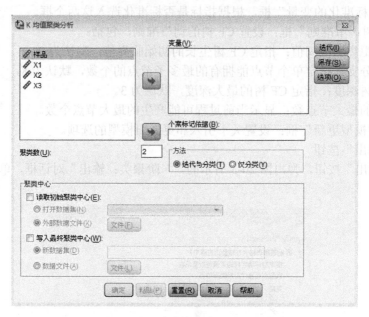

图20-4 "K均值聚类分析"对话框

① "变量"框:用于选入进行快速聚类的变量。
② "个案标记依据"框:用于定义标签变量。
③ "聚类数"框:希望将样本分为的类别数。
④ "方法"框:用于选择聚类方法,包括:
❑ 迭代与分类:在初始类中心迭代的基础上不断迭代和更换中心位置,系统默认为此类。
❑ 仅分类:只使用初始类中心对观察单位进行分类。
⑤ "聚类中心"框:设置聚类中心有关的参数,包括:
❑ 读取初始类中心:指定数据文件中的观察值为初始类中心坐标。
❑ 写入最终聚类中心:将分析结果的聚类中心坐标存入指定文件。
(2)"迭代"按钮

单击"迭代"按钮,弹出图20-5所示的迭代设置对话框,单击"继续"按钮返回。

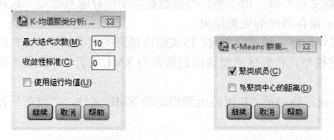

图20-5 迭代设置对话框   图20-6 保存设置对话框

① "最大迭代次数"框:用于设置最大迭代次数,系统默认为10。

② "收敛性标准"框：用于设置收敛性标准，此处显示为 0，实际上系统默认为 0.02，当类中心距离变化的最大值小于最小初始类中心坐标值的 2%时，迭代停止。

③ "使用运行均值"框：系统默认在所有记录都分类后才重新计算类中心位置，如果勾选此框，则每一个记录被归类后，立即重新计算新的类中心。

（3）"保存"按钮

单击"保存"按钮，弹出图 20-6 所示的保存设置对话框，单击"继续"按钮返回。

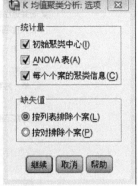

① "聚类成员"框：输出聚类后每一记录所属类别，默认变量名为 qcl-1。

② "与聚类中心的距离"框：输出每一观察单位与其所在类中心的距离。

（4）"选项"按钮

单击"选项"按钮，弹出图 20-7 所示的选项设置对话框，单击"继续"按钮返回。

图 20-7　选项设置对话框

① "统计量"框：包括"初始聚类中心"、"ANOVA 表"——单因素方差分析和"每个个案的聚类信息"。单因素方差分析可以判断每个聚类变量对聚类有无帮助。

② "缺失值"框：选择对缺失值的处理方法。

3．系统聚类

（1）"系统聚类分析"对话框

单击"分析"|"分类"|"系统聚类"命令，弹出"系统聚类分析"对话框，如图 20-8 所示。

① "变量"框：用于选入聚类分析的变量。

② "标注个案"框：用于选入标签变量，只在对样品聚类时使用。

③ "分群"框：用于选择是对样品聚类还是变量聚类，系统默认为前者。

④ "输出"框：用于定义输出的内容，系统默认"统计量"和"图"都输出。

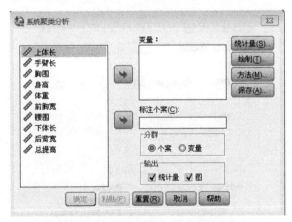

图 20-8　"系统聚类分析"对话框

（2）"统计量"按钮

单击"统计量"按钮，弹出图 20-9 所示的"系统聚类分析：统计量"对话框，单击"继续"按钮返回。

图 20-9 "系统聚类分析：统计量"对话框　　图 20-10 "系统聚类分析：图"对话框

① "合并进程表"框：定义输出每一步聚类过程。
② "相似性矩阵"框：定义输出样品或变量间的距离或相似系数矩阵。
③ "聚类成员"框：定义是否输出聚类结果列表，默认为不输出。
（3） "绘制"按钮
单击"绘制"按钮，弹出图 20-10 所示的对话框，单击"继续"按钮返回。
① "树状图"框：输出聚类结果树状图，当要聚类的样品或变量较多时，该图比冰柱图清楚得多，建议多使用。
② "冰柱"框：输出聚类结果冰柱图，当要聚类的样品或变量较多时，该图不是很清楚。
③ "方向"框：定义冰柱图是纵向还是横向排列，系统默认为纵向。
（4） "方法"按钮
单击"方法"按钮，弹出图 20-11 所示的"系统聚类分析：方法"对话框，单击"继续"按钮返回。

图 20-11 "系统聚类分析：方法"对话框

① "聚类方法"框：单击该下拉列表，可以选择不同类间距离的测量方法，系统默认为组间连接法。

② "度量标准"框：用于选择所用的距离种类，包括如下 3 种资料的距离种类。

❑ "区间"框：单击下拉列表，可选择计量资料所用的距离指标，系统默认为"平放 Euclidean 距离"。

❑ "计数"框：单击下拉列表，可选择分类资料所用的距离指标，系统默认为"卡方度量"。

❑ "二分类"框：单击下拉列表，可选择二分类资料所用的距离指标，系统默认为"平放 Euclidean 距离"。

③ "转换值"框：定义是否对各种变量做标准化转换，系统默认为不转换。

④ "转换度量"框：对计算出的距离测量指标设置进一步的变换方法。一般来说不需要使用这些选项。

（5）"保存"按钮

单击"保存"按钮，弹出图 20-12 所示的"系统聚类分析：保存"对话框，单击"继续"按钮返回。

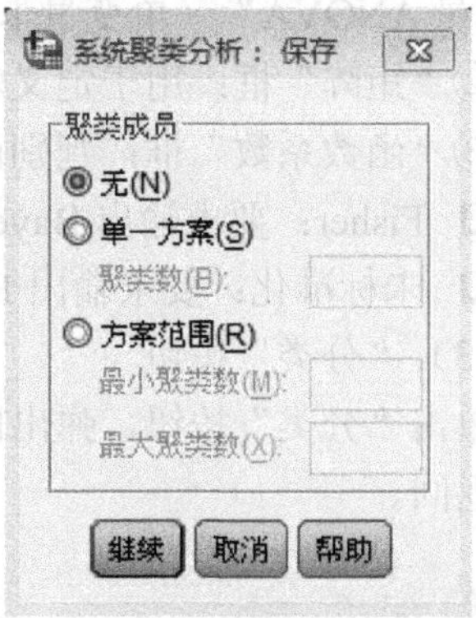

图 20-12 "系统聚类分析：保存"对话框

该对话框用于对样品进行聚类时，在数据编辑窗口产生新的变量以记录分类的结果。

4．判别分析

（1）"判别分析"对话框

单击"分析"|"分类"|"判别"命令，弹出"判别分析"对话框，如图 20-13 所示。

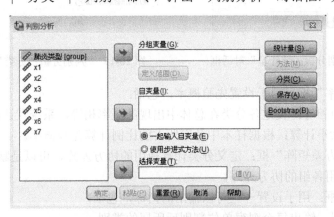

图 20-13 "判别分析"对话框

① "分组变量"框：用于选入已知的分类变量，选入之后下方的"定义范围"按钮激活，用于定义分类变量的最大取值和最小取值。

② "自变量"框：用于选入建立判别函数所需的变量。

❑ 一起输入自变量：所有变量同时进入判别函数，系统默认。

❑ 使用步进式方法：设定采用逐步判别法，按照指定的纳入/排除标准，依次引入和剔除变量，直到方程稳定。

③ "选择变量"框：选择一个变量引入框中，右侧"值"按钮激活，定义一个值，这样全部记录中只有该变量等于定义值的记录才纳入分析。

（2）"统计量"按钮

单击"统计量"按钮，弹出图 20-14 所示的"判别分析：统计量"对话框，单击"继续"按钮返回。

① "描述性"框：用于设置输出描述性统计量，包括下方的"均值"（均数和标准差）、"单变量 ANOVA"（单变量卡方检验）和"Box's M"（组间协方差矩阵齐性检验）。

② "矩阵"框：用于定义输出矩阵选项。

③ "函数系数"框：判别函数系数选项，包括：
- Fisher：要求输出 Bayes 判别系数。
- 未标准化：要求输出 Fisher 判别法的未标准化的判别系数。

（3）"分类"按钮

单击"分类"按钮，弹出图 20-15 所示的"判别分析：分类"对话框，单击"继续"按钮返回。

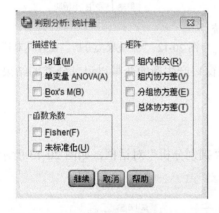

图 20-14 "判别分析：统计量"对话框   图 20-15 "判别分析：分类"对话框

① "先验概率"框：用于设置先验概率，包括：
- 所有组值相等：设定各分类在总体中出现的概率相等，系统默认此选项。
- 根据组大小计算：根据样本中各组所占的比例计算先验概率。

② "使用协方差矩阵"框：定义分类计算使用的协方差阵，可以是默认的组内协方差阵，也可以分别用各组的协方差阵。

③ "输出"框：用于设置一些可以输出的指标，包括：
- 个案结果：输出每个观察单位判别后所属的类别。
- 摘要表：输出判别符合率结果表。
- 不考虑该个案时的分类：制定输出刀切法的考核结果。

④ "图"框：用于指定输出的判别图，包括：
- 合并组：各类共同输出在一幅图中。
- 分组：每个类别单独输出一幅散点图。
- 区域图：设定做区域图，该图可直接用于分类。

⑤"使用均值替换缺失值"框：以均数代替缺失值，一般不推荐使用该方法。
（4）"保存"按钮
单击"保存"按钮，弹出图 20-16 所示的"判别分析：保存"对话框，单击"继续"按钮返回。

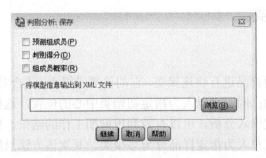

图 20-16　"判别分析：保存"对话框

①"预测组成员"框：用于设置在数据编辑窗口保存每个记录的所属类别。
②"判别得分"框：用于设置在数据编辑窗口保存每个记录的判别函数的得分。
③"组成员概率"框：用于设置在数据编辑窗口保存每个记录的分属各类的后验概率。
④"将模型信息输出到 XML 文件"框：定义将上述信息输出到指定文件中。
（5）"方法"按钮
当选择"使用步进式方法"后，右侧的"方法"按钮激活，单击"方法"按钮，弹出图 20-17 所示的"判别分析：步进法"对话框，单击"继续"按钮返回。

图 20-17　"判别分析：步进法"对话框

①"方法"框：用于设置逐步判别时所使用的拟合方法，系统默认为 Wilks' lambda 法，其他方法使用较少。
②"标准"框：用于设置变量进入或剔除的标准，可以使用 F 值或 P 值，具体的数据也可以更改。
③"输出"框：用于设置输出结果选项，包括：
❑ 步进摘要：输出逐步筛选过程中每一步的主要统计量。
❑ 两两组间聚类的 F 值：输出两两之间判别检验的 F 比值矩阵。

20.2 聚类分析

20.2.1 K-中心聚类

1. 简介

K-中心聚类用于对样品进行快速聚类,它的计算量很小,适合对大样本数据进行分析,可以有效减少计算时间;同时可以人为指定初始类中心的位置,这样就可以把已有的聚类分析结果作为初始位置引入分析,可以有效利用前期工作的结果。但是该方法也存在一定的局限性:首先需要用户人为指定样品分为多少类,其次该方法只能对样品聚类而不能对变量聚类、所使用的变量必须都是连续性变量。

2. 基本思想

有 n 个数值型变量参与快速聚类,它们组成一个 n 维空间,每个样品是空间中的一个点,最后要求的分类数为 K。首先选择 K 个点作为初始类中心凝聚点,然后根据聚类中心最小欧氏距离原则将其余样品代表的点向类中心凝集,这样得到一个初始分类方案,并计算出各个初始分类的中心位置(均值);使用计算出的中心位置重新进行聚类直到凝聚点位置改变很小(达到收敛标准)为止。

3. 实例详解

例 20.1:某研究员收集了 20 个生物样本的有关特征,根据有关知识,这些生物样本可以被分为 4 类,请根据 $x1$、$x2$、$x3$ 三个变量将其分为 4 类。见数据文件例 20-1.sav。

(1)操作步骤

① 单击"分析"|"分类"|"K-均值聚类"命令,弹出"K 均值聚类分析"对话框,如图 20-4 所示。

② 变量 $x1$、$x2$、$x3$ 放入"变量"框;在"聚类数"框输入 4。

③ 单击"选项"按钮,弹出"选项"对话框,选中"初始类中心"、"ANOVA 表"和"每个个案的聚类信息"复选框,如图 20-7 所示,单击"继续"按钮,返回主对话框。

④ 单击"确定"按钮运行,输出结果。

(2)结果解读

① 图 20-18 所示为初始类中心坐标。

初始聚类中心

	聚类			
	1	2	3	4
X1	6	20	3	6
X2	8	7	2	5
X3	15	9	14	2

图 20-18 初始类中心

② 图 20-19 所示为迭代历史记录。可见迭代两次后收敛。
③ 图 20-20 所示为聚类成员。图中记录了每个样品所属的分类和距离类中心的距离。

迭代历史记录[a]

迭代	聚类中心内的更改			
	1	2	3	4
1	3.815	2.525	2.236	3.126
2	.000	.000	.000	.000

a. 由于聚类中心内没有改动或改动较小而达到收敛。任何中心的最大绝对坐标更改为 .000。当前迭代为 2。初始中心间的最小距离为 6.782。

图 20-19 迭代历史记录

聚类成员

案例号	聚类	距离
1	1	1.491
2	4	2.823
3	3	2.236
4	4	3.126
5	1	2.560
6	4	3.895
7	4	3.189
8	2	2.525
9	2	4.835
10	1	.877
11	3	1.414
12	4	2.602
13	3	1.732
14	4	3.601
15	4	2.715
16	1	3.815
17	2	3.298
18	4	3.061
19	2	3.984
20	4	4.119

图 20-20 聚类成员

④ 图 20-21 和图 20-22 所示分别为最终的四个聚类中心和它们之间的距离。

最终聚类中心

	聚类			
	1	2	3	4
X1	6	18	4	7
X2	7	8	4	4
X3	11	7	13	5

图 20-21 最终聚类中心

最终聚类中心间的距离

聚类	1	2	3	4
1		13.239	4.110	7.348
2	13.239		15.664	12.373
3	4.110	15.664		8.856
4	7.348	12.373	8.856	

图 20-22 最终聚类中心间的距离

⑤ 图 20-23 所示为单因素方差分析结果,结果显示 $x1$、$x2$、$x3$ 三个变量在类间分布均有差异,表示三个变量对分类结果均起作用。

ANOVA

	聚类		误差		F	Sig.
	均方	df	均方	df		
X1	162.939	3	3.386	16	48.115	.000
X2	18.911	3	2.454	16	7.706	.002
X3	73.089	3	5.855	16	12.483	.000

F 检验应仅用于描述性目的,因为选中的聚类将被用来最大化不同聚类中的案例间的差别。观测到的显著性水平并未据此进行更正,因此无法将其解释为是对聚类均值相等这一假设的检验。

图 20-23 单因素方差分析

⑥ 图 20-24 所示为每个聚类中包含样品的个数,其中 1 类 3 个样品,2 类 4 个,3 类

3 个，4 类 10 个。

20.2.2 系统聚类

1. 简介

系统聚类是实际工作中使用的最多的一种聚类方法，它具有十分明显的优点：可以对样品聚类，也可以对变量聚类，变量可以是连续性或分类变量，提供的距离测量方法和结果表示方法也十分丰富。但是由于它要反复计算距离，当样本量太大或变量太多时，采用此法运算速度明显减慢。

每个聚类中的案例数		
聚类	1	3.000
	2	4.000
	3	3.000
	4	10.000
有效		20.000
缺失		.000

图 20-24　每个聚类包含的案例数

2. 基本思想

将 n 个样品或变量看成不同的 n 类，然后将距离接近（针对样品聚类）或性质接近（针对变量聚类）的两类合并为一类；再从这 n-1 类中找到最接近的两个类合并，以此类推，直到所有的样品或变量被合为一类。整个过程可以绘成聚类图，按图和具体问题来决定分类。

3. 实例详解

例 20.2：有 10 名学生参加测试，测试 10 个指标，试对这 10 个指标进行聚类。见数据文件例 20-2.sav。

（1）操作步骤

① 单击"分析"|"分类"|"系统聚类"命令，弹出"系统聚类分析"对话框，如图 20-8 所示。

② 左侧变量全部选入右侧"变量"框；在"分群"框选择对"变量"聚类。

③ 单击"绘制"按钮，弹出对话框如图 20-10 所示，选择"树状图"，单击"继续"按钮，返回主对话框。

④ 单击"确定"按钮运行，输出结果。

（2）结果解读

① 图 20-25 所示为聚类表，列出了聚类分析的详细步骤，可见第一步是变量 1 和 8 聚为一类，第二步是变量 4 和 10 合并，然后是变量 1、8 合并变量 4、10，以此类推，直至全部合并为一类。

聚类表

阶	群集组合		系数	首次出现阶群集		下一阶
	群集 1	群集 2		群集 1	群集 2	
1	1	8	53.230	0	0	3
2	4	10	121.000	0	0	3
3	1	4	180.315	1	2	5
4	6	9	216.000	0	0	7
5	1	2	444.018	3	0	7
6	3	7	542.000	0	0	8
7	1	6	1136.238	5	4	8
8	1	3	3504.641	7	6	9
9	1	5	10843.610	8	0	0

图 20-25　聚类表

② 图 20-26 所示为垂直冰柱图。从图中可以看出"体重"自成一类,"手臂长"、"总体高"、"身高"、"下体长"和"上体长"聚为一类,"腰围"和"胸围"聚为一类,而"后背宽"和"前胸宽"划为一类。

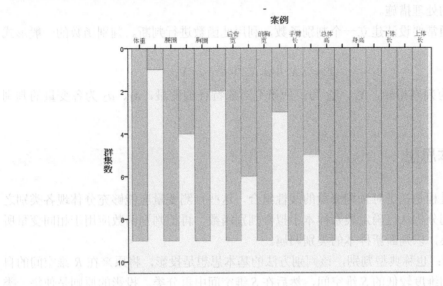

图 20-26 垂直冰柱图

③ 图 20-27 所示为树状图。该图可以更为清楚地看出 10 个指标的聚类情况。

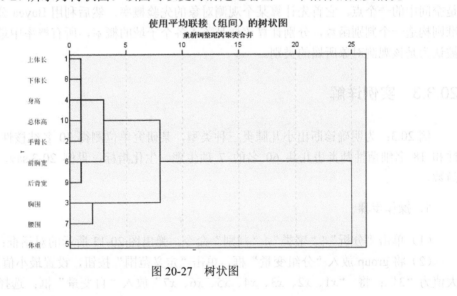

图 20-27 树状图

20.3 判别分析

20.3.1 简介

判别分析是一种对观察对象进行分类的统计学方法,它与聚类分析不同,它在分析之前就非常明确观察对象分为几个类别,该分析方法的目的就是从现有已知类别的观察对象中建立一个判别函数来,然后再用该判别函数去判别同质的未知类别的观察对象。比如医生根据胰腺炎的不同类型建立判别函数,就可以在病人入院时快速地判定其为何种类型,进而采取适宜的处理措施。

判别分析通常要设法建立一个判别函数,利用此函数进行判断。判别函数的一般形式如下:

$$Y = a_1X_1 + a_2X_2 + \cdots + a_nX_n$$

其中,Y 为判别指标,X_1、X_2 为反应研究对象特征的变量,a_1、a_2 为各变量的判别系数。

20.3.2 基本思想

判别分析过程是基于对预测变量的线性组合,这些预测变量应能够充分体现各类别之间的差异。判别分析从已确定类别样本中拟合判别函数,再把判别函数应用于相同变量所记录的新数据集,以判断新样本的类别归属。

Fisher 判别:也称典型判别,该判别方法的基本思想是投影,将原来在 R 维空间的自变量组合投影到维度较低的 S 维空间,然后在 S 维空间中再分类。投影的原则是使每一类内的离差尽可能小,而不同类间投影的离差尽可能大。

Bayes 判别:该判别方法认为所有 P 个类别都是空间中互斥的子域,每个观测对象都是空间中的一个点。它首先计算某个观测对象的先验概率,然后利用 Bayea 公式按照一定准则构造一个判别函数,分别计算该样品落入各个子域的概率,所有概率中最大的一类就被认为是该观测对象所属的类别。

20.3.3 实例详解

例 20.3:为明确诊断出小儿肺炎三种类型,某研究单位测得 30 名结核性、12 名化脓性和 18 名细菌性肺炎患儿共 60 名的 7 项生理、生化指标,见例 20-3.sav,试建立判别函数。

1. 操作步骤

(1)单击"分析"|"聚类"|"判别"命令,弹出图 20-13 所示的对话框;

(2)将 group 放入"分组变量"框,单击"定义范围"按钮,设置最小值为"1",最大值为"3";将"$x1$、$x2$、$x3$、$x4$、$x5$、$x6$、$x7$"放入"自变量"框;选择"使用步进式方法"。

(3)单击"统计量"按钮,选中"均值"、"单变量"复选框,选中 Fisher、"未标准化"复选框,单击"继续"按钮,返回主对话框。

(4)单击"分类"按钮,选中"个案结果"、"摘要表"和"不考虑该个案时的分类"复选框,单击"继续"按钮,返回主对话框。

(5)单击"确定"按钮运行,输出结果。

2. 结果解读

为了节省篇幅，一些极易理解的例数报告表和统计描述表不再列出。

（1）各变量的组均值均等性检验和变量筛选

① 图 20-28 所示为 7 个变量的组均值检验。由图可以看出，$x2$、$x3$ 两个变量在三组间的表达无差异，这样的变量是不宜进入方程的，后面的逐步法剔除变量时，这两个变量均被剔除。

组均值的均等性的检验

	Wilks 的 Lambda	F	df1	df2	Sig.
x1	.483	30.486	2	57	.000
x2	.955	1.332	2	57	.272
x3	.972	.826	2	57	.443
x4	.719	11.151	2	57	.000
x5	.716	11.329	2	57	.000
x6	.775	8.290	2	57	.001
x7	.866	4.413	2	57	.017

图 20-28　组均值的均等性检验

② 图 20-29 所示为逐步判别法选入的变量。由图可以看出第一步选入变量 $x1$，第二步选入变量 $x2$，第三步选入变量 $x3$。这三步的 Wilks' 检验都很显著，说明每一步加入的变量对正确判断分类都是有显著作用的。

输入的/删除的变量[a,b,c,d]

步骤	输入的	Wilks 的 Lambda				精确 F			
		统计量	df1	df2	df3	统计量	df1	df2	Sig.
1	x1	.483	1	2	57.000	30.486	2	57.000	.000
2	x5	.354	2	2	57.000	19.046	4	112.000	.000
3	x6	.277	3	2	57.000	16.491	6	110.000	.000

在每个步骤中，输入了最小化整体 Wilk 的 Lambda 的变量。
a. 步骤的最大数目是 14。
b. 要输入的最小偏 F 是 3.84。
c. 要删除的最大偏 F 是 2.71。
d. F 级、容差或 VIN 不足以进行进一步计算。

图 20-29　输入的变量和检验

（2）Fisher 判别

① 图 20-30 所示为"特征值"表格，说明分析中一共提取了两个维度的 Fisher 判别函数，其中第一个解释了所有变异的 81.5%，第二个解释了所有变异的 18.5%。

特征值

函数	特征值	方差的 %	累积 %	正则相关性
1	1.632[a]	81.5	81.5	.787
2	.371[a]	18.5	100.0	.520

a. 分析中使用了前 2 个典型判别式函数。

图 20-30　特征值

② 图 20-31 所示为"Wilks'的 Lambda",表示经检验建立的判别函数有意义。

Wilks 的 Lambda

函数检验	Wilks 的 Lambda	卡方	df	Sig.
1 到 2	.277	71.857	6	.000
2	.730	17.661	2	.000

图 20-31　Wilks'的 Lambda

③ 图 20-32 所示为标准化的典型判别函数系数,提供了两个判别函数中各变量的标准化系数,可用来判断两个函数受哪些变量影响较大,同时可以根据该系数写出标准化的判别函数式。本例的两个函数式如下:

$$Z_1=0.9X_1-0.2X_5+0.592X_6$$
$$Z_2=0.403X_1+0.905X_5-0.198X_6$$

④ 图 20-33 所示为结构矩阵,它显示了按大小依次排序的各变量与主成分的相关系数。

标准化的典型判别式函数系数

	函数 1	函数 2
x1	.900	.403
x5	-.200	.905
x6	.592	-.198

结构矩阵

	函数 1	函数 2
x1	.789*	.378
x6	.400*	-.280
x7[a]	.357*	-.165
x2[a]	-.212*	.080
x5	-.264	.875*
x3[a]	-.185	-.310*
x4[a]	-.114	.286*

判别变量和标准化典型判别式函数之间的汇聚组间相关性。
按函数内相关性的绝对大小排序的变量。
*. 每个变量和任意判别式函数间最大的绝对相关性。
a. 该变量不在分析中使用。

图 20-32　标准化的典型判别函数系数　　图 20-33　结构矩阵

⑤ 图 20-34 所示为非标准化的典型判别式函数系数。根据系数我们可以写出判别函数式:

$$Z_1=-1.848+0.031X_1-0.335X_5+0.026X_6$$
$$Z_2=-1.228+0.014X_1+1.522X_5-0.009X_6$$

使用上式进行坐标值计算时,不需要将原始值标准化,直接带入即可,这样方便很多。

⑥ 图 20-35 所示为组质心处的函数,也就是各类别重心在空间中的坐标位置,如 1 类肺炎的重心为(-1.181,0.188)。这样,只要在前面计算出各观察对象具体坐标位置后,再计算出它们分别离各重心的距离,就可以得知它们的分类了。

典型判别式函数系数

	函数	
	1	2
x1	.031	.014
x5	-.335	1.522
x6	.026	-.009
(常量)	-1.848	-1.228

非标准化系数

图 20-34 非标准化的典型判别式函数系数

组质心处的函数

肺炎类型	函数	
	1	2
1	-1.181	.188
2	1.865	.787
3	.725	-.838

在组均值处评估的非标准化
典型判别式函数

图 20-35 组质心处的函数

⑦ 图 20-36 所示为分类结果表格。此表的第一部分为使用普通方法对每条记录的判别结果，第二部分为刀切法的结果，两种方法的正确率均为 81.7%，可见该判别函数较为稳定。

分类结果[b,c]

		肺炎类型	预测组成员			合计
			1	2	3	
初始	计数	1	26	0	4	30
		2	1	10	1	12
		3	2	3	13	18
	%	1	86.7	.0	13.3	100.0
		2	8.3	83.3	8.3	100.0
		3	11.1	16.7	72.2	100.0
交叉验证[a]	计数	1	26	0	4	30
		2	1	10	1	12
		3	2	3	13	18
	%	1	86.7	.0	13.3	100.0
		2	8.3	83.3	8.3	100.0
		3	11.1	16.7	72.2	100.0

a. 仅对分析中的案例进行交叉验证。在交叉验证中，每个案例都是按照从该案例以外的所有其他案例派生的函数来分类的。
b. 已对初始分组案例中的 81.7% 个进行了正确分类。
c. 已对交叉验证分组案例中的 81.7% 个进行了正确分类。

图 20-36 分类结果

（3）Bayes 判别

① 图 20-37 所示为各组的先验概率。可见三组的先验概率是相同的。
② 图 20-38 所示为分类函数系数，根据系数我们可以写出判别函数式：

结核型肺炎：$Y_1=-3.484+0.026X_1+2.911X_5+0.059X_6$
化脓型肺炎：$Y_2=-11.181+0.13X_1+2.8X_5+0.132X_6$
细菌型肺炎：$Y_3=-5.645+0.071X_1+0.71X_5+0.117X_6$

然后把各记录相应的变量值带入这些判别式，求得该记录各类的评分即 Y 值，Y 值最大的那一类即为该记录所属的类别。

各组的先验概率

肺炎类型	先验	用于分析的案例	
		未加权的	已加权的
1	.333	30	30.000
2	.333	12	12.000
3	.333	18	18.000
合计	1.000	60	60.000

图 20-37 各组的先验概率

分类函数系数

	肺炎类型		
	1	2	3
x1	.026	.130	.071
x5	2.911	2.800	.710
x6	.059	.132	.117
(常量)	-3.483	-11.181	-5.645

Fisher 的线性判别式函数

图 20-38 分类函数系数

第 21 章　主成分与因子分析

在实际的科学研究中，为了更好地、全面地、完整地把握和认识问题，我们往往对反映问题的多个变量进行大量观测，尽可能多地收集关于分析对象的数据信息。在大多数情况下，这些变量之间可能存在着相关性，从而增加了数据分析的复杂性。为了更能充分有效地利用数据，通常希望用较少的指标来代替原先较多的变量，同时又要求这些较少的指标尽可能多地反映原始变量的信息，而这些指标之间又互不相关。在 SPSS 中主成分分析和因子分析就是解决这类问题的方法之一。

21.1　主成分分析

主成分分析是考察多个变量间相关性的一种多元统计方法，其主要目的是用较少的变量去解释原始数据中的大部分变异。它通常用来寻找判断某种事物或现象的综合指标，并且给综合指标所包含的信息以适当的解释，从而更好地揭示事物内在的规律。但在实际的应用当中，主成分分析只是一种达到目的的中间手段，而不是最终目的，而要结合其他的统计方法来处理问题。

21.1.1　概述

1. 原理和方法

主成分分析（Principal Component Analysis）的思想是利用降维思想，将多个互相关联的数值变量转化成少数几个互不相关的综合指标的统计方法。这些综合指标就是原来多个变量的主成分，每个主成分都是原始变量的线性组合，并且各个主成分之间互不相关。

主成分分析的任务之一就是计算主成分，计算步骤是：首先将原有的变量标准化，然后计算各变量之间的相关矩阵、该矩阵的特征根和特征向量，最后将特征根由大到小排列，分别计算出对应的主成分。

主成分分析的另一个任务是确定主成分的个数，确定方法主要有两种：

（1）累计贡献率：当前 k 个主成分的累计贡献率达到某一特定值（一般采用 70%以上）时，则保留前 k 个主成分。

（2）特征根：一般选取特征根≥1 的主成分。

2. 主成分分析中的相关概念

（1）特征根（Eigenvalue）：表示主成分影响力度大小的指标，即引入该主成分后可以解释平均多少原始变量的信息。如果特征根小于 1，说明该主成分的解释程度还不如直接引入一个原始变量的平均解释程度大，因此在确定主成分个数时，常常选取特征根大于 1 的主成分。

（2）主成分 Z_i 的方差贡献率，计算公式为：

$$\lambda_i \bigg/ \sum_{i=1}^{p} \chi_i \qquad \text{（公式 21-1）}$$

式中 λ_i 表示主成分 Z_i 的方差在全部方差中的比重。这个值越大，表明主成分 Z_i 综合原始变量信息的能力越强。

（3）累计贡献率：前 k 个主成分的累计贡献率定义为 $\sum_{i=1}^{k} \dfrac{\lambda_i}{\sum_{i=1}^{p} \lambda_i}$，表示前 k 个主成分累计提取了原始变量多少的信息。

3．主成分分析的用途

前面我们也了解到主成分分析往往是一种达到目的的中间手段，其主要的用途我们在这里介绍两种常用的。

（1）主成分评价：在进行多指标综合评价时，由于要求结果客观、全面，就需要从各方面用多个指标进行测量，但这样就会使得各观测指标间存在信息重叠，同时还存在量纲、累加时如何确定权重系数等问题。因此使用主成分分析方法进行信息的浓缩，并解决权重的确定等问题。

（2）主成分回归：在线性模型中，常用最小二乘法求回归系数的估计。但由于共线性的存在，最小二乘法的估计结果并不是很理想。这时我们可以考虑主成分回归求回归系数的估计，所谓主成分回归使用原始自变量的主成分代替原始自变量做回归分析。多重共线性是由于自变量之间关系复杂、相关性大引起的，而主成分既保留了原指标的绝大部分信息，又有主成分之间互不相关的优点，故借用主成分替代原始指标后，再用最小二乘法建立主成分与目标变量之间的回归方程，所得的回归系数估计能克服"估计不稳定"的缺点。但主成分回归不是无偏估计。

21.1.2　实例与操作

例 21.1：某研究单位测得 20 名肝病患者 4 项肝功能指标（数据文件见"例 21.1.sav"）：转氨酶（x1）、肝大指数（x2）、硫酸锌浊度（x3）、甲胎球蛋白（x4），试做主成分分析。

1．操作步骤

（1）单击"分析"|"降维"|"因子分析"命令，弹出图 21-1 所示的因子分析主对话框。

（2）变量：选入分析的变量，本题中选择 x1、x2、x3、x4。

（3）单击"描述"按钮，弹出图 21-2 所示的对话框。

① 统计量

- ❏ 单变量描述性：单变量的基本统计量，包括均数、标准差和样本量。本题选择此项。
- ❏ 原始分析结果：包括原变量的公因子方差、与变量数目相同的因子（主成分）、各因子的特征值及其所占总方差的百分比和累计百分比，系统默认此项。

② 相关矩阵

- ❏ 系数：相关系数矩阵。本题选此项。
- ❏ 显著性水平：相关系数单侧检验的 P 值。本题选此项。
- ❏ 行列式：相关系数矩阵的行列式。
- ❏ KMO 和 Bartlett 的球形度检验：KMO 统计量：用于检验变量间的相关性是否足够小，是简单相关量与偏相关量的一个相对指数。KMO 统计量取值在 0~1 之间，其值越大，因子分析的效果越好。Kaiser 认为，KMO>0.9 时，做因子分析效果最理想，KMO<0.5 时，不易做因子分析。

Bartlett 球形检验：用于检验相关阵是否是单位阵。该检验统计量服从 χ^2 分布，如果检验不拒绝原假设的话（$P>0.05$），用因子分析应慎重。

- ❏ 逆模型：相关系数矩阵的逆矩阵。
- ❏ 再生：再生相关阵。给出因子分析后的相关阵及其残差，下三角为再生相关阵，上三角为残差，即再生相关阵系数与原始相关系数之差。
- ❏ 反映像：反映像协方差阵和相关阵。

单击"继续"按钮返回主对话框。

图 21-1 "因子分析"对话框　　图 21-2 "因子分析：描述统计"对话框

（4）单击"抽取"按钮弹出图 21-3 所示的对话框。

① 方法：给出了 7 种因子提取的方法，包括主成分、未加权的最小平方法、综合最小平方法、最大似然、主轴因子分解、α 因子分解和映像因子分析。本题选主成分法。

② 分析：

- ❏ 相关性矩阵：系统默认，本题选此项。
- ❏ 偏相关性矩阵：即协方差矩阵。

③ 输出：

- ❏ 未旋转的因子解：未经旋转变换的因子提取结果。系统默认。
- ❏ 碎石图：以特征值大小排列的因子序号为横轴，以特征值为纵轴的加连线的散点图。

④ 抽取：
- 基于特征值：以特征值大于某数值为提取标准，系统默认为 1。
- 因子的固定数量：本题选此项：输入"4"，即自定义主成分的个数为 4。

单击"继续"按钮返回主对话框。

(5) 单击"得分"按钮弹出图 21-4 所示的对话框。

保存为变量：将因子得分保存为新变量，本题选此项。给出了三种方法：回归、Bartlett 和 Anderson-Rubin。单击"继续"返回主对话框。

(6) 单击"确定"按钮运行，输出结果。

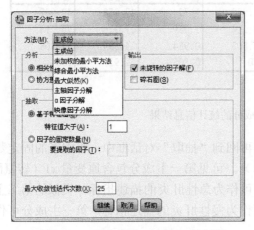

图 21-3 "因子分析：抽取"对话框

图 21-4 "因子分析：因子得分"对话框

2. 结果解读

(1) 统计描述：包括均数、标准差和总样本量，如图 21-5 所示。

描述统计量

	均值	标准差	分析 N
转氨酶	139.5	87.388	20
硫酸锌浊度	15	7.42	20
甲台球蛋白	35.5	21.879	20
肝大指数	2.325	1.0548	20

图 21-5 一般描述结果

(2) 相关矩阵：包含偏相关系数及其相应的 P 值（如图 21-6 所示）。

相关矩阵

		转氨酶	硫酸锌浊度	甲台球蛋白	肝大指数
相关	转氨酶	1	0.199	0.013	0.701
	硫酸锌浊度	0.199	1	0.071	-0.148
	甲台球蛋白	0.013	0.071	1	0.135
	肝大指数	0.701	-0.148	0.135	1
Sig.(单侧)	转氨酶		0.2	0.479	0
	硫酸锌浊度	0.2		0.383	0.267
	甲台球蛋白	0.479	0.383		0.285
	肝大指数	0	0.267	0.285	

图 21-6 相关矩阵结果

(3) 主成分结果如图 21-7 所示。包括特征根由大到小的排列顺序、各主成分的贡献率和累计贡献率：第一主成分的特征根为 1.720，它解释了总变异的 42.988%，第二主成分的特征根为 1.089，解释了总变异的 27.226%。前两个主成分的特征根均大于 1，累计贡献率达到了 70.214%，由于第三主成分的特征根接近 1，且其贡献率与第二主成分相近，故本例选取 3 个主成分，此时累计贡献率达到了 94.808%。

解释的总方差

成分	初始特征值			提取平方和载入		
	合计	方差的 %	累积 %	合计	方差的 %	累积 %
1	1.72	42.988	42.988	1.72	42.988	42.988
2	1.089	27.226	70.214	1.089	27.226	70.214
3	0.984	24.594	94.808	0.984	24.594	94.808
4	0.208	5.192	100	0.208	5.192	100

提取方法：主成分分析。

图 21-7　主成分的统计信息结果

(4) 因为主成分的个数确定为 3，则再回到"抽取"对话框中，将因子的固定数量改为 3，得到该因子负荷矩阵（图 21-8 所示）。可见第一主成分包含原变量 $x1$（转氨酶）、$x2$（肝大指数）的信息，因此第一主成分可作为急性肝炎的描述指标。类似的第二主成分包含原变量 $x3$（硫酸锌浊度）的信息，可作为慢性肝炎的描述指标。第三主成分可作为原发性肝癌的描述指标。

成分矩阵[a]

	成分		
	1	2	3
转氨酶	0.917	0.094	-0.242
硫酸锌浊度	0.085	0.936	-0.311
甲台球蛋白	0.196	0.368	0.907
肝大指数	0.913	-0.26	0.078

提取方法：主成分。
a. 已提取了 3 个成分。

图 21-8　因子负荷矩阵

(5) 图 21-9 所示显示的是因子得分系数矩阵。这是主成分分析的最终结果，通过该系数矩阵可以将主成分表示为各个变量的线性组合。本题可以写出三个主成分的表达式：

$$Z1=0.533*stdx1+0.049*stdx3+0.114stdx4+0.531stdx2$$
$$Z2=0.086*stdx1+0.86*stdx3+0.338*stdx4-0.239*stdx2$$
$$Z3=-0.246*stdx1-0.316*stdx3+0.922*stdx4+0.079*stdx2$$

这里 $stdxi$（i=1、2、3、4）表示指标变量：

$$stdx1=(x1-139.50)/87.388$$
$$stdx2=(x2-2.325)/1.054$$
$$stdx3=(x3-15)/7.42$$
$$stdx4=(x4-35.5)/21.879$$

成份得分系数矩阵

	成分		
	1	2	3
转氨酶	0.533	0.086	-0.246
硫酸锌浊度	0.049	0.86	-0.316
甲台球蛋白	0.114	0.338	0.922
肝大指数	0.531	-0.239	0.079

提取方法：主成分。

图 21-9　因子得分系数矩阵

21.2　因子分析

许多实际问题不仅涉及的变量众多，而且各变量之间可能存在着错综复杂的相关关系，这时最好能从中提取少数的综合变量，使其能够包含原变量提供的大部分信息，还要求这些综合变量尽可能地彼此不相关。因子分析就是解决这一问题而提出的统计分析方法。

因子分析方法能把多个观测变量转换为少数几个不相关的综合指标，这些综合指标往往是不能直接观测到的，但有时却更能反映事物的特点和本质。因此，因子分析在医学、生物学、经济学等诸多领域都得到了广泛的应用。

21.2.1　概述

1. 基本概念

因子分析是一种通过显在变量，通过具体指标评测抽象因子的分析方法，最早是由心理学家 Chales Spearman 在 1904 年提出的。

因子分析的基本目的是用少数几个因子去描述多个变量之间的关系，被描述的变量一般都是能实际观测到的随机变量，而那些因子是不可观测的潜在变量。

因子分析的基本思想是根据相关性的大小把变量分组，使得同组内的变量相关性较高，而不同组内的变量相关性较低。每组变量代表一个基本结构，这些基本结构成为一个公共因子。对于所研究的问题就可以试图用最少数的不可观测的公共因子的线性函数与特殊因子之和来描述原来观测的每一个分量。

因子分析可以分为两类，一类为探索性因子分析（Exploratory factor analysis），另一类为确定性因子分析（confirmatory factor analysis）。探索性因子分析通常称为因子分析，主要应用在数据分析的初期阶段，其主要目的是探讨可观测变量的特征、性质及内部的关联性，并揭示有哪些主要的潜在因子可能影响这些观测变量，它要求所找出的潜在因子之间相互独立及有实际意义，并且这些潜在因子尽可能多地表达原可观测变量的信息。确定性因子分析是在探索性因子分析的基础上进行的，当已经找到可测变量可能被哪些潜在因子影响，而进一步明确每一个潜在因子对可测变量的影响程度，以及这些潜在因子之间的关联程度时，则可进行确定性因子分析。该分析不要求所找出的这些潜在因子之间相互独立，其目的是明确潜在因子之间的关联性，它是将多个指标之间的关联性研究简化为对较少几个潜在因子之间的关联性研究,其分析结果需进行统计检验,确定性因子分析是结构方程模型分析的关键一步。

2. 原理和方法

因子分析的出发点是用较少的相互独立的因子变量代替原来变量的大部分信息,可以用下面的数学模型来表示:

$$x_1 = a_{11}F_1 + a_{12}F_2 + \cdots + a_{1m}F_m$$
$$x_2 = a_{21}F_1 + a_{22}F_2 + \cdots + a_{2m}F_m$$
$$\cdots$$
$$x_p = a_{p1}F_1 + a_{p2}F_2 + \cdots + a_{pm}F_m$$

（公式 21-2）

式中,$x_1, x_2, \cdots, x_p$ 为 p 个原有变量,是均值为 0、标准差为 1 的标准化变量,$F_1, F_2, \cdots, F_m$ 为 m 个因子变量,m 小于 p,表示成矩阵形式为:

$$X = AF + a\varepsilon$$

（公式 21-3）

式中,F 为公共因子,可以理解为高维空间中相互垂直的 m 个坐标轴;A 为因子载荷矩阵,是第 i 个原有变量在第 j 个因子变量上的负荷。

3. 因子分析的几个相关概念

（1）因子载荷 a_{ij}

因子载荷 a_{ij} 为第 i 个变量与第 j 个公共因子上的相关系数,反映了第 i 个变量在第 j 个公共因子的相对重要性。

（2）变量共同度

变量共同度,也称公共方差,反映全部公共因子对原有变量 x_i 的总方差的解释说明比例。原有变量 x_i 的共同度为因子载荷矩阵 A 中第 i 行元素的平方和,即:

$$h_i^2 = \sum_{j=1}^{m} a_{ij}^2$$

（公式 21-4）

h_i^2 越接近 1（原有变量 x_i 在标准化前提下,总方差为 1）,说明公共因子解释原有变量的信息越多。

（3）公共因子 F_j 的方差贡献

公共因子 F_j 的方差贡献定义为因子载荷矩阵 A 中第 j 列各元素的平方和,即:

$$S_j = \sum_{i=1}^{p} a_{ij}^2$$

（公式 21-5）

可见,公共因子 F_j 的方差贡献反映了因子 F_j 对原有变量总方差的解释能力,其值越高,说明因子的重要程度越高。

4. 因子分析的基本步骤

因子分析的核心问题有两个:一个是如何构造因子变量;二是如何对因子变量命名解释。因此因子分析的基本步骤和解决思路就是围绕这两个核心问题展开的。

基本步骤:

（1）确定待分析的原有若干变量是否适合做因子分析。

(2）构造因子变量。
(3）利用旋转方法使因子变量更具有可解释性。
(4）计算因子得分。

21.2.2　实例与操作

例 21.2：为了研究大学生的价值观，某研究人员抽样调查了 20 名大学生关于价值观的 9 项检验结果。包括合作性、对分配的看法、行为出发点、工作投入程度、对发展机会的看法、对社会地位的看法、权力距离、对职位升迁的态度、领导风格的偏好等，分值区间为[1,20]，我们分别对这些指标定义为 X1～X9，具体数据如图 21-10 所示。根据这 9 项指标进行因子分析，得到较少维度的几个因子（数据文件见例 21-1.sav）。

序号	合作性	分配	出发点	工作投入	发展机会	社会地位	权力距离	职位升迁	领导风格
1	16	16	13	18	16	17	15	16	15
2	18	19	15	16	18	18	18	17	19
3	17	17	17	14	17	18	16	16	16
4	17	17	17	16	19	18	19	20	19
5	16	15	16	16	18	18	15	16	16
6	20	17	16	17	18	18	17	19	18
7	18	16	16	20	15	16	19	14	17
8	20	18	17	12	18	19	18	19	18
9	14	16	15	19	19	18	18	19	14
10	19	19	20	14	18	20	19	17	20
11	19	19	14	14	16	17	16	17	18
12	15	15	16	16	18	18	19	17	18
13	16	17	15	17	15	16	15	14	13
14	17	14	12	14	14	18	15	15	13
15	14	16	14	15	16	16	17	16	17
16	10	11	13	18	17	20	17	16	20
17	16	17	15	16	14	16	14	15	17
18	15	16	15	17	16	16	16	15	16
19	16	19	16	15	16	12	19	18	16
20	16	16	13	18	16	17	15	16	16

图 21-10　20 名大学生的价值观检验数据

1．操作过程

（1）单击"分析"|"降维"|"因子分析"命令，弹出图 21-1 所示的"因子分析"对话框。

（2）变量：选入分析的变量，本题中选择 X1～X9。

（3）单击"描述"按钮，弹出图 21-2 所示的描述对话框。

选择"原始变量分析"、"KMO 和 Bartlett 的球形检验"，单击"继续"按钮返回主对话框。

（4）单击"抽取"按钮，弹出图 21-3 所示的抽取对话框。

❑ 方法：选择"主成分"。
❑ 分析：选择"相关性矩阵"。
❑ 输出：选择"未旋转的因子解"和"碎石图"。
❑ 抽取：选择"基于特征值"，方框内填 1。

单击"继续"返回主对话框。

(5) 单击"旋转"按钮弹出图 21-11 所示的"因子分析：旋转"对话框。
- 方法：选择无。

单击"继续"按钮返回主对话框。

(6) 单击"得分"按钮，弹出 12-4 所示的对话框。

选择"保存为变量"，方法选择"回归"。勾选"显示因子得分系数矩阵"。

单击"继续"按钮返回主对话框。

(7) 单击"确定"按钮运行，输出结果。

2. 结果解读

(1) KMO 和 Bartlett 的检验结果如图 21-12 所示。

图 21-11 "因子分析：旋转"对话框　　图 21-12 KMO 和 Bartlett 球形检验结果

KMO 统计量为 0.585，大于最低标准 0.5，适合做因子分析。Bartlett 球形检验，拒绝单位相关阵的原假设，$P<0.001$，适合做因子分析。

(2) 主成分列表如图 21-13 所示。

结果显示前 3 个主成分的特征值大于 1，它们的累计贡献率达到了 72%，故选取前 3 个公共因子。

(3) 公因子方差比结果如图 21-14 所示。

解释的总方差

成分	初始特征值			提取平方和载入		
	合计	方差的 %	累积 %	合计	方差的 %	累积 %
1	3.576	39.73	39.73	3.576	39.73	39.73
2	1.886	20.952	60.682	1.886	20.952	60.682
3	1.022	11.35	72.032	1.022	11.35	72.032
4	0.845	9.385	81.417			
5	0.638	7.085	88.502			
6	0.518	5.753	94.255			
7	0.25	2.774	97.03			
8	0.186	2.069	99.099			
9	0.081	0.901	100			

提取方法：主成分分析。

公因子方差

	初始	提取
合作性	1	0.722
分配	1	0.848
出发点	1	0.708
工作投入	1	0.504
发展机会	1	0.863
社会地位	1	0.871
权力距离	1	0.799
职位升迁	1	0.681
领导风格	1	0.486

提取方法：主成分分析。

图 21-13 主成分列表　　图 21-14 公因子方差比

结果显示,每一个指标变量的共性方差大部分在 0.5 以上,且大多数接近或超过 0.7,说明这 3 个公因子能够较好地反应原始各项指标变量的大部分信息。

(4)碎石图如图 21-15 所示。结合特征根曲线的拐点及特征值,从图上可以看出,前 3 个主成分的折现坡度较陡,而后面的趋于平缓,该图从侧面说明了取前 3 个主成分为宜。

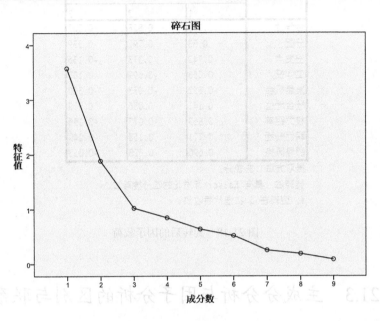

图 21-15 各成分的碎石图

(5)旋转前的因子载荷如图 21-16 所示。根据 0.5 原则,各项指标在各类因子上的解释不明显,为了更好解释各项因子的意义,需要进行旋转。

(6)正交旋转矩阵如图 21-17 所示。该结果是通过 4 次方最大旋转得到的正交变换矩阵。

成分矩阵a

	成分		
	1	2	3
合作性	0.493	-0.626	0.295
分配	0.596	-0.701	-0.029
出发点	0.823	-0.13	-0.12
工作投入	-0.222	0.537	-0.407
发展机会	0.787	0.479	0.122
社会地位	0.133	0.558	0.737
权力距离	0.763	0.248	-0.394
职位升迁	0.781	0.239	0.117
领导风格	0.65	0.194	-0.162

提取方法:主成分。
a. 已提取了 3 个成分。

图 21-16 旋转前的因子载荷结果

成分转换矩阵

成分	1	2	3
1	.921	.387	.040
2	.322	-.815	.481
3	-.219	.430	.876

提取方法:主成分。
旋转法:具有 Kaiser 标准化的四分旋转法。

图 21-17 正交旋转矩阵

(7)旋转后的因子载荷如图 21-18 所示。经过旋转后,指标出发点、发展机会、权力距离、职位升迁、领导风格在因子 1 上有较大载荷。指标合作性、分配、工作投入在因子

2 上有较大载荷。指标社会地位在因子 3 上有较大载荷。故因子 1 可称为发展潜力因子，因子 2 可称为协作能力因子，因子 3 是单指标因子，可称为社会地位因子。

旋转成分矩阵^a

	成分		
	1	2	3
合作性	0.188	0.828	-0.023
分配	0.33	0.791	-0.339
出发点	0.742	0.373	-0.135
工作投入	0.058	-0.699	-0.107
发展机会	0.852	-0.033	0.369
社会地位	0.141	-0.086	0.919
权力距离	0.869	-0.077	-0.196
职位升迁	0.771	0.158	0.249
领导风格	0.696	0.023	-0.023

提取方法：主成分。
旋转法：具有 Kaiser 标准化的四分旋转法。
a. 旋转在 5 次迭代后收敛。

图 21-18　旋转后的因子载荷

21.3　主成分分析与因子分析的区别与联系

（1）两者都是在多个原始变量中通过它们实际的内部相关性来获取新变量（主成分变量或因子变量），达到既能减少分析指标个数，又能概括原始指标主要信息的目的。它们各自有特点：主成分分析将 m 个原始变量提取 k（$k \leqslant m$）个互不相关的主成分；因子分析是提取 k（$k \leqslant m$）个支配原始变量的公共因子和 1 个特殊因子，各公共因子之间可以互不相关或相关。

（2）提取公因子主要有主成分分析法和公因子法，若采用主成分法，则主成分分析和因子分析基本等价，该法主要从解释变量的总方差角度，尽量使变量的方差被主成分解释，即主成分分析倾向于得到更大的共性方差，而因子分析主要从解释变量的相关性入手，尽量使变量的相关程度被公因子解释，当因子分析的目的为确定结构时会用到该法。

（3）因子分析提取的公因子比主成分分析提取的主成分更具解释性。主成分分析不考虑观测变量的度量误差，直接用观测变量的某种线性组合来表示一个综合指标，而因子分析的潜在变量则校正了观测变量的度量误差，而且它还进行因子旋转，使潜在因子的实际意义更明确，分析结论更真实。

（4）两者分析的实质和重点不同。主成分分析的模型 $Y=BX$，即主成分 Y 为原始变量 X 的线性组合。因子分析模型为 $X=BF+\varepsilon$，即原始变量 X 为公因子 F 与特殊因子 ε 的线性组合。

（5）主成分分析实质上是线性变换，无假设检验；因子分析是统计模型，某些因子模型是可以得到假设检验的。

（6）两者在 SPSS 中操作是一样的。主成分分析不需要旋转，而因子分析需要经过旋转。

第 22 章　多元方差分析

在前面的章节中我们学习了一个因变量的方差分析，即为一元方差分析，当扩展到多个因变量时，则称为多元方差分析（Multivariate Analysis of Variance，MANOVA），通常称为多变量方差分析。多元方差分析除了要满足方差分析的基本条件：独立、正态、方差齐，还需要满足：各因变量之间具有相关性，每一组都有相同的方差——协方差矩阵，各因变量为多元正态分布。本章我们从单因素设计资料多元方差分析、多因素资料的方差分析和典型相关分析三方面介绍。

22.1　单因素设计资料多元方差分析

22.1.1　单样本分析

1. 实例详解

例 22.1：了解某地不同时期儿童生长发育情况，随机调查了 20 名 8 岁男童的身高（Y1）、体重（Y2）、胸围（Y3）3 项指标，调查结果如图 22-1 所示（数据文件为例 22-1.sav）。试检验本次儿童生长发育调查结果是否高于 10 年前的平均水平（121.57cm，21.54kg，57.98cm）。（数据来源：张家放，医用多元统计方法，华中科技大学出版社，2002.）

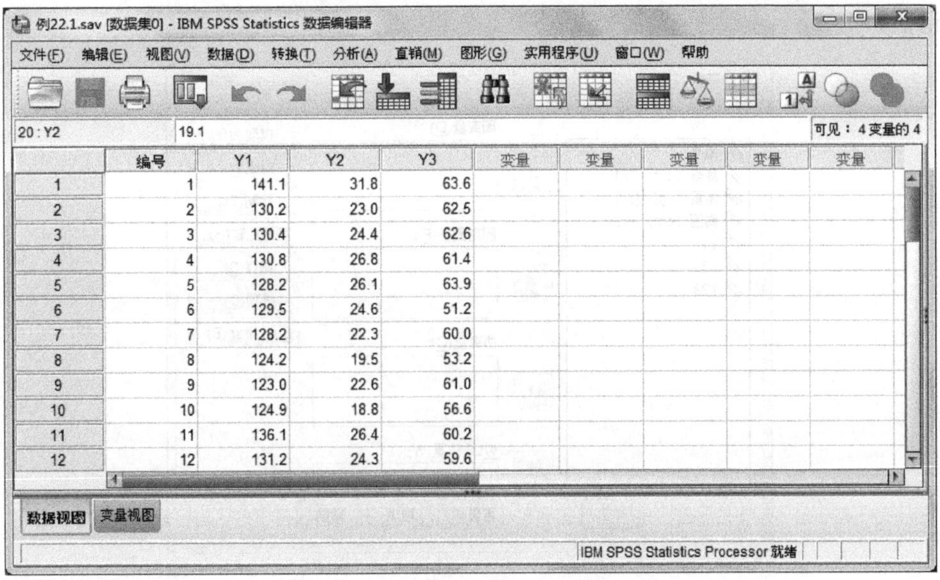

	编号	Y1	Y2	Y3	变量	变量	变量	变量	变量
1	1	141.1	31.8	63.6					
2	2	130.2	23.0	62.5					
3	3	130.4	24.4	62.6					
4	4	130.8	26.8	61.4					
5	5	128.2	26.1	63.9					
6	6	129.5	24.6	51.2					
7	7	128.2	22.3	60.0					
8	8	124.2	19.5	53.2					
9	9	123.0	22.6	61.0					
10	10	124.9	18.8	56.6					
11	11	136.1	26.4	60.2					
12	12	131.2	24.3	59.6					

图 22-1　儿童生长发育调查数据

2. 操作过程

（1）单击"转换"|"计算变量"命令，弹出图 22-2 所示的"计算变量"对话框。

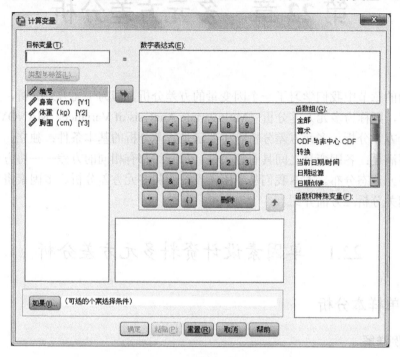

图 22-2 "计算变量"对话框

目标变量：将产生新变量，本例中分别将身高、体重和胸围产生新变量（Y11、Y22、Y33）。以身高为例，目标变量：Y11；数字表达式：Y1-121.57。单击"确定"按钮运行。

（2）单击"分析"|"一般线性模型"|"多变量"命令，弹出图 22-3 所示的"多变量"主对话框。

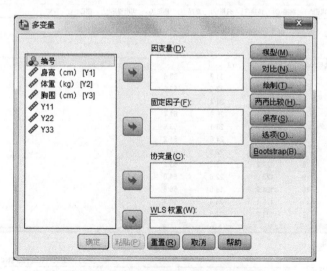

图 22-3 "多变量"对话框

- 因变量：即反因变量，可以输入多个，本例中输入 Y11、Y22 和 Y33。
- 固定因子：固定因素，适用于固定效应模型。
- 协变量：与因变量有关的定量变量，协方差分析时选用。
- WLS 权重：变量加权。
- 绘制：主要是绘制交互效应轮廓，详见第 6 章第 6.3 节析因设计。
- 两两比较：多重比较，不在介绍。
- 保存：保存新变量，可将残差、预测值等存为数据文件中的新变量。

(3) 单击"模型"按钮，弹出图 22-4 所示的"多变量：模型"对话框。

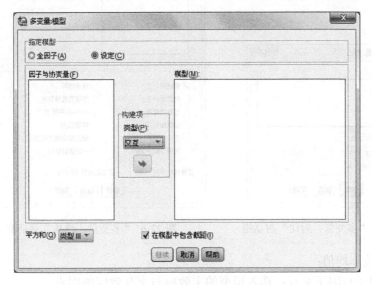

图 22-4 "多变量：模型"对话框

- 指定模型：
  - 全因子：全因素模型，系统默认。包括所有因素的主效应分析和所有因素不同水平各种组合的交互效应分析，但不包括协变量的交互效应分析。
  - 设定：自定义模型。
- 因子与协变量：框内为选入的分析因素及协变量，因素后括号内字母表示因素模型，(F)表示固定模型，(R)表示随机因素模型，(C)表示协变量。
- 模型：模型的方式，选择"设定"时，此框被激活。
- 构建项：分析效应的选项。只有在因子与协变量框内选入变量时才生效。有 6 个选项，分别为：
  - 交互：考虑所有因素不同水平各种组合的交互效应。
  - 主效应：只考虑主效应
  - 所有二阶：考虑 2 个因素的交互效应。
  - 所有三阶：考虑 3 个因素的交互效应。
  - 所有四阶：考虑 4 个因素的交互效应。
  - 所有五阶：考虑 5 个因素的交互效应。
- 计算平方和的方法有 4 种，系统默认"类型Ⅲ"。
- 在模型中含有截距：系统默认。

（4）单击"对比"按钮，弹出图22-5所示的"多变量：对比"对话框。有6种选择，此处不再一一介绍。

（5）单击"选项"按钮，弹出图22-6所示的对话框。

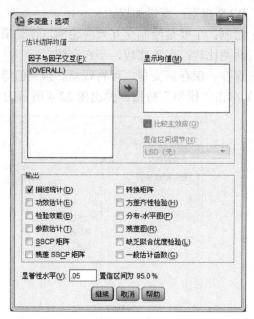

图22-5 "多变量：对比"对话框　　图22-6 "多变量：选项"对话框

- ❑ 估计边际均值：
  - ➢ 因子与因子交互：选入模型的主效应与交互效应的因素。
  - ➢ 显示均值：显示均数、标准误及可信区间。
- ❑ 输出：
  - ➢ 描述统计：描述统计量，包括均数、标准差和样本量。
  - ➢ 功效估计：效应度估计。
  - ➢ 检验效能：观察检验效能。
  - ➢ 参数估计：参数估计，包括回归系数等。
  - ➢ SSCP 矩阵：误差离差阵。SSCP 是离均差平方和与离均差积和矩阵的缩写。
  - ➢ 残差 SSCP 矩阵：残差离差阵。
  - ➢ 转换矩阵：残差协方差矩阵的 Bartlett 球形检验。
  - ➢ 方差齐性检验：检验方差齐性。
  - ➢ 分布水平图：不同因素组合的均数与标准差的散点图。
  - ➢ 残差图：残差、观测值及预测值3个变量相关散点图。
  - ➢ 缺乏拟合优度检验：又称为失拟检验，检验模型中因变量和自变量的关系是否合理。
  - ➢ 一般估计函数：又称广义线性估计。
- ❑ 显著性水平：置信区间为95%。选多重比较后确定显著性水平和可信区间的可信度。
- ❑ 本题选择"描述统计"。

单击"继续"按钮返回主对话框。

(6) 单击"确定"按钮运行输出结果。

3. 结果解释

详细结果如图 22-7 所示。

描述性统计量

	均值	标准偏差	N
Y11	7.165	4.70188	20
Y22	2.525	3.15048	20
Y33	2.365	3.82767	20

(a)

多变量检验^b

效应		值	F	假设 df	误差 df	Sig.
截距	Pillai 的跟踪	0.794	21.87	3	17	0
	Wilks 的 Lambda	0.206	21.87	3	17	0
	Hotelling 的跟踪	3.861	21.87	3	17	0
	Roy 的最大根	3.861	21.87	3	17	0

a. 精确统计量。
b. 设计：截距。

(b)

主体间效应的检验

源	因变量	III 型平方和	df	均方	F	Sig.
校正模型	Y11	.000^a	0	.	.	.
	Y22	.000^b	0	.	.	.
	Y33	.000^a	0	.	.	.
截距	Y11	1026.745	1	1026.745	46.443	0
	Y22	127.513	1	127.513	12.847	0.002
	Y33	111.865	1	111.865	7.635	0.012
误差	Y11	420.045	19	22.108		
	Y22	188.585	19	9.926		
	Y33	278.369	19	14.651		
总计	Y11	1446.79	20			
	Y22	316.098	20			
	Y33	390.234	20			
校正的总计	Y11	420.045	19			
	Y22	188.586	19			
	Y33	278.369	19			

a. R 方 = .000（调整 R 方 = .000）
b. R 方 = .000（调整 R 方 = .000）

(c)

图 22-7 主要分析结果

从图 22-7（a）所示中我们可以得到样本观察值与总体均数的差值均数与标准差。图 22-7（b）所示为检验统计量的值，可以得到 4 种统计量的 F 值都有统计学意义，说明该地儿童生长发育情况好于 10 年前。图 22-7（c）所示可以得到身高、体重和胸围 3 个指标的意义，结果显示 3 个指标都有增加。

22.1.2 两样本单因素设计

例 22.2：为了研究某种疾病的治疗效果，随机观察了一批病人使用 3 种药物（A、B、C）的情况，结果如图 22-8 所示（数据文件见例 22-1.sav）。试比较 3 种药品对两个指标的作用。（数据来源：张家放，医用多元统计方法，华中科技大学出版社，2002.）

性别	药品					
	A		B		C	
	Y1	Y2	Y1	Y2	Y1	Y2
男	5	6	7	6	17	15
	5	4	7	7	14	12
	9	9	9	12	17	12
	7	6	6	8	12	10
女	4	4	6	6	14	13
	3	4	5	5	12	12
	6	5	5	8	12	10
	6	7	4	5	8	7

图 22-8　3 种药品的治疗效果

1．操作过程

（1）数据格式：24 行 3 列，3 个列变量中，"Y1"和"Y2"为反因变量，"药物"为分组变量。

（2）单击"分析"|"一般线性模型"|"多变量"命令，弹出"多变量"主对话框。

因变量：Y1/Y2。

固定因子：药品。

（3）单击"选项"按钮，弹出"多变量：选项"对话框。

显示均数：药品。

单击"继续"按钮返回主对话框。

（4）单击"确定"按钮运行，输出结果。

2．结果解读

主要输出结果如图 22-9 所示。

多变量检验

效应		值	F	假设 df	误差 df	Sig.
截距	Pillai 的跟踪	0.946	176.480	2	20	0
	Wilks 的 Lambda	0.054	176.480	2	20	0
	Hotelling 的跟踪	17.648	176.480	2	20	0
	Roy 的最大根	17.648	176.480	2	20	0
药品	Pillai 的跟踪	0.884	8.312	4	42	0
	Wilks 的 Lambda	0.218	11.436	4	40	0
	Hotelling 的跟踪	3.129	14.865	4	38	0
	Roy 的最大根	2.973	31.216	2	21	0

a．精确统计量。
b．该统计量是 F 的上限，它产生了一个关于显著性级别的下限。
c．设计：截距 + 药品。

(a)

主体间效应的检验

源	因变量	III 型平方和	df	均方	F	Sig.
校正模型	Y1	291.083	2	145.542	29.891	0
	Y2	142.333	2	71.167	15.153	0
截距	Y1	1666.667	1	1666.667	342.298	0
	Y2	1552.042	1	1552.042	330.473	0
药品	Y1	291.083	2	145.542	29.891	0
	Y2	142.333	2	71.167	15.153	0
误差	Y1	102.25	21	4.869		
	Y2	98.625	21	4.696		
总计	Y1	2060	24			
	Y2	1793	24			
校正的总计	Y1	393.333	23			
	Y2	240.958	23			

a．R 方 = .740（调整 R 方 = .715）
b．R 方 = .591（调整 R 方 = .552）

(b)

第 22 章 多元方差分析

因变量	药品	均值	标准 误差	95% 置信区间	
				下限	上限
Y1	A	5.625	0.78	4.003	7.247
	B	6.125	0.78	4.503	7.747
	C	13.25	0.78	11.628	14.872
Y2	A	5.625	0.766	4.032	7.218
	B	7.125	0.766	5.532	8.718
	C	11.375	0.766	9.782	12.968

(c)

图 22-9 主要分析结果

结果图 22-9（a）所示可以得到 4 个检验统计量的值是不等的，而且是依次增大的，这时我们确定 P 值要慎重，一般情况下选择相对保守的 Will Lambda 与 Hotelling Trace 的结果。P 值均小于 0.05，给定的检验水准 $a=0.05$ 拒绝原假设，尚无理由认为 3 种药物对两个指标的主效应没有统计学差异。

结果 22-9（c）给出了 3 种药物两个指标的均数和标准误，3 种药物的均数依次增加，哪种药物效果更好还要进一步分析。

22.2 多因素设计资料的多元方差分析

22.2.1 两因素设计

例 22.3：在例 22.2 中比较了不同药物间两个指标的差异，为单因素设计。要想知道药品和性别之间是否存在交互效应，我们将性别和药物两个因素引入进行分析（数据文件见例 22-3.sav）。（数据来源：张家放，医用多元统计方法，华中科技大学出版社，2002.）

1. 操作过程

（1）数据格式：24 行 4 列，4 个列变量中，"Y1" 和 "Y2" 为反因变量，"药物" 和 "性别" 为分组变量。

（2）单击 "分析" | "一般线性模型" | "多变量" 命令，弹出 "多变量" 对话框。

因变量：Y1/Y2。

固定因子：药品。

（3）单击 "对比" 按钮，弹出 "多变量：对比" 对话框。

更改对比：选择 "差值"，单击 "更改" 按钮。

单击 "继续" 按钮返回主对话框。

（4）单击 "绘制" 按钮，弹出图 22-10 所示的对话框。

水平轴：药品。

单图：性别。

图 22-10 "多变量：轮廓图" 对话框

单击 "添加" 按钮，单击 "继续" 按钮返回主对话框。

（5）单击 "两两比较" 按钮，弹出图 22-11 所示的对话框。

图 22-11 "多变量：观察到的均值的两两比较"对话框

两两比较检验：药品。
假定方差齐性：选择 LSD 和 S-N-K。
单击"继续"按钮，返回主对话框。
（6）单击"选项"按钮，弹出"多变量：选项"对话框。
显示均值：药品。
输出：选择"描述性统计"、"参数估计"和"方差齐性检验"。
单击"继续"返回主对话框。
（7）单击"确定"按钮运行，输出结果。

2．结果解读

（1）描述性统计结果如图 22-12 所示。

从结果图 22-12 所示中可以得到包括 Y1、Y2 两个变量在药品和性别 6 种组合下的均数、标准差和例数。

描述性统计量

	药品	性别	均值	标准 偏差	N
Y1	A	男	6.5	1.915	4
		女	4.75	1.5	4
		总计	5.63	1.847	8
	B	男	7.25	1.258	4
		女	5	0.816	4
		总计	6.13	1.553	8
	C	男	15	2.449	4
		女	11.5	2.517	4
		总计	13.25	2.964	8
	总计	男	9.58	4.379	12
		女	7.08	3.63	12
		总计	8.33	4.135	24
Y2	A	男	6.25	2.062	4
		女	5	1.414	4
		总计	5.63	1.768	8
	B	男	8.25	2.63	4
		女	6	1.414	4
		总计	7.12	2.295	8
	C	男	12.25	2.062	4
		女	10.5	2.646	4
		总计	11.38	2.387	8
	总计	男	8.92	3.315	12
		女	7.17	3.04	12
		总计	8.04	3.237	24

图 22-12 描述性统计量结果

(2) 多元方差分析结果如图 22-13 所示。

协方差矩阵等同性的 Box 检验ª

Box 的 M	9.798
F	0.464
df1	15
df2	1772.187
Sig.	0.958

检验零假设，即观测到因变量的协方差矩阵在所有组中均相等。

a. 设计：截距 + 药品 + 性别 + 药品 * 性别。

(a)

多变量检验c

效应		值	F	假设 df	误差 df	Sig.
截距	Pillai 的跟踪	0.965	232.476ª	2	17	0
	Wilks 的 Lambda	0.035	232.476ª	2	17	0
	Hotelling 的跟踪	27.35	232.476ª	2	17	0
	Roy 的最大根	27.35	232.476ª	2	17	0
药品	Pillai 的跟踪	0.98	8.655	4	36	0
	Wilks 的 Lambda	0.139	14.335ª	4	34	0
	Hotelling 的跟踪	5.358	21.432	4	32	0
	Roy 的最大根	5.193	46.734ᵇ	2	18	0
性别	Pillai 的跟踪	0.397	5.606ª	2	17	0.013
	Wilks 的 Lambda	0.603	5.606ª	2	17	0.013
	Hotelling 的跟踪	0.66	5.606ª	2	17	0.013
	Roy 的最大根	0.66	5.606ª	2	17	0.013
药品 * 性别	Pillai 的跟踪	0.129	0.622	4	36	0.65
	Wilks 的 Lambda	0.872	.601ª	4	34	0.664
	Hotelling 的跟踪	0.145	0.579	4	32	0.68
	Roy 的最大根	0.132	1.192ᵇ	2	18	0.327

a. 精确统计量。
b. 该统计量是 F 的上限，它产生了一个关于显著性级别的下限。
c. 设计：截距 + 药品 + 性别 + 药品 * 性别。

(b)

图 22-13 多元方差分析结果

从结果图 22-13（b）所示中可以看出，多元方差分析药品和性别主效应的 4 种检验统计量的值相同，$P<0.05$，拒绝原假设，可以认为药品和性别两个因素对 Y1 与 Y2 两个指标有统计学意义，交互作用分析，4 个检验统计量的 P 值均大于检验水准 $a=0.05$，不拒绝原假设，可以认为药品和性别对两个指标的影响不存在协同作用。

(3) 方差齐性检验结果如图 22-14 所示。从结果中我们可以得出两个指标满足总体方差相等的假设（$P>0.05$）。

误差方差等同性的 Levene 检验ª

	F	df1	df2	Sig.
Y1	1.606	5	18	0.209
Y2	0.496	5	18	0.775

检验零假设，即在所有组中因变量的误差方差均相等。
a. 设计：截距 + 药品 + 性别 + 药品 * 性别。

图 22-14 方差齐性检验结果

(4) 方差分析结果和参数估计结果如图 22-15 所示。

在多变量的分析结果中，只给出了均数向量是否有差别的结论，并没有给出单因素之间的差别。图 22-15（a）和 22-15（b）所示分别给出了方差分析结果和参数估计结果，进一步给出了 Y1 和 Y2 单变量的分析结果。从结果中我们可以得出，Y1 在药品和性别两个因素上都是有差别（$p<0.05$）的；Y2 在药物上有差别（$p<0.05$），在性别上不具有统计学差异（$p=0.056$）。交互效应在 Y1（$p=0.629$）和 Y2（$p=0.893$）上都没有统计学差异。

主体间效应的检验

源	因变量	III 型平方和	df	均方	F	Sig.
校正模型	Y1	331.833a	5	66.367	19.424	0
	Y2	161.708b	5	32.342	7.346	0.001
截距	Y1	1666.667	1	1666.667	487.805	0
	Y2	1552.042	1	1552.042	352.514	0
药品	Y1	291.083	2	145.542	42.598	0
	Y2	142.333	2	71.167	16.164	0
性别	Y1	37.5	1	37.5	10.976	0.004
	Y2	18.375	1	18.375	4.174	0.056
药品 * 性别	Y1	3.25	2	1.625	0.476	0.629
	Y2	1	2	0.5	0.114	0.893
误差	Y1	61.5	18	3.417		
	Y2	79.25	18	4.403		
总计	Y1	2060	24			
	Y2	1793	24			
校正的总计	Y1	393.333	23			
	Y2	240.958	23			

a. R 方 = .844（调整 R 方 = .800）
b. R 方 = .671（调整 R 方 = .580）

(a)

参数估计

因变量	参数	B	标准误差	t	Sig.	95% 置信区间 下限	95% 置信区间 上限
Y1	截距	11.5	0.924	12.443	0	9.558	13.442
	[药品=1]	-6.75	1.307	-5.164	0	-9.496	-4.004
	[药品=2]	-6.5	1.307	-4.973	0	-9.246	-3.754
	[药品=3]	0a	.	.	.	.	.
	[性别=1]	3.5	1.307	2.678	0.015	0.754	6.246
	[性别=2]	0a	.	.	.	.	.
	[药品=1] * [性别=1]	-1.75	1.848	-0.947	0.356	-5.633	2.133
	[药品=1] * [性别=2]	0a	.	.	.	.	.
	[药品=2] * [性别=1]	-1.25	1.848	-0.676	0.507	-5.133	2.633
	[药品=2] * [性别=2]	0a	.	.	.	.	.
	[药品=3] * [性别=1]	0a	.	.	.	.	.
	[药品=3] * [性别=2]	0a	.	.	.	.	.
Y2	截距	10.5	1.049	10.008	0	8.296	12.704
	[药品=1]	-5.5	1.484	-3.707	0.002	-8.617	-2.383
	[药品=2]	-4.5	1.484	-3.033	0.007	-7.617	-1.383
	[药品=3]	0a	.	.	.	.	.
	[性别=1]	1.75	1.484	1.179	0.254	-1.367	4.867
	[性别=2]	0a	.	.	.	.	.
	[药品=1] * [性别=1]	-0.5	2.098	-0.238	0.814	-4.908	3.908
	[药品=1] * [性别=2]	0a	.	.	.	.	.
	[药品=2] * [性别=1]	0.5	2.098	0.238	0.814	-3.908	4.908
	[药品=2] * [性别=2]	0a	.	.	.	.	.
	[药品=3] * [性别=1]	0a	.	.	.	.	.
	[药品=3] * [性别=2]	0a	.	.	.	.	.

a. 此参数为冗余参数，将被设为零。

(b)

图 22-15　方差分析结果和参数估计结果

（5）对照分析结果与多变量和单变量分析结果如图 22-16 所示。

结果图 22-16（a）所示给出了药品的偏均差对照分析结果。一般情况是以最后分类为参考，Y1 和 Y2 的总均数分别为 8.33 和 8.04。因此，当药品=1 时，Y1 与 Y2 的偏差分别为-2.708（=5.63-8.33）和-2.417（=5.63-8.04）；当药品=2 时，分别为-2.208（=6.13-8.33）和-0.917（=7.13-8.04）。Sig.提供了它们之间的统计学差异。多变量分析结果图 22-16（b）和图 22-16（c）与前者分析相同。

对比结果（K 矩阵）

药品 差分对比		因变量	
		Y1	Y2
级别 2 和级别 1	对比估算值	0.5	1.5
	假设值	0	0
	差分（估计 - 假设）	0.5	1.5
	标准 误差	0.924	1.049
	Sig.	0.595	0.17
	差分的 95% 下限	-1.442	-0.704
	置信区间 上限	2.442	3.704
级别 3 和上一级	对比估算值	7.375	5
	假设值	0	0
	差分（估计 - 假设）	7.375	5
	标准 误差	0.8	0.909
	Sig.	0	0
	差分的 95% 下限	5.693	3.091
	置信区间 上限	9.057	6.909

(a)

多变量检验结果

	值	F	假设 df	误差 df	Sig.
Pillai 的跟踪	0.98	8.655	4	36	0
Wilks 的 lambda	0.139	14.335[a]	4	34	0
Hotelling 的跟踪	5.358	21.432	4	32	0
Roy 的最大根	5.193	46.734[b]	2	18	0

a. 精确统计量。
b. 该统计量是 F 的上限，它产生了一个关于显著性级别的下限。

(b)

单变量检验结果

源	因变量	平方和	df	均方	F	Sig.
对比	Y1	291.083	2	145.542	42.598	0
	Y2	142.333	2	71.167	16.164	0
误差	Y1	61.5	18	3.417		
	Y2	79.25	18	4.403		

(c)

图 22-16　对照分析结果与多变量和单变量分析结果

（6）多重比较结果如图 22-17 所示。我们可以得出，Y1、Y2 两个指标在药品分别取 1、2 时没有统计学差异，取 1 与 3、2 与 3 之间有统计学差异。

多个比较

因变量		(I) 药品	(J) 药品	均值差值 (I-J)	标准 误差	Sig.	95% 置信区间 下限	上限
Y1	LSD	A	B	-0.5	0.924	0.595	-2.44	1.44
			C	-7.63*	0.924	0	-9.57	-5.68
		B	A	0.5	0.924	0.595	-1.44	2.44
			C	-7.13*	0.924	0	-9.07	-5.18
		C	A	7.63*	0.924	0	5.68	9.57
			B	7.13*	0.924	0	5.18	9.07
Y2	LSD	A	B	-1.5	1.049	0.17	-3.7	0.7
			C	-5.75*	1.049	0	-7.95	-3.55
		B	A	1.5	1.049	0.17	-0.7	3.7
			C	-4.25*	1.049	0.001	-6.45	-2.05
		C	A	5.75*	1.049	0	3.55	7.95
			B	4.25*	1.049	0.001	2.05	6.45

基于观测到的均值。
误差项为均值方（错误）= 4.403。
*. 均值差值在 .05 级别上较显著。

图 22-17 多重比较的分析结果

22.2.2 配对设计资料的多元方差分析

例 22.4：对 9 名乳腺癌患者进行大剂量化疗，测量化疗前后血液中尿素氮 BUN（mg%）与血清肌酐 Gr（mg%）水平，结果见图 22-18（数据文件见例 22-4.sav）。试问化疗是否对患者的肾功能有影响？（数据来源：张家放，医用多元统计方法，华中科技大学出版社，2002.）

患者编号	BUN		Gr	
	治疗前	治疗后	治疗前	治疗后
1	11.7	10.6	1.3	0.8
2	8.8	7.9	1.2	0.6
3	13.2	11.8	0.9	0.8
4	15.7	15.2	0.9	0.8
5	9.7	6.5	0.8	0.6
6	10.2	13.8	0.5	0.8
7	12.4	13.7	1.2	1.1
8	9.8	11.3	0.7	0.6
9	14.6	13.8	0.9	0.8

图 22-18 乳腺癌患者化疗前后肾功能检测结果

1. 操作过程

（1）单击"分析"|"一般线性模型"|"多变量"命令，弹出"多变量"话框。
因变量：BUG/Gr。
固定因子：编号/group。
（2）单击"模型"按钮，选择"指定模型"为"设定"。
模型：编号/group。
类型：主效应。
单击"继续"返回主对话框。

(3) 单击"确定"按钮运行,输出结果。

2. 结果解读

主要输出结果如图 22-19 所示。

从结果中我们可以得出治疗前后 4 个检验统计量的值都是 2.235,$P=0.178$,不拒绝原假设,故尚无理由认为该化疗对肾功能有影响。

多变量检验[c]

效应		值	F	假设 df	误差 df	Sig.
截距	Pillai 的跟踪	0.994	546.626[a]	2	7	0
	Wilks 的 Lambda	0.006	546.626[a]	2	7	0
	Hotelling 的跟踪	156.179	546.626[a]	2	7	0
	Roy 的最大根	156.179	546.626[a]	2	7	0
编号	Pillai 的跟踪	1.537	3.315	16	16	0.011
	Wilks 的 Lambda	0.035	3.772[a]	16	14	0.008
	Hotelling 的跟踪	11.073	4.152	16	12	0.008
	Roy 的最大根	9.347	9.347[b]	8	8	0.002
group	Pillai 的跟踪	0.39	2.235[a]	2	7	0.178
	Wilks 的 Lambda	0.61	2.235[a]	2	7	0.178
	Hotelling 的跟踪	0.639	2.235[a]	2	7	0.178
	Roy 的最大根	0.639	2.235[a]	2	7	0.178

a. 精确统计量。
b. 该统计量是 F 的上限,它产生了一个关于显著性级别的下限。
c. 设计:截距 + 编号 + group。

(a)

主体间效应的检验

源	因变量	III 型平方和	df	均方	F	Sig.
校正模型	BUG	97.469[a]	9	10.83	5.456	0.013
	Gr	.595[b]	9	0.066	1.959	0.178
截距	BUG	2466.361	1	2466.361	1242.499	0
	Gr	13.005	1	13.005	385.333	0
编号	BUG	97.344	8	12.168	6.13	0.009
	Gr	0.47	8	0.059	1.741	0.225
group	BUG	0.125	1	0.125	0.063	0.808
	Gr	0.125	1	0.125	3.704	0.09
误差	BUG	15.88	8	1.985		
	Gr	0.27	8	0.034		
总计	BUG	2579.71	18			
	Gr	13.87	18			
校正的总计	BUG	113.349	17			
	Gr	0.865	17			

a. R 方 = .860(调整 R 方 = .702)
b. R 方 = .688(调整 R 方 = .337)

(b)

图 22-19 配对资料设计的多元方差分析的结果

第 23 章 时间序列分析

时间序列是系统中某一变量的观测值按时间顺序（时间间隔相同）排列成一个数值序列，展示研究对象在一定时期内的变动过程。通过处理预测目标本身的时间序列数据，获得事物随时间过程的演变特性与规律，进而预测事物的未来发展。时间序列分析就是从中寻找和分析事物的变化特征、发展趋势和规律，它是系统中某一变量受其他各种因素影响的总结果。时间序列数据区别于普通资料的本质特征是相邻观测值之间的依赖性，或称自相关性。本章将对时间序列的分析方法做详细的介绍。

23.1 概 述

23.1.1 时间序列数据及其分析方法

时间序列数据特点。（1）趋势性：某个变量随着时间进展或自变量变化，呈现一种比较缓慢而长期的持续上升、下降、停留的同性质变动趋向，但变动幅度可能不等。例如：全球人口总数随着时间推移，正在逐步增长；人口死亡率，由于医疗技术的进步及生活水平的提高，出现了长期向下的趋势。另外，同一序列在不同时期可能表现出不同的长期趋势，如某商品的销量，在产品初期具有向上趋势；在产品成长期有加速向上趋势；在产品成熟期表现出缓慢增长的趋势；在产品末期呈向下的趋势。（2）季节性：按时间变动，呈现重复性行为的序列，季节性变动通常和日期、气候或年周期有关。例如，电风扇和空调的销售量，在夏季多，而冬季少；每一天的交通流量，在上下班时间出现高峰，其余时间则较为稳定；圣诞节之前，玩具的销售量总会增加等。（3）周期性：某因素由于外部影响随着自然季节的交替出现高峰与低谷的规律。

对时间序列数据分析最常用的方法有：指数平滑法、自回归法、ARIMA 法及季节分解法等。

23.1.2 时间序列分析的模型、公式和记号

1. 自回归AR(p)模型 （R：模型的名称　　p：模型的参数）

（1）模型形式
$y_t = \phi_1 y_{t-1} + \phi_2 y_{t-2} + \cdots\cdots + \phi_p y_{t-p} + \varepsilon_t$
假设 y_t 的变化主要与时间序列的历史数据有关；ε_t 不同时刻互不相关，ε_t 与 y_t 历

史序列不相关。P 为模型的阶次，滞后的时间周期；yt 当前预测值，与自身过去观测值 $yt-1$、…、$yt-p$ 是同一序列不同时刻的随机变量，相互间有线性关系，也反映时间滞后关系；$yt-1$、$yt-2$、……、$yt-p$ 同一平稳序列过去 p 个时期的观测值；$\phi1$、$\phi2$、……、ϕp 自回归系数，表达 yt 依赖于过去的程度，且这种依赖关系恒定不变；εt 为随机干扰误差项，εt 越小越好，但不能为 0。ε 为 0 表示只受以前 Y 的历史的影响，不受其他因素影响。εt 是 0 均值、常方差 σ^2、独立的白噪声序列，通过估计指定的模型获得。

（2）识别条件及平稳条件

当 $k>p$ 时，有 $\phi k=0$ 或 ϕk 服从渐近正态分布 $N(0,1/n)$ 且($|\phi k|>2/n1/2$)的个数≤4.5%，即平稳时间序列的偏相关系数 ϕk 为 p 步截尾，自相关系数 rk 逐步衰减而不截尾，则序列是 AR(p)模型。一阶：$|\phi1|<1$，二阶：$\phi1+\phi2<1$，$\phi1-\phi2<1$，$|\phi2|<1$。ϕ 越大，自回归过程的波动影响越持久。

（3）模型意义

仅通过时间序列变量的自身历史观测值来反映有关因素对预测目标的影响和作用，不受模型变量相互独立的假设条件约束，所构成的模型可以消除普通回归预测方法中由于自变量选择、多重共线性等造成的困难。

2．移动平均MA(q)模型

（1）模型形式

$yt= \varepsilon t- \theta1 \varepsilon t-1- \theta2 \varepsilon t-2$……$\theta p \varepsilon t-p$

（2）识别条件及可逆条件

当 $k>q$ 时，有自相关系数 $rk=0$ 或自相关系数 rk 服从 $N(0,1/n(1+2\sum r2i)1/2)$ 且($|rk|>2/n1/2(1+2\sum r2i)1/2$)的个数≤4.5%，即平稳时间序列的自相关系数 rk 为 q 步截尾，偏相关系数 ϕk 逐步衰减而不截尾，则序列是 MA(q)模型。实际中，一般 MA 过程的 PACF 函数呈单边递减或阻尼振荡，所以用 ACF 函数判别（从 q 阶开始的所有自相关系数均为 0）。一阶：$|\theta1|<1$，二阶：$|\theta2|<1$、$\theta1+\theta2<1$。当满足可逆条件时，MA(q)模型可以转换为 AR(p)模型。

3．自回归移动平均ARMA(p,q)模型

（1）模型形式

$yt= \phi1yt-1+ \phi2yt-2+$……$+ \phi pyt-p+ \varepsilon t- \theta1 \varepsilon t-1- \theta2 \varepsilon t-2$……$- \theta p \varepsilon t-p$

式中符号：p 和 q 是模型的自回归阶数和移动平均阶数；ϕ 和 θ 是不为零的待定系数；εt 是独立的误差项；yt 是平稳、正态、零均值的时间序列。

（2）识别条件

平稳时间序列的偏相关系数 ϕk 和自相关系数 rk 均不截尾，但较快收敛到 0，则该时间序列可能是 ARMA(p,q)模型。实际问题中，多数要用此模型。因此建模解模的主要工作是求解 p、q 和 ϕ、θ 的值，检验 εt 和 yt 的值。

4．自回归综合移动平均ARIMA(p,d,q)模型

（1）模型形式：$yt-\varphi1yt-1-\varphi2yt-2-...-\varphi pyt-p=et+\theta1et-1+\theta2et-2+...+\theta qet-q$

其中，等式左边是模型的自回归部分，非负整数 p 称为自回归阶数，$\{\varphi1, \varphi2, ...,$

φp} 称为自回归系数;等式右边是模型的移动平均部分,非负整数 q 称为移动平均阶数,{$\theta1$,$\theta2$,…,θq} 称为移动平均系数。

(2) 识别条件

p 和 q 分别是偏自相关函数值和自相关函数值显著不为零的最高阶数。可以看出,当 $p=0$ 时,模型是纯移动平均模型,记为 ARMA(0, q);当 $q=0$ 时,模型是纯自回归模型,记为 ARMA(p,0)。ARMA(p,d,q)模型可用较少的参数对序列进行较好的拟合,其自相关和偏自相关函数均呈现拖尾性。

23.1.3 SPSS 时间序列分析功能

SPSS 时间序列分析的"分析"主模块为分析选项中的"时间序列建模器",提供了指数平滑模型、自回归模型、ARIMA 模型及季节分解模型。时间序列的定义是由"数据"菜单下的"定义日期"完成。"转换"菜单下的"创建时间序列"提供对时间变量的运算功能,如产生差分序列、移动平均序列、滞后序列等,"替换缺失值"提供了缺失值的填补功能。在"图表"选项卡主要用于设定输出模型拟合统计量、自相关函数以及序列值(包括预测值)的图。

23.2 时间序列数据的预处理

时间序列数据和普通数据不同,它有严格的顺序,并且需要定义时间变量让程序读懂其时间顺序,特别对于季节性模型,必须使用 SPSS 软件内部的时间变量。根据时间序列的顺序特点,可以产生移动平均序列、滞后或提前序列。这些都属于时间序列的预处理工作。

时间序列预处理的目的:使序列的特征体现得更加明显,利于分析模型的选择;其次,使数据满足于某些特定模型的要求。如时间序列的平滑处理目的是为了消除序列中随机波动性影响。

时间序列预处理的主要方法:对缺失数据的处理和对数据的变换处理。主要包括序列的平稳化处理和序列的平滑处理等。SPSS 提供了 8 种平稳处理的方法:差分、季节差分、中心移动平均、先前移动平均、运行中位数、累计求和、滞后、提前。

23.2.1 定义日期变量

1. 操作步骤

(1) 单击"数据"|"定义日期"命令,弹出图 23-1 所示的对话框。在"定义日期"对话框的"个案为"列表中选择要定义的时间格式,然后在"第一个个案为"中定义数据开始的具体时间,如年、季度、周、小时等。

(2) "个案为":该列表框提供了 19 种不同的日期格式,包括年份、季度、月份、日、星期、工作日、小时、分钟等。如需要分析的时间序列为跨年度的季度时间序列,则选择"年份、季度"即可;若分析的时间序列为跨年度的月份时间序列,则选择"年份、月份"即可。

(3)"第一个个案为":该选项用于定义时间变量的起始日期。一旦选中"个案为"中的选项,则会在此显示相应的时间格式。如在"个案为"选中"年份、季度",则显示如图 23-2 所示。在"年"和"季度"文本框中输入数据开始的具体年份和季度,单击"确定"按钮就可以完成时间变量的定义。"更高级的周期"显示该时间格式下的周期。

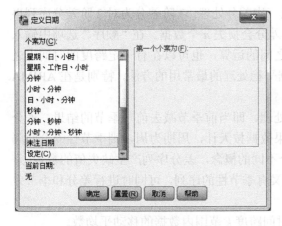

图 23-1 "定义日期"对话框

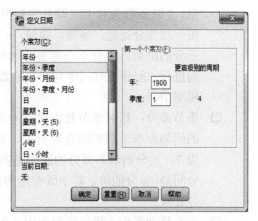

图 23-2 "定义日期"对话框

23.2.2 创建时间序列

(1)单击"转换"|"创建时间序列"命令,弹出如图 23-3 所示的"创建时间序列"对话框。

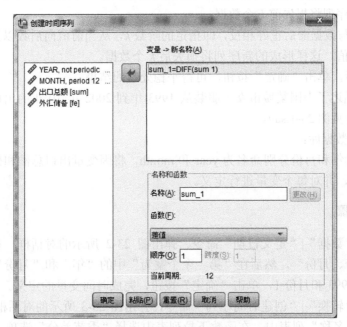

图 23-3 "创建时间序列"对话框

(2) 变量的平稳化处理：将"出口总额"选入"变量->新名称"列表中。在"名称和函数"中可以对平稳处理后生成的新变量进行重新命名以及选择平稳处理的方法，单击"更改"按钮就完成了新变量的命名和平稳化处理方法的选择。

SPSS 提供了 8 种平稳处理的方法：

- 差分：指对非季度数据进行差分处理，其中，1 阶差分数据即当前的数据减去前一时间数据，1 阶差分为对原始数据做一次差分处理，因此 1 阶差分会损失第一个数据，2 阶差分为对 1 阶差分序列再做一次差分处理，3 阶差分为对 2 阶差分序列再做一次差分处理，等等，同理，n 阶差分会损失 n 个数据。在"顺序"选项中输入差分的阶数。差分不一定是相邻项之间的运算，也可以在有一定跨度的时间点之间进行。差分是时间序列非平稳数据平稳处理的最常用的方法，特别是在 ARIMA 模型中。
- 季节差分：指对季节数据进行差分处理，即当前季节减去前一季节的结果，差分的间隔和季节周期的选取有关，如果数据按天计，周期为周，则季节性差分间隔为 7，差分的阶和差分的间隔是两个不同的概念，差分序列产生缺失值的数量=差分间隔×差分的阶。对于既有趋势性又有季节性的序列，可同时进行差分和季节差分处理。
- 中心移动平均：指以当前为中心的时间跨度 k 范围内数据的移动平均数。
- 先前移动平均：指取当期前值以前指定跨度内的中位数，在"跨度"文本框中指定取均值的范围。
- 运行中位数：指以当前值为中心取指定跨度内的中位数。
- 累计求和：即对当前值和当前值之间的所有数据进行求和，生成原序列的累计值序列。
- 滞后：即对指定的阶数 k，用从当前值向前数到第 k 个数值来代替当前值。这样形成的新序列将损失前 k 个数据。
- 提前：与数据滞后正好相反，即指定的阶数 k，从当前值向后数以第 k 个数值来代替当前值。这样形成的新序列将损失后 k 个数据。

设置完毕后，单击"确定"按钮，可得平稳处理的结果。

例 23.1：描述了中国某城市女士服装从 1993 年到 2002 年 10 年的出口总额及外汇储备情况，数据库见例 23-1.sav。

建立 SPSS 数据库：

将时间变量年和月份分别命名为 year 和 month，将因变量出口总额和外汇储备分别命名为 sum 和 fee，并对每个变量进行定义。

1. 操作步骤

(1) 单击"数据"|"定义日期"命令，弹出图 23-2 所示的对话框，在"个案为"选项中选择"年份、月份"，然后在"第一个个案为"中的"年"和"月份"输入数据开始的具体的年份 1993 和月份 1，单击"确定"按钮，完成时间变量的定义。

(2) 单击"转换"|"创建时间序列"命令，弹出图 23-3 所示的对话框，将 sum 变量选入"变量->新名称"列表中。在函数下拉列表中选择"季节差分"选项。

(3) 单击"确定"按钮运行，输出结果。

2. 实验结果及分析

图 23-4 所示给出了对 sum 序列进行平稳化处理的结果，平稳化处理的新序列名称为 sum_1，该序列有 12 个缺失值，有效个案为 108 个，平稳处理的方法是季节差分方法，函数的名称为 SDIFF(*sum*,1,12)。

		创建序列			
	序列名	非缺失值的个案数		有效个案数	创建函数
		第一个	最后一个		
1	sum_1	13	120	108	SDIFF(sum,1,12)

图 23-4 时间序列平稳化处理的结果

23.2.3 填补缺失数据

填补缺失数据为时间序列资料分析的重要环节。时间序列分析的参数模型，如 ARIMA 模型、季节分解模型等，都不允许有缺失值存在，在存缺失值情况下，系统会用默认的方式填补后分析。数据库见例 23-1.sav。

（1）单击"转变"|"替换缺失值"命令，弹出图 23-5 所示的对话框。

图 23-5 "替换缺失值"对话框

（2）将"出口总额"选入"新变量"列表中。在"名称"中可以对新变量进行重新命名，在"方法"中选择替换缺失值的方法，单击"更改"按钮就完成了新变量的命名和缺失值的替换。

替换缺失值方法包括：序列均值、邻近点的均值、邻近点的中位数、线性插值法以及点处的线性趋势。

（3）单击"确定"按钮，输出结果。

图 23-6 所示为替换缺失值的输出结果，替换缺失值结果变量为 *sum_1*，有效个案为 120 个，创建函数名称为 SMEAN(*sum*)。

结果变量		非缺失值的个案数		有效个案数	创建函数
	结果变量	第一个	最后一个		
1	sum_1	1	120	120	SMEAN(sum)

图 23-6 替换缺失值处理的结果

23.3 指数平滑法

23.3.1 原理

指数平滑法是在移动平均模型基础上发展起来的一种时间序列分析预测法，有助于预测存在趋势和（或）季节的序列，其原理是任一期的指数平滑值都是本期实际观察值与前一期指数平滑值的加权平均，指数平滑是对过去值和当前值进行加权平均，以及对当前的权数进行调整来抵消统计数值的摇摆影响，得到平滑的时间序列。指数平滑法不舍弃过去的数据，给予逐渐减弱的影响程度。建最适当的指数平滑模型包括确定模型类型（此模型是否需要包含趋势和（或）季节），然后获取最适合选定模型的参数。

单击"分析"|"预测"|"创建模型"命令，弹出图 23-7 所示对话框，选择指数平滑法。

以下为几种常见的指数平滑模型，如图 23-8 所示。

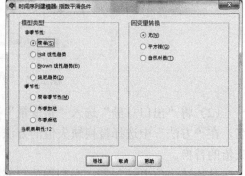

图 23-7 "时间序列建模器"对话框　　　　图 23-8 "指数平滑条件"对话框

非季节性的指数平滑模型有以下几种：
- 简单模型预测：该模型适用于既无趋势也无季节，其唯一的平滑参数是水平，且与 ARIMA 模型极为相似。

- Holt 线性趋势预测：该模型适用于具有线性趋势并且没有季节性的序列，其平滑参数是水平和趋势，不受相互之间值的约束。
- Brown 线性趋势：该模型适用于具有线性趋势并且没有季节性的序列，其平滑参是水平和趋势，并假定二者等同。
- 阻尼趋势：此模型适用于具有线性趋势的序列，且该线性趋势为正逐渐消失并且没有季节性，其平滑参数是水平、趋势和阻尼趋势。

季节的指数平滑模型有 3 种形式：
- 简单季节性：该模型适用于没有趋势并且季节性影响随时间变动保持恒定的序列，其平滑参数是水平和季节。
- 冬季加法：该模型适用于具有趋势且不依赖于序列水平的季节性效应的序列，其平滑参数是水平、趋势和季节。
- 冬季乘法：该模型适用于具有趋势和依赖于序列水平的季节性效应的序列，其平滑参数是水平、趋势和季节。

"因变量转换"选项组：
- 无：表示在指数平滑模型中使用因变量的原始数据。
- 平方根：表示在指数平滑模型中使用因变量的平方根。
- 自然对数：表示在指数平滑模型中使用因变量的自然对数。其中"平方根"和"自然对数"要求原始数据必须是正数。

23.3.2 案例分析

例 23.2：利用 1992 年初~2002 年底共 11 年彩电出口量（单位：台）的月度数据，见例 23-2 sav，使用指数平滑模型对彩电出口量的变化趋势进行分析和预测。

（1）单击"数据"|"定义日期"命令，弹出图 23-2 所示的对话框，在"个案为"选项中选择"年份、月份"，然后在"第一个个案为"中的"年"和"月份"输入数据开始的具体的年份 1992 和月份 1，单击"确定"按钮，完成时间变量的定义。

（2）单击"分析"|"预测"|"创建模型"命令，弹出图 23-7 所示的对话框。

（3）将 amounts 选入因变量列表中，在"方法"下拉列表中选择"指数平滑模型"。单击"确定"按钮，弹出"指数平滑条件"对话框，如图 23-8 所示。

（4）选中"简单季节性"，单击"继续"按钮，保存设置。

（5）单击"图表"选项卡，选中"观察值"、"预测值"、"拟合值"，单击"确定"按钮。

（6）单击"统计量"选项卡，选择"参数估计"和"显示预测值"，单击"继续"按钮。

（7）单击"确定"按钮，得到指数平滑模型建模的结果。

23.3.3 结果及解释

图 23-9 所示为指数平滑模型的描述性统计结果，指数平滑模型的因变量标签是"模型 ID"，模型的名称为"模型_1"，模型的类型为"简单季节性"。

模型描述			
			模型类型
模型 ID	出口量	模型_1	简单季节性

图 23-9　指数平滑模型的描述性统计结果

图 23-10 所示给出了模型拟合的 8 个拟合优度指标,以及这些指标的均值、最小值、最大值及百分位数。其中平稳的 R 方值为 0.418。

模型拟合											
拟合统计量	均值	SE	最小值	最大值	百分位						
					5	10	25	50	75	90	95
平稳的 R 方	0.418	.	0.418	0.418	0.418	0.418	0.418	0.418	0.418	0.418	0.418
R 方	0.919	.	0.919	0.919	0.919	0.919	0.919	0.919	0.919	0.919	0.919
RMSE	119530.368	.	119530.368	119530.368	119530.368	119530.368	119530.368	119530.368	119530.368	119530.368	119530.368
MAPE	16.124	.	16.124	16.124	16.124	16.124	16.124	16.124	16.124	16.124	16.124
MaxAPE	139.969	.	139.969	139.969	139.969	139.969	139.969	139.969	139.969	139.969	139.969
MAE	83702.078	.	83702.078	83702.078	83702.078	83702.078	83702.078	83702.078	83702.078	83702.078	83702.078
MaxAE	627695.63	.	627695.63	627695.63	627695.63	627695.63	627695.63	627695.63	627695.63	627695.63	627695.63
正态化的 BIC	23.457	.	23.457	23.457	23.457	23.457	23.457	23.457	23.457	23.457	23.457

图 23-10　模型拟合的拟合优度指标

图 23-11 所示为模型的拟合统计量和 Ljung-BoxQ 统计量。平稳的 R 方值为 0.418,Ljung-BoxQ 统计量值为 18.537,显著水平为 0.293。

模型统计量						
模型	预测变量数	模型拟合统计量	Ljung-Box Q(18)			离群值数
		平稳的 R 方	统计量	DF	Sig.	
出口量-模型_1	0	0.418	18.537	16	0.293	0

图 23-11　模型的统计量描述

图 23-12 所示为指数平滑模型参数估计值列表。本题拟合的指数平滑模型的水平 *Alpha* 值为 0.535,P 值为 0.000,结果具有显著性差异。季节 Delta 值为 0.116,P 值为 0.091,结果无统计学意义。因此,判断该数据有水平趋势,没有季节性特征。

指数平滑法模型参数						
模型			估计	SE	t	Sig.
出口量-模型_1	无转换	Alpha (水平)	0.535	0.075	7.14	0
		Delta (季节)	0.116	0.068	1.703	0.091

图 23-12　指数平滑模型参数估计值列表

图 23-13 所示为指数平滑模型的拟合图,指数平滑模型的拟合图波动情况为出口量序列数据整体上呈线性上升趋势,拟合值和观测值在整个区间中几乎重合,因此可以说指数平滑模型对出口量的拟合情况良好。通过拟合值和观测值,可得某城市的彩电出口量在前 7 年波动较为平缓,后 4 年波动较为剧烈,且呈上升趋势。

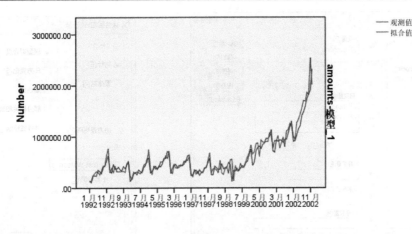

图 23-13 指数平滑模型拟合图

23.4 自回归模型

23.4.1 概述

利用简单回归分析法进行时间序列分析时，模型要求各期的随机误差项之间是不相关的。而当误差项之间存在相关性时，一方面普通的简单回归模型存在着较大的缺陷；另一方面也说明模型对序列中的信息没有充分地提取。自回归模型简写为 AR 模型，是针对模型误差项存在相关性的情况而设计的，由于自回归模型只考虑了误差项中的一阶相关性，因此也称为一阶自回归 AR(1)模型，模型的主体部分与一般的回归模型完全相同，但是存在着系数为 ρ 的一阶自相关。

AR(1)模型的一般形式为：$y_t = \phi_1 y_{t-1} + \phi_2 y_{t-2} + \cdots\cdots + \phi_p y_{t-p} + \varepsilon_t$。式中假设：$y_t$ 的变化主要与时间序列的历史数据有关，与其他因素无关；y_t 为当前预测值，与自身过去观测值 y_{t-1}、$\cdots$、y_{t-p} 是同一序列不同时刻的随机变量，相互间有线性关系，也反映时间滞后关系；y_{t-1}、y_{t-2}、$\cdots\cdots$、y_{t-p} 为同一平稳序列过去 p 个时期的观测值；ϕ_1、ϕ_2、$\cdots\cdots$、ϕ_p 是自回归系数，通过计算得出的权数，表达 y_t 依赖于过去的程度，且这种依赖关系恒定不变；ε_t 为随机干扰误差项。

23.4.2 自回归模型过程介绍

（1）单击"分析"|"回归"|"线性"命令，弹出图 23-14 所示的"线性回归"对话框，将 consump 导入"因变量"中，将 income 和 price 导入"自变量"中。

（2）单击"统计量"按钮，弹出图 23-15 所示的对话框，选择"估计"、"模型拟合度"和 Durbin-Watson，单击"继续"按钮，单击"确定"按钮，输出结果。

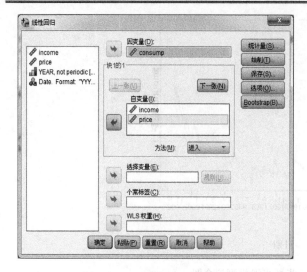
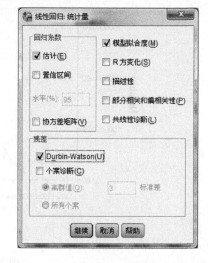

图 23-14 "线性回归"对话框　　　　图 23-15 "线性回归：统计量"对话框

（3）单击"分析"|"预测"|"创建模型"命令，弹出图 23-7 所示的对话框，将 consump 导入"因变量"中，以"时间"为"自变量"，单击"确定"按钮，输出结果。

（4）单击"分析"|"预测"|"自相关"命令，弹出图 23-16 所示的对话框。

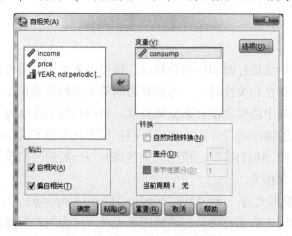

图 23-16 "自相关"对话框

（5）单击"确定"按钮，输出结果。

23.4.3 案例分析

例 23.3：为了解卫生资源的利用情况，美国某州收集本地区 1870 年～1938 年医疗资源消费人均年收入及价格人均年收入和价格波动指数对医疗资源消费的影响。见例 23-3.sav，操作见上小节。

结果分析：

普通多重回归输出结果：图 23-17 显示模型检验结果，Sig<0.01，模型有意义；图 23-18 显示模型的效果，R 方=0.956 反映模型构建的效果较好，残差统计量 Durbin-Watson 取值

范围为 0~4，在 1.5~2.5 之间表明不存在显著的自相关问题，若小于 2，则表明序列呈自相关，大于 2 则表明序列呈负相关，本例 Durbin-Watson=0.249，因此该序列呈正自相关；图 23-19 显示 income 和 price 的偏自回归系数分别为-0.12 和-1.228，近似 P 值分别为 0.272 和 0.000，但前者无显著性；图 23-20 为残差统计量表。

Anova[b]					
模型	平方和	df	均方	F	Sig.
1 回归	4.779	2	2.39	713.788	.000[a]
残差	0.221	66	0.003		
总计	5	68			
a. 预测变量: (常量), price, income。					
b. 因变量: consump					

图 23-17　回归模型方差分析结果

模型汇总[b]					
模型	R	R方	调整 R方	标准 估计的误差	Durbin-Watson
1	.978[a]	0.956	0.954	0.0578598	0.249
a. 预测变量: (常量), price, income。					
b. 因变量: consump					

图 23-18　普通多重回归统计量

系数[a]					
模型	非标准化系数		标准系数		
	B	标准 误差	试用版	t	Sig.
1 (常量)	4.607	0.152		30.301	0
income	-0.12	0.108	-0.043	-1.108	0.272
price	-1.228	0.05	-0.946	-24.527	0
a. 因变量: consump					

图 23-19　偏自回归系数

残差统计量[a]					
	极小值	极大值	均值	标准 偏差	N
预测值	1.282237	2.092161	1.77038	0.2651074	69
残差	-0.1352313	0.115434	0	0.0570025	69
标准 预测值	-1.841	1.214	0	1	69
标准 残差	-2.337	1.995	0	0.985	69
a. 因变量: consump					

图 23-20　残差统计量

图 23-21 显示以时间为自变量建模的输出结果。模型拟合值为：模型拟合统计量，平稳 R 方 9.546E-17，R 方=0.979。图 23-22 显示时间建模的模型统计量，Ljung-Box Q(18)：27.292，P 值=0.074，没有离群值。图 23-23 为回归模型参数，可见模型为 ARIMA(0,1,0)。图 23-24 所示为普通自回归的拟合图，反映观测值与拟合值的拟合程度。图 23-25 为自相

关输出结果及自相关图；图 23-26 为自相关图，从该图中可以看出，所有条图位于纵轴上部，呈现明显正相关性；图 23-27 为偏自相关输出结果，图 23-28 为偏自相关输出结果，结果可见序列无显著趋势特征。

拟合统计量	均值	SE	最小值	最大值	百分位						
					5	10	25	50	75	90	95
平稳的R方	9.55E-17	.	9.55E-17	9.55E-17	9.55E-17	9.55E-17	9.55E-17	9.55E-17	9.55E-17	9.55E-17	9.55E-17
R方	0.979	.	0.979	0.979	0.979	0.979	0.979	0.979	0.979	0.979	0.979
RMSE	0.04	.	0.04	0.04	0.04	0.04	0.04	0.04	0.04	0.04	0.04
MAPE	1.448	.	1.448	1.448	1.448	1.448	1.448	1.448	1.448	1.448	1.448
MaxAPE	10.435	.	10.435	10.435	10.435	10.435	10.435	10.435	10.435	10.435	10.435
MAE	0.024	.	0.024	0.024	0.024	0.024	0.024	0.024	0.024	0.024	0.024
MaxAE	0.168	.	0.168	0.168	0.168	0.168	0.168	0.168	0.168	0.168	0.168
正态化的BIC	-6.389	.	-6.389	-6.389	-6.389	-6.389	-6.389	-6.389	-6.389	-6.389	-6.389

图 23-21　自相关模型拟合值

模型	预测变量数	模型拟合统计量	Ljung-Box Q(18)			离群值数
		平稳的R方	统计量	DF	Sig.	
consump-模型_1	0	9.55E-17	27.292	18	0.074	0

图 23-22　自相关模型的拟合统计量

				估计	SE	t	Sig.
consump-模型_1	consump	无转换	常数	-0.01	0.005	-2.089	0.04
			差分	1			

（ARIMA 模型参数）

图 23-23　ARIMA 模型参数

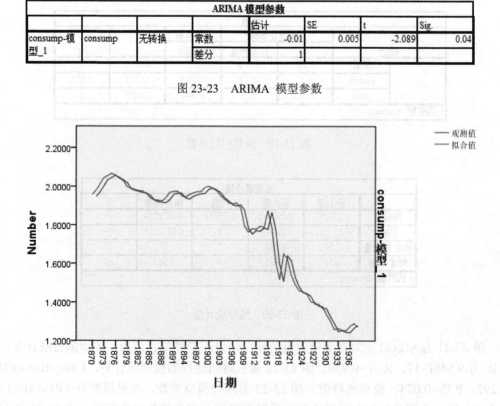

图 23-24　普通多重回归的拟合图

			自相关图		
序列:consump					
滞后	自相关	标准 误差a	Box-Ljung 统计量		
			值	df	Sig.b
1	0.96	0.118	66.458	1	0
2	0.916	0.117	127.789	2	0
3	0.874	0.116	184.522	3	0
4	0.831	0.115	236.561	4	0
5	0.781	0.114	283.226	5	0
6	0.728	0.113	324.425	6	0
7	0.675	0.112	360.414	7	0
8	0.625	0.112	391.761	8	0
9	0.572	0.111	418.498	9	0
10	0.521	0.11	441.062	10	0
11	0.472	0.109	459.9	11	0
12	0.426	0.108	475.485	12	0
13	0.377	0.107	487.942	13	0
14	0.331	0.106	497.693	14	0
15	0.282	0.105	504.93	15	0
16	0.234	0.104	509.973	16	0

a. 假定的基础过程是独立性（白噪音）。
b. 基于渐近卡方近似。

图 23-25　自相关输出结果及自相关图

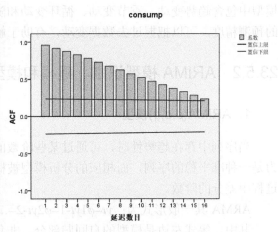

图 23-26　自相关图

	偏自相关	
序列:consump		
滞后	偏自相关	标准 误差
1	0.96	0.12
2	-0.085	0.12
3	0.019	0.12
4	-0.049	0.12
5	-0.108	0.12
6	-0.055	0.12
7	-0.035	0.12
8	0.007	0.12
9	-0.059	0.12
10	-0.001	0.12
11	-0.014	0.12
12	-0.004	0.12
13	-0.06	0.12
14	-0.007	0.12
15	-0.071	0.12
16	-0.046	0.12

图 23-27　偏自相关输出结果及偏自相关图

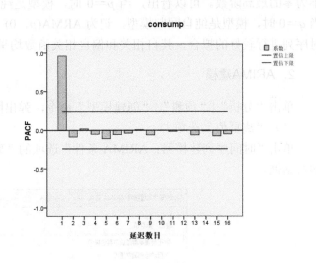

图 23-28　偏自相关图

23.5　ARIMA 模型

23.5.1　概述

ARIMA 模型是自回归模型（AR）和移动平均模型（MA）的综合，称为自回归综合移动平均模型。它是指将非平稳时间序列转化为平稳时间序列，然后将因变量仅对它的滞后值以及随机误差项的现值和滞后值进行回归所建立的模型。ARIMA 模型将预测指标随时间推移而形成的数据序列看作是一个随机序列，这组随机变量所具有的依存关系体现着原始数据在时间上的延续性，它既受外部因素的影响，又有自身变动规律。ARIMA 模型也称 B-J 方法，是一种时间序列预测方法，描述时间序列数据的变化规律和行为，它允许模型中包含趋势变动、季节变动、循环变动和随机波动等综合因素影响。该方法具有较高的预测精度，可以把握过去数据变动，有助于解释预测变动规律，回答为什么会这样。

23.5.2 ARIMA 模型识别、建模和模型评价

1．ARIMA(p,d,q)模型

当序列中存在趋势性时，可通过某些阶数的差分处理使序列平稳化。这样的序列被称为是一种准平稳的序列，而相应的分析模型被概括为 ARIMA(p,d,q)，其中，d 表示平稳化过程中差分的阶数。

ARMA 其一般形式为：$y_t - \varphi_1 y_{t-1} - \varphi_2 y_{t-2} - \ldots - \varphi_p y_{t-p} = e_t + \theta_1 e_{t-1} + \theta_2 e_{t-2} + \ldots + \theta_q e_{t-q}$

其中，等式左边是模型的自回归部分，非负整数 p 称为自回归阶数，$\{\varphi_1, \varphi_2, \ldots, \varphi_p\}$ 称为自回归系数；等式右边是模型的移动平均部分，非负整数 q 称为移动平均阶数，$\{\theta_1, \theta_2, \ldots, \theta_q\}$ 称为移动平均系数。p、q 分别是偏自相关函数值和自相关函数值显著不为零的最高阶数。可以看出，当 $p=0$ 时，模型是纯移动平均模型，记为 ARMA(0,q)；当 $q=0$ 时，模型是纯自回归模型，记为 ARMA(p, 0)。ARMA(p,d,q)模型可用较少的参数对序列进行较好的拟合，其自相关和偏自相关函数均呈现拖尾性。

2．ARIMA建模

单击"分析"|"预测"|"创建模型"命令，弹出图 23-7 所示的对话框。

（1）"离群值"选项卡

单击"时间序列建模器：ARIMA 条件"选项的"离群值"选项卡，弹出图 23-29 所示的对话框。

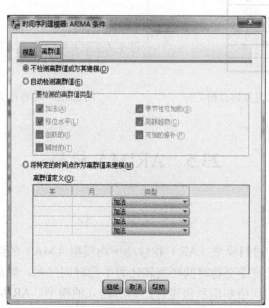

图 23-29 "离群值"选项卡

有以下 3 种方式。
- 不检测离群值或为其建模：表示不检测离群值或为其建模，该选项为默认选项。
- 自动检测离群值：表示要自动检测离群值，并选择监测离群值类型。其检测类型有：
  - 加法：表示自动检测单个观测记录的异常值。
  - 移位水平：表示自动检测数据水平移动引起的异常值。
  - 创新的：表示自动检测有噪声冲击引起的异常值。
  - 瞬时的：表示自动检测对其后观察值的影响按指数衰减值 0 的异常值。
  - 季节可加的：表示自动检测周期性的影响某固定时刻的异常值，如月度数据的一月效应。
  - 局部趋势：表示自动检测导致局部线性趋势的异常值，往往该异常值以后的数据呈线性趋势。
  - 可加的修补：表示自动检测两个以上连续出现的"加法"异常值。
- 将特定的时间点作为离群值来建模：表示指定特定的时间点作为离群值。其中，每个离群值在"离群值定义"网格中占单独的一行。在指定的日期格式中输入特定时间点，如在"年"和"月"中输入特定时间点的具体年份和月份；在"类型"下拉菜单中选择离群值的具体类型。其中，离群值的类型与"要检测的离群值类型"中提供的类型一致。

（2）"模型"选项卡

单击"模型"选项卡，如图 23-30 所示。

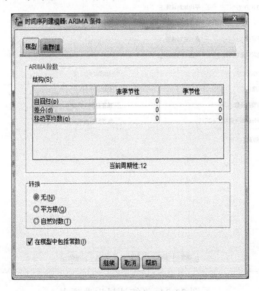

图 23-30 "模型"选项卡

"结构"栏包括"自回归"、"差分"和"移动平均数"3 个单元格。
- "非季节性"该列中的"自回归"输入 ARIMA 中的自回归 AR 阶数，即在 ARIMA 使用序列中的哪部分值来预测当前值；"差分"输入框用于输入因变量序列差分的阶数，主要目的是为了使非平稳序列平稳化以满足 ARIMA 模型平稳的需要；"移动平均数"输入框用于输入 ARIMA 中的移动平均 MA 阶数,即在 ARIMA 中使用哪些先前值的序列平均数的偏差来预测当前值。

❑ "季节性"列。为数据集定义了周期时,才会启用"季节性"列中的各个单元格。在"季节性"列中,季节性自回归成分、移动平均数成分和差分成分与其非季节性对应成分起着相同的作用。对于季节性的阶,由于当前序列值受以前的序列值的影响,序列值之间间隔一个或多个季节性周期。如对于季度数据(季节性周期为 4),季节性 1 阶表示当前序列值受自当前周期起 4 个周期之前的序列值的影响。因此,对于季度数据,指定季节性 1 阶等同于指定非季节性 4 阶。

"转换"框中:

❑ 无:表示不对因变量序列进行任何转换。
❑ 平方根:表示对因变量序列取平方根。
❑ 自然对数:表示对因变量序列取自然对数。

"在模型中包含常数"选项:表示在 ARIMA 中包含常数项。但是当应用差分时,建议不包含常数。

(3)"统计量"选项卡

单击"统计量"选项卡,弹出图 23-31 所示的对话框。

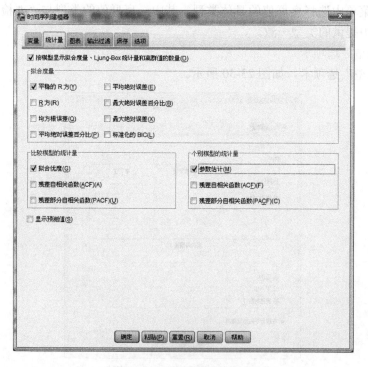

图 23-31 "统计量"选项卡

"按模型显示拟合度量、Ljung-Box 统计量和离群值的数量"复选框,用于计算模型拟合度、Ljung-Box 统计量和离群值的数量。

"拟合度量"选项具体包括 8 种统计量:

❑ 平稳的 R 方:该统计量用于比较模型中的固定成分和简单均值模型的差别,该值越高(最大值为 1.0),则模型拟合会越好。

- R 方：该统计量表示模型所能解释的数据变异占变异的比例。其中，当时间序列含有趋势或季节成分时，平稳的 R 方统计量要优于 R 方统计量。
- 均方根误差：该统计量衡量模型预测值与原始值的差异大小，即残差的标准差，度量单位与原数据一致。
- 平均绝对误差百分比：该统计量类似于均方误差统计量，但该统计量无度量衡单位，可用于比较不同模型的拟合情况。
- 平均绝对误差：表示输出模型的平均绝对误差统计量。
- 最大绝对误差百分比：即以比例形式显示最大的预测误差。
- 最大绝对误差："最大绝对误差百分比"和"最大绝对误差"主要用于关注模型单个记录预测误差的情况。
- 标准化的 BIC：该统计量基于均方误差统计量，并考虑了模型的参数个数和序列数据个数。

"比较模型的统计量"选项组包含如下选项：
- 拟合优度：表示将每个模型拟合优度的统计量显示到一张表格中进行比较。
- 残差自相关函数：表示输出模型的残差序列的自相关函数及百分点。
- 残差部分自相关函数：表示输出模型的残差序列的偏相关函数及百分点。

"个别模型统计量"选项组包含如下选项：
- 参数估计：表示输出模型的参数估计值表。
- 残差自相关函数：表示输出模型的残差序列的自相关函数及置信区间。
- 残差部分自相关函数：表示输出模型的残差序列的偏相关函数及置信区间。

"显示预测值"复选框表示显示模型的预测值及其置信区间。

（4）"图表"选项卡

单击"图表"选项卡，弹出图 23-32 所示的对话框，选中"观察值"、"预测值"和"拟合值"，单击"确定"按钮。

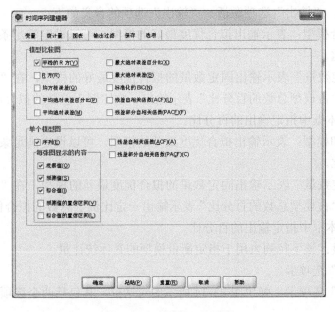

图 23-32 "图表"选项卡

(5)"输出过滤"选项卡

单击"输出过滤"选项卡,弹出如图23-33所示的对话框。

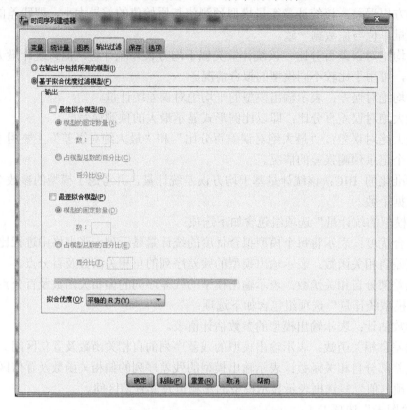

图 23-33 "输出过滤"选项卡

其包括"在输出中包括所有的模型"和"基于拟合优度过滤模型",选中"基于拟合优度过滤模型","输出"选项激活。"输出"选项的含义如下:

- 最佳拟合模型:表示输出拟合优度最好的模型,可以设定满足条件的模型的数量或百分比。

"模型的固定数量"表示输出固定数量的拟合优度最好的模型,在"数"文本框中指定模型的数目:"占模型总数的百分比"表示输出一定比例于总数的拟合优度最好的模型,在"百分比"文本框中指定输出的百分比。

- 最差拟和模型:表示输出拟合优度最差的模型,可以设定满足条件的模型的数量或百分比。

"模型的固定数量"表示输出固定数量的拟合优度最差的模型,在"数"文本框中指定模型的数目:"占模型总数的百分比"表示输出一定比例于总数的拟合优度最差的模型,在"百分比"文本框中指定输出的百分比。

- 拟合优度:该下拉列表用于指定衡量模型的具体统计量。

(6)"保存"选项卡

单击"保存"选项卡,弹出图23-34所示的对话框,其包括两个选项组。

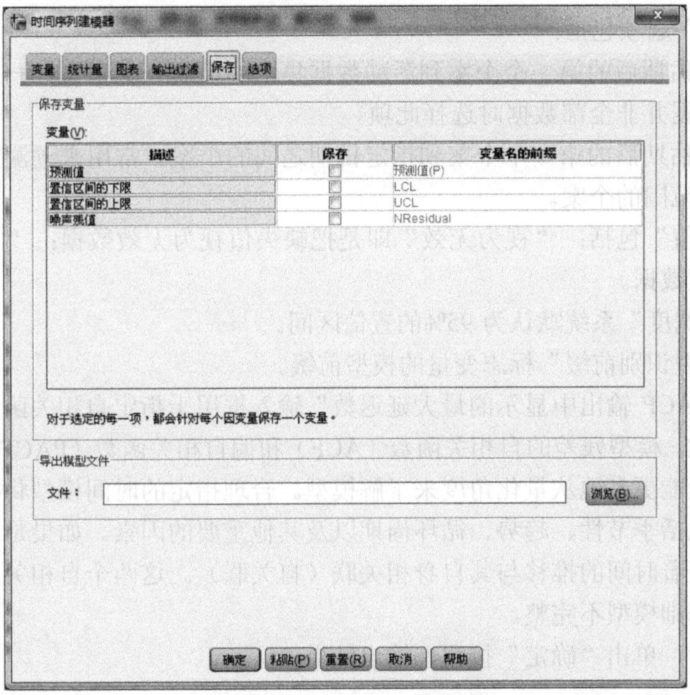

第 23 章 时间序列分析

图 23-34 "保存"选项卡

"保存变量"用于将模型预测值、置信区间上下限和残差另存为活动数据集中的新变量，每个新变量都包含估计期和预测期的值。选择保存后，"变量名的前缀"可被激活。"导出模型文件"用于将文件的模型规格以 XML 格式保存到指定的文件。

（7）"选项"选项卡

单击"选项"选项卡，弹出图 23-35 所示的对话框。

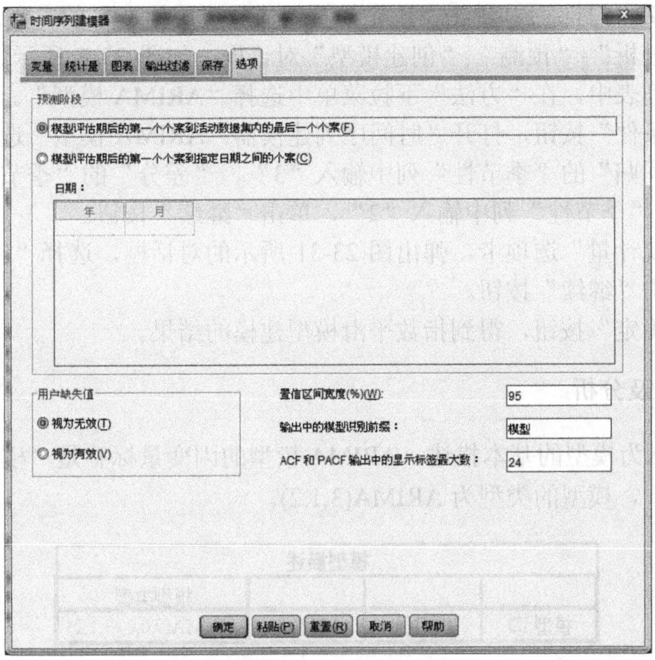

图 23-35 "选项"选项卡

"预测阶段"选项包括:

- 模型评估期后的第一个个案到活动数据集内的最后一个个案:一般当估计模型所用的数据并非全部数据时选择此项。
- 模型评估期后的第一个个案到指定日期之间的个案:常用来预测超过当前数据集的时间范围的个案。

"用户缺失值"包括:"视为无效"即是把缺失值视为无效数据;"视为有效"即把缺失值视为有效数据。

"置信区间宽度"系统默认为95%的置信区间。

"输出中模型识别前缀"标志变量的模型前缀。

"ACF 和 PACF 输出中显示的最大延迟数"输入框用于指定自相关函数和偏相关函数的最大延迟阶数。模型残差的自相关函数(ACF)和偏自相关函数(PACF)的值比仅查看拟合优度统计量能更多地从量化角度来了解模型。合理指定的时间模型将捕获所有非随机的变异,其中包括季节性、趋势、循环周期以及其他重要的因素。如果是这种情况,则任何误差都不会随着时间的推移与其自身相关联(自关联)。这两个自相关函数中的显著结构都可以表明基础模型不完整。

设置完毕后,单击"确定"按钮,输出结果。

1. 模型评价

例23.4:记录了中国某地从1992年~2002年的鲜苹果出口量及出口额,试用ARIMA模型对鲜苹果出口量进行分析和预测。数据库见例23-4 sav。

操作步骤:

(1)单击"数据"|"定义日期"命令,弹出对话框如图23-2所示,在"个案为"选项中选择"年份、月份",然后在"第一个个案为"中的"年"和"月份"输入数据开始的具体的年份1992和月份1,单击"确定"按钮,完成时间变量的定义。

(2)单击"分析"|"预测"|"创建模型"对话框,如图23-7所示。将"平均气温"选入"因变量"列表中,在"方法"下拉菜单中选择"ARIMA模型"。

(3)单击"条件"按钮,打开"时间序列建模器:ARIMA模型"选项,单击"模型"选项卡,在"自回归"的"季节性"列中输入"3"、"差分"的"季节性"输入"1"、"移动平均数"的"季节性"列中输入"2",单击"继续"按钮。

(4)单击"统计量"选项卡,弹出图23-31所示的对话框,选择"参数估计"和"显示预测值",单击"继续"按钮。

(5)单击"确定"按钮,得到指数平滑模型建模的结果。

2. 实验结果及分析

图23-36所示为模型的基本描述。ARIMA模型的因变量标签是"模型ID",模型的名称为"模型_1",模型的类型为ARIMA(3,1,2)。

模型描述			
			模型类型
模型ID	出口量	模型_1	ARIMA(0,0,0)(3,1,2)

图23-36 模型的基本描述

图 23-37 所示给出了模型拟合的 8 个拟合优度指标，以及这些指标的均值、最小值、最大值及百分位数。其中平稳的 R 方值为 0.195，而 R 方值为 0.813，这是由于因变量为季节性数据，因此平稳的 R 方更具有代表性。

模型拟合											
拟合统计量	均值	SE	最小值	最大值	百分位						
					5	10	25	50	75	90	95
平稳的R方	0.195	.	0.195	0.195	0.195	0.195	0.195	0.195	0.195	0.195	0.195
R方	0.813	.	0.813	0.813	0.813	0.813	0.813	0.813	0.813	0.813	0.813
RMSE	7315.378	.	7315.378	7315.378	7315.378	7315.378	7315.378	7315.378	7315.378	7315.378	7315.378
MAPE	185.666	.	185.666	185.666	185.666	185.666	185.666	185.666	185.666	185.666	185.666
MaxAPE	9638.361	.	9638.361	9638.361	9638.361	9638.361	9638.361	9638.361	9638.361	9638.361	9638.361
MAE	5024.843	.	5024.843	5024.843	5024.843	5024.843	5024.843	5024.843	5024.843	5024.843	5024.843
MaxAE	31949.179	.	31949.179	31949.179	31949.179	31949.179	31949.179	31949.179	31949.179	31949.179	31949.179
正态化的BIC	18.035	.	18.035	18.035	18.035	18.035	18.035	18.035	18.035	18.035	18.035

图 23-37　模型拟合的 8 个拟合优度指标

图 23-38 所示给出了模型的拟合统计量和 Ljung-BoxQ 统计量。平稳的 R 方值为 0.195，Ljung-BoxQ 统计量值为 56.595，显著水平为 $p = 0.000$，说明差异有统计学意义。

模型统计量						
模型	预测变量数	模型拟合统计量	Ljung-Box Q(18)			离群值数
		平稳的R方	统计量	DF	Sig.	
出口量-模型_1	0	0.195	56.595	13	0	0

图 23-38　模型统计量描述

图 23-39 所示为 ARIMA(3,1,2)模型参数估计值列表。ARIMA(3,1,2)中有两部分：AR 和 MA。其中 AR 自回归部分的 3 项显著性水平分别为 0.000、0.000、0.006。而 MA 移动平均部分的两项显著性水平分别为 0.155 和 0.429.因此 ARIMA(3,1,2)模型对其季节性趋势拟合情况一般。

ARIMA 模型参数					估计	SE	t	Sig.
出口量-模型_1	出口量	无转换	常数		2832.557	414.235	6.838	0
			AR,季节性	滞后1	-1.694	0.339	-5	0
				滞后2	-1.593	0.34	-4.684	0
				滞后3	-0.514	0.182	-2.819	0.006
			季节性差分		1			
			MA,季节性	滞后1	-1.238	0.864	-1.433	0.155
				滞后2	-0.956	1.204	-0.794	0.429

图 23-39　ARIMA 模型参数估计值列表

图 23-40 所示为 ARIMA 模型的拟合图，苹果出口量整体上呈波动状态，拟合值和观测值在整体上拟合情况良好。

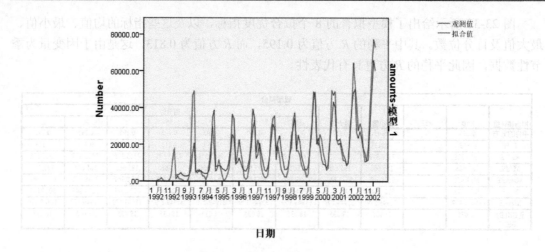

图 23-40　ARIMA 模型的拟合图

23.5.3　带有季节因子的 ARIMA 模型

检验一个时间序列是否具有季节性是十分必要的，如果一个时间序列季节性显著，那么拟合适应的季节时间序列模型是合理的。许多商业和经济时间序列都包含季节现象，例如，冰淇淋的销量的季度序列在夏季最高，序列在每年都会重复这一现象。相应的周期为 4。类似地，在中国，每年农历 5 月份糯米的销售量大大地增加，这是因为中国的端午节有吃粽子的习惯。相应的季节周期是 12 个月。很多的实际问题中，时间序列会显示出周期变化的规律，这种周期性是由于季节变化或其他物理因素所致，我们称这类序列为季节性序列。

ARIMA$(p,d,q)(P,D,Q)s$ 模型又称带有季节因子的 ARIMA 模型。如图 23-41 所示，当序列中同时存在趋势性和季节性的周期和趋势时，序列中存在着以季节周期的整数倍为长度的相关性，需要经过某些阶数的逐期差分和季节差分才能使序列平稳化。对这样的准平稳序列的分析模型概括为 ARIMA（p,d,q）(P,D,Q)s 模型，其中 P、Q 为季节性的自回归和移动平均阶数，D 为季节差分的阶数，s 为季节周期。ARIMA$(p,d,q)(P,D,Q)s$ 模型见图 23-30 "ARIMA 条件：模型"对话框中的"季节性"。

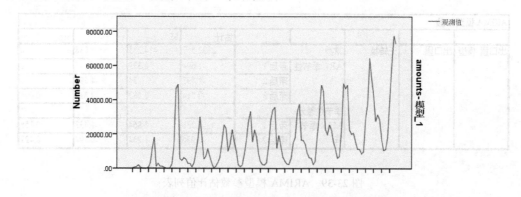

图 23-41　从 1992 年到 2002 年的鲜苹果出口量观测图

季节性时间序列的重要特征表现为周期性。在一个序列中，如果经过 S 个时间间隔后观测点呈现出相似性，比如同处于波峰或波谷，我们就说该序列具有以 S 为周期的周期特性。具有周期特性的序列称为季节时间序列，S 为周期的长度，不同的季节时间序列会表现出不同的周期，季度资料的一个周期表现为一年的 4 个季度，月度资料的周期表现为一年的 12 个月，周资料表现为一周的 7 天或 5 天。图 23-41 所示描述从 1992 年～2002 年的鲜苹果出口量观测图周期性特点：1992 年～2002 年鲜苹果出口量从 9 月份到第二年 1 月份呈现高峰期。

季节时间序列的样本自相关函数和偏自相关函数既不拖尾也不截尾，也不呈现出线性衰减趋势，如果在滞后期为周期 S 的整倍数时出现峰值，则建立乘积季节模型是适应的，关于差分阶数和季节差分阶数的选择是试探性的，可以通过考察样本的自相关函数来确定。一般情况下，如果自相关函数缓慢下降，同时在滞后期为周期 S 的整倍数时出现峰值，通常说明序列同时有趋势变动和季节变动，应该做一阶差分和季节差分。如果差分后的序列所呈现的自相关函数有较好的截尾和拖尾性，则差分阶数是适宜的。

23.6 季节分解模型

23.6.1 概述

季节变动趋势是时间序列的 4 种主要变动趋势之一，所谓季节性变动是指由于季节因素导致的时间序列的有规则变动。引起季节变动的除自然因素外，还有人为原因，如节假日、风俗、习惯等。

季节分解的主要方法包括按月（季）平均法和移动平均趋势剔除法。所谓季节分解，就是把时间序列中的 4 种变动趋势分解出来，并分别对其加以分析，再将分析结果综合起来组成一个时间序列的总模型。

1. 时间序列的4种成分

（1）长期趋势：记为 Tt，表示序列取值随时间逐渐增加、减少或不变的长期发展趋势。

（2）季节趋势：记为 St，表示由于受到季节因素或某些习俗的影响，而出现的有规律的变化。

（3）循环趋势：记为 Ct，表示序列取值沿着趋势线有如钟摆般循环变动的规律。

（4）不规则趋势：记为 It，表示把时间序列中的长期趋势、季节趋势和循环趋势都去除后余下的部分。

其数学表达式为：$Yt=f(Tt,St,It)$（f 函数表达模型包括加法模型和乘法模型）。

一般而言，长期趋势、季节趋势和循环趋势都受到规则性因素的影响，只有不规则趋势是随机性的，它发生的原因有：自然灾害、天气突变以及人为的意外因素等。

2. 季节分解模型的种类

（1）加法模型：时间序列是由 4 种成分相加而成的，各成分之间彼此独立，没有交互影响。以 Y 表示某个时间序列，它的加法模型为：$Y=T+C+S+R$。

按照加法模型的假设，季节因素、周期因素和不规则因素都围绕着长期趋势而上下波动。它们可以表现为正值或负值，反映了各自对时间序列的影响方式和程度。

（2）乘法模型：时间序列是由4种成分相乘而成的，各成分之间存在着相互依赖的关系，以 Y 表示某个时间序列，它的乘法模型为：$Y=T \times C \times S \times R$。

按照乘法模型的假设，季节因素、周期因素和不规则因素也围绕着长期趋势而上下波动。但这种表现为一个大于或小于1的系数，反映它们长期趋势的基础上对原始序列的相对影响方式和程度。

23.6.2 案例分析

例 23.5：记录中国某城市从 1990 年~2009 年的平均气温、平均最高气温、平均最低气温、平均相对湿度、月降水量、月日照时数、平均本站气压和菌痢率。利用季节性分解模型对该城市菌痢率进行分析。数据库见例 23-5.sav。

1．操作步骤

（1）单击"数据"|"定义日期"命令，在"个案为"选项中选择"年份、月份"，然后在"第一个个案为"中的"年"和"季度"输入数据开始的具体的年份1990和月份1，单击"确定"按钮，完成时间变量的定义。

（2）单击"分析"|"预测"|"季节性分解"命令，弹出"周期性分解"对话框，如图 23-42 所示。

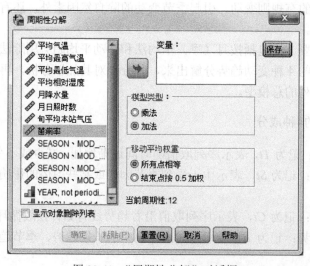

图 23-42 "周期性分解"对话框

将"菌痢率"选入"变量"列表中，选择"加法"和"结束点按 0.5 加权"，如图 23-38 所示。

（3）单击"确定"按钮，得到季节性分解的结果。

2．实验结果及分析

图 23-43 所示为描述性统计的结果。模型的名称为 MOD_2，模型的类型为"可加"。

图 23-44 所示为序列名称为"菌痢率"季节性分解的季节性因素。由于季节性因素的存在，使得菌痢率在不同的月份呈现出相似的性质，在每年的 6 月、7 月、8 月、9 月、10 月的季节性因素为正值，使得这 5 个月份的细菌性痢疾的概率相对较高。

模型描述	
模型名称	MOD_2
模型类型	可加
序列名称　　1	菌痢率
季节性期间的长度	12
移动平均数的计算方法	跨度等于周期，并且所有点具有相同的权重
正在应用来自 MOD_2 的模型指定。	

图 23-43　模型描述

季节性因素	
序列名称:菌痢率	
期间	季节性因素
1	-2.90678937
2	-3.02068809
3	-2.68987197
4	-2.21258923
5	-0.71345227
6	1.245630072
7	3.148067879
8	4.807477881
9	4.325161348
10	2.271078189
11	-1.42649535
12	-2.82752909

图 23-44　季节性因素

第24章 信度分析

随着社会的发展和科学技术的进步，包括科学研究在内的各行各业对相关数据的需求越发明显。作为收集数据的常用工具——调查问卷（或称量表）也越发受到人们的关注。设计的问卷能否较好地反映某事物或现象的真实情况，调查的结果是否可靠，以及是否便于操作等等，都是人们在实际资料采集中非常关心的问题。量表的优劣，直接关系到数据的真实性与可靠性。数据的准确可靠是人们进行决策的重要依据。那么，一份量表的可靠性如何衡量呢？信度分析则是用来评价问卷可靠性或稳定性的，它可检测用某量表对同一事物进行重复测量后，所得结果的一致性。本章介绍信度分析的基本原理及其 SPSS 软件实现方法。

24.1 基 本 原 理

1. 信度概述

（1）概念：信度反映的是测量结果的一致性或稳定性的指标；测量的信度越高表示测量的结果越可信。当然，信度是任何一种测量的必要条件，但不是唯一条件，因为信度与测量结果的正确与否无关。因此，只有测量值接近或等于真值时，信度高才有意义。信度有两层含义：①一致性，如某一组（性质、题型、目的均相同）量表的一致性高，那么用该组量表对某同质人群进行测验后，所得结果具有较强的正相关性。即一致性侧重反映不同量表反映同一现象的相似程度。②稳定性，指在不同的时间点用相同的量表对相同的研究对象进行测验，所得结果的相似程度。若所得结果的差异很小，则说明其稳定性高。诚然，由于影响测量结果的因素众多，两次测量的结果很难完全相同。一般而言，如果信度系数能达到 0.9 以上，就很理想了。

（2）分类：按照评价对象的不同，分为内在信度和外在信度。

① 内在信度：衡量量表中某一组项目（问题）测量的是不是同一概念。常用信度系数为 Cranbach α 系数和分半信度，信度系数越高反映量表的内在一致性越高。

② 外在信度：衡量同一量表在不同时间点对同一被检者进行重复测量，所得结果的一致性程度。

2. 信度估算方法

信度系数：$R_{xx} = ST^2 / S_x^2$

式中 R_{xx} 表示测量的信度，ST^2 表示真值的方差，S_x^2 表示测量值的方差。它是对一组待测数据实际测量值与真值相差程度的最佳估计。但在实际测量中，通常只能获得实际测量值（x），及测量值的变异度（S_x^2），而不知道真值（T）及其变异度（ST^2）的大小。所以，根据上述公式尚不能计算出信度系数。在统计学上常通过计算两组变量相关系数的大小来表示信度的高低。

（1）Cranbach α 系数：当量表由客观题和主观题组成，且有些题目是多重计分时，用该系数来估计测量的内部一致性。

$$\alpha = (\frac{k}{1-k})(1 - \frac{\sum_{i=1}^{k} S_i^2}{S_x^2})$$

式中，k 为用于测量的题目数，S_i^2 为第 i 个题目得分（测量值）的方差，S_x^2 为量表总得分的方差。值得注意的是，该信度系数与量表的题目数量（k）关系密切；题目数量越多，可接受的信度越大。对于一个含有约 10 个题目的量表而言，α 系数能达到 0.8 即可认为信度不错。

（2）Cuttman 系数：当量表仅含客观题（即答对得 1 分，答错不得分）时，用 Cuttman 系数估计量表的内部一致性。

$$R_{kk} = (\frac{k}{1-k})(1 - \frac{\sum_{i=1}^{k} p_i q_i}{S_x^2})$$

式中，k 为用于测量的题目数，p_i 为第 i 个题的通过率，q_i 为第 i 个题的未通过率，S_x^2 为量表总得分的方差。

（3）分半信度：也称折半信度，或内部一致性系数。将测量题目分成对等的两半，根据每个人在这两半测量中的得分，计算其相关系数作为信度指标。

$$R_{xx} = \frac{2R_{hh}}{1 + R_{hh}}$$

式中，R_{hh} 为两半测量值之间的相关系数，R_{xx} 为整个测量信度的估计值。请注意：当此类的题目数<10 时，不宜采用该方法估计信度。另外，该公式应用的前提假设是两个半测量结果的平均值及标准差应相似；若该条件得不到满足，则应改用入选公式进行信度估计。

① 弗朗那根公式：

$$R_{xx} = 2(1 - \frac{S_a^2 + S_b^2}{S_x^2})$$

式中，S_a^2 与 S_b^2 分别表示两部分测量值的方差，S_x^2 为整个测量值的方差。

② 卢比公式：

$$R_{xx} = 1 - \frac{S_d^2}{S_x^2}$$

式中，S_d^2 为两部分测量值之差的方差，S_x^2 为整个测量值的方差。

24.2 模块解读

1. 信度分析

单击"分析"|"度量"|"可靠性分析"命令，弹出"可靠性（信度）分析"对话框，

如图 24-1 所示。

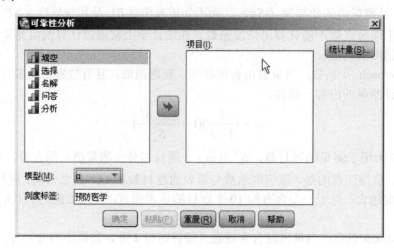

图 24-1 "可靠性分析"对话框

(1)"项目"框：用于放入本次需要分析的变量（如用于测量的题目）"填空"、"选择"、"名解"、"问答"、"分析"。

(2)"模型"选项：用于指定要使用的信度系数。其中，α 表示 Cranbach α 系数；"半分"表示分半信度；Cuttman 表示 Cuttman 系数；"平行"表示平行测量的信度估计；"严格平行"表示在平行测量的基础上，要求各变量的均值相等。

(3) 刻度标签：用于指定刻度标签。

2."统计量"按钮

单击"统计量"按钮，弹出图 24-2 所示的"可靠性分析：统计量"对话框，其中各选项栏的功能为：

(1) 描述性：用于选择要输出的统计量。项：输出变量的均值、标准差等统计信息；度量：输出各变量之和的均数、方差、标准差等；如果项已删除则进行度量：输出量表中删除某个变量后，相应统计量的改变值。

(2) 项之间：用于设置输出变量间的信息。相关性：输出变量间的相关系数；协方差：输出变量间的协方差系数。

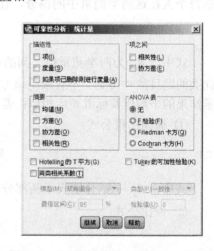

图 24-2 "可靠性分析：统计量"对话框

(3) 摘要：用于设置描述统计量的输出。均值：输出项目均数的平均值、最小值、最大值，项目均数的极差、方差，以及最大项目均数与最小项目均数之比；方差：输出项目方差的平均值、最小值、最大值，项目方差的极差、方差，以及最大项目方差与最小项目方差之比；协方差：输出项目协方差的平均值、最小值、最大值，项目协方差的极差、方差，以及最大项目协方差与最小项目协方差之比；相关性：输出项目相关系数的平均值、最小值、最大值，项目相关系数的极差、方差，以及最大项目相关系数与最小项目相关系数之比。

(4) ANOVA 表：用于设置方差分析选项。无：不作方差分析；F 检验：作重复测量设计的方差分析,要求数据满足正态性;Friedman 卡方:输出 Friedman χ^2 统计量及 Kendall 调谐系数,适用于秩格式的数据;Cochran 卡方:作 Cochran χ^2 检验。

(5) Hotelling 的 T 平方:作多元检验。

(6) Tukey 的可加性检验:检验变量间的交互作用。

(7) 同类相关系数:用于设置组内相关系数选项。模型:下拉列表中含有 3 个可用的计算组内相关系数的模型,即双向混合,指两方向固定模型;双向随机,指两方向随机模型;单向随机,指单方向随机模型。类型:下拉列表中含有两个可选的指标类型,即一致性和绝对一致性。置信区间:用于指定置信区间的概率范围。检验值:用于指定一个与观察相关系数作比较的数值,系统默认为 0。

24.3 实 例 详 解

例 24.1:分析某高校《预防医学》考试卷的信度,见例 24-1.sav。此例含 5 个测量项目,即填空、选择、名解、问答和分析。

1. 操作步骤

(1) 单击"分析"|"度量"|"可靠性分析"命令,如图 24-3 所示,弹出图 24-1 所示的对话框。

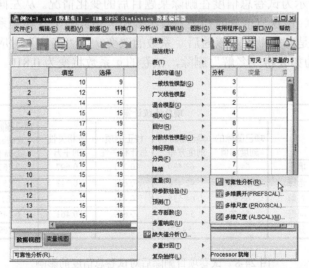

图 24-3 "可靠性分析"菜单命令

(2) 将变量"填空"、"选择"、"名解"、"问答"、"分析"均放入"项目"框。

(3) 单击"统计量"按钮,弹出图 24-2 所示的对话框,选中"项"、"度量"、"如果项已删除则进行度量"及"相关性"复选框,单击"继续"按钮,返回主对话框。

(4) 单击"确定"按钮运行,输出结果。

2. 结果解读

(1) 图 24-4 所示为个案处理结果,说明纳入分析的有效观测数为 62,没有缺失值。

（2）图 24-5 所示为信度统计量，Cranbach α 系数的计算结果 α=0.807，可见此试卷的信度较好。

案例处理汇总		N	%
案例	有效	62	100
	已排除ª	0	0
	总计	62	100
a. 在此程序中基于所有变量的列表方式删除。			

可靠性统计量		
Cronbach's Alpha	基于标准化项的 Cronbachs Alpha	项数
0.807	0.822	5

图 24-4　基本统计信息　　　　图 24-5　信度统计量

（3）图 24-6 所示为试卷各项目的统计信息，包括均值、标准差等信息。

（4）图 24-7 所示为各项目间的相关矩阵，可见填空与选择两题的相关性高。

项统计量			
	均值	标准偏差	N
填空	16.4	1.644	62
选择	21.92	3.399	62
名解	16.77	2.161	62
问答	18.97	2.509	62
分析	6.68	2.186	62

项间相关性矩阵					
	填空	选择	名解	问答	分析
填空	1	0.819	0.206	0.575	0.42
选择	0.819	1	0.328	0.603	0.427
名解	0.206	0.328	1	0.358	0.553
问答	0.575	0.603	0.358	1	0.518
分析	0.42	0.427	0.553	0.518	1

图 24-6　各项目的统计信息　　　　图 24-7　各项目间的相关矩阵

（5）图 24-8 所示为试卷总信度在删除某题目后的变化情况。从左向右依次是总分的均数改变、方差改变、该题与总分的相关系数、多相关系数的平方和 α 系数的改变情况。其中最后一项反映的是，如果删除该题后 α 系数的改变。如"名解"对应的"α 系数改变"为 0.810，可理解为如果将"名解"删除，试卷的 α 系数将变为 0.810。提示删除该题，可以提高试卷的信度。

项总计统计量				
	项已删除的刻度均值	项已删除的刻度方差	校正的项总计相关性	多相关性的平方	项已删除的Cronbach's Alpha 值
填空	64.34	63.539	0.701	0.697	0.761
选择	58.82	42.476	0.691	0.711	0.754
名解	63.97	64.556	0.443	0.35	0.81
问答	61.77	53.719	0.669	0.461	0.745
分析	74.06	59.57	0.601	0.447	0.769

图 24-8　试卷项目删除后对试卷总信度的影响

（6）图 24-9 所示为试卷的题目数量，以及该班 62 人用该试卷测试结果的总分均值、方差和标准差。

标度统计量			
均值	方差	标准偏差	项数
80.74	84.621	9.199	5

图 24-9　标度统计量

第 25 章 对 应 分 析

对应分析（Correspondence analysis）也称关联分析、R-Q 型因子分析，是近年新发展起来的一种多元相依变量统计分析技术，通过分析由定性变量构成的交互汇总表来揭示变量间的联系。可以揭示同一变量的各个类别之间的差异，以及不同变量各个类别之间的对应关系。

对应分析又称为相应分析，它是于 1970 年由法国统计学家 J. P. Beozecri 提出来的，是在 R 型和 Q 型因子分析基础上发展起来的一种多元统计方法。

25.1 简单对应分析

简单对应分析是分析某一研究事件两个分类变量间的关系，其基本思想是以点的形式在较低维的空间中表示联列表的行与列中各元素的比例结构，可以在二维空间更加直观地通过空间距离反映两个分类变量间的关系，属于分类变量的典型相关分析。

25.1.1 概述

我们知道应用因子分析的方法，可以用较少的几个公共因子去提取研究对象的绝大部分信息，即可减少因子的数目，又把握住了研究对象之间的相互关系。但是因子分析根据研究对象的不同又分为 R 型因子分析和 Q 型因子分析，即对指标（变量）作因子分析和对样品作因子分析是分开进行的，这样做往往会漏掉一些指标与样品之间有关的一些信息，另外在处理实际问题中，样品的个数远远地大于变量个数。比如有 100 个样品，每个样品测 10 项指标，要作 Q 型因子分析，就要计算（100×100）阶相似系数阵的特征根和特征向量，这对于一般小型计算机的容量和速度都是难以胜任的。对应分析是将 R 型因子分析与 Q 型分子分析结合起来进行统计分析，它是从 R 型因子分析出发，而直接获得 Q 型因子分析的结果。克服了由于样品容量大，作 Q 型分析所带来的计算上的困难。另外根据 R 型和 Q 型分析的内在联系，可将指标（变量）和样品同时反映到相同坐标轴（因子轴）的一张图形上，便于对问题进行分析。比如在图形上邻近的一些样品则表示它们的关系密切归为一类，同样邻近的一些变量点则表示它们的关系密切归为一类，而且属于同一类型的样品点，可用邻近的变量点来表征。因此，对应分析，概括起来可提供三方面的信息，即指标之间的关系、样品之间的关系，以及指标与样品之间的关系。

基本思想：由于 R 型因子分析和 Q 型因子分析都是反映一个整体的不同侧面，因此它们之间一定存在内在的联系。对应分析就是通过一个过渡矩阵 **Z** 将二者有机地结合起来，具体地说，首先给出变量点的协差阵 $A=Z'Z$ 和样品点的协差阵 $B=ZZ'$，由于 $Z'Z$ 和 ZZ' 有相同的非零特征根，记为 $\lambda_1 \geq \lambda_2 \geq \cdots \geq \lambda_m$，$0 \leq m \leq \min(p, 0)$，如果 A 的特征根 λ_i 对应的特征向量为 U_i，则 B 的特征根 λ_i 对应的特征向量就是 $ZU_i\Delta V_i$，根据这个结论（后面有证明）就可以很方便地借助 R 型因子分析而得到 Q 型因子分析的结果。因为求出 A 的特征根和特征向量后很容易写出变量点协差阵对应的因子载荷阵，记为 F。则：

$$F=\begin{bmatrix} u_{11}\sqrt{\lambda_1} & u_{12}\sqrt{\lambda_2} & \cdots & u_{1m}\sqrt{\lambda_m} \\ u_{21}\sqrt{\lambda_1} & u_{22}\sqrt{\lambda_2} & \cdots & u_{2m}\sqrt{\lambda_m} \\ \vdots & & & \\ u_{p1}\sqrt{\lambda_1} & u_{p2}\sqrt{\lambda_2} & \cdots & u_{pm}\sqrt{\lambda_m} \end{bmatrix}$$

这样一来样品点协差阵 B 对应的因子载荷阵记为 G，则：

$$G=\begin{bmatrix} V_{11}\sqrt{\lambda_1} & V_{12}\sqrt{\lambda_2} & \cdots & V_{1m}\sqrt{\lambda_m} \\ V_{21}\sqrt{\lambda_1} & V_{22}\sqrt{\lambda_2} & \cdots & V_{2m}\sqrt{\lambda_m} \\ \vdots & & & \\ V_{n1}\sqrt{\lambda_1} & V_{n2}\sqrt{\lambda_2} & \cdots & V_{nm}\sqrt{\lambda_m} \end{bmatrix}$$

由于 A 和 B 具有相同的非零特征根，而这些特征根又正是各个公共因子的方差，因此可以用相同的因子轴同时表示变量点和样品点，即把变量点和样品点同时反映在具有相同坐标轴的因子平面上，以便对变量点和样品点一起考虑进行分类。

因此，对应分析的特点是：

☐ 是多维图示分析技术之一，结果直观、简单；
☐ 与因子分析有关：分类资料的典型相关分析；
☐ 用于展示两个/多个分类变量各类间的关系；
☐ 研究较多分类变量间关系时较佳；
☐ 各个变量的类别较多时较佳：均为四类以上。

而局限性则在于：

☐ 不能进行变量间相关关系的检验，仍然只是一种统计描述方法；
☐ 解决方案的所需维度需要研究者决定；
☐ 对极端值敏感，对于小样本不推荐使用。

25.1.2 模块说明

1. 对应分析

单击"分析"|"降维"|"对应分析"命令，弹出"对应分析"对话框，如图 25-1 所示。分别将需分析的行变量与列变量选入。本例中将"部位"放入"行"，"症状"放入"列"。

2. "定义范围"按钮

单击"定义范围"按钮，弹出图 25-2 所示的定义范围对话框，此对话框用于对行、列进行范围和条件的约束。

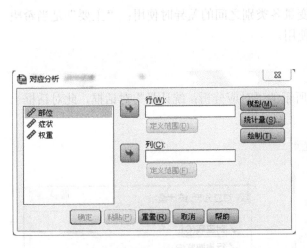

图 25-1 "对应分析"对话框

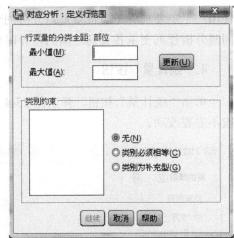

图 25-2 定义范围对话框

（1）最大值和最小值：表示相应分类变量的最大值和最小值，此处只能输入整数，单击"更新"按钮确认。

（2）类别约束：其下列表框显示分类变量的取值列表。选中其中的一个值，然后单击右侧的单选框设置其约束条件。"无"表示不作约束；"类别必须相等"表示各类别必须有相同的得分，表示将某些分类绑定为一类。这样做的目的往往是为了消除列联表中理论频数过少（如小于 5）的单元格；"类别为互补型"表示指定某些分类值不参与分析但会在图形中标示。这样做的目的往往是为了消除列联表中异常值对分析结果的影响。

3. "模型"按钮

单击"模型"按钮，弹出图 25-3 所示的"对应分析：模型"对话框，用于设置模型类型。

（1）解的维数：行列变量分类最终提取的因子个数。该数默认为 2，即表示可以将各分类点表示在二维平面上。也可以设置成以下两项中较小者：活动行类别数减去约束为相等的行类别数，加上受约束的行类别集的数目；活动列类别数减去约束为相等的列类别数，加上受约束的列类别集的数目。

（2）距离度量：主要用于对应表的行与列之间的距离。"卡方"表示卡方距离测度，即使用加权轮廓表距离，为默认值，是标准对应分析中所必须的，其中权重是行或列的质量。Euclidean 表示欧几里德距离测度，即使用行队和列队之间平方差之和的平方根进行测度。

（3）标准化方法："行和列均值已删除"表示行和列都被中心化，使用于标准对应分析，仅在卡方距离度量时可用；接下来的 4 项均在 Euclidean 距离度量时用，"行均值已删除"表示只有行被中心化处理；"列均值已删除"表示只有列被中心化处理；"使行总和相等，删除均值"表示在行数据中心化之前先使行边际相等；"使列总和相等，删除均值"表示在列数据中心化之前先使行边际相等。

（4）正态化方法："对称"是当希望重点分析行列变量各类别之间的联系，而非每个变量各类别之间的差异时使用；"主要行"是当希望重点分析行变量各类别之间的差异时使用;"主要列"是当希望重点分析列变量各类别之间的差异时使用;"主要"是当希望同时分析行列变量各类别之间的差异时使用。

4. "统计量"按钮

单击"统计量"按钮,弹出图 25-4 所示的"对应分析:统计量"对话框,此对话框一般不需要改动。

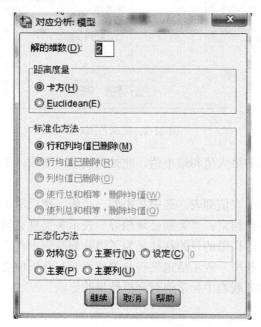

图 25-3 "对应分析:模型"对话框　　图 25-4 "对应分析:统计量"对话框

- 对应表:表示输出行列变量的交叉列联表。
- 行点概览:表示输出行变量分类的因子载荷以及方差贡献等。
- 列点概览:表示输出列变量分类的因子载荷以及方差贡献等。
- 对应表的排列:指定前 n 个维度的行列得分表,如果该项被选中,下方的"排列的最大维数"被激活,用于指定维度。
- 行轮廓表:表示输出频数的行百分比。
- 列轮廓表:表示输出频数的列百分比。
- 置信统计量:选择计算行变量各类别和列变量各类别在各类别的标准差以及相关系数。

5. "绘制"按钮

单击"绘制"按钮,弹出图 25-5 所示的"对应分析:图"对话框,用于对输出图形进行设置。

图 25-5 "对应分析:图"对话框

（1）散点图：其中，"双标图"为行列变量的对应分布图；"行点"为行变量各类别在第一因子和第二因子上的载荷图；"列点"为列变量各类别在第一因子和第二因子上的载荷图，选择此复选框，需在下方"散点图的标识标签宽度"框中输入小于或等于 20 的非负整数。

（2）线图："已转换的行类别"为行变量各分类的因子载荷图；"已转换的列类别"为列变量各分类的因子载荷图。

（3）图维数："显示解中的所有维数"表示行和列的维数显示在交叉表中；"限制维数"表示限制输出的维数，"最低维数"为从 1 到总维数减 1 的整数，"最高维数"为从 2 到总维数的整数。

25.1.3 实例详解

例 25.1：大脑疾病可能会出现壳核、尾状核、苍白球、丘脑、中脑、脑桥、小脑 7 个部位的损伤，并且可能会出现构音障害、动作迟缓、震颤、肌张力障碍等症状，寻找这些症状具体与哪个部位损伤关联最大，具体见例 25-1.sav。

1．操作步骤

（1）单击"数据"|"加权个案"命令，将"权重"加权。

（2）单击"分析"|"降维"|"对应分析"命令，如图 25-6 所示，弹出图 25-1 所示的对话框。

图 25-6 "对应分析"菜单命令

(3)将"部位"放入"行"框,单击"定义范围"按钮,弹出图25-2所示的对话框,输入"最大值"和"最小值"后,单击"更新"按钮更新设置,单击"继续"按钮,返回主对话框;将"症状"放入"列"框,同样重复上述动作,设置好列值。

(4)单击"模型"按钮,弹出图25-3所示的对话框,输入维度为2,选择"卡方"、"行与列均值已删除"和"对称",单击"继续"按钮,返回主对话框。

(5)单击"统计量"按钮,弹出图25-4所示的对话框,选择"对应表"、"行点概览"和"列点概览",单击"继续"按钮,返回主对话框。

(6)单击"绘制"按钮,弹出图25-5所示的对话框,选择"双标图"和"显示解中的所有维数",单击"继续"按钮,返回主对话框。

(7)单击"确定"按钮运行,输出结果。

2. 结果解读

(1)图25-7所示为对应分析对应表,实际上相当于"部位"与"症状"两个变量的交叉表,"有效边际"是相应行或列的个案分布的统计。从图25-7所示可以看出"壳核"损伤的病人最多,"小脑"损伤的病人最少,"构音障碍"出现的病人最多,"肌张力障碍"出现的病人最少。但从该表中看不出损害的部位和出现的症状之间的相互关系。

对应表

部位	构音障碍	动作迟缓	震颤	肌张力障碍	有效边际
壳核	89	78	57	7	231
尾状核	64	56	42	5	167
苍白球	77	63	46	7	193
丘脑	38	37	23	4	102
中脑	48	41	30	6	125
桥脑	44	37	26	5	112
小脑	2	2	1	0	5
有效边际	362	314	225	34	935

图25-7 对应分析对应表

(2)图25-8所示为对应分析的统计摘要表,此图可以提供最大维度的信息来观察每个维度的贡献。本例中最大维度为:活动列变量类别数(4类)减去1,即3个维度。"惯量比例"表示特征值,是衡量解释数据变异能力的指标。表中维度为1,惯量为0.664,最高,因此表示第一维度展示了66.4%的变异,而维度为2的惯量为0.251,表示在第二维度展示了剩余的25.1%的变异,而第三维度只展示了8.5%的变异,因此二维的对应分析就足够了。"置信奇异值"表示行得分和列得分的相关系数,它等于惯量值的平方,是维度重要性的另一种度量。

摘要

维数	奇异值	惯量	卡方	Sig.	惯量比例		置信奇异值	相关
					解释	累积	标准差	2
1	.039	.001			.664	.664	.032	.004
2	.024	.001			.251	.915	.033	
3	.014	.000			.085	1.000		
总计		.002	2.108	1.000ª	1.000	1.000		

a. 18 自由度

图25-8 对应分析的统计摘要表

(3)图 25-9 所示是对应分析的散点图，即通过图形的方式展现类别和样本的潜在关系，列点与行点距离越近表示关系越密切。图中比较明显的是出现"尾状核"和"壳核"的损伤与症状"震颤"和"构音障碍"的出现有关，"苍白球"损伤与症状"构音障碍"的出现有关，"丘脑"的损伤与症状"动作迟缓"的出现有关等等。

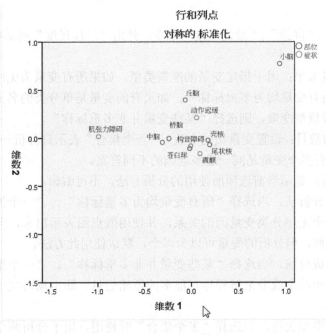

图 25-9　对应分析的散点图

3．注意事项

（1）对应分析不能用于相关关系的假设检验。它虽然可以揭示变量间的联系，但不能说明两个变量之间的联系是否显著，因而在作对应分析前，可以用卡方统计量检验两个变量的相关性。

（2）对应分析输出的图形通常是二维的，这是一种降维的方法，将原始的高维数据按一定规则投影到二维图形上。而投影可能引起部分信息的丢失。

（3）对极端值敏感，应尽量避免极端值的存在。如有取值为零的数据存在时，可视情况将相邻的两个状态取值合并。

（4）原始数据的无量纲化处理。运用对应分析法处理问题时，各变量应具有相同的量纲（或者均无量纲）。

25.2　多重对应分析

简单对应分析是分析两个分类变量间的关系，而多重对应分析则是分析一组属性变量之间的相关性。

与简单对应分析一样，多重对应分析的基本思想也是以点的形式在较低维的空间中表示联列表的行与列中各元素的比例结构。

25.2.1 模块说明

1. 最优尺度

单击"分析"|"降维"|"最优尺度"命令,弹出"最佳尺度"对话框,如图25-10所示。

(1) 最佳度量水平:用于指定变量的度量类型。如果所有变量为无序多分类(名义变量),则选择"所有变量均为多重标称";如果有的变量是单分类的名义变量、有序分类变量或者离散的数值型变量,则选择"某些变量并非多重标称"。

(2) 变量集的数目:设置变量集的个数。"一个集合"表示只分析一组变量间的关系;"多个集合"表示有多个变量是同一道多选题的不同答案。

(3) 选定分析:显示当前选项所使用的分析方法,不可编辑。

☐ 多重对应分析法,当选择"所有变量均为多重标称"、"一个集合"时使用,用于分析多个无序分类变量间的关系,并使用散点图表示出来,分析过程与简单分析非常相似,但分析的变量可以为多个,默认使用此方法。

☐ 分类主要成分法,当选择"某些变量并非多重标称"、"一个集合"时使用,它使用尽量少的主成分来解释尽可能多的原始信息,即市场研究中非常重要的多维偏好分析。

☐ 非线性典型相关性,当选择"多个集合"时使用,用于分析两个或多个变量集之间的关系,允许变量为任何类型:无序分类、有序分类或连续变量。

2. "定义"按钮

单击"定义"按钮,弹出图25-11所示的对话框,用于设置多重对应分析的要求。

图25-10 "最佳尺度"对话框

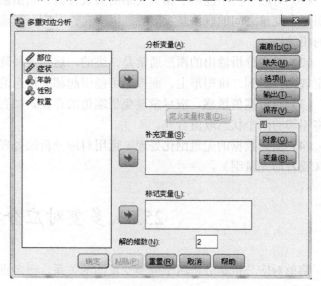

图25-11 "多重对应分析"对话框

（1）分析变量：将变量列表中的目标变量移入，可以移入两个或两个以上的变量，如果移入两个即进行简单对应分析。每个变量必须至少包含 3 个有效个案且该分析基于正整数数据。选中分析变量后单击下面的"定义变量权重"按钮，弹出图 25-12 所示的"MCA：定义变量权重"对话框，设置变量的权重。

（2）补充变量：列表中的变量不用于多重对应分析，仅用于对比。

（3）标记变量：用于在结果里标识各个记录。

（4）解的维数：输入多重对应分析结果的最低维度数目。

3. "离散化"按钮

单击"离散化"按钮，弹出图 25-13 所示的"MCA：离散化"对话框，在变量列表中选中某个变量后，可以在"方法"的下拉列表选择离散化的方法，将不符合要求的变量进行转换。其方法包括："未指定"是不指定任何离散化方法；"分组"表示将取值重新编码为固定个数或者固定间隔的类别，选中后下方的分组即可编辑；"秩"表示将通过对变量个案排秩来进行分类；"乘"表示取变量当前值乘以 10 且经过四舍五入的标准化值，并且加上了一个常数确保最低离散值为 1，然后按照整数值的大小进行分类。

图 25-12 "MCA：定义变量权重"对话框

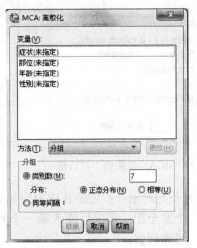

图 25-13 "MCA：离散化"对话框

4. "缺失"按钮

单击"缺失"按钮，弹出图 25-14 所示的"MCA：缺失值"对话框。

（1）缺失值方案："分析变量"和"补充变量"分别放入分析变量和补充变量。

（2）方案：选择处理缺失值的方法。

- 排除缺失值；量化后为相关性规因：即表示排除有缺失值的变量（消极处理），如果消极处理所有变量，则所有变量都有缺失值的对象将视为补充对象；如果选择输出相关矩阵，则缺失值的替换方式有：众数，表示将缺失值替换为最优尺度化变量的众数；附加类别，表示用一个额外的分类值取代所有缺失值。
- 为缺失值归因：对有缺失值的变量进行归因，即推算插补模式。
- 排除此变量具有缺失值的对象：排除分析变量含缺失值的观测，此方法对补充变量无效。

5. "选项"按钮

单击"选项"按钮，弹出图 25-15 所示的"MAC：选项"对话框。

图 25-14 "MCA：缺失值"对话框

图 25-15 "MCA 选项"对话框

（1）补充对象：指定要其成为附加对象的个案编号。
- 个案全距：选中后输入第一个和最后一个个案编号，单击"添加"按钮进入附加对象列表；
- 单个个案：将某个对象指定为附加对象，并对该对象忽略个案权重。单击"更改"按钮对选定的附加对象进行更改；单击"删除"按钮删除已添加的对象。

（2）正态化方法：从下拉列表选择变量或观测得分的正态化方法。
- 主要变量：变量主成分，相当于简单对应分析的"主要列"方法；
- 主要对象：观测主成分，相当于简单对应分析的"主要行"方法；
- 对称：相当于简单对应分析的"对称"方法。
- 因变量：相当于简单对应分析的"主要"方法；
- 设定：相当于简单对应分析的"设定"方法。

（3）标准：设定迭代收敛标准。在"最大迭代"框中输入最大循环次数，在"收敛性"框中输入收敛临界值，若循环求解的最后两个模型的拟和优度之差小于此处的临界值，则停止循环。

（4）标注图：设置输出图形的显示方式。
- 变量标签或值标签：表示在图中将使用变量和值标签；

❑ 变量名或值：表示在图中将使用变量名称和值。

(5) 图维数：与简单对应分析的图 25-5 所示中设置相同。

6."输出"按钮

单击"输出"按钮，弹出图 25-16 所示的"MCA：输出"对话框。

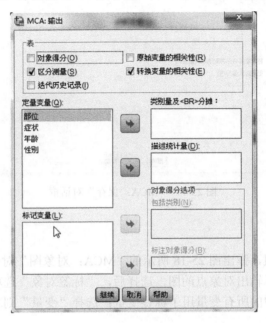

图 25-16 "MCA：输出"对话框

(1) 表：设定输出相关统计量。
- ❑ 对象得分：表示输出对象得分表，包括质量、惯量和贡献。一旦选中，会激活"对象得分选项"，"包括类别"列表中的分析变量，将在结果表里显示它的类别信息；"标注对象得分"表示指定标识观测得分的标签变量。
- ❑ 区分测量：输出每个变量和每个维度的区分测量。
- ❑ 迭代历史记录：输出迭代中方差的变化过程。
- ❑ 原始变量的相关性：输出初始变量取值的相关系数矩阵及其特征值。
- ❑ 转换变量的相关性：输出转换变量取值的相关系数矩阵及其特征值。

(2) 类别量及
分摊：量化选定变量的每一个维度的类别，包括质量、标准、坐标。

(3) 描述统计量：输出选定变量的频率、缺失值的数量及众数等描述性统计量信息。

7."保存"按钮

单击"保存"按钮，弹出图 25-17 所示的"MCA：保存"对话框。

(1) 离散化数据：选中"创建离散化数据"，则"创建新数据集"和"写入新数据文件"被激活。"创建新数据集"表示建立一个新的数据集来保存指定数据，在"数据集名称"后要输入数据集的名称；"写入新数据文件"则表示建立一个新的文件来保存指定数据，单击"文件"按钮选择文件。

(2) 已转换的变量：用于保存已转换的变量，用法与"离散化数据"一致。

（3）对象得分：用于保存对象得分，用法与"离散化数据"一致。

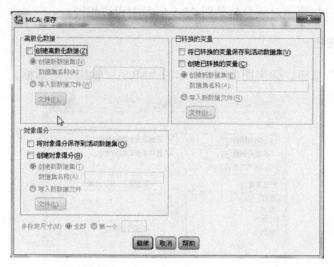

图 25-17 "MCA：保存"对话框

8．"对象"按钮

单击"对象"按钮，弹出图 25-18 所示的"MCA：对象图"对话框。

（1）对象点：表示输出对象点的图，选择后，"标签对象"选项组被激活。选择"个案号"表示可用列表中的所有变量用于标签变量；选择"变量"则表示每个变量生成一个图。

（2）对象和质心（双标图）：表示输出对象点和其中心点的双标图，选择后，"双标图变量"选项组被激活。选择"所有变量"表示可用列表框中所有变量都用于双标图；选择"选定变量"则表示在可用列表中选择变量用于双标图。

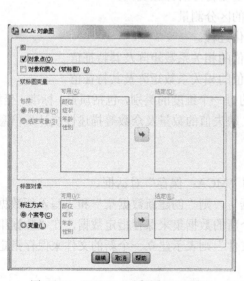

图 25-18 "MCA：对象图"对话框

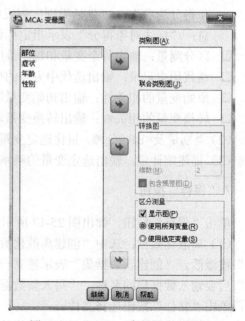

图 25-19 "MCA：变量图"对话框

第 25 章 对应分析

9."变量"按钮

单击"变量"按钮,弹出图 25-19 所示的"MCA:变量图"对话框。

(1)类别图:对选入的每个变量作一个图,显示其各类别的中心值。

(2)联合类别图:在一个图形中显示所有选入变量各类别的中心值。

(3)转换图:用于输出最优类别量化与类别指示符的比较图。"维数"中输入指定维数;"包含残差图"表示输出每个选定变量的残差图。

(4)区分测量:用于为变量生成区分测量的单个图。选择"显示图"表示输出区分测量的图;选择"使用所有变量"表示为所有变量生成区分测量的单个图;选择"使用选定变量"表示为选定变量生成区分测量的单个图。

25.2.2 实例详解

例 25.2:在例 25.1 所示的基础上在加上性别和年龄两个因素考虑,即 4 个变量:部位、症状、性别和年龄。具体见例 25-2.sav。

1.操作步骤

(1)单击"数据"|"加权个案"命令,将"权重"加权。

(2)单击"分析"|"降维"|"最优尺度"命令,如图 25-20 所示,弹出图 25-10 所示的对话框。

图 25-20 "最优尺度"菜单命令

（3）单击“所有变量均为多重标称”和“一个集合”，单击“定义”按钮，弹出图 25-11 所示的对话框。

（4）将“部位”、“症状”、“性别”和“年龄”移入“分析变量”，默认每个变量的定义变量权重为 1。“解的维数”输入 2。

（5）单击“输出”按钮，弹出图 25-16 所示的对话框，将“部位”移入“类变量及
分摊”，将“性别”移入“描述统计量”，单击“继续”按钮，返回主对话框。

（6）单击“变量”按钮，弹出图 25-19 所示的对话框，将“部位”、“症状”、“性别”和“年龄”移入“联合类别图”，单击“继续”按钮，返回主对话框。

（7）单击“确定”按钮运行，输出结果。

2．结果解读

结果如图 25-21～图 25-29 所示。

信任度

Multiple Correspondence
Version 1.0
by
Data Theory Scaling System Group (DTSS)
Faculty of Social and Behavioral Sciences
Leiden University, The Netherlands

图 25-21　版权信息和处理摘要输出

案例处理汇总

有效的活动案例	935
具有缺失值的活动案例	0
补充案例	0
总计	935
分析中使用的案例	935

按 权重 加权的案例。

图 25-22　案例处理汇总

性别

		已加权的频率
有效	男	458
	女[a]	477
	总计	935

a. 模式。

图 25-23　性别统计信息

迭代历史记录

	方差考虑情况		
迭代数目	总计	增量	损失
37[a]	1.576926	.000008	2.423074

a. 因为获得收敛的检验值，所以迭代过程停止。

图 25-24　迭代历史记录

模型汇总

		解释		
维数	Cronbach's Alpha	总计（特征值）	惯量	方差的 %
1	.514	1.627	.407	40.667
2	.460	1.527	.382	38.179
总计		3.154	.788	
均值	.488[a]	1.577	.394	39.423

a. 总 Cronbach's Alpha 基于平均特征值。

图 25-25　模型汇总输出

部位

点:坐标

类别	已加权的频率	质心坐标 维数 1	质心坐标 维数 2
壳核	231	.077	-.281
尾状核	167	-.798	-.348
苍白球	193	1.162	-.715
丘脑	102	-.776	1.135
中脑	125	.006	.222
桥脑	112	-.283	1.072
小脑	5	.220	-.503

主要变量标准化。

图 25-26 部位变量的质心坐标

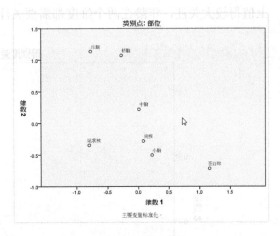

图 25-27 部位变量的类别点图

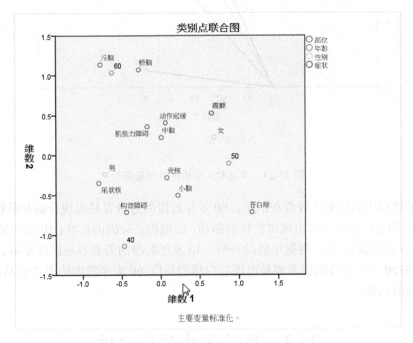

图 25-28 多元对应分析的类别点联合图形

（1）图 25-21 所示为版权信息和处理摘要输出；图 25-22 所示罗列了原始数据的基本使用情况，包括缺失值观测数、补充案例数等；图 25-23 所示给出的是性别变量的编码和统计信息；图 25-24 所示给出了最后一次迭代的次数、方差、方差增值的信息，表格下方还说明了迭代终止的原因；图 25-25 所示给出了两个维度的方差总计（特征值）及其惯量信息。

（2）图 25-26 和图 25-27 所示是"部位"变量的质心坐标及其图形。这样的单个图形可以判断在二维空间里，其各个类别取值的区分程度。其他变量皆与此相同。

（3）图 25-28 与图 28-29 所示中类别点联合图和简单对应分析中的二维分析图类似；区分度量图形主要用于判断重点变量在其相关性较大的维度上的特征，可见症状在维度 2

上值得较大关注，年龄在两个维度都需要关注，性别在维度 1 上需要加重关注。

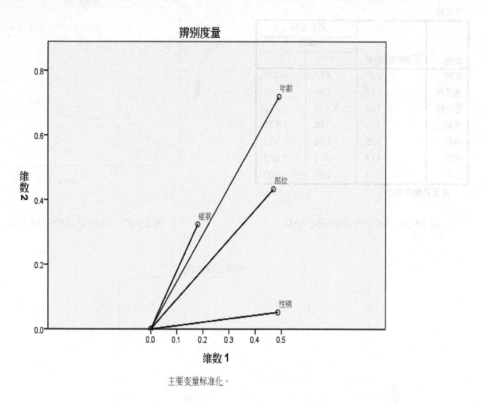

图 25-29　多元对应分析区分度量图形

（4）最终得出的结果比较直观的是：60 岁年龄段的患者容易出现丘脑和脑桥的损伤；40 岁年龄段的男性患者容易出现尾状核的损伤，出现构音障碍的症状；50 岁年龄段的女性患者容易出现震颤的症状；根据年龄段分析，40 岁年龄段的患者容易出现小脑、壳核、尾状核的损伤；50 岁年龄段的患者容易出现苍白球的损伤；60 岁年龄段的患者容易出现脑桥、丘脑、中脑的损伤。

25.3　数值变量对应分析

对应分析的分类可以分为分类变量和数值变量，分类变量可以用上两节讲述的简单对应分析和多重对应分析来解决问题，而若变量均为数值，则采用数值变量的对应分析。

25.3.1　模块说明

1. 对应分析

单击"分析"|"降维"|"对应分析"命令，弹出对应分析对话框，如图 25-1 所示。分别将变量选入"行"变量与"列"变量。本例中将"语文"放入"行"，"数学"放入"列"。

2. "定义范围"按钮

单击"定义范围"按钮，弹出图 25-2 所示的定义范围对话框，此对话框用于对行、列进行范围和条件的约束。

3. "模型"按钮

单击"模型"按钮，弹出图 25-3 所示的"模型"对话框，用于设置模型类型。具体设置简单对应分析，这里重点描述的是我们在数值变量的对应分析中使用的"距离度量"是 Euclidean 法。正如前文所提到的，Euclidean 表示欧几里德距离测度，即使用行队和列队之间平方差之和的平方根进行测度。这里我们重点考虑的是要使用什么标准化方法：

- ❏ "行和列均值已删除"表示行和列都被中心化，使用于标准对应分析；
- ❏ "行均值已删除"表示只有行被中心化处理；
- ❏ "列均值已删除"表示只有列被中心化处理；
- ❏ "使行总和相等，删除均值"表示在行数据中心化之前先使行边际相等；
- ❏ "使列总和相等，删除均值"表示在列数据中心化之前先使行边际相等。

本例中 6 项指标均数各不相同，而且，各同学的考试成绩的差异是我们所关注的，即 A 同学的成绩是否高于 B 同学，诸如此类。因此，我们选择"行和列均值已删除"，不仅可以消除各指标均值不同的影响，而且可以保留各同学成绩的差异。

4. "粘贴"按钮

单击"粘贴"按钮，弹出图 25-30 所示的语法编辑器，进行程序的修改和编写。

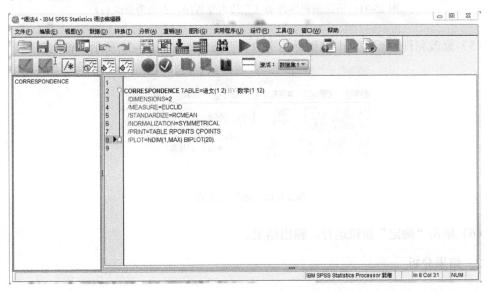

图 25-30　语法编辑器

25.3.2　实例详解

例 25-3：31 个高一同学的期末考试成绩，比较各个同学的考试情况。详见 25-3.sav。

1. 操作步骤

（1）单击"分析"|"降维"|"对应分析"命令，如图 25-6 所示，弹出图 25-1 所示的对话框。

（2）将"数学"放入"行"框，单击"定义范围"按钮，弹出图 25-2 所示的对话框，在"最小值"框中输入 1，"最大值"框中输入 2，单击"更新"按钮，更新行变量的分类全距，单击"继续"按钮返回主对话框，同样设置列的定义范围。其中"最大值"和"最小值"只是为了程序粘贴，无实际意义。

（3）单击"模型"按钮，弹出图 25-3 所示的对话框，输入维数为 2，选择 Euclidean、"行与列均值已删除"和"对称"，单击"继续"按钮，返回主对话框。

（4）单击"粘贴"按钮，弹出图 25-30 所示的对话框，进行语法编写，如图 25-31 所示，将"TABLE=语文(1 2)BY 数学(1 12)"改为"all(31 5)"，"(31 5)"表示 31 行、5 列。

```
CORRESPONDENCE TABLE=语文(1 2) BY 数学(1 12)
 /DIMENSIONS=2
 /MEASURE=EUCLID
 /STANDARDIZE=RCMEAN
 /NORMALIZATION=SYMMETRICAL
 /PRINT=TABLE RPOINTS CPOINTS
 /PLOT=NDIM(1,MAX) BIPLOT(20).
```

```
CORRESPONDENCE TABLE=all(31 5)
 /DIMENSIONS=2
 /MEASURE=EUCLID
 /STANDARDIZE=RCMEAN
 /NORMALIZATION=SYMMETRICAL
 /PRINT=TABLE RPOINTS CPOINTS
 /PLOT=NDIM(1,MAX) BIPLOT(20).
```

图 25-31　语法编辑器改动（左边为原程序，右边为修改后）

（5）修改完程序后，单击"运行选定内容"按钮，如图 25-32 所示，得出结论。

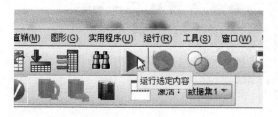

图 25-32　运行选定内容

（6）单击"确定"按钮运行，输出结果。

2. 结果分析

（1）图 25-33 所示为维度的汇总表，可见前两个维度共携带了总信息量的 69.8%，而前 3 个维度共携带了 88.0%的信息量，因此我们需要把"模型"中"解的维数"改为"3"，进行分析，结果类似于图 25-25 所示，仅增加一个维数。

（2）图 25-34 所示为最终的对应分析图，本例结果不是非常清晰，但从某种程度第二象限的同学数学较好，第三象限的同学理、化、生较好，第四象限的同学英语和语文较好。

第 25 章 对应分析

维数	奇异值	惯量	惯量比例		置信奇异值	
			解释	累积	标准差	相关 2
1	.034	.001	.361	.361	.001	-.029
2	.032	.001	.337	.698	.001	
3	.024	.001	.181	.880		
4	.019	.000	.120	1.000		
总计		.003	1.000	1.000		

摘要

图 25-33 维度信息

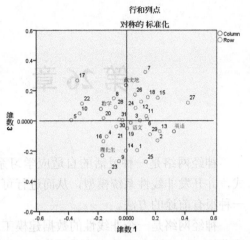

图 25-34 数值变量的对应分析图

3. 注意事项

在进行语法编写之前，需要将表格中的"姓名"一栏删除，因为"姓名"为控制变量，不计入列中。

第 26 章 神经网络模型

神经网络是一种灵活的自适应学习系统，可以根据观测数据自动地发现数据中的模式，并开发非线性系统模型，从而进行可靠的预测，它为解决许多现实世界的问题提供了一种很有前途的方法。

神经网络是一个非线性的数据建模工具集合，它包括输入层和输出层、一个或者多个隐藏层。神经元之间的连接赋予相关的权重，训练算法在迭代过程中不断调整这些权重，从而使得预测误差最小化并给出预测精度。可以设置网络的训练条件，从而控制训练的停止条件以及网络结构，或者让算法自动选择最优的网络结构。在许多领域，都可以将 SPSS 神经网络和其他的统计分析过程结合起来，获得更深入、清晰的洞察力。例如，在市场研究领域，可以建立客户档案发现客户的偏好；在数据库营销领域，您可以进行客户细分、优化市场活动的响应；在金融分析方面，您可以使用 SPSS 神经网络分析申请人的信用状况，探测可能的欺诈。在运营分析方面，您也可以使用这个新工具管理现金流、优化供应链。此外，在科学和医疗方面的应用包括预测医疗费用、医疗结果分析、预测住院时间等。

一个实际的神经网络有一个比较广泛的定义，它是相互连接的神经元的集合，这些神经元逐步从它们的环境（数据）中学习，以便在复杂的数据里捕获本质的线性和非线性的趋势，以便能为包含噪声和部分信息的新情况提供可靠的预测。神经元就是在一个网络里为完成局部数据处理的最基本的计算单元。这些神经元组成大量的并行网络，它们的功能由网络结构（也就是神经元如何组织，彼此之间如何连接）、神经元之间的连接权值和神经元实现的处理来决定它。其在两个方面类似于人脑：①知识由网络通过学习过程获得；②神经元间的互连，即用来存储知识的已知的联合权值或权值。

SPSS 神经网络，包括多层感知器（MLP）和径向基函数（RBF）两种方法。这两种方法都是有监督的学习技术——也就是说，它们根据输入的数据映射出关系。这两种方法都采用前馈结构，意思是数据从一个方向进入，通过输入节点、隐藏层，最后进入输出节点。对过程的选择受到输入数据的类型和网络的复杂程度的影响。此外，多层感知器可以发现更复杂的关系，径向基函数的速度更快。

26.1 多层感受器

MLP 网络广泛应用的原因是它很灵活而且不管数据模式有多复杂，都可以被训练去呈现出模式的形状。MLP 网络是一种很强大的感知器的扩展；由于它有以任意精确度逼近神经元输入层与输出层之间的任何非线性关系的能力，所以这些网络也叫做通用逼近器。这些网络的函数来自位于神经元的输入层和输出层之间的隐含层。隐含层由一个或多个非线性神经元组成。更重要的是，与线性神经元的线性映射和感知器中用的阶跃函数映射相对比，它能实现加权输入的连续非线性转换。

MLP通过多层感知器来拟和神经网络。多层感知器是一个前馈式有监督的结构。它可以包含多个隐藏层、一个或者多个因变量，这些因变量可以是连续型、分类型、或者两者的结合。如果因变量是连续型，神经网络预测的连续值是输入数据的某个连续函数。如果因变量是分类型，神经网络会根据输入数据，将记录划分为最适合的类别。

26.1.1 概述

多层感知器（MLP）过程会根据预测变量的值来生成一个或多个因变量（目标变量）的预测模型。

由前面知识可知感知器和线性神经元仅仅有对线性分割模式进行分类的能力，因此不能形成复杂数据所需要的任意非线性分类界限。更进一步地，线性神经元在预报时只能实现输入数据到输出数据的线性映射。相反地，每一个神经元局部的非线性映射，给了非线性网络的灵活性和逼近数据固有的复杂关系的能力，如图26-1所示。

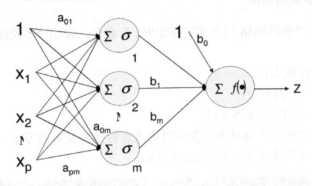

被调整的多层感知器和权值（自由参数）

图26-1 多层感知器（MLP）网络图示

建模时重要的第一步就是数据探测。这包括用于趋势和关系的质量评估数据的可视化、数据清洗、降维处理和提取有助于后续建模的相关输入和特征。用于预报和分类的神经网络，如多层网络，包含多层感知器和径向基函数网络，它们是将输入非线性地映射到输出的非线性处理器。它们通过与输入连接的隐含神经元的使用来实现这个目的。输入数目越多，连接输入与隐含神经元的权值数目越多，同时还可以影响模型的精确性。例如，自由参数（也就是权值）数目越多，优化这些权值的过程要求就越多。寻找与问题最相关的信息通常叫做特征提取。这时真正需要的是一个模型，该模型仅含有导致自由参数最少的问题的相关输入或特征，它们可以对给定数据产生具有足够泛化能力的最优模型。因此，可以通过移除冗余数据使模型变得更简单。

另一个问题是输入可能是多重共线性的，这样输入变量彼此相关。输入的这种相关结构会导致解的非唯一性，也就是由于输入间的相互作用，将它们的相关关系传递到权值，又使自由参数的最优化变得复杂，从而使权值有多解的存在。并且相关输入使一个网络运行在一个从初始维数降低的空间里。

例如，如果有 p 个变量，其中 d 个变量是高度相关的，那么本质上就有（p-d+1）个独立变量。相关变量可以被分成一组，这组的一个代表就足可以具体表现这一整组对输出的影响。如果输入变量是独立的，则模型就可以被大大简化。更进一步，通常会遇到这样的实际情况，即由于问题的本质或者搜集数据的困难而具有许多变量，但样本却很少。当一个网络在这种情况下用许多变量进行训练时，由于数据的缺乏，在输入空间里将会是稀疏空间或者是没有数据的空间，从而导致网络面临估计大量次最优解自由参数的困难。这种情况下，最重要的就是减少输入变量的数目。

许多情况下，尽管其他的输入变量可能相当小，但有一些输入变量仍然由数值较大来表示。因为对于具有较大值的输入会采用较大的权值，从而掩盖了较小值的输入变量的影响，这个差异会导致模型的不完整描述。这就需要输入数据的标准化，以使所有变量都落在一个相似的范围内。

26.1.2 模块解读

1. 创建多层感知器网络

单击"分析"|"神经网络"|"多层感知器..."命令，弹出"多层感知器"对话框，如图 26-2 所示。

（1）"变量"选项卡：
- 选择至少一个因变量。
- 至少选择一个因子或协变量。

根据需要，在"变量"选项卡上您可以更改重标度协变量的方法。

（2）单击"分区"选项卡，如图 26-3 所示。

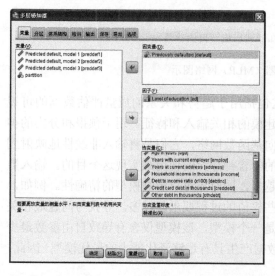
图 26-2 "多层感知器"对话框："变量"选项卡

图 26-3 "多层感知器"对话框："分区"选项卡

分区数据集：此组指定将活动数据集划分为训练样本、检验样本或坚持样本的方法。

训练样本包含用于训练神经网络的数据记录；数据集中的某些个案百分比必须分配给训练样本以获得一个模型。检验样本是一个用于跟踪训练过程中的错误以防止超额训练的独立数据记录集。强烈建议创建一个训练样本，并且如果测试样本小于训练样本，网络训练通常最高效。坚持样本是另一个用于评估最终神经网络的独立数据记录集；坚持样本的误差给出一个模型预测能力的"真实"估计值，因为坚持样本的个案不用于构建模型。

  ❏ 根据个案的相对数量随机分配个案。指定随机分配到每个样本（训练、检验和坚持）的个案的相对数量（比率）。%列根据已经指定的相对数量，报告将被分配到每个样本的个案的百分比。

  例如，指定 7、3、0 作为训练、检验和坚持样本的相对数量对应于 70%、30% 和 0%，指定 2、1、1 作为相对数量对应 50%、25% 和 25%；1、1、1 对应将数据集在训练、检验和坚持中分为相等的 3 部分。使用分区变量分配个案。

  ❏ 指定一个将活动数据集中的每个个案分配到训练、检验和坚持样本中的数值变量。变量为正值的个案被分配到训练样本中，值为 0 的个案被分配到检验样本中，而负值个案被分配到坚持样本中。具有系统缺失值的个案会从分析中排除。分区变量的任何用户缺失值始终视为有效。

（3）单击"体系结构"选项卡，如图 26-4 所示。

"体系结构"选项卡用于指定网络结构。该过程可以自动选择"最佳"体系结构，或者也可以指定"自定义体系结构"。

自动体系结构选择构建具有一个隐藏层的网络。指定隐藏层中允许存在的最小或最大单位量，自动体系结构选择计算隐藏层中的"最佳"单位量。自动体系结构选择使用隐藏层和输出层的默认激活函数。

自定义体系结构选择向您提供针对隐藏层和输出层的专业控制，并且当您预先知道需要什么体系结构或当您需要调整自动体系结构选择的结果时，其最有用。

（4）单击"培训"选项卡，如图 26-5 所示。

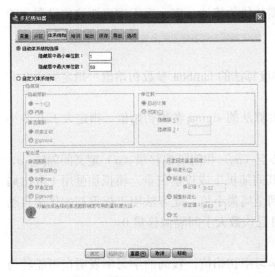
图 26-4 "体系结构"选项卡

图 26-5 "培训"选项卡

"培训"选项卡用于指定如何培训网络。培训的类型和优化算法确定哪个培训选项可用。

培训类型：培训类型确定网络如何处理记录。从下列培训类型中选择：
- 批处理：只有传递所有培训数据记录之后才能更新键结值。也就是说，批处理培训使用培训数据集中所有记录信息。批处理培训通常为首选方法，因为它直接使总误差最小；然而，批处理培训可能需要多次更新权重，直至满足其中一条中止规则，因此可能需要传递数据多次。其对于"较小"数据集最有用。
- 在线：在每一个培训数据记录之后更新键结值。也就是说，在线培训一次使用一个记录信息。在线培训连续获取记录并更新权重，直至满足其中一条终止规则。如果一次使用所有记录，而且不满足任何终止规则，那么该过程通过循环数据记录继续。对于与预测变量相关的"较大"数据集，在线培训要优于批处理；也就是说，如果有许多记录和输入，并且其值之间不相互独立，那么在线培训可以比批处理培训更快获取一个合理答案。
- 袖珍型批处理：将培训数据记录划分到大小近似相等的组中，然后在传递一组之后更新键结值。也就是说，袖珍型批处理培训使用一组记录信息。然后，如果需要，该过程循环数据组。袖珍型批处理培训提供介于批处理培训和在线培训之间的折中方法，它可能最适于"中型"数据集。该过程可以自动确定每个袖珍型批处理培训记录的数目，或者您可以指定一个大于 1 并小于或等于将存储到内存的个案的最大数目的整数。您可以在"选项"选项卡上设置将存储到内存的个案最大数目。

优化算法：这是一种用于估计键结值的方法。
- 调整的共轭梯度：使用共轭梯度方法对齐的假设仅应用于批处理培训类型，所以此方法不适用于在线培训或袖珍型批处理培训。
- 梯度下降：此方法需与在线培训或袖珍型批处理培训共同使用；也可以与批处理培训共同使用。
- 培训选项：该培训选项允许您细微调整优化算法。您一般无需更改这些设置，除非网络出现估计问题。

调整的共轭梯度算法的培训选项包括：
- 初始 Lambda 值：针对调整的共轭梯度算法的 lambda 参数初始值。指定大于 0 并小于 0.000001 的数。
- 初始 Sigma 值：针对调整的共轭梯度算法的 sigma 参数初始值。指定大于 0 并小于 .0001 的数。
- 间隔中心点和间隔偏移量：间隔中心点（a_0）和间隔偏移量（a）定义间隔[a_0-a, a_0+a]，并且在使用模拟加强时，在其间随机生成权重矢量。模拟加强用于取出局部最小值，目标是利用优化算法找到全局最小值。此方法用于权重初始化和自动体系结构选择。指定间隔中心点数目且该数大于间隔偏移量 0。

梯度下降算法的培训选项包括：
- 最初学习率：针对梯度下降算法的学习率初始值，较高的学习率表明在可能转为不稳定的代价下，网络培训较快。指定大于 0 的数。
- 学习率的较低极限：针对梯度下降算法的学习率较低极限。此设置仅应用于在线和袖珍型批处理培训。指定大于 0 并小于初始学习率的数。

❑ 动能：针对梯度下降算法的初始动能参数。该动能项有助于阻止过高学习率引起的不稳定性。指定大于 0 的数。

❑ 时程学习率减少：梯度递减与在线培训或袖珍型批处理培训一起使用时，时程数（p）或培训样本的数据传递需要将初始学习率降低到学习率的较低极限。这使您能控制学习率衰减因子 $\beta = (1/pK)*\ln(\eta_0/\eta_{low})$，其中 η_0 是初始学习率，η_{low} 是学习率的较低极限，K 是培训数据集中袖珍型批处理（或针对在线培训的培训记录数目）的总数目。指定大于 0 的整数。

(5) 单击"输出"选项卡，如图 26-6 所示。

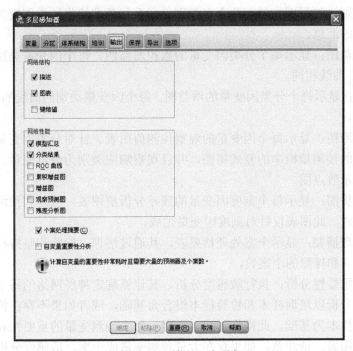

图 26-6 "输出"选项卡

网络结构：显示与神经网络有关的摘要信息。

❑ 描述：显示与神经网络有关的信息，包括因变量、输入和输出单位数目、隐藏层和单位数目及激活函数。

❑ 图表：将神经网络图表作为不可编辑图表显示。请注意，随着协变量数目和因子级别的增加，图表变得更加难于解释。

❑ 键结值：显示表明给定层中的单位与以下层中的单位之间关系的系数估计值。键结值以培训样本为基础，即使活动数据集已划分为培训数据、检验数据和坚持数据。请注意，键结值数目会变得非常大，而且这些权重一般不用于解释网络结果。

网络性能：显示用于确定模型是否"良好"的结果。注意：该组中的图表以培训样本和检验样本组合为基础，或者如果不存在检验样本，则只以培训样本为基础。

❑ 模型汇总：显示分区和整体神经网络结果的摘要，包括错误、相对错误或不正确预测的百分比、用于终止培训的中止规则和培训时间。恒等、sigmoid 或双曲正切激活函数应用于输出层时，错误为平方和错误。softmax 激活函数应用于输出层时，则为交叉熵错误。显示相对错误或不正确预测的百分比取决于因变量测量级别。

如果任何因变量具有刻度测量级别,则显示平均整体相对错误(相对于均值模型)。如果所有因变量都为分类变量,则显示不正确预测的平均百分比。也针对单个因变量显示相对错误或不正确预测的百分比。

- 分类结果:分区和整体显示每个分类因变量的分类表。每个表针对每个因变量类别给出正确或错误分类的个案数目。也报告正确分类的总体个案百分比。
- ROC 曲线:显示每个分类因变量的 ROC(Receiver Operating Characteristic)曲线。其也显示一个给定每个曲线下区域的表格。对于给定因变量,ROC 图表针对每个类别显示一条曲线。如果因变量有两个类别,那么每条曲线将该类别视为正态与其他类别。如果因变量有两个多类别,那么每条曲线将该类别视为正态与所有其他类别的汇总。
- 累积增益图:显示每个分类因变量的累积增益图。每个因变量类别的曲线的显示与 ROC 曲线相同。
- 增益图:显示每个分类因变量的增益图。每个因变量类别的曲线的显示与 ROC 曲线相同。
- 观察预测图:显示每个因变量的观察预测值图表。针对分类因变量,显示每个响应类别的预测拟概率的复式箱图,并且观察响应类别为分群变量。针对刻度因变量,显示散点图。
- 残差分析图:显示每个刻度因变量的残差分析值图表。残差和预测值之间不存在可见模式。此图表仅针对刻度因变量生成。
- 个案处理摘要:显示个案处理摘要表,其通过培训、检验和坚持样本整体总结分析中包含和排除的个案数。
- 自变量重要性分析:执行敏感度分析,其计算确定神经网络的每个预测变量的重要性。分析以培训样本和检验样本组合为基础,或者如果不存在检验样本,则只以培训样本为基础。此操作创建一个显示每个预测变量的重要性和标准化重要性的表和图表。请注意,如果存在大量预测变量或个案,敏感度分析需要进行大量计算并且很费时。

(6)单击"保存"选项卡,如图 26-7 所示。

"保存"选项卡用于将预测变量另存为数据集中的变量。

- 保存各因变量的预测值或类别:此操作保存因变量的预测值和分类因变量的预测类别。
- 保存各因变量的预测拟概率或类别:此操作保存分类因变量的预测拟概率。针对第一个 n 类别保存单个变量,其中在要保存的类别列已指定 n。
- 保存的变量名称:自动名称生成确保能保存您的所有工作。无需先删除数据编辑器中保存的变量,自定义名称允许您放弃/替换上一次运行的结果。

2. 概率和拟概率

具有 softmax 激活和交叉熵错误的分类因变量将拥有每个类别的预测值,其中每个预测值为个案属于类别的概率。

具有平方和错误的分类因变量将拥有每个类别的预测值,但预测值不能理解为概率。该过程保存这些预测拟概率,即使某些预测拟概率小于 0 或大于 1,或给定因变量的和不为 1。

基于拟概率创建 ROC、累积增益图和增益图。如果任何拟概率小于 0 或大于 1，或给定变量的和不为 1，首先会将其重标度为介于 0～1 之间且和为 1。通过除以它们的和来重标度拟概率。例如，如果一个个案具有三个分类因变量的预测拟概率：0.50、0.60、0.40，那么每个拟概率除以三者之和 1.50 得 0.33、0.40 和 0.27。

如果任何一个拟概率为负，那么在进行以上重标度之前，将最小数的绝对值添加到所有拟概率中。例如，如果拟概率为-0.30、0.50 和 1.30，那么每个值先加 0.30 得 0.00、0.80 和 1.60。然后，用每个新值除以三者之和 2.40 得 0.00、0.33 和 0.67。

(1) 单击"导出"选项卡，如图 26-8 所示。

图 26-7 "保存"选项卡

图 26-8 "导出"选项卡

"导出"选项卡用于将每个因变量的键结值估算保存到 XML（PMML）文件中。可以使用该模型文件以应用模型信息到其他数据文件用于评分目的。如果已经指定拆分文件，此选项不可用。

(2) 单击"选项"选项卡，如图 26-9 所示。

图 26-9 "选项"选项卡

用户缺失值：要在分析中包含个案，因子必须具有有效值。通过这些控制可以决定是否将用户缺失值在因子变量和分类因变量中视为有效值。

中止规则：这些是确定何时终止培训神经网的规则。培训至少继续一个数据传递。可以按照以下已在列举顺序中检查的条件终止培训。按中止规则定义，一步对应于在线和袖珍型批处理方法的数据传递以及一个批处理方法的迭代。

- 预测误差未减少情况下的最大步骤数：检查误差减少之前的步骤数。指定步骤数之后如果没有减少，那么培训停止。指定一个大于 0 的整数。您也可以指定用于计算错误的数据样本。如果其存在，自动选择将使用检验样本，否则将使用培训样本。请注意，批处理培训保证在每次数据传递之后减少培训样本错误。因此，如果检验样本存在，此选项只适用于批处理培训。培训和检验数据检查每个样本的错误。此选项仅在检验样本存在时适用。

🔔 注意：每个数据传递完成之后，在线和袖珍型批处理培训需要一个额外数据传递以计算培训错误。额外数据传递可以明显减慢培训，所以一般推荐您提供检验样本，并在任何一个个案中选择自动选择。

- 最长培训时间：选择是否指定运行算法的最大分钟数。指定大于 0 的数。
- 最长培训时程：允许的最大时程数（数据传递）。如果超过最大时程数，则停止培训。指定大于 0 的整数。
- 培训错误中的最小相对变化：如果与前一步相比，培训错误中相对变化小于标准值，则培训停止。指定一个大于 0 的数。针对在线和袖珍型批处理培训，如果只有检验数据用于计算错误，忽略此标准。
- 培训错误率的最小相对变化：如果培训错误与空模型错误的比率小于标准值，则培训停止。空模型预测所有因变量的平均值。指定一个大于 0 的数。针对在线和袖珍型批处理培训，如果只有检验数据用于计算错误，忽略此标准。

存储在内存中的最大个案数：用于控制以下多层感知器算法内的设置。指定大于 1 的整数。

- 在自动体系结构选择中，用于确定网络体系结构的样本的大小为 min(1000,*memsize*)，其中 *memsize* 是内存中存储的最大个案数。
- 在具有自动计算袖珍型批处理数的袖珍型批处理培训中，袖珍型批处理数为 min(max(*M*/10,2),*memsize*)，其中 *M* 是培训样本中的个案数。

26.1.3 实例详解

使用多层感知器评估信用风险，银行信贷员需要能够找到预示有可能拖欠贷款的人的特征，然后使用这些特征来识别信用风险的高低。假设 850 名以往客户和潜在客户的信息包含在 bankloan.sav 中。前 700 个个案是以前曾获得贷款的客户。请使用这 700 名客户的随机样本创建多层感知器，而留出其余客户用于验证分析。然后使用该模型将 150 名潜在客户按高或低信用风险分类。

1．准备数据以进行分析

（1）设置随机数种子，单击"转换"|"随机数字生成器…"命令，弹出"随机数字生

成器"对话框,如图 26-10 所示。选择"设置起点"。选择"固定值"并输入 9191972 作为值(用户也可以自行设定其他值)。单击"确定"按钮。大约 70%以往客户被分配至训练样本,30% 被分配至坚持样本。将需要分区变量精确地重新创建用于那些分析的样本。

(2)要创建分区变量,单击"转换"|"计算变量…"命令,弹出"计算变量"对话框,如图 26-11 所示。

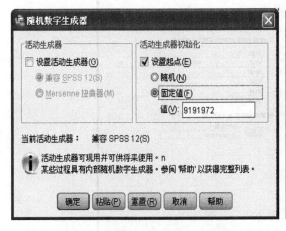

图 26-10 随机数字生成器对话框

图 26-11 "计算变量"对话框

- 在"目标变量"文本框中输入 partition。
- 在"数值表达式"文本框中输入 2*rv.bernoulli(0.7)-1。

此操作将分区值设置为随机生成的概率参数为 0.7 的 Bernoulli 变量,修改之后取值 1 或-1,而不是 1 或 0。调用将分区变量上为正值的个案分配给训练样本,将负值个案分配给坚持样本,将值为 0 的个案分配给检验样本。现在我们不指定检验样本。

(3)在"计算变量"对话框中单击"确定"按钮。

约 70%以前曾获得贷款的客户的分区值将为 1,这些客户将用于创建模型。以前曾获得贷款的其他客户的分区值将为-1,并将用于验证模型结果。

2. 运行分析

(1)单击"分析"|"神经网络"|"多层感知器…"命令,弹出"多层感知器"对话框,如图 26-12 所示。

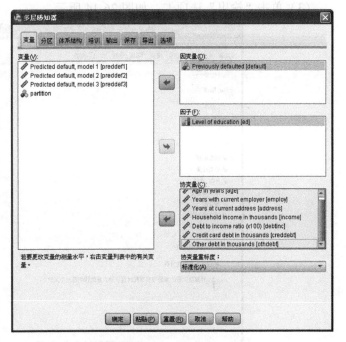

图 26-12 "多层感知器"对话框

- 选择 Previously defaulted 作为因变量。
- 选择 Level of education[ed]作为因子。
- 选择 Age in years [age]到 Other debt in thousands [othdebt]作为协变量。

(2) 单击"分区"选项卡，如图 26-13 所示。

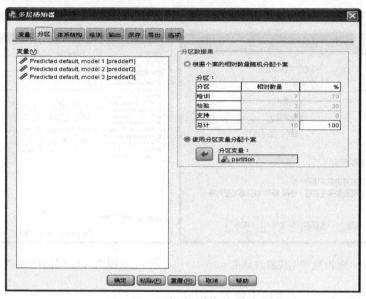

图 26-13 "分区"选项卡

- 选择使用分区变量分配个案。
- 选择 partition 作为分区变量。

(3) 单击"输出"选项卡，如图 26-14 所示。

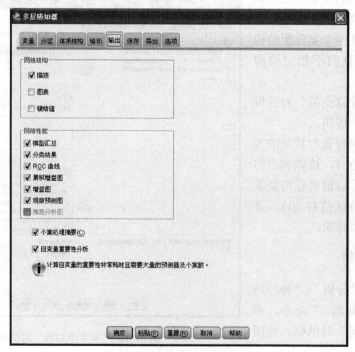

图 26-14 "输出"选项卡

- 在"网络结构"选项组中取消选择"图表"。
- 在"网络性能"选项组中选择"ROC 曲线"、"累积增益图"、"增益图"和"观察预测图"。因为因变量非刻度变量,残差分析图不可用。
- 选择"自变量重要性分析"复选框。

(4) 单击"确定"按钮。

3. 个案处理摘要

个案处理摘要显示 499 个案已分配给训练样本,201 个案分配给坚持样本。不包括在分析中的 150 个个案为潜在客户。如图 26-15 所示。

案例处理汇总		N	百分比
样本	训练	499	71.3%
	保持	201	28.7%
有效		700	100.0%
已排除		150	
总计		850	

图 26-15 个案处理摘要

4. 网络信息

网络信息表显示有关神经网络的信息,如图 26-16 所示,它对于确保指定正确很有用。此处特别要注意的是:

- 输入层的单元数为协变量数加上因子水平总数,为 Level of education 的每个类别。创建单独单元,并且没有任何类别被视为在许多建模过程中典型的"冗余"单元。
- 同样,为 Previously defaulted 的每个类别创建一个单独输出单元,输出层共有两个单元。
- 自动体系结构选择了隐藏层中的 4 个单元。
- 所有其他网络信息都是过程的默认值。

网络信息			
输入层	因子	1	Level of education
	协变量	1	Age in years
		2	Years with current employer
		3	Years at current address
		4	Household income in thousands
		5	Debt to income ratio (x100)
		6	Credit card debt in thousands
		7	Other debt in thousands
		8	Predicted default, model 1
		9	Predicted default, model 2
		10	Predicted default, model 3
	单位数ᵃ		15
	协变量的重标度方法		标准化
隐藏层	隐藏层数		1
	隐藏层 1 中的单元数ᵃ		5
	激活函数		双曲正切
输出层	因变量		Previously defaulted
	单位数		2
	激活函数		Softmax
	错误函数		交叉熵

a. 排除偏差单位

图 26-16 网络信息

5. 模型摘要

模型摘要（如图 26-17 所示）显示与训练结果及将最终网络应用于坚持样本相关的信息。

- 因为输出层使用 softmax 激活函数，将显示交叉熵错误。这是网络试图在训练中最小化的错误函数。
- 错误预测值的百分比取自分类表，并将在该主题中作进一步讨论。
- 因为达到最大时程数，所以估计算法停止。理想情况下，因为错误收敛，所以训练应停止。这提出了关于训练中是否出现错误的问题，并且成为在进一步检查输出时需谨记的事项。

6. 分类表

分类表（如图 26-18 所示）显示使用网络的实际结果。对于每个个案，如果该个案的预测拟概率大于 0.5，则预测响应结果定为是。对于每个样本：

- 个案交叉分类对角线上的单元格是正确的预测值。
- 个案交叉分类偏离对角线的单元格是不正确的预测值。

模型汇总

训练	交叉熵错误	154.679
	百分比错误预测	12.2%
	中止使用的规则	已超过的最大时程数 (100)
	培训时间	00:00:00.375
保持	百分比错误预测	22.9%

因变量: Previously defaulted

图 26-17　模型摘要

分类

样本	已观测	已预测 No	已预测 Yes	正确百分比
训练	No	355	20	94.7%
	Yes	41	83	66.9%
	总计百分比	79.4%	20.6%	87.8%
保持	No	124	18	87.3%
	Yes	28	31	52.5%
	总计百分比	75.6%	24.4%	77.1%

因变量: Previously defaulted

图 26-18　分类表

7. 结论

在用于创建模型的个案中，以前拖欠贷款的 124 人中有 74 人分类正确，375 名未欠贷者中有 347 人分类正确。整体上，84.4%训练个案分类正确，与模型摘要表中 15.6%显示不正确项相对应。更好的模型应正确识别出更高百分比的个案。

基于创建模型所用个案的分类从其分类率有所夸大的意义上来说，倾向于过度"乐观"，保持样本帮助验证模型；这些个案中，有 74.6%是由模型正确分类的。这意味着，总体来说，您的模型实际上有七五成是正确的。

26.2　径向基函数

26.2.1　概述

径向基函数（RBF）程序拟和一个前馈型、有监督学习的径向基函数网络，包括输入层、隐藏层（也就是径向基函数层）和输出层。输入向量通过隐藏层传递到径向基函数。类似于 MLP，RBF 也可以进行预测和分类。

RBF 程序分两个阶段训练网络：

（1）程序通过聚类方法确定径向基函数，以及每个径向基函数的中心和宽度。

（2）估计径向基函数的连接权重。在预测和分类中都使用激活函数作为均方误差函数。使用普通最小二乘方法求均方误差的最小值。

由于 RBF 训练过程分两个阶段，因此，一般情况下，RBF 网络的训练速度优于 MLP。

26.2.2 模块解读

创建一个径向基函数网络，单击"分析"|"神经网络"|"径向基函数..."命令，弹出图 26-19 所示的"径向基函数"对话框。

图 26-19 "径向基函数"对话框

1．"变量"选项卡

（1）选择至少一个因变量。

（2）选择至少一个因子或协变量。

根据需要，在"变量"选项卡上可以更改重标度协变量的方法。选项为：

- 标准化（A）：减去均值并除以标准差，$(x-\bar{x})/s$。
- 标准化：减去均值并除以范围，$(x-\min)/(\max-\min)$，标准化值介于 0～1 之间。
- 调整标准化：减去最小值并除以范围所得到的调整版本，$[2*(x-\min)/(\max-\min)]-1$。调整的标准化值介于 –1～1 之间。

❏ 无：无协变量重标度。

2. "分区"选项卡

单击"分区"选项卡，如图 26-20 所示。

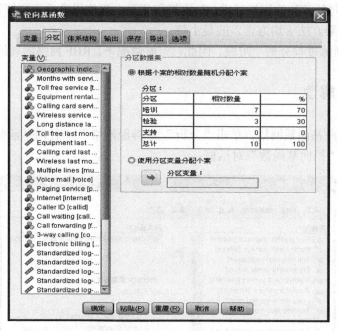

图 26-20 "分区"选项卡

分区数据集：此选项组指定将活动数据集划分为训练样本、检验样本或坚持样本的方法。训练样本包含用于训练神经网络的数据记录；数据集中的某些个案百分比必须分配给训练样本以获得一个模型。检验样本是一个用于跟踪训练过程中的错误以防止超额训练的独立数据记录集。强烈建议创建一个训练样本，并且如果测试样本小于训练样本，网络训练通常最高效。坚持样本是另一个用于评估最终神经网络的独立数据记录集；坚持样本的误差给出一个模型预测能力的"真实"估计值，因为坚持个案不用于构建模型。

❏ 根据个案的相对数量随机分配个案：指定随机分配到每个样本（训练、检验和坚持）的个案的相对数量（比率）。% 列根据您已经指定的相对数量，报告将被分配到每个样本的个案的百分比。

例如，指定 7、3、0 作为训练、检验和坚持样本的相对数量对应于 70%、30%和 0%。指定 2、1、1 作为相对数量对应 50%、25%和 25%；1、1、1 对应将数据集在训练、检验和坚持中分为相等的 3 部分。

❏ 使用分区变量分配个案：指定一个将活动数据集中的每个个案分配到训练、检验和坚持样本中的数值变量。变量为正值的个案被分配到训练样本中，值为 0 的个案被分配到检验样本中，而负值个案被分配到坚持样本中。具有系统缺失值的个案会从分析中排除。分区变量的任何用户缺失值始终视为有效。

3. "体系结构"选项卡

单击"体系结构"选项卡，如图 26-21 所示。

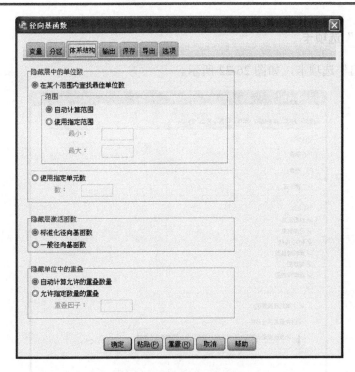

图 26-21 "体系结构"选项卡

"体系结构"选项卡用于指定网络结构。该过程创建一个有隐藏"径向基函数"层的神经网络。通常,不需要更改这些设置。

隐藏层中的单位数:选择隐藏单位数有以下 3 种方式。

(1)在某个自动计算范围内查找最佳单位数。该过程自动计算范围的最小值和最大值,并在该范围内查找最佳隐藏单位数。

如果定义了一个检验样本,则该过程使用检验数据标准:隐藏单位的最佳数量为检验数据中产生最小错误的单位。如果未定义检验样本,则该过程使用 BIC 准则:隐藏单位的最佳数量为基于培训数据产生最小 BIC 的单位。

(2)在某个指定范围内查找最佳单位数。可以提供自己的范围,并且该过程会在那个范围内查找"最佳"隐藏单位数。和以前一样,该范围中最佳隐藏单位数通过使用检验数据标准或 BIC 准则来确定。

(3)使用指定的单位数。可以覆盖某个范围的使用并直接指定特定数量的单位。

隐藏层激活函数:隐藏层激活函数是径向基函数,它将某个层中的单位"关联"到下一层的单位值。对于输出层,激活函数是恒等函数,因此输出单位仅仅是隐藏单位的加权和。

- 标准化径向基函数。使用 softmax 激活函数以使所有隐藏单位的激活都标准化合计为 1。
- 一般径向基函数。使用指数激活函数,因此隐藏单位激活是作为输入函数的高斯"增加"。

隐藏单位中的重叠。重叠因子是应用到径向基函数宽度的乘数。重叠因子的自动计算值为 1+0.1d,其中 d 是输入单位数(所有因子类别数量和协变量数量之和)。

4. "输出"选项卡

单击"输出"选项卡,如图 26-22 所示。

图 26-22 "输出"选项卡

(1) 网络结构。显示与神经网络有关的摘要信息。

- 描述:显示与神经网络有关的信息,包括因变量、输入和输出单位数目、隐藏层和单位数目及激活函数。
- 图表:将神经网络图表作为不可编辑图表显示。请注意,随着协变量数目和因子级别的增加,图表变得更加难于解释。
- 键结值:表示给定层的单元与其下层单元之间关系系数的估计值。键结值以培训样本为基础,即使活动数据集已划分为培训数据、检验数据和坚持数据。

请注意,键结值数目会变得非常大,而且这些权重一般不用于解释网络结果。

(2) 网络性能。显示用于确定模型是否"良好"的结果。注意:该组中的图表以培训样本和检验样本组合为基础,或者如果不存在检验样本,则只以培训样本为基础。

- 模型汇总:显示分区和整体神经网络结果摘要,包括错误、相对错误或不正确预测的百分比和培训时间。

除此之外,显示相对错误或不正确预测的百分比取决于因变量测量级别。如果任何因变量具有刻度测量级别,则显示平均整体相对错误(相对于均值模型)。如果所有因变量都为分类变量,则显示不正确预测的平均百分比。也针对单个因变量显示相对错误或不正确预测的百分比。

- 分类结果:显示每个分类因变量的分类表。每个表针对每个因变量类别给出正确或错误分类的个案数目。也报告正确分类的总体个案百分比。
- ROC 曲线:显示每个分类因变量的 ROC(Receiver Operating Characteristic)曲线。其也显示一个给定每个曲线下区域的表格。对于给定因变量,ROC 图表针对每个类别显示一条曲线。如果因变量有两个类别，那么每条曲线将该类别视为正态与其他类别。如果因变量有两个多类别，那么每条曲线将该类别视为正态与所有其他类别的汇总。

- 累积增益图：显示每个分类因变量的累积增益图。每个因变量类别的曲线的显示与 ROC 曲线相同。
- 增益图：显示每个分类因变量的增益图。每个因变量类别的曲线的显示与 ROC 曲线相同。
- 观察预测图：显示每个因变量的观察预测值图表。针对分类因变量，显示每个响应类别的预测拟概率的复式箱图，并且观察响应类别为分群变量。针对刻度因变量，显示散点图。
- 残差分析图：显示每个刻度因变量的残差分析图。残差和预测值之间不存在可见模式。此图表仅针对刻度因变量生成。

（3）个案处理摘要。显示个案处理摘要表，其通过培训、检验和坚持样本整体总结分析中包含和排除的个案数。

（4）自变量重要性分析。执行敏感度分析，其计算确定神经网络的每个预测变量的重要性。分析以培训样本和检验样本组合为基础，或者如果不存在检验样本，则只以培训样本为基础。此操作创建一个显示每个预测变量的重要性和标准化重要性的表和图表。请注意，如果存在大量预测变量和个案，敏感度分析需要进行大量计算并且费时。

5. "保存"选项卡

单击"保存"选项卡，如图 26-23 所示。

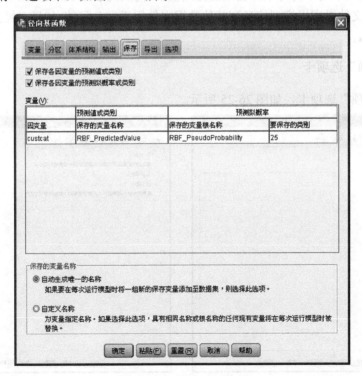

图 26-23 "保存"选项卡

"保存"选项卡用于将预测变量另存为数据集中的变量。

- ☐ 保存各因变量的预测值或类别：此操作保存刻度因变量的预测值和分类因变量的预测类别。
- ☐ 为各因变量保存预测拟概率或类别：此操作保存分类因变量的预测拟概率。针对第一个 n 类别保存单个变量，其中在要保存的类别列已指定 n。

保存的变量名称：自动名称生成确保能保存您的所有工作。无须先删除数据编辑器中保存的变量，自定义名称允许您放弃或替换上一次运行的结果。

概率和拟概率：预测拟概率无法解释为概率，因为径向基函数过程使用输出层的平方和误差和恒等激活函数。即使存在小于 0 或大于 1 的预测拟概率，或给定因变量的和不为 1，该过程仍将保存这些预测拟概率。

基于拟概率创建 ROC、累积增益图和增益图。如果任何拟概率小于 0 或大于 1，或给定变量的和不为 1，首先会将其重标度为介于 0～1 之间且和为 1。通过除以它们的和来重标度拟概率。例如，如果一个个案具有 3 个分类因变量的预测拟概率 0.50、0.60、0.40，那么每个拟概率除以和 1.50 得 0.33、0.40 和 0.27。

如果任何一个拟概率为负，那么在进行以上重标度之前，将最小数的绝对值添加到所有拟概率中。例如，如果拟概率为–0.30、0.50 和 1.30，那么每个值先加 0.30 得 0.00、0.80 和 1.60。然后，用每个新值除以 2.40 得 0.00、0.33 和 0.67。

6．"导出"选项卡

单击"导出"选项卡，如图 26-24 所示。

"导出"选项卡用于将每个因变量的键结值估算保存到 XML（PMML）文件中。您可以使用该模型文件以应用模型信息到其他数据文件用于评分目的。如果已经指定拆分文件，此选项不可用。

7．"选项"选项卡

单击"选项"选项卡，如图 26-25 所示。

图 26-24 "导出"选项卡

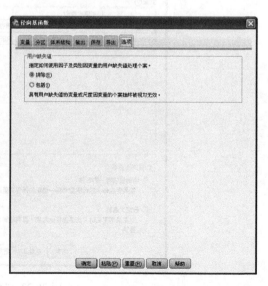

图 26-25 "选项"选项卡

用户缺失值：要在分析中包含个案，因子必须具有有效值。通过这些控制可以决定是否将用户缺失值在因子变量和分类因变量中视为有效值。

26.2.3 实例详解

1．使用径向基函数分类电信客户

电信提供商按照服务用途模式划分客户群，将客户分类成 4 组。如果人口统计学数据可用于预测组成员资格，则可以为各个潜在客户定制服务。

假设当前客户的信息包含在 telco.sav 中，使用径向基函数过程分类客户。

2．准备数据以进行分析

（1）设置随机数种子，单击"转换"|"随机数字生成器..."命令，弹出"随机数字生成器"对话框，如图 26-26 所示。选择"设置起点"。选择"固定值"并输入 9191972 作为值，单击"确定"按钮。

（2）运行分析。要运行"径向基函数"分析，单击"分析"|"神经网络"|"径向基函数..."命令，弹出"径向基函数"对话框，如图 26-27 所示。

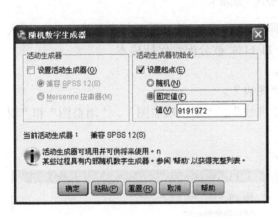
图 26-26　随机数字生成器对话框

图 26-27　"径向基函数"对话框

- 选择客户类别[custcat]作为因变量。
- 选择婚姻状况[marital]、教育程度 [ed]、退休 [retire]和性别 [gender]作为因子。
- 选择年龄[age]和家庭成员人数 [reside]作为协变量。
- 选择调整标准化作为重标度协变量的方式。

单击"分区"选项卡，如图 26-28 所示。

通过指定个案的相对数量，可以很方便地创建难以指定百分比的小数分区。比如您想将数据集的 2/3 分配给培训样本，将剩余个案的 1/3 分配给测试样本。

- 输入 6 作为培训样本的相对数量。
- 输入 2 作为测试样本的相对数量。
- 输入 1 作为保持样本的相对数量。

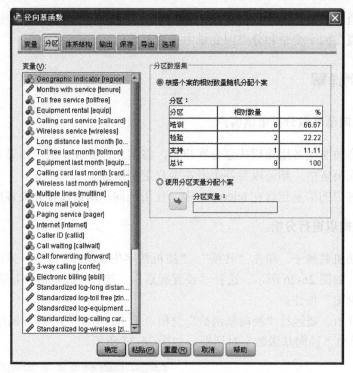

图 26-28 "分区"选项卡

总共指定了 9 个相对个案。6/9 = 2/3,即大约 66.67% 被分配给培训样本;2/9,即大约 22.22% 被分配给测试样本;1/9,即大约 11.11% 被分配给保持样本。

单击"输出"选项卡,如图 26-29 所示。

- 在"网络结构"选项组中取消选择"图表"。
- 在"网络性能"选项组中选择"ROC 曲线"、"累积增益图"、"增益图"和"观察预测图"。

单击"保存"选项卡,如图 26-30 所示。

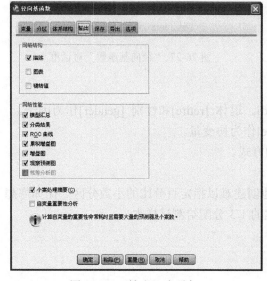

图 26-29 "输出"选项卡

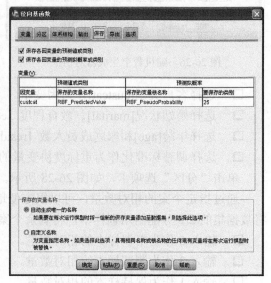

图 26-30 "保存"选项卡

- 选择"保存各因变量的预测值或类别"和"保存各因变量的预测拟概率或类别"。
- 单击"确定"按钮。

3. 主要结果解读

（1）个案处理摘要

个案处理摘要显示，有 665 个个案被分配到培训样本、224 个被分配到测试样本以及 111 个被分配到了保持样本。没有个案从分析中排除。如图 26-31 所示。

案例处理汇总

		N	百分比
样本	训练	665	66.5%
	测试	224	22.4%
	保持	111	11.1%
有效		1000	100.0%
已排除		0	
总计		1000	

图 26-31 个案处理摘要

（2）网络信息

网络信息表显示有关神经网络的信息，如图 26-32 所示，它对于确保指定正确很有用。此处特别要注意的是：
- 输入层的单位数是协变量数与因子级别总数的和，为每个婚姻状况、教育程度、退休和性别类别创建一个单独的单位，而且没有一个类别被认为是"冗余"单位，这是许多建模过程中的典型。
- 类似地，为每个客户类别创建一个单独的输出单位，所以在输出层总共有 4 个单位。
- 使用调整标准化方式来重标度协变量。
- 自动体系结构选项选择了隐藏层中的 9 个单位。
- 所有其他网络信息都是过程的默认值。

（3）模型摘要

模型摘要（如图 26-33 所示）显示有关培训、测试以及将最终网络应用到保持样本的结果的信息。

网络信息

输入层	因子	1	Marital status
		2	Level of education
		3	Retired
		4	Gender
	协变量	1	Age in years
		2	Years at current address
		3	Household income in thousands
		4	Years with current employer
		5	Number of people in household
	单位数		16
	协变量的重标度方法		调整标准化
隐藏层	单位数		9ᵃ
	激活函数		Softmax
输出层	因变量	1	Customer category
	单位数		4
	激活函数		恒等
	错误函数		平方和

a. 由检验数据标准确定：隐藏单位的"最佳"数量为检验数据中产生最小错误的单位。

模型汇总

训练	平方和错误	235.969
	百分比错误预测	61.8%
	培训时间	00:00:01.310
测试	平方和错误	80.851ᵃ
	百分比错误预测	62.9%
保持	百分比错误预测	59.5%

因变量：Customer category

a. 隐藏单位的数量由检验数据标准确定：隐藏单位的"最佳"数量为检验数据中产生最小错误的单位。

图 26-32 网络信息　　　　　图 26-33 模型摘要

- 因为平方和错误经常用于 RBF 网络，所以它也被显示出来。这是网络在培训和测试过程中试图最小化的错误函数。
- 错误预测值的百分比取自分类表，并将在该主题中作进一步讨论。

（4）分类表

分类表显示使用网络的实际结果，如果 26-34 所示。对于每个个案，预测响应都是预测拟概率最高的类别。

样本	已观测	已预测 Basic service	E-service	Plus service	Total service	正确百分比
训练	Basic service	64	0	66	45	36.6%
	E-service	22	1	57	61	.7%
	Plus service	47	0	104	34	56.2%
	Total service	29	1	49	85	51.8%
	总计百分比	24.4%	.3%	41.5%	33.8%	38.2%
测试	Basic service	18	0	26	15	30.5%
	E-service	15	0	16	22	.0%
	Plus service	11	0	39	15	60.0%
	Total service	4	0	17	26	55.3%
	总计百分比	21.4%	.0%	43.8%	34.8%	37.1%
保持	Basic service	11	0	11	10	34.4%
	E-service	4	0	9	10	.0%
	Plus service	10	0	19	2	61.3%
	Total service	5	0	5	15	60.0%
	总计百分比	27.0%	.0%	39.6%	33.3%	40.5%

因变量：Customer category

图 26-34　分类表

- 对角线上的单元格是正确的预测值。
- 偏离对角线的单元格是不正确的预测值。

如果给定观察数据，"零"模型（即没有预测变量的模型）将把所有客户分类到模态组的附加服务。因此，零模型有 281/1000 = 28.1% 的可能性是正确的。RBF 网络获得了 10.1%以上，即 38.2%的客户。实际上，模型对于识别附加服务和总体服务客户效果最好。但是，对于分类电子服务客户，其效果很差。您可能需要找到另一个预测变量以便分离这些客户。

或者，如果这些客户经常被误分类为附加服务和总体服务客户，那么公司可以尝试对那些通常会落到电子服务类别的潜在客户进行直销。基于创建模型所用个案的分类从其分类率有所夸大的意义上来说，倾向于过度"乐观"，保持样本帮助验证模型。这些个案中，有 40.2%是由模型正确分类的。尽管保持样本有点小，但这意味着您的模型实际上有四成是正确的。

（5）观察预测图

对于分类因变量，观察预测图显示组合的培训和测试样本的预测拟概率的聚类箱图，如图 26-35 所示，x 轴对应观察响应类别，而图注对应预测类别。因此：

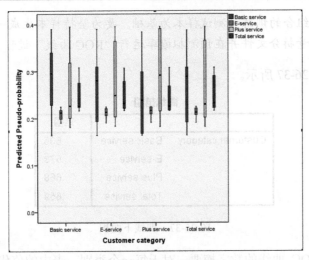

图 26-35 观察预测图

- 对于具有观察类别基本服务的个案,最左边的箱图会显示类别基本服务的预测拟概率。
- 对于具有观察类别基本服务的个案,右侧第二张箱图会显示类别电子服务的预测拟概率。
- 对于具有观察类别基本服务的个案,第三张箱图会显示类别附加服务的预测拟概率。

从分类表中大致可以看出,基本服务客户中,被误分类为附加服务客户的人数与被正确分类为基本服务客户的人数一样多。因此,该箱图大致等同于最左边的箱图。

对于具有观察类别基本服务的个案,第四张箱图会显示类别总体服务的预测拟概率。

由于目标变量中有两个以上的类别,所以前四张箱图与 0.5 的水平线始终无法对称。结果,使用两个以上的类别来为目标变量解释该图会很困难,因为仅凭在一个箱图中查看部分个案是不可能确定那些个案在另一个箱图中的相应位置的。

(6) ROC 曲线

ROC 曲线通过所有可能的分类界限的敏感度为您提供敏感度的可视显示如图 26-36 所示,此图表显示 4 条曲线,每一条代表一个目标变量类别。

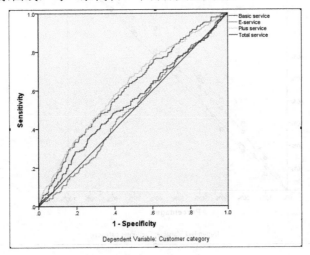

图 26-36 ROC 曲线

🔔**注意**：该图表以组合的训练和测试样本为基础。要为坚持样本生成一个 ROC 图表，请在分区变量拆分文件并在预测拟概率运行"ROC 曲线"过程。

曲线范围如图 26-37 所示。

曲线范围

		范围
Customer category	Basic service	.635
	E-service	.573
	Plus service	.668
	Total service	.659

图 26-37　曲线下面积

曲线范围是 ROC 曲线的数字摘要，对于每一个类别，表中的值代表了对于该类别中的预测拟概率，该类别中一个随机选择的个案要高于非该类别中一个随机选择的个案的概率。例如，对于在附加服务中随机选择的客户和在基本服务、电子服务或总体服务中随机选择的客户，附加服务中客户的默认模型预测拟概率将偏高的概率为 0.618。

（7）累积增益和增益图

累积增益图会在给定的类别中显示通过把个案总数的百分比作为目标而"增益"的个案总数的百分比，如图 26-38 所示。例如，总体服务类别曲线上的第一个点大致位于（10%，20%），这就意味着如果您使用网络来为数据集打分或通过总体服务的预测拟概率来对所有个案进行排序，那么前 10%将可以包含所有实际分配到总体服务类别的个案的大约 20%。类似地，前 20%将包含大约 30%的欠贷者，前 30%的个案将包含 50%的欠贷者，以此类推。如果选择已打分数据集的 100%，您会获得数据集中的所有欠贷者。对角线是"基线"曲线；如果您从已打分数据集中随机选择 10%的个案，那么您将"增益"实际分配到任何给定类别的所有个案的大约 10%。曲线离基线的上方越远，增益越大。

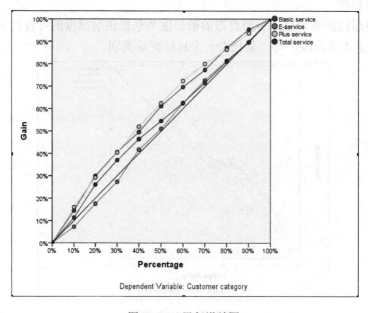

图 26-38　累积增益图

增益图源自累积增益图，如图 26-39 所示。y 轴上的值对应每条曲线与基线的累积增益比率。因此，总体服务类别 10% 的增益约为 20%/10%=2.0。它提供了另一种在累积增益图中查看信息的方法。

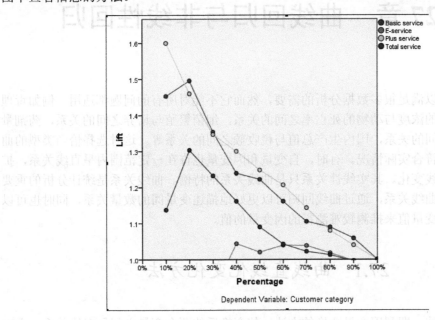

图 26-39　增益图

🔔 注意：累积增益图和增益图都是以组合的培训和测试样本为基础的。

第 27 章　曲线回归与非线性回归

线性回归可以满足很多数据分析的需要，然而它不能对所有的问题都适用。例如毒理学试验中，毒物的浓度与动物的死亡率之间的关系，细菌繁殖与培养之间的关系，药剂量与疗效反应率之间的关系，国内生产总值与税收额之间的关系等。这时选择恰当类型的曲线比拟合直线更符合实际情况。有时，自变量和因变量也许在一定范围内呈直线关系，扩大范围后却成曲线变化。其实线性关系只是曲线关系的特例。曲线关系是统计分析的重要方面，若事物呈曲线关系，通过曲线回归可以更好地描述变量间的数量关系，同时也可以由交易测得的自变量值来推测较难测得的因变量的值。

27.1　曲线直线化变化方法

曲线直线化法，即利用变量变换的方法，使变换后的两个变量之间呈直线关系。求出直线回归方程后，再将方程中的变量通过逆变换还原，求得所求的曲线回归方程。

27.1.1　变量的变换

1. 多项式曲线

（1）二次函数（抛物线函数）

$$y=a+bx+cx^2$$

是二次多项式曲线，即抛物线，是直线（一次函数）的推广，为多项式曲线中最简单的一种曲线形式，也是实际中常见的一种曲线。这时只要令 $x_1 = x$，$x_2 = x^2$，就把二次曲线方程转变成多变量线性回归方程 $y=b_0+b_1x_1+b_2x_2$，然后按一般线性回归方程处理。

（2）多项式方程

若在一次方程中引入 x 的二次、三次，乃至更高次方项，直线方程就成为一般多项式方程，如为某曲线型数据拟合一多项式函数：

$$y=b_0+b_1x+b_2x^2+\cdots+b_px^p$$

这时若令 $x_1=x$，$x_2=x^2$，$\cdots$，$x_p=x^p$，就把一般多项式方程转变成多变量线性回归方程：

$$y=b_0+b_1x_1+b_2x_2+\cdots+b_px_p$$

利用前面介绍的多变量线性回归方法及有关的统计软件容易求得参数 $b_0, b_1, \cdots, b_p$ 的最小二乘估计。可见多项式回归是一般线性回归的一个特例。

2. 对数函数 $y = a + b\ln x$

令 $x^* = \ln x$，则将其直线化为 $y = a + bx^*$。

3. 指数函数 $y=ae^{bx}$ 或 $y=ae^{b/x}$ （$a>0$）

（1）若对指数函数 $y=ae^{bx}$ 两端求自然对数得：$\ln y = \ln a + bx$。
并令 $y^* = \ln y$，$a^* = \ln a$，则可将其直线化为：$y^* = a^* + bx$。
（2）若对指数函数 $y = ae^{b/x}$ 的两端取自然对数得：$\ln y = \ln a + b/x$。
并令 $y^* = \ln y$，$a^* = \ln a$，$x^* = 1/x$，则可将其直线化为：$y^* = a^* + bx^*$。

4. 幂函数 $y=ax^b$ （$a>0$）

若对幂函数 $y=ax^b$ 两端求自然对数，得：$\ln y = \ln a + \ln x$。
并令 $y^* = \ln y$，$a^* = \ln a$，$x^* = \ln x$，则可将幂函数直线化为：$y^* = a^* + bx^*$。

5. 双曲线函数 $1/y = a+b/x$

若令 $y^* = 1/y$，$x^* = 1/x$，则可将双曲线函数直线化为：$y^* = a + bx^*$。

27.1.2 变量变换后实现线性回归的步骤

对于可以通过变量变换实现线性化的资料，回归的步骤如下：
（1）绘制散点图，观测散点图分布特征类似于何种函数类型。
（2）按照所选定的函数进行相应的变量转换。
（3）对变换后的数据建立直线回归模型。
（4）拟合多个相近的模型，然后通过比较各模型的拟合优度挑选较为合适的模型。

27.1.3 实例详解

对 GDP（国内生产总值）的拟合。选取 GDP 指标为因变量，单位为百万美元，请根据图 27-1 所示中 1993 年～2010 年 GDP 数据，建立 t-GDP 曲线。

年份 t	GDP	年份 t	GDP
1	613,223	10	1,453,820
2	559,224	11	1,640,966
3	727,981	12	1,931,644
4	856,085	13	2,257,619
5	952,653	14	2,713,495
6	1,019,462	15	3,495,664
7	1,083,279	16	4,521,827
8	1,198,475	17	4,990,526
9	1,324,818	18	5,879,063

图 27-1 1993 年～2010 年 GDP 数据（单位：百万美元）

（1）用原始数据绘制散点图，如图 27-2 所示。

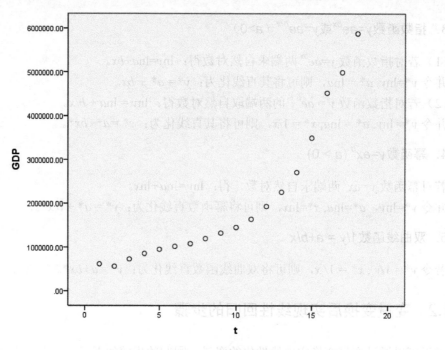

图 27-2　t-GDP 的散点图

由图 27-2 所示可以看出，两个变量分布曲线类似于指数曲线 $y=b_0 b_1^t$，由图 27-3 所示观测 t 与 LgGDP 的散点图，两者成直线趋势，可以考虑用最小二乘法拟合 LgGDP 与 t 的直线回归方程。

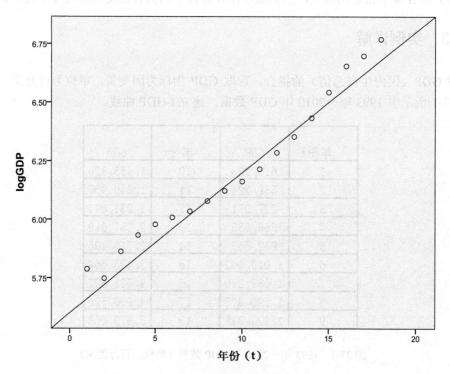

图 27-3　指数变换后的散点图

计算 GDP 的指数值生成新的变量 LgGDP，操作步骤为：在菜单中单击"转换"|"计算变量"命令，在"目标变量"框中输入 LgGDP 作为新变量名，在"数字表达式"中输入 Lg10(GDP)作为新的变量值，单击"确定"按钮。

（2）拟合 LgGDP 与 t 的直线回归方程结果解释。

如图 27-4 所示为模型的拟合优度情况，显示模型的相关系数 R 为 0.985，决定系数 R^2 为 0.971，说明该模型回归的贡献很大，表示回归模型拟合结果好。

模型汇总

模型	R	R方	调整R方	标准估计的误差
1	.985a	.971	.969	.05547

a. 预测变量: (常量),年份。

图 27-4 模型的拟合优度情况

对拟合的模型进行假设检验（如图 27-5 所示），F 值为 529.514，P 值为 0.000，说明这个回归模型试验是有统计学意义的。

Anovab

模型		平方和	df	均方	F	Sig.
1	回归	1.629	1	1.629	529.514	.000a
	残差	.049	16	.003		
	总计	1.679	17			

a. 预测变量: (常量),年份。
b. 因变量: logGDP

图 27-5 对拟合模型进行假设检验的结果

图 27-6 所示中给出了包括常数项在内的参数及检验结果，进行的是 t 检验，可见常数项和 t 均有统计学意义，P 均小于 0.01。

系数a

模型		非标准化系数		标准系数	t	Sig.
		B	标准误差	试用版		
1	(常量)	5.653	.027		207.228	.000
	年份	.058	.003	.985	23.011	.000

a. 因变量: logGDP

图 27-6 包括常数项在内的参数及检验结果

建立回归方程为：LgGDP=5.653+0.058×t。

27.2 曲 线 回 归

曲线直线化变化方法尽管有可能通过一些函数转化方法在一定范围内将它们的关系转变为线性关系，但这种转化有可能导致更为复杂的计算或数据关系失真，这时我们可以通过进行曲线拟合（Curve Fitting），曲线拟合是求解反应变量间曲线关系的曲线回归方程的过程。

27.2.1 一般步骤

曲线拟合的基本步骤如下。

（1）绘出 (X, Y) 的散点图；根据散点图的趋势，结合常见曲线图形的形状和专业知识。例如，细菌数量的增长常具有指数函数的形式：$y = ae^{bx}$；幼畜体重的增长常具有"S"型曲线的形状，即 Logistic 曲线的形式等。

（2）根据所选定的曲线特点，作相应的变量变换，使之曲线直线化；直线化既可验证所确定的曲线型是否恰当，更便于用求直线方程的方法得到曲线方程。

（3）建立直线回归方程，并作显著性检验。

（4）将变量还原，写出原曲线方程。

（5）若对同一批资料拟合几个可能的模型，需作曲线的拟合优度检验，是否有显著性差别。在实际工作中可结合散点图试拟合几种不同形式的曲线方程并计算 R^2。一般来说，R^2 较大时拟合效果较好。

$$R^2 = 1 - \frac{\sum(y-\hat{y})^2}{\sum(y-\overline{y})^2} = 1 - \frac{SS_{残}}{SS_{总}}$$

（6）对拟合得最好的曲线方程作残差分析，在专业上是否成立。

27.2.2 SPSS 模块说明

建立或打开数据文件后，即可进行曲线回归分析。曲线回归通过"曲线估计"模块来实现。

1. 绘制散点图

单击"图形"|"旧对话框"|"散点/点状"命令，弹出"简单散点图"对话框，如图 27-7 所示。

曲线估计：单击"分析"|"回归"|"曲线估计"命令，弹出"曲线估计"对话框，如图 27-8 所示。

在"曲线估计"对话框左侧的候选变量列表框中选择一个变量，将其添加至"因变量"列表框中，即选择该变量作为曲线估计的因变量。在"曲线估计"对话框左侧的候选变量列表框中选择一个数值型变量，将其添加至"自变量"栏中的"变量"列表框中，即选择该变量作为曲线估计的自变量。如果自变量是时间变量或序列 ID，可以选择它移入"时间"框中，此时自变量之间的长度是均匀的。

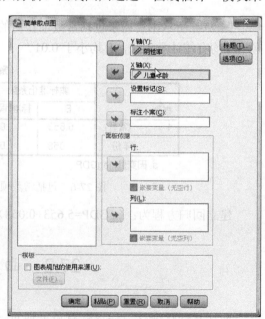

图 27-7 "简单散点图"对话框

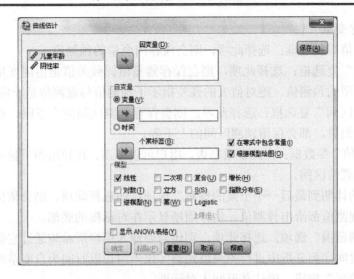

图 27-8 "曲线估计"对话框

（1）"自变量"区：用于确定自变量的类型。

"变量"表示普通变量，这是系统默认选项。

"时间"表示所选择的自变量为时间序列变量。

（2）个案标签：可以选择图形显示的变量标签，将源变量移动到"个案标签"列表框即可，该变量的标签将作为散点图中点的标记。即在指定作图时，以哪个变量作为各样本数据点的标志变量。

（3）"模型"栏：可以选择曲线回归模型的拟合函数，并且可以选择多个拟合函数。

（4）"显示 ANOVA 表格"复选框：表示在每一选定的模型结果中显示方差分析表。

（5）"在不等式中包含常量"复选框：表示在回归方程中将计算常数项，这是系统默认选项。

（6）"根据模型绘图"复选框：表示将绘制曲线拟合图，这是系统默认选项，将显示所选模型的连接曲线与观测量的线图。

2．"保存"按钮

在主对话框中单击"保存"按钮，弹出"曲线估计：保存"对话框，如图 27-9 所示。

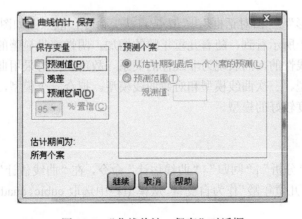

图 27-9 "曲线估计：保存"对话框

(1) "保存变量"栏
- "预测值"复选框：选择此项，则会保存因变量的预测值。
- "残差"复选框：选择此项，则会保存残差值。残差值是由因变量的观测值减去回归模型的预测值。绝对值大的残差指示了预测值与观测值是非常不适合的。
- "预测区间"复选框：选择此项，则会保存预测区间的上下限。对于每个模型的每个观测量，都会保留预测区间的上下界。
- "%置信"参数框：在此参数框内，用户可以单击，在弹出的下拉列表中选择预测区间的置信区间。

(2) "从估计期到最后一个个案的预测"选项：如选择此项，则会依估计周期的观测量，对每一个观测值都给出预测值。估计周期显示在对话框的底部。

(3) "预测范围"选项：选择此项，则还需要输入用户所希望通过它们来预测值的观测数，可用于时间序列分析中进行预测值预测（仅当用户以时间为自变量时才可以选择此项）。单击"继续"按钮，确认并返回主对话框。

所有设置结束后，单击"确定"按钮，即可开始进行曲线回归分析。

27.2.3 实例详解

研究发现，锡克氏试验阴性率随儿童年龄增长而升高。查得山东某地 1~7 岁儿童的资料如图 27-10 所示，试用曲线回归分析方法拟合曲线。

(1) 打开数据文件"锡克氏试验阴性率与儿童年龄.sav"，数据库构建如图 27-11 所示。

年龄（岁）	阴性率(%)
1.00	56.70
2.00	75.90
3.00	90.80
4.00	93.20
5.00	96.60
6.00	95.70
7.00	96.30

	儿童年龄	阴性率
1	1.00	56.70
2	2.00	75.90
3	3.00	90.80
4	4.00	93.20
5	5.00	96.60
6	6.00	95.70
7	7.00	96.30

图 27-10 锡克氏试验阴性率与儿童年龄　　图 27-11 锡克氏试验阴性率与儿童年龄.sav2

(2) 单击"图形"|"旧对话框"|"散点/点状"命令，散点图如图 27-12 所示。

(3) 从图 27-12 所示看到，随着儿童年龄的增加，阴性率呈显著的上升趋势。但是这种上升趋势并不是线性的，而表现为非线性的关系。故可以考虑采用曲线拟合的方法。这里选用二次曲线模型、三次曲线模型和对数曲线模型。拟合三个模型，将三者拟合情况进行比较，选择拟合度较好的模型。

1. 操作步骤

在菜单中单击"分析"|"回归"|"曲线估计"命令，在"曲线估计"对话框中选择"阴性率"作为因变量，"儿童年龄"作为自变量，从模型栏中选取 cubic、quadratic 和 logarithmic，单击"确定"按钮。

第 27 章 曲线回归与非线性回归

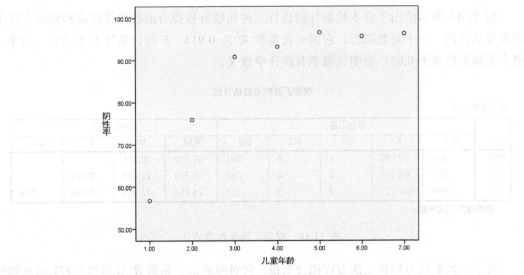

图 27-12 锡克氏试验阴性率与儿童年龄的散点图

2. 实例结果及分析

（1）模型描述

图 27-13 所示是 SPSS 对曲线拟合结果的初步描述统计，例如自变量和因变量、估计方程的类型等。

模型描述	
模型名称	MOD_1
因变量　　1	阴性率
方程　　　1	对数
2	二次
3	三次
自变量	儿童年龄
常数	包含
其值在图中标记为观测值的变量	未指定
用于在方程中输入项的容差	.0001

图 27-13 模型描述

（2）模型汇总及参数估计

图 27-14 所示模型描述的是对进行拟合的样本例数进行说明的信息，图 27-15 所示为变量拟合过程的处理摘要。

个案处理摘要	
	N
个案总数	7
已排除的个案[a]	0
已预测的个案	0
新创建的个案	0
a. 从分析中排除任何变量中带有缺失值的个案。	

图 27-14 拟合的样本例数的说明信息

变量处理摘要		
	变量	
	因变量	自变量
	阴性率	儿童年龄
正值数	7	7
零的个数	0	0
负值数	0	0
缺失值数　用户自定义缺失	0	0
系统缺失	0	0

图 27-15 变量拟合过程的一些情况

图 27-16 所示给出了样本数据分别进行三种曲线方程拟合的检验统计量和相应方程中的参数估计值。对于对数拟合，它的可决系数 R^2 为 0.914，F 统计量等于 52.999，概率 P 值小于显著性水平 0.05，说明该模型有统计学意义。

模型汇总和参数估计值

因变量:阴性率

方程	模型汇总					参数估计值			
	R方	F	df1	df2	Sig.	常数	b1	b2	b3
对数	.914	52.999	1	5	.001	60.990	20.911		
二次	.971	66.186	2	4	.001	38.714	22.055	-2.024	
三次	.995	196.221	3	3	.001	24.714	37.999	-6.690	.389

自变量为 儿童年龄。

图 27-16　模型汇总及参数估计

对于二次曲线方程和三次方程拟合来说，它对应的决定系数 R^2 分别为 0.971 和 0.995，模型也显著有效。

虽然上述模型都有显著的统计学意义，但从决定系数的大小可以清晰看到三种曲线函数方程较其他两种曲线方程拟合效果更好，因此选择三种曲线方程来描述锡克氏试验阴性率与儿童年龄的关系。

（3）拟合曲线图，如图 27-17 所示。

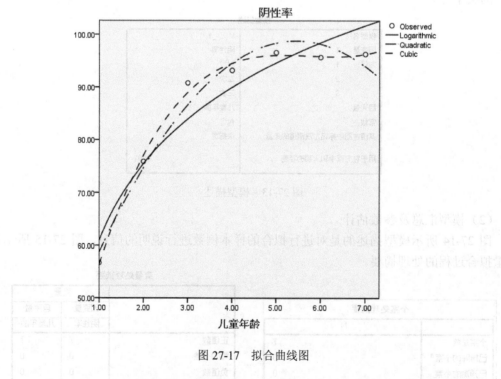

图 27-17　拟合曲线图

最后给出的是实际数据的散点图和三种估计曲线方程的预测图。从图 27-17 所示中也进一步说明三次曲线方程的拟合效果最好。

27.3 非线性回归

27.3.1 概述

因变量与自变量之间的相互关系可以用线性方程来近似地反应。但是,在现实生活中,非线性关系大量存在。线性回归模型要求变量之间必须是线性关系,曲线估计只能处理能够通过变量变换化为线性关系的非线性问题,因此这些方法都有一定的局限性。相反的,非线性回归可以估计因变量和自变量之间具有任意关系的模型,用户根据自身需要可随意设定估计方程的具体形式。

27.3.2 非线性回归分析的原理

针对呈非线性关系的情况,可以采用两种策略:一是对标准的线性模型做一些修正,使之能处理各种异常情况,但方法仍在线性回归的范畴内;二是彻底打破原有模型的束缚,采用非线性模型来拟合。非线性回归过程是专用的非线性回归模型拟合过程,它采用迭代方法对各种复杂曲线模型进行拟合,同时将残差的定义从最小二乘法向外扩展,提供了极为强大的分析能力,不仅能够拟合 SPSS 的回归分析过程提供的全部模型,还可以拟合稳健回归、多项式回归、百分位数回归等各种非常复杂的模型。一般第二种策略最权威,同时也是统计学的重点之一,但比较难于掌握。

线性回归、曲线回归和非线性回归的关系:线性回归能建立因变量和自变量之间的简单线性关系;曲线回归能建立因变量与自变量之间的非线性关系,但这种非线性关系能通过简单转换,可以转换为线性关系;非线性回归也能建立因变量和自变量之间的非线性关系,但这种非线性关系通过简单转换是不能转变为线性关系的。

本节所讲解的正是这样一种策略,用于拟合非线性回归。

非线性回归模型一般可以表示为如下形式:

$$y_i = y + e_i = f(x,\theta) + e_i$$

其中,$f(x,\theta)$为期望函数,该模型的结构和线性回归模型非常相似,所不同的是期望函数可能为任意形式,甚至在有的情况下没有显式关系式,回归方程中参数的估计是通过迭代方法获得的。

27.3.3 SPSS 模块说明

1. 非线性回归

单击"分析"|"回归"|"非线性"命令,弹出"非线性回归"对话框,如图 27-18 所示。

(1)"因变量"选项框:在"非线性回归"对话框左侧的候选变量列表框中选择一个变量,将其添加至"因变量"列表框中,即选择该变量作为非线性回归分析的因变量。

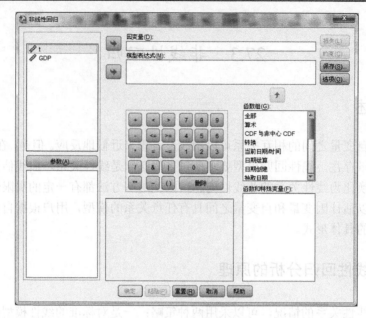

图 27-18 "非线性回归"对话框

（2）"模式表达式"选项框：用于定义非线性回归模型的表达式。输入的模型至少应包含一个自变量。

（3）"函数组"选项框：给出了各种可能用到的函数类型。

2．"参数"按钮

单击图 27-18 所示中的"参数"按钮，则弹出如图 27-19 所示的对话框。进行迭代计算来确定模型参数，首先必须给定参数的初值。

- 名称：选择模型中的参数，参数名必须和模型表达式选项框中的参数名一致。
- 初始值：定义参数的迭代初始值。参数初始值的设置会影响迭代过程的收敛性，如果可能的话，应该尽量为参数选择合理的接近于期望的最终解的初始值。

图 27-19 "非线性回归：参数"对话框

- 使用上一分析的起始值：设置在连续使用非线性回归模型时，是否以上次模型的参数拟合值作为本次模型的迭代初值。选择迭代初值，可以大大减少模型的迭代次数。

3．"损失"按钮

定义了参数的起始值后，"损失"按钮和"约束"按钮被激活。单击"损失"按钮，则弹出如图 27-20 所示的对话框。用户可以在该对话框内设置损失函数。所谓损失函数，是指模型函数残差的计算公式，比如常用的最小二乘法，其原则是使得各实测点和预测值的直线距离（即残差的平方和）最小，它的损失函数就是残差的平方和。

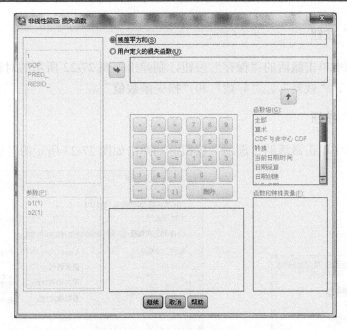

图 27-20 "非线性回归：损失函数"对话框

- 残差平方和：以残差平方和为损失函数，此时拟合的就是最小二乘法。
- 用户定义的损失函数：用户自定义其他损失函数，可以从左侧的备选变量框中选择。

4. "约束"按钮

在主对话框中单击激活的"约束"按钮，则弹出如图 27-21 所示的对话框。在此对话框中设置对参数的一些限制。

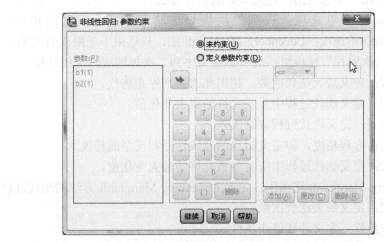

图 27-21 "非线性回归：参数约束"对话框

- 未约束：系统默认选项，对参数不做任何限制。
- 定义参数约束：用户自定义参数限制条件。用户可以将需要设置的参数从"参数"列表框内选入左边空栏，然后从下拉列表中选择不等式符号，最后在右侧填入相应的限制界限。完成后单击"完成"按钮。

5. "保存"按钮

在主对话框中单击激活的"保存"按钮,则弹出如图 27-22 所示的对话框。有 4 个选项:"预测值"、"残差"、"导数"和"损失函数值"。

6. "选项"按钮

在主对话框中单击激活的"选项"按钮,则弹出如图 27-23 所示的对话框。

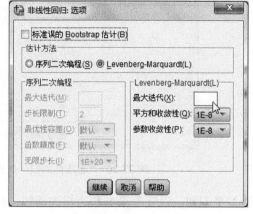

图 27-22 "非线性回归:保存"对话框　　图 27-23 "非线性回归:选项"对话框

该对话框主要用来设置参数迭代拟合过程中的一些选项,具体包括:

(1) "标准误的 Bootstrap 估计"复选框:选择是否利用 Bootstrap 法估计参数的标准误。

(2) "估计方法"单选项组:定义参数的估计方法。

"序列二次编程"单选项:序列二次规划法,对于有无限制的模型均适用。
Levenberg-Marquardt 单选项:Levenberg-Marquardt 法,只适用于无限制的模型。

(3) "序列二次编程"选项组:进一步定义序列二次规划法的迭代过程。

- 最大迭代:定义最大迭代次数,超出此次数则停止迭代。
- 步长限制:定义迭代过程中步长允许的最大变化值。
- 最优性容差:定义迭代过程容许误差。
- 函数精度:方程精度,即定义拟合的非线性回归模型的精度。
- 无限步长:定义迭代过程中所有参数允许的最大变化值。

(4) Levenberg-Marquardt 选项组:定义 Levenberg-Marquardt 方法的迭代过程。

- 最大迭代:定义最大迭代次数。
- 平方和收敛性:定义迭代终止条件。
- 参数收敛性:定义迭代停止条件。

27.3.4 实例详解

假定数据文件如图 27-24 所示中是一家公司在 8 个周期间的广告费用与公司收入。公司的老板希望建立一个回归模型用电视广告费用和报纸广告费用来预测公司收入。以往 8

周的样本数据如图 27-24 所示（单位：千美元）。请建立回归模型分析。

每周营业收入	96	90	95	92	95	94	94	94
电视广告费用	5	2	4	2.5	3	3.5	2.5	3
报纸广告费用	1.5	2	1.5	2.5	3.3	2.3	4.2	2.5

图 27-24　费用与收入

首先绘制散点矩阵图如图 27-25 所示。

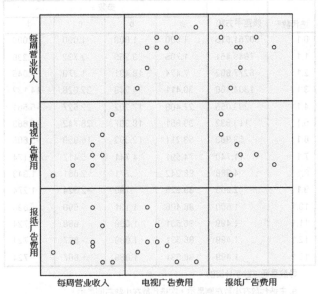

图 27-25　散点矩阵图

依据散点矩阵图来判断 3 个变量之间的关系。散点矩阵图 27-25 所示分为 9 个子图，它们分别描述了三者之间的变化。可以看到，每周营业收入和两种广告费用存在显著线性关系，观察自变量"电视广告费用"和"报纸广告费用"之间散点图看到，这两种广告费用之间也存在显著的影响关系，这说明了这两个因变量之间可能存在交叉影响。于是，建立如下非线性回归方程：

$$y=a+bx_1+cx_2+dx_1x_2+\varepsilon$$

1. 操作步骤

（1）打开数据文件。

（2）从菜单栏中选择"分析"|"回归"|"非线性"命令，打开"非线性回归"对话框。

（3）将变量"每周营业收入"作为因变量选入"因变量"列表框。

（4）单击"参数"按钮，打开"非线性回归：参数"对话框。

（5）在此对话框中定义模型参数的起始值。单击"继续"按钮返回主对话框。

（6）在"模型表达式"文本框中输入"a+b*电视广告费用+c*报纸广告费用+d*电视广告费用*报纸广告费用"。

（7）单击"保存"按钮，打开"非线性回归：保存"对话框。选择"残差"项保存新变量，单击"继续"按钮返回主对话框。

（8）单击"选项"按钮打开"非线性回归：选项"对话框。选中"标准无误的辅助程序估计（B）"复选框，单击"继续"按钮确认并返回主对话框。

（9）设置完毕，单击"确定"按钮执行上述操作。

2．结果及分析

结果如图 27-26 所示。

迭代历史记录[b]

迭代数[a]	残差平方和	参数			
		a	b	c	d
0.1	50751.515	1.000	1.000	1.000	1.000
1.1	7848.451	1.705	3.255	2.732	6.236
2.1	6277.882	7.424	18.491	1.270	.045
3.1	1304.460	30.411	24.248	32.828	-14.132
4.1	293.055	27.408	17.202	22.527	-5.561
5.1	113.832	33.661	18.387	26.742	-8.683
6.1	53.983	53.211	12.392	16.959	-5.605
7.1	11.740	74.591	4.741	5.417	-1.174
8.1	4.388	86.242	.771	-2.061	1.343
9.1	2.203	89.226	.190	-2.324	1.274
10.1	1.500	86.406	1.131	-.590	.698
11.1	1.499	86.531	1.089	-.668	.724
12.1	1.499	86.531	1.089	-.667	.724
13.1	1.499	86.531	1.089	-.667	.724

导数是通过数字计算的。

a．主迭代数在小数左侧显示，次迭代数在小数右侧显示。
b．在 13 迭代之后停止运行。已找到最优解。

图 27-26　迭代程序记录表

可以看出，经过 13 次迭代后，模型达到收敛标准，最佳解被找到。于是，得到每周营业收入关于两种广告费用的预测回归模型为：

$$y=86.531+1.089x_1-0.667x_2+0.724x_1x_2$$

图 27-27 所示给出了整个模型的显著性检验结果，可以看出，决定系数为 0.941，拟合结果比较好。Uncorrected Total 为未修正的总误差平方和，其值等于 70338.000，自由度等于 8；它被分解成回归平方和 70336.501 和残差平方和 1.499，自由度分别是 4 和 4。Corrected Total 是经修正的总误差平方和，其值等于 25.500，自由度是 7；表的最后一列是均方。

ANOVA[a]

源	平方和	df	均方
回归	70336.501	4	17584.125
残差	1.499	4	.375
未更正的总计	70338.000	8	
已更正的总计	25.500	7	

因变量：营业收入

a．R 方 = 1 -（残差平方和）/（已更正的平方和）= .941。

图 27-27　方差分析表

图 27-28 所示为模型计算的参数估计值，图 27-29 所示为基于 13 次辅助程序抽样计算出的各参数的估计值、标准误差、95%置信区间和相关系数矩阵。

参数估计值

参数		估计	标准误	95% 置信区间		95% 切尾极差	
				下限	上限	下限	上限
渐进	a	86.531	3.077	77.988	95.073		
	b	1.089	1.020	-1.743	3.920		
	c	-.667	1.631	-5.196	3.861		
	d	.724	.589	-.912	2.359		
自引导[a,b]	a	86.531	10.409	65.878	107.184	72.202	110.665
	b	1.089	3.720	-6.293	8.470	-6.095	6.743
	c	-.667	4.926	-10.441	9.106	-13.333	6.076
	d	.724	1.763	-2.775	4.222	-1.918	4.965

a. 以 100 样本为基础。
b. 损失函数值等于 1.499。

图 27-28 模型计算的参数估计值

参数估计值的相关性

		a	b	c	d
渐进	a	1.000	-.961	-.935	.873
	b	-.961	1.000	.971	-.959
	c	-.935	.971	1.000	-.982
	d	.873	-.959	-.982	1.000
自引导	a	1.000	-.978	-.985	.966
	b	-.978	1.000	.969	-.986
	c	-.985	.969	1.000	-.984
	d	.966	-.986	-.984	1.000

图 27-29 参数估计表和相关系数矩阵

第28章 多重线性回归与相关

回归是研究变量与变量间关系的一种手段，通过回归方程表达变量与变量在数量上的依存关系。最简单的是直线回归，研究的是一个因变量与一个自变量之间的回归问题。但是在医学研究中，会发现一个医学指标通常受到多个因素的影响，如某种疾病的转归除了受疾病性质、病程、治疗效果影响外，还受到患者性别、年龄、体质、心态、治疗环境等因素影响，因此当影响因变量的自变量不止一个而是多个时，就需要用线性方程表达一个因变量与多个自变量间的数量关系，这就是多重线性回归（multiple linear regression）。研究多重线性回归分析的思想、方法和原理与直线回归分析基本相同，但是在计算上操作要比直线回归分析复杂得多。

28.1 多重回归分析方法

当医学研究中的反应变量只有一个，而自变量却有多个时，常用多重回归分析来筛选危险因素、分析交互效应、控制混杂因素、预测等。多重线性回归即是简单线性回归的扩展，其应用前提和简单线性回归完全相同：线性、独立、正态和方差齐，即 LINE。实际应用中，残差分析常常用来考察资料是否满足这4个前提条件。

28.1.1 多重回归模型

1. 多重线性回归的数学模型

$$y = \beta_o + \beta_1 x_1 + \cdots + \beta_p x_p + \varepsilon \qquad （公式28-1）$$

公式中因变量 y 是随机观察值，b_o 为常数项，$\beta_1, \cdots, \beta_p$ 称为偏回归系数（Partial Regression Coefficient）。$\beta_i (i=1,2,\cdots,p)$ 表示在其他自变量固定不变的情况下，自变量 x_i 每改变一个单位时，其单独引起因变量 y 的平均改变量。

设自变量个数为 p，用向量形式表示为 $(x_1, x_2, \cdots, x_p)$，设观察对象个数为 n，第 i 例 $(i=1,2,\cdots,n)$ 的一组观察值为 $(y_i, x_{i1}, x_{i2}, \cdots, x_{ip})$，假定因变量 y 与自变量 $x_1, x_2, \cdots, x_p$ 间存在如下线性关系：

$$y_i = \hat{y}_i + \varepsilon_i = b_o + b_1 x_{i1} + \cdots + b_p x_{ip} + \varepsilon_i \qquad （公式28-2）$$

ε_i 为残差，是因变量实测值 y_i 与其估计值 $\hat{y}_i$ 之间的差值。残差不由自变量决定，服从 $N(0, \sigma^2)$ 分布，它对于判断当前建立的模型是否成立，是否还有别的变量需要引入模型等一系列问题非常有价值。

2. 由样本估计的多重线性回归方程

$$\hat{y} = b_o + b_1 x_1 + \cdots + b_p x_p \quad \text{（公式 28-3）}$$

式中，$\hat{y}$ 为在各 x 取一组定值时，因变量 y 的平均估计值或平均预测值。$b_o, b_1, \cdots, b_p$ 是 $\beta_o, \beta_1, \cdots, \beta_p$ 的样本估计值。

不能直接用各自变量的普通偏回归系数的数值大小来比较方程中它们对因变量 y 的贡献大小，因为 p 个自变量的计量单位及变异度不同。可将原始数据进行标准化，即：

$$x_i^* = \frac{x_i - \overline{x}_i}{s_i} \quad \text{（公式 28-4）}$$

然后用标准化的数据进行回归模型拟合，此时获得的回归系数记为 $k_1, k_2, \cdots, k_p$，称为标准化偏回归系数（Standardized Partial Regression Coefficient），又称为通径系数（Coefficient）。标准化偏回归系数 k_i 绝对值较大的自变量对因变量 y 的贡献大。

28.1.2 参数估计

多重线性回归分析中回归系数的估计是通过最小二乘法（Method of Least Square）来实现，即求模型的理论值与观察值之间的离均差平方和最小。

多重线性回归式中有 $n+1$ 个参数，假设从数轴的最左端 $-\infty$ 开始，直至数轴最右端 $+\infty$ 结束，如果任意地决定这 $n+1$ 个参数，将得到无穷多个回归模型。分别应用这无穷多个回归模型，对每一条记录求其反应变量预测值与实测值之差的平方和 $(y_i - \hat{y}_i)^2$，将其累加，在无穷多个可能的回归模型中累加值 $\sum (y_i - \hat{y}_i)^2$ 最小的那个回归模型就是我们所需要的，这就是所谓的最小二乘法（Least Square）。之所以求差值的平方和，是因为 $(y_i - \hat{y}_i)$ 可能有正有负，简单求和将互相抵销一部分。

28.1.3 回归方程假设检验

回归方程有统计学意义并不等于该方程中每个自变量都有统计学意义，因此，如果事先不能确定建立的多重线性回归方程是否符合资料特点，因变量对自变量之间是否真正存在线性关系，在建立回归方程后就必须对该方程进行假设检验。

1. 回归方程的假设检验

多重线性回归方程的假设检验，就是检验原假设 H_0：$\beta_1 = \beta_2 = \cdots = \beta_p = 0$ 是否成立，即检验各总体偏回归系数是否相等且均等于零。常用方差分析方法，即 F 检验来进行，步骤如下：

（1）建立检验假设，确定检验水平 α：

$$H_0: \beta_1 = \beta_2 = \cdots = \beta_p = 0$$

H_1：各总体偏回归系数不等或不全相等

$$\alpha = 0.05$$

（2）计算统计量：

$$F = \frac{SS_{回}/p}{SS_{残}/(n-p-1)} = \frac{MS_{回}}{MS_{残}}$$ （公式28-5）

式中$SS_{回}$为回归平方和（regression sum of square），它反映由于方程中p个自变量与因变量y间的线性关系，且使因变量y变异减小的部分；p为回归自由度，即方程中所含自变量的个数；$SS_{残}$为剩余平方和（residual sum of squares），它说明除自变量外，其他随机因素对因变量y变异度的影响；$n-p-1$为剩余自由度。显然，$SS_{残}$越小，F越大，则回归方程拟合效果越好。

（3）确定P值，作出推断。

根据方差分析结果，若$F < F_{\alpha,(p,n-p-1)}$，即$P > \alpha$，则按$\alpha = 0.05$检验水平，不拒绝H_0，尚不能认为因变量y与p个自变量间存在线性关系；若$F > F_{\alpha,(p,n-p-1)}$，$P < \alpha$，则按$\alpha = 0.05$检验水平，拒绝H_0，接受H_1，即认为因变量y与p个自变量间存在线性关系，建立的回归方程成立。

2. 偏回归系数的假设检验

当多重线性回归方程的假设检验有统计学意义时，还必须对每个偏回归系数进行假设检验，以判断每个自变量对因变量的线性影响是否有统计学意义，以便从回归方程中剔除那些没有统计学意义的自变量，重新建立更为简单的多重线性回归方程。偏回归系数$b_i(i=1,2,\cdots,p)$的假设检验或某一个自变量对因变量的线性影响有无统计学意义的假设检验所建立的无效假设和备择假设为：

$$H_0: \beta_i = 0, \quad H_1: \beta_i \neq 0 \quad (i=1,2,\cdots,p)$$

有两种完全等价的假设性检验方法——F检验与T检验。

（1）偏回归平方和检验

回归方程中某一自变量x_i的偏回归平方和（Sum of Squares for Partial Regression），表示从模型中剔除x_i后引起的回归平方和的减少量。偏回归平方和用$SS_{回归}(x_i)$表示，其大小说明相应自变量的重要性。

检验统计量F的计算公式为：

$$F = \frac{SS_{回}(x_i)/1}{SS_{残}/(n-p-1)}$$ （公式28-6）

（2）偏回归系数的T检验

偏回归系数的T检验是在回归方程具有统计学意义的情况下，检验某个总体偏回归系数是否等于0的假设检验，以判断相应的自变量是否对因变量y的变异确有贡献。

$$H_0: \beta_i = 0, \quad H_1: \beta_i \neq 0$$

检验统计量t的计算公式为：

$$t_{bi} = \frac{b_i}{Sb_i}$$ （公式28-7）

其中，Sb_i为第i偏回归系数的标准误。

28.1.4 衡量多重回归模型优劣的标准

当供建立回归模型的自变量有 p 个时,仅考虑各因素的主效应,可以建立 2^p 个模型(包括仅含常数项的模型)。自变量增加虽然能减少残差,提高模型的拟合精度,但也使模型复杂化。为保证模型自变量"少而精",常需要一些量化指标来衡量模型的好坏,常用的指标有决定系数、复相关系数和调整决定系数。

1. 复相关系数 R（Multiple Correlation Coefficient）

复相关系数表示模型中所有因变量 y 与自变量（$x_1, x_2, \cdots, x_p$）之间线性回归关系的密切程度大小。当 $p=1$ 时,$R=|r|$,r 为简单相关系数。当有多个自变量时,R 的值比任何一个自变量与因变量的简单相关系数之绝对值大,所以与简单相关系数不同的是,复相关系数 R 总是大于或等于 0 的（$0 \leqslant R \leqslant 1$）,$R$ 值越大,说明线性回归关系越密切。

2. 决定系数 R^2（Determinate Coefficient）

决定系数是复相关系数的平方,即回归平方和占总离均差平方和的比例:

$$R^2 = SS_{回} / SS_{总} \qquad （公式 28-8）$$

R^2 能够反映因变量 y 的总变异中可由回归模型中自变量解释的部分所占的比例,来衡量所建立模型效果的好坏。其取值范围为 $0 \leqslant R^2 \leqslant 1$,决定系数越接近 1,表示样本数据对所选用的线性回归模型拟合越好。

R^2 可用于检验多重回归方程的统计学意义,对其假设检验,检验统计量为 F:

$$F = \frac{R^2 / P}{(1-R^2)/(n-p-1)} \qquad （公式 28-9）$$

3. 调整的决定系数 R^2（Adjusted R-square）

由于用 R^2 评价模型拟合的好坏有一定的局限性,即使向模型中增加的变量没有统计学意义,R^2 值仍会增大。因此需要校正,形成调整的决定系数:

$$R^2_{adj} = 1 - \frac{n-1}{n-p-1}(1-R^2) = 1 - \frac{MS_{残}}{MS_{总}} \qquad （公式 28-10）$$

调整的 R^2 增加了对方程中引入自变量的"监督",当有统计学意义的变量进入方程时,可使调整的 R^2 增大,而当无统计学意义的变量进入方程时,调整的 R^2 反而减小。因此,调整的 R^2 是衡量方程优劣的重要指标。

28.1.5 偏相关系数

在讲多重回归模型时我们提过,偏回归系数（Partial Regression Coefficient）表示在其他自变量固定不变的情况下,自变量 x_i 每改变一个单位时,其单独引起因变量 y 的平均改变量,即它是用来反应其他变量一定时,任意两个变量间的相关关系。所以我们在进行偏相关分析时,要通过控制其他变量的影响固定不变的情况下分析这两个变量的关系。

28.1.6 自变量选择

用回归分析处理实际问题时,我们要解决的一个重要问题就是选择回归自变量。在许多多重线性回归中,模型中包含的自变量没有办法事先确定,研究人员往往会尽可能多地罗列出可能与因变量有关的自变量,但是在这个过程中如果把一些不重要的或者对因变量影响很弱的变量引入模型,不但计算量增大,而且会降低模型的精度。所以自变量的选择是必要而且重要的,其基本思路是:尽可能将对因变量影响强的自变量选入回归方程中,并尽可能将对因变量影响弱的自变量排除在外,即建立所谓的"最优"方程。

常用的自变量筛选方法如下。

1. Forward:前进法

该方法是事先给定一个挑选自变量引入方程的标准。开始时,方程中除常数项外没有自变量,然后,按自变量对因变量 y 的贡献大小由小到大依次进入方程。每选入一个变量进入方程,则重新计算方程外各自变量(在扣除了已选入变量的影响后)对 y 的贡献。如此反复进行,直到方程外变量均达不到入选标准,没有自变量可被引入方程为止。该法只考虑选入变量,一旦某变量进入模型,就不再考虑剔除。

2. Backward:后退法

与前进法相反,后退法是事先给定一个剔除自变量的标准。开始全部自变量都在方程之中,然后,按自变量对 y 的贡献大小由小到大依次剔除。每剔除一个变量,则重新计算未被剔除的各自变量对 y 的贡献。如此反复进行,直到方程中所有变量均符合选入标准,没有自变量可被剔除为止。该法只考虑剔除,自变量一旦被剔除,则不考虑进入模型。

3. Stepwise:逐步回归法

本法区别于前进法的根本之处在于:每引入一个自变量,都会对已在方程中的变量进行检验,对符合剔除标准的变量要逐一剔除。事先给定一个剔选变量的标准。按自变量对 y 的贡献大小,由大到小依次挑选进入方程;每选一个变量进入方程,则重新计算各自变量对 y 的贡献,并考察已在方程中的变量是否由于新变量的引入,其作用被新变量代替或部分代替了,抑制了它的作用并退化为低于剔除标准,如果有,则将它剔除,并重新计算各自变量对 y 的贡献。如仍有变量低于入选标准,则继续考虑剔除,直到方程内变量均符合入选标准,没有自变量可被剔除,再考虑选变量。如此反复进行,直至模型外的自变量均无统计学意义,而模型内的自变量均有统计学意义。由此可见,与前进法、后退法相比,逐步回归法是更"负责"的,每向模型引入一个新变量,均要考察原来在模型中的自变量是否可以被剔除。

28.1.7 SPSS 模块说明

1. 线性回归

单击"分析"|"回归"|"线性"命令,弹出"线性回归"对话框,如图 28-1 所示。

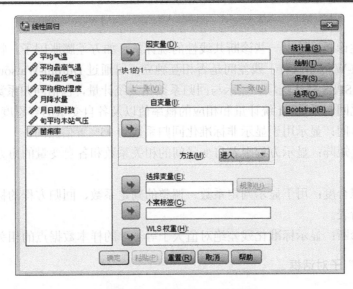

图 28-1 "线性回归"对话框

(1)"因变量"框中放入本次需要比较的变量"菌痢率","自变量"框中放入要比较的因素"平均气温"、"平均最高气温"、"平均最低气温"、"平均相对温度"、"平均相对湿度"、"月降水量"、"月日照时数"、"旬平均本站气压"。

(2)"块"中"上一张"和"下一张"两个按钮是用于将"自变量"框内选入的自变量分组。该按钮的作用是可以将不同的变量设置成不同的进入模型的方法。

(3)"方法"下拉列表:设置自变量的选入方式。

- 进入:Enter,强行进入法,候选的自变量不做筛选全部选入模型。
- 逐步:Stepwise,逐步回归法,根据在"选项"子对话框中设定的选入标准和剔除标准进行变量筛选。
- 删除:Remove,强制剔除法,只出不进,它的筛选是以"块"为单位的,即按照剔除标准将同一个"块"内的变量一次全部剔除。
- 向后:Backward,后退法,筛选步骤和逐步法类似,不同之处是只出不进,直到方程中所有变量均不符合剔除标准,没有变量可以被剔除为止。
- 向前:Forward,前进法,筛选步骤和逐步法类似,不同之处是只进不出,直到方程外变量均达不到选入标准,没有变量可以选入为止。

2. "统计量"子对话框

单击图 28-1 所示中"线性回归"对话框右侧的"统计量"按钮,弹出"统计量"子对话框,如图 28-2 所示。

(1) R 方变化:显示模型拟合过程中 R^2、F 值和 P 值的改变情况。

(2)描述性:自变量间的相关、部分相关和偏相

图 28-2 "统计量"子对话框

关系数。

（3）共线性诊断：给出一些诊断共线性的统计量，如方差膨胀因子、特征根等。

（4）Durbin-Watson：对于残差间是否相互独立，可通过 Durbin-Watson 进行检验。

（5）估计：SPSS 默认选项，显示与回归系数相关统计量，包括回归系数、回归系数标准误差、标准化回归系数、t 统计量和相应的概率值以及各自变量的容忍度。

（6）置信区间：显示用于显示非标准化回归系数的 95% 置信区间。

（7）协方差矩阵：显示方程中各自变量间的相关系数和各自变量的协方差以及回归系数的方差。

（8）模型拟合度：用于显示判定系数、调整的判定系数、回归方程的标准误差以及 F 检验的方差分析表。

（9）个案诊断：显示标准化残差绝对值大于等于 3 的样本数据点的相关信息。

3．"绘制"子对话框

单击图 28-1 所示中"线性回归"对话框右侧的"绘制"按钮，弹出"绘制"子对话框，如图 28-3 所示。

考察残差是否服从正态分布可以通过绘制标准化残差的直方图、正态概率分布图来进行。需要注意的是，自变量与因变量关系并非线性、残差方差不齐、观测值间不独立等情况均会导致残差的直方图、正态概率图等表现出非正态。因此建议在确认残差服从线性回归的其他几项条件后，再来研究残差分布是否正态。

4．"保存"子对话框

单击图 28-1 所示中"线性回归"对话框右侧的"保存"按钮，弹出"保存"子对话框，如图 28-4 所示。

图 28-3 "绘制"子对话框

图 28-4 "保存"子对话框

(1) 预测值
- 未标准化：根据拟合的回归模型计算的因变量预测值。
- 标准化：将所有因变量的预测值按其算术均数及标准差进行标准化的结果。
- 调节：从当前数据库中剔除当前记录，根据剔除后的数据拟合的回归模型计算的当前记录因变量的预测值。
- 均值预测值的 S.E：主要用于计算对应自变量组合下因变量预测值的可信区间。

(2) 残差
- 非标准化：因变量原始值与由模型估计的预测值之差。
- 标准化：通过将非标准化残差进行均数为 0、标准差为 1 的标准化得到。
- 删除：该条记录的因变量取值与该记录剔除后重新拟合的模型以其自变量代入波形所求得的预测值的差值。
- 学生化与学生已删除：相类似，将剔除残差进行 t 转换。

5. "选项"子对话框

单击图 28-1 所示中"线性回归"对话框右侧的"选项"按钮，弹出"选项"子对话框，如图 28-5 所示。

(1) 使用 F 的概率：按 P 值设置选入和剔除标准，系统默认选入标准为 $P \leqslant 0.05$，剔除标准为 $P \geqslant 0.01$。

(2) 使用 F 值：按 F 值设置选入和剔除标准。

(3) 在等式中包含常量：用于设置在方程中是否包括常数项。

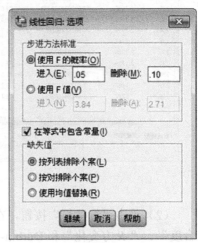

图 28-5 "选项"子对话框

28.1.8 实例详解

1. 实例描述

据研究表明，菌痢发病率跟自然气候有关。现分别搜集平均气温、平均最高气温、平均最低气温、平均相对湿度、月降水量、月日照时数、旬平均本站气压等因素所影响的菌痢发病率 240 个数据（如图 28-6 所示）。求菌痢率对平均气温、平均最高气温、平均最低气温、平均相对湿度、月降水量、月日照时数、旬平均本站气压的线性回归方程。

本例拟合菌痢率对平均气温、平均最高气温、平均最低气温、平均相对湿度、月降水量、月日照时数、旬平均本站气压的线性回归方程。

2. 操作步骤

(1) 单击"分析"|"回归"|"线性"命令，在弹出的"线性回归"对话框中选择"菌痢率"作为因变量，"平均气温"、"平均最高气温"、"平均最低气温"、"平均相对温度"、"平均相对湿度"、"月降水量"、"月日照时数"和"旬平均本站气压"作为自变量，"方法"选择"进入"，即强制回归法。

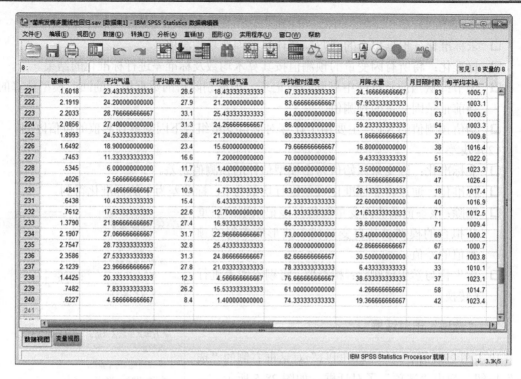

图 28-6　数据库数据展示

（2）单击"统计量"按钮，在弹出的"统计量"子对话框中选择"估计"、"模型拟合度"、"R 方变化"和 Durbin-Watson。

（3）单击"绘制"按钮，在弹出的"绘制"子对话框中选择*SRESID 作为 Y 轴，DEPENDNT 作为 X 轴，选择"直方图"和"正态概率图"，单击"继续"按钮。

（4）单击"线性回归"对话框中的"确定"按钮。

由图 28-7 所示的各点分布表示残差之间不独立的情况，可以看出残差与各个观测值的测量时间存在较强的相关性。

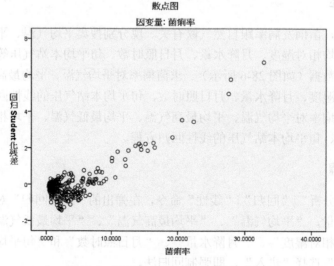

图 28-7　菌痢率对学生化残差的散点图

3. 结果解释

图 28-8 所示列出了模型的筛选过程，模型 1 用进入法选入了旬平均本站气压、平均相对温度、月降水量、月日照时数、平均最高气温、平均气温、平均最低气温。图 28-9 所示为拟合模型的相关指标，结果可见 R 方=0.277，调整 R 方=0.255，该模型虽然有意义，但对总体变异的解释程度较低。

输入／移去的变量[b]			
模型	输入的变量	移去的变量	方法
1	旬平均本站气压,平均相对湿度,月降水量,月日照时数,平均最高气温,平均气温,平均最低气温	.	输入
a. 已输入所有请求的变量。			
b. 因变量:菌痢率			

图 28-8 模型的筛选

模型汇总[b]									
模型	R	R方	调整R方	标准 估计的误差	更改统计量				Durbin-Watson
					R方更改	F更改	df1	df2	Sig. F 更改	
1	.526[a]	0.277	0.255	4.1092228	0.277	12.67	7	232	0	0.381
a. 预测变量:(常量),旬平均本站气压,平均相对湿度,月降水量,月日照时数,平均最高气温,平均气温,平均最低气温。										
b. 因变量:菌痢率										

图 28-9 拟合的模型决定系数的改变情况

图 28-10 所示是对拟合的模型的方差分析检验结果。由结果可知，拟合的模型有统计学意义。模型有统计学意义不等于模型内所有的变量都有统计学意义，还需要进一步对各自变量进行检验。图 28-11 所示对各个系数检验发现，只有平均最低气温有统计学意义（P=0.038）。图 28-12 所示为残差、预测值等一些指标。

Anova[b]					
模型		平方和	df	均方	F	Sig.
1	回归	1497.647	7	213.95	12.67	.000[a]
	残差	3917.485	232	16.886		
	总计	5415.133	239			
a. 预测变量:(常量),旬平均本站气压,平均相对湿度,月降水量,月日照时数,平均最高气温,平均气温,平均最低气温。b. 因变量:菌痢率						

图 28-10 对拟合的模型的方差分析检验结果

系数[a]						
模型		非标准化系数		标准系数	t	Sig.
		B	标准 误差	试用版		
1	(常量)	-215.763	113.293		-1.904	0.058
	平均气温	0.069	0.235	0.13	0.295	0.768
	平均最高气温	-0.479	0.361	-0.899	-1.325	0.187
	平均最低气温	0.825	0.395	1.537	2.087	0.038
	平均相对湿度	0.045	0.073	0.062	0.619	0.537
	月降水量	-0.011	0.016	-0.053	-0.696	0.487
	月日照时数	0.056	0.034	0.174	1.629	0.105
	旬平均本站气压	0.21	0.112	0.371	1.874	0.062
a. 因变量:菌痢率						

图 28-11 对模型中各个系数检验的结果

残差统计量^a

	极小值	极大值	均值	标准 偏差	N
预测值	-0.549898	9.074779	4.01395	2.5032594	240
标准 预测值	-1.823	2.022	0	1	240
预测值的标准误差	0.316	2.958	0.701	0.269	240
调整的预测值	-0.580443	9.175002	4.030261	2.5113467	240
残差	-5.7928472	27.2199001	0	4.0485987	240
标准 残差	-1.41	6.624	0	0.985	240
Student化 残差	-1.435	6.701	-0.002	1.001	240
已删除的残差	-5.9996786	27.8572922	-0.0163109	4.1828961	240
Student化 已删除的残差	-1.438	7.446	0.006	1.043	240
Mahal. 距离	0.417	122.817	6.971	11.523	240
Cook 的距离	0	0.135	0.004	0.016	240
居中杠杆值	0.002	0.514	0.029	0.048	240

a. 因变量: 菌痢率

图 28-12 残差、预测值等一些指标

图 28-13 和图 28-14 所示显示残差的分布，从直方图和 P-P 图都可以看出，残差不成正态分布。

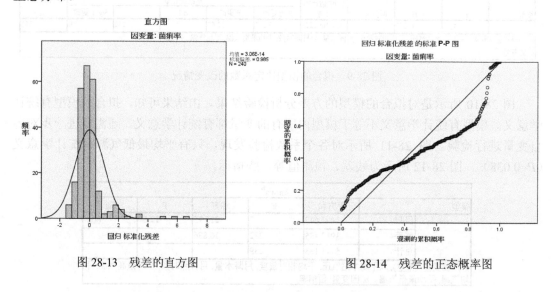

图 28-13 残差的直方图　　　　图 28-14 残差的正态概率图

28.2 共线性解决方案与校正

多重共线性（Multi-Colinearity）是多重回归分析时存在的一个普遍问题。多重共线性是指自变量之间存在近似的线性关系，即某个自变量能近似地用其他自变量的线性函数来表示。在实际回归分析应用中，自变量间完全独立很难，所以共线性的问题并不少见。自变量一般程度上的相关不会对回归结果造成严重的影响，然而，当共线性趋势非常明显时，它就会对模型的拟合带来严重影响。

当有以下情况出现时，我们就需要考虑变量之间是否存在多重共线性。

（1）自变量的偏回归系数的估计值大小甚至是方向明显与实际情况不相符。

（2）从专业角度看对因变量有影响的因素，检验的结果却无统计学意义而不能选入方程中。

（3）删除或添加一两个记录或自变量使方程的回归系数值发生剧烈的变化。

（4）整个模型的检验结果为 $P<\alpha$，有统计学意义，但模型包含的所有自变量的统计学检验结果为 $P>\alpha$，均无统计学意义。

28.2.1 多重共线性的诊断

在做多重回归分析的共线性诊断时，首先要对所有变量进行标准化处理。对于诊断识别，可以通过 Statistics 子对话框中的 Collinearity Diagnostics 复选框予以实现。可以通过复选框 Collinearity Diagnostics 提供的以下指标来辅助判断有无多重共线性存在。

（1）容忍度（Tolerance）：即以每个自变量作为因变量对其他自变量进行回归分析时得到的残差比例，某自变量的容忍度用 1 减去决定系数来表示。容忍度越小，则说明被其他自变量预测的精度越高，多重共线性越严重。有学者提出容忍度小于 0.1 时，存在严重的多重共线性。

（2）方差膨胀因子（Variance Inflation Factor，VIF）：即容忍度的倒数，VIF 越大，表示共线性越严重。VIF 一般不应该大于 5，当 VIF>10 时，提示有严重的多重共线性存在。

（3）特征根（Eigenvalue）：实际上是对模型中常数项及所有自变量进行主成分分析，如果特征根越接近 0，则提示多重共线性越严重。

（4）条件指数（Condition Index）：等于最大的主成分与当前主成分的比值的算术平方根。所以第一个主成分相对应的条件指数总为 1。当某些维度的该指数大于 30 时，则提示存在多重共线性。

28.2.2 共线性解决方案

自变量间趋势存在多重共线性，直接采用多重回归得到的模型肯定是不可信的，此时可以用下面的办法解决。

（1）增大样本含量，能部分解决多重共线性问题。

（2）把多种自变量筛选的方法结合起来组成拟合模型。建立一个"最优"的逐步回归方程，但同时丢失一部分可利用的信息。

（3）从专业知识出发进行判断，去除专业上认为次要的，或者是缺失值比较多、测量误差较大的共线性因子。

（4）进行主成分分析，提取公因子代替原变量进行回归分析。

（5）进行通径分子（Path Analysis），可以对因变量和自变量间的复杂关系精细刻画。

28.3 残差分析与回归诊断

在前面的章节已经介绍过，多重线性回归是简单线性回归的扩展，其应用前提和简单线性回归完全相同：线性、独立、正态和方差齐，即 LINE，在实际应用中，残差分析常常用来考察资料是否满足这 4 个前提条件，除此之外，残差还可以用于判断是否还需向已建立的模型中继续引入新的变量，用于帮助识别异常值等。

对于正态模型，我们可以将因变量的值表达为：$y = \hat{y} + \varepsilon$，即观察值 = 估计值 + 残差。残差常用来检验模型的拟合效果，并探测离群值。

（1）残差的种类：Linear Regression 过程中通过非标准化残差、标准化残差、学生化残差、剔除残差、学生化剔除残差 5 个复选框输出 5 种残差。

（2）残差分析的内容：主要包括两方面，一是残差是否独立，实际上就是考察因变量 y 取值是否相互独立。二是残差分布是否为正态，实际上就是考察因变量 y 取值是否服从正态分布。

（3）残差图（Residual Plot）：一般是将现有的模型求出的各点残差 $\varepsilon_i = y_i - \hat{y}_i$ 作为纵坐标，相应的预测值 $\hat{y}$ 或者自变量取值 x 作为横坐标来绘制的。如果数据符合模型的基本假定，则残差与回归预测值的散点图不应有任何特殊的结构。线性回归模型的残差分布主要有如图 28.1 所示的几种。

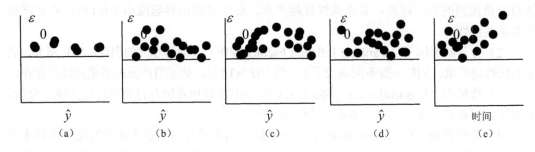

图 28-15　残差示意图

回归前提条件和数据可靠性从统计方法上进行检查，就是所谓的回归诊断（Regression Diagnosis）的内容，需要指出的是，对这些检查的解释及进一步处理应充分结合专业知识，不仅仅依赖于统计学上的方法。

28.4　交互作用与哑变量设置

28.4.1　交互作用

多重线性回归模型表达的是一个因变量和多个（≥2）自变量间的数量关系，当模型中有多于两个自变量时，可能就存在自变量间的交互作用。如果一个模型中 $x_1, x_2, \cdots, x_p$ 的一次项加起来仍不足以"解释" y，有时还需要考虑两个自变量联合的额外效应或交互作用。例如，生物体中酶促反应，酶的单独效应为零，但在一定条件下与反应物质结合，能高效率地催化各种生物化学反应，促进生物体的新陈代谢，酶促反应的过程就是生命活动的过程。

在回归分析中，若 x_1, x_2 存在交互效应，最常用的方法是在回归模型中增加 x_1, x_2 的乘积项，如：

$$\hat{y} = b_0 + b_1 x_1 + b_2 x_2 + b_3 x_1 x_2 \tag{公式 28-11}$$

在参数估计时，可令 $x_3 = x_1 x_2$，按模型估计参数。

$$\hat{y} = b_0 + b_1 x_1 + b_2 x_2 + b_3 x_3 \qquad \text{（公式 28-12）}$$

事先判断是否存在交互作用主要靠专业知识。无专业知识可以依据时，应首先按无交互作用拟合模型，然后通过残差分析判断是否需要考虑交互作用。

28.4.2 哑变量设置

在 SPSS 的 logistics 回归中，有专门的选项来处理需要哑变量化的变量，只需单击 Categorical.. 进行设置即可。但是对于多元线性回归就没有那么幸运了。

用 compute 或 recode 设置一组哑变量。由于哑变量是一个整体变量，所以进行变量筛选时必须共同进退。因此，将所有哑变量同一般变量一同直接进行筛选是不对的，会出现一部分变量进入而另一部分变量未进入的情形。解决的方法是：将同一因素下的哑变量进行归组，在纳入方法中选择了 ENTER 来确保这些哑变量同进同出，而其他连续型变量和二分类变量则归为另一组，纳入方法为 STEPWISE。然后在没有纳入这组哑变量的情况下再做一次 STEPWISE，再来比较是不是应该纳入这组哑变量。

举例来说，原多分类变量有 4 个取值（A/B/C/D），这时需要设置 3 列哑变量，比如 D2、D3、D4。如果变量值是 B，则 D2=1，否则取 0；如果是 C，则 D3=1，否则取 0；如果是 D，则 D4=1，否则取 0。注意，哑变量设置个数为分类数减 1，因此 4 分类只能设置 3 个哑变量。

定义好所有的哑变量之后，接下来就可以进行多元线性回归的计算了。由于哑变量是一个整体变量，所以进行变量筛选时必须共同进退。解决的方法是：将同一因素下的哑变量进行归组（block），在纳入方法中选择了"ENTER"来确保这些哑变量同进同出，而其他因素的哑变量归为另一组（block），除哑变量之外，其余自变量归为一个 block，纳入方法为 STEPWISE。结果的解读方面，只要哑变量有其中一个有统计学显著特性，就应该把整个因素包含的哑变量纳入回归方程。

第 29 章 路径分析

前面的多元回归分析常用于对影响因素的分析,但由于只考察变量之间的直接作用,而实际上变量之间的相关关系往往是一个复杂的传递过程,因此需要一种可以全面地考察变量间的相互作用,包括直接作用和间接作用的方法,即本章所介绍的路径分析。路径分析(path analysis)最早由生物遗传学家 Sewall Wright 于 1918 年~1921 年提出,用来分析变量间的因果关系。后来经过生物遗传学家、心理测验学家、计量经济学家以及社会学家的推进,引入隐变量(latent variable,又称 unmeasured variable,不可观测变量),并允许变量间具有测量误差,并且极大似然估计代替了最小二乘法,现在成为路径系数主流的估计方法。

29.1 概 述

路径分析通过构建路径图直观地显示变量间的结构关系,在多元回归的基础上计算变量间的相关系数,计算结果给出的线性回归方程的标准系数(Standardized Coefficients)也就是我们需要的路径系数。路径系数分为直接路径系数(某一自变量对因变量的直接作用)和间接路径系数(该自变量通过其他自变量对因变量的间接作用)两种。在一个构造合适的路径图中,任何两个变量间的相关系数就是连结这两点之间的所有复合链上的路径系数的乘积之和。具体步骤如图 29-1 所示。

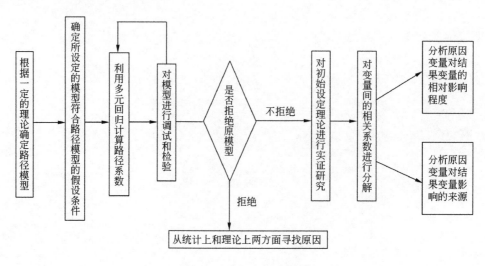

图 29-1 路径分析流程图

1. 确定路径模型

路径图是路径分析的主要工具,它采用一条带箭头的线(单箭头表示变量间的因果关系,双箭头表示变量间的相关关系)表示变量间预先设定的关系,箭头表明变量间的关系是线性的,箭头表示着一种因果关系发生的方向。在路径图中,观测变量一般写在矩形框内,不可观测变量一般写在椭圆框内,如图29-2所示。

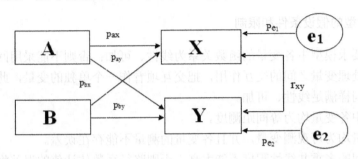

图 29-2 路径图

假设 A 是父亲智商,B 是母亲智商,X、Y 是两个成年子女的智商,e_1、e_2 是与 A、B 不相关的另外不可测原因变量。一般来说,父母亲的智商之间不存在关系;父母亲的智商对子女的智商存在因果关系,用单箭头表示,子女之间存在相关关系,用双箭头表示。箭头上的字母表示路径系数,路径系数反应原因变量对结果变量的相对影响大小。写成方程式为:

$$X = p_{ax}A + p_{bx}B + p_{bx}r_{xy}BY + p_{ay}r_{xy}AY + p_{e_1}e_1$$
$$Y = p_{ay}A + p_{by}B + p_{ax}r_{xy}AX + p_{bx}r_{xy}BX + p_{e_2}e_2$$

上面的方程其实就是普通的多元回归方程,多元回归分析是因果关系模型的一种,只是它是一种比较简单的因果关系模型,各个自变量对因变量的作用并列存在,它仅包含一个环节的因果结构。路径分析的优势在于它可以容纳多环节的因果结构,通过路径图把这些因果关系很清楚地表示出来,据此进行更深层次的分析,如比较各种因素之间的相对重要程度,计算变量与变量之间的直接与间接影响。

路径图上的变量分为两大类:一类是外生变量(exogenous variable,又称独立变量源变量),它不受模型中其他变量的影响,如图 29-2 所示中的 A、B、e_1、e_2。另一类是内生变量(endogenous variable,又称因变量或下游变量),在路径图上至少有一个箭头指向它,它被模型中的其他一些变量所决定,如图 29-2 所示中的 X、Y。其中,将路径图中不影响其他变量的内生变量称为最终结果变量(ultimate response variable),最终结果变量不一定只有一个。

广义的路径模型有两种基本类型:递归模型和非递归模型。递归模型内因果关系结构中全部为单向链条关系、无反馈作用。无反馈作用意味着,各内生变量与其原因变量的误差之间或任意两个内生变量的误差项之间相互独立。非递归模型中:① 模型中任何两个变量之间存在双向因果关系,即有直接反馈作用;② 某个变量存在自身反馈;③ 存在间接反馈;④ 内生变量的误差项与其他项目相关。

路径图根据未知参数的样本所能得出的方程组数分为 3 类:① 恰好路径图,即路径图中独立未知参数(包括隐变量的方差、残差的方差)的个数恰好与样本中所能得出的方程组的个数相等;② 识别不足路径图:路径图中独立未知参数的个数多于样本中所能得出的方程组的个数。因为这时参数的解有无限多组,即解很不确定,这是不能允许的;③ 过度识别路径图,即路径图中独立未知参数的个数少于样本中所能得出的方程组的个数。这种模型,是我们所需要的,因为可以在待估的参数上附加不同的条件以使所求得的参数满足统计学要求。

2. 路径模型的假设条件和限制

(1)首先要求模型中各变量的函数关系为线性、可加;否则不能采用回归方法估计路径系数。如果处理变量之间的交互作用,把交互项看作一个单独的变量,此时它与其他变量的函数关系同样满足线性、可加。

(2)模型中各变量均为等间距测度。

(3)各变量均为可观测变量,并且各变量的测量不能存在误差。

(4)变量间的多重共线性程度不能太高,否则路径系数估计值的误差将会很大。

(5)需要有足够的样本量。Kline(1998年)建议样本量的个数应该是需要估计的参数个数的10倍(20倍更加理想)。

3. 路径模型的调试,过程类似于多元回归过程的调试

如果某一变量的路径系数(回归系数)统计性不显著,则考虑是否将其对应的路径从模型中删去。

如果多个路径系数同时不显著,则首先删除最不显著的路径继续进行回归分析,根据下一步的结果再决定是否需要删除其他原因变量。

根据调试的一般原则,实际进行调试时,还必须考虑模型的理论基础。

作为研究焦点的因果联系必须要有足够的理论根据,即使其统计不显著,仍然应当加以仔细考虑,并寻找其统计不显著的原因:是否是多重共线性的影响,还是其他路径假设的不合理而影响了该路径的显著性。

4. 路径模型的整体检验

路径模型中方程的个数和内生变量的个数相等,不妨设有 m 个内生变量,则对于这 m 个方程,设其回归后的决定系数分别是 $R_{(1)}^2, R_{(2)}^2, \ldots, R_{(m)}^2$,每个 R^2 都代表相应内生变量的方差中由回归方程所解释的比例,$1-R^2$ 则表示回归方程未能解释的残差比例。定义路径模型的整体拟合指数为:

$$R_C^2 = 1 - \left(1 - R_{(1)}^2\right)\left(1 - R_{(2)}^2\right)\ldots\left(1 - R_{(m)}^2\right)$$

如果经过调试的新模型与事先已设置的模型有所不同,此时可以采用拟合度对两个模型进行检验。如果统计检验不显著,说明调试后对模型的修改并不妨碍"接受"原假设模型,即新模型与原模型没有显著差异,可以认为前后两模型是一致的。反之,说明调试后得到的模型已经与原模型十分不同。可以看出,路径分析的模型检验不是检验原模型是否符合观测数据,而是检验调试后的模型是否与原模型一致。这正是路径模型检验的意义所在。

设原模型和调试后的模型的路径模型整体拟合指数分别为：R_c^2和R_t^2。

$$R_C^2 = 1-\left(1-R_{(1)}^2\right)\left(1-R_{(2)}^2\right)...\left(1-R_{(c)}^2\right)$$

$$R_t^2 = 1-\left(1-R_{(1)}^2\right)\left(1-R_{(2)}^2\right)...\left(1-R_{(t)}^2\right)$$

则取模型拟合度的统计量 Q 为：

$$Q = \frac{1-R_c^2}{1-R_t^2}$$

根据 Q 构造统计量：

$$W = -(n-d)\ln Q = -(n-d)\ln\left\{\frac{1-R_c^2}{1-R_t^2}\right\}$$

n 为样本大小，d 为检验模型与基准模型的路径数目之差，大样本情况下，Q 渐进服从自由度为 d 的 χ^2 分布。只有不显著时才能用新模型替换原模型。

5. 相关系数的分解

分解相关系数在路径分析中带有一般性意义，并且是路径分析中很重要的一部分。通过对原因变量和结果变量的相关系数的分解，我们可以很清楚地看出造成相关关系的各种原因。

如图 29-3 所示，A、B 为两个两两相关的外生变量，A、B 和残差项 X 共同决定 C，B、C 和残差项 Y 决定最终结果变量 D，共有两层因果关系。

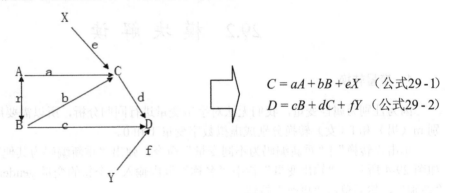

图 29-3 系数分解示意图

首先分解 A、C 之间的相关系数，由于各变量均经过标准化处理，所以 A、C 的相关系数 r_{AC} 等于 A、C 乘积的期望值。把公式 29-1 代替 C 即：

$$r_{AC} = \sum[AC] = \sum[A(aA+bB+eX)]$$
$$= a+rb$$

（A的方差为1，A与B的协方差为r，A与X独立）

可看出，A 与 C 相关系数可分解成两部分：a 是 A 对 C 的直接作用，rb 的存在是因为由于 A 与 B 之间的相关性引入了 C，而 B 有着直接影响 C 的作用。然而，从因果分析的角度，rb 并未得到分解，称为未析部分。

分析 BC 之间的相关系数，用公式 29-1 代替 C 即得：

$$r_{BC} = \sum[BC] = \sum[B(aA+bB+eX)]$$
$$= ar + b$$
（公式 29-3）

然后考虑分解 BD 之间的相关系数，以式 29-2 代替 D 则有：
$$r_{BD} = \sum[BD] = \sum[B(cB+dC+fY)]$$
$$= c + r_{BC}d = c + dar + db$$

接下来考虑分解 CD 之间的相关系数，公式 29-2 和公式 29-3 分别代替 D、r_{BC} 则：
$$r_{CD} = \sum[CD] = \sum[C(cB+dC+fY)]$$
$$= r_{CB}c + d = arc + bc + d$$

这里，d 为 C 对 D 的直接作用，第二项 bc 是前面尚未涉及的分解内容，对应路径图，既找不到间接作用的路径链条，也找不到涉及相关的路径，这一部分的原因是相关系数所涉及的两个变量 C、D 有一个共同的作用因子 B。由于 B 的存在，使得 B 的变化引起 C、D 的同时变化，而使 C、D 的样本数据表现出相关关系，这种相关关系称为伪相关。很多情况下均存在伪相关，特别是在一些混杂因子的影响中。

通过上面对相关系数的分解，可以总结出，相关系数的分解可能产生以下 4 种类型的组成部分：
（1）直接作用。
（2）间接作用。
（3）由于原因变量相关而产生的未析部分。
（4）由于共同作用原因的存在而产生的伪相关部分。

29.2 模块解读

1．变量转换

因为性别为属性变量，我们无法对字串变量进行回归分析，所以需要用转换功能将性别 m（男）和 f（女）转换分别成虚拟数字变量 1 和 0。

单击"转换"|"重新编码为不同变量"命令，弹出"重新编码为其他变量"对话框，如图 29-4 所示。"输出变量"栏中"名称"框内输入一个新的变量 gender1，"标签"为"性别"，然后单击"更改"按钮。

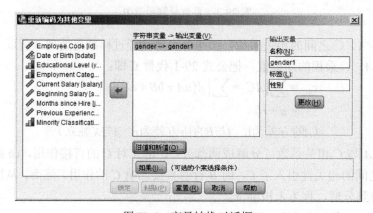

图 29-4 变量转换对话框

2. "旧值和新值"按钮

单击"旧值和新值"按钮,弹出图 29-5 所示的"旧值和新值"对话框,此对话框可用于对目标变量进行具体变量的转换。在"旧值"的"值"框里输入需要转换的目标变量 m,"新值"的"值"框中输入新的值"1",单击"添加"按钮。再以同样的方法添加"f"和"0",单击"确定"按钮,即生成一个新的变量 gender1,如图 29-6 所示。

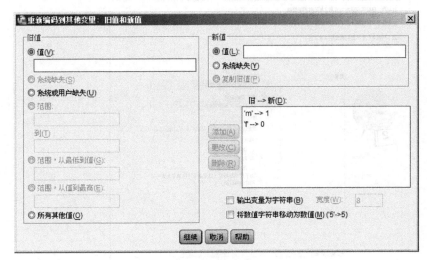
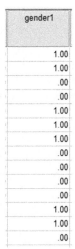

图 29-5 变量编码对话框　　　　　　　　图 29-6 性别变量

3. 年龄转换

由于年龄比出生日期更简洁直观,我们把出生日期转换成年龄进行分析,因为统计资料的时间不清楚,用现在时间计算并不影响结果,所以算当下时间的年龄。

单击"转换"|"日期和时间向导"命令,弹出图 29-7 所示的对话框。选择"使用日期和时间进行计算"选项,单击"下一步"按钮,弹出图 29-8 所示的日期和时间向导第一步对话框。

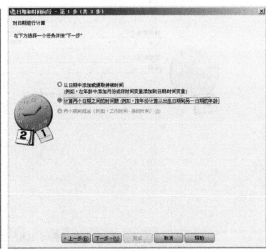

图 29-7 "日期和时间向导"对话框　　　　图 29-8 向导第一步对话框

4．计算当前年龄

在日期和时间向导第一步对话框中选择"计算两个日期之间的时间数"，单击"下一步"按钮弹出图 29-9 所示的向导第二步对话框。把"变量"列表中的 STIME 和 bdate 放入相应框中，单击"单位"下拉列表，选择"年份"，在"结果处理"中选择"取整"复选框。

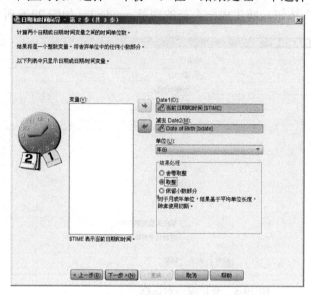

图 29-9　日期和时间向导第二步对话框

单击"下一步"按钮，弹出图 29-10 所示的向导第三步对话框，在"结果变量"框里输入计算生成的新的变量名称 age，在"变量标签"框中输入"年龄"给新的变量加上标签，单击"完成"按钮即可生成一个新的变量，如图 29-11 所示。

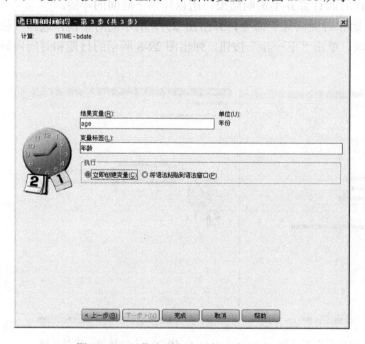

图 29-10　日期和时间向导第三步对话框　　　　图 29-11　age 变量

5. 计算路径系数

单击"分析"|"回归"|"线性"命令，弹出"线性回归"对话框，如图 29-12 所示。"因变量"框中放入本次需要比较的变量 salary，把要比较的 8 个因素 educ、salbegin、minority、jobcat、gender1、prevexp、jobtime 和 age 放入"自变量"框中，方法选择"进入"。

6."统计量"按钮

单击"统计量"按钮，弹出图 29-13 所示的"线性回归：统计量"对话框，选择"描述性"，单击"继续"按钮完成选择，回到"线性回归"对话框单击"确定"按钮，即可计算回归系数。

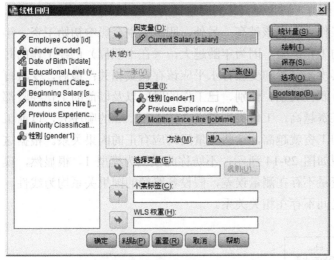

图 29-12 "线性回归"对话框

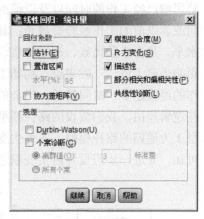

图 29-13 统计量选项

29.3 实例详解

例 29.1：我们采用 SPSS 软件系统自带的数据文件 Employee data.sav（可在 SPSS 软件的子目录下找到该文件）来进行路径分析。该数据收录了 474 个员工的人事工资资料，序号为 434 的缺失出生日期，所以有效为 473 个，在接下来的分析中，剔除该样品；该数据包含有：id（编码）、gender（性别）、bdate（Date of Birth，出生日期）、educ（Educational Level，受教育水平）、jobcat（Employment Category，职位类别）、salary（Current Salary，目前工资）、salbegin（Beginning Salary，初始工资）、jobtime（Months since Hire，已工作时间）、prevexp（Previous Experience，以前的工作经验）、minority（是否是少数民族）等 10 个变量。gender 为属性变量，用"f"表示 female 女性，"m"表示 male 男性；educ 使用受教育的年数衡量；jobcat 分为 3 类："1"表示 clerical（文员），"2"代表 custodial（保管人员），以"3"表示 manager（管理人员）；当前工资和初始工资以实际额为准；

已经工作的时间和以前的工作经验均以月为单位来衡量；是否是少数民族为"0"、"1"变量，"1"表示"Yes"，是少数民族，"0"表示"No"，非少数民族；用出生日期的年份数来计算出新变量"年龄"代替出生日期进行分析。

29.3.1 路径模型的确定

对编码不进行区分，关注余下的 9 个变量之间的因果关系。根据时间和逻辑顺序，我们推出几条因果路径：性别、年龄和是否少数民族都会影响受教育水平；性别、受教育水平和以前工作经验会影响职位类别；性别和年龄影响以前工作经验；是否少数民族、性别、职位类别、受教育水平和以前工作经验会影响初始工资；受教育水平、是否少数民族、性别、初始工资、职位类别、以前工作经验和已工作时间都会影响当前工资。大量统计结果表明，个人受教育的水平越高，所获得工资也越高；同时也认为，一个人受教育水平越高，以前的工作经验越多，他从事的工作类别应该越高；另外，职位类别会影响初始工资，年龄影响已经工作的时间以及以前的工作经验，因为年龄越大，（在本职位）已经工作的时间或者以前的工作经验会越长；其次，年龄和受教育水平应该存在负相关；最后，受教育水平、是否少数民族、初始工资、职位类别、性别、已工作的时间以及以前的工作经验都影响当前工资，一般来说，初始工资越高，工作类别越高（按 1、2、3 的顺序），以前工作的经验越多，时间越长，当前的工资就越高，这些变量间均应有正的因果关系。根据这些逻辑理由，我们假设的路径模型如图 29-14 所示，不妨称此模型为模型 1。很显然，模型 1 为递归的路径模型，各外生变量不存在测量误差，假设各路径的因果关系均为线性、可加，并进一步假设各内生变量之间不存在相关关系。

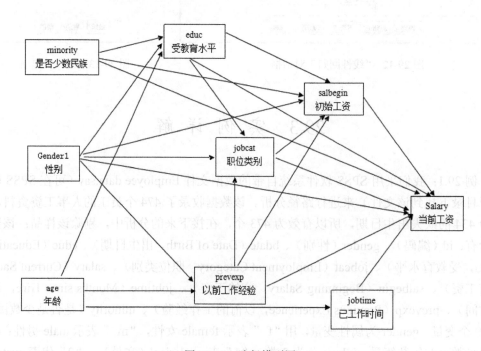

图 29-14 路径模型图

29.3.2 计算回归系数

根据路径模型，我们需要考察 6 个内生变量的路径系数，分别以这 6 个变量为因变量，以强制进入法将与之相关的所有变量作自变量进行多元回归分析，取标准化回归系数为路径系数。

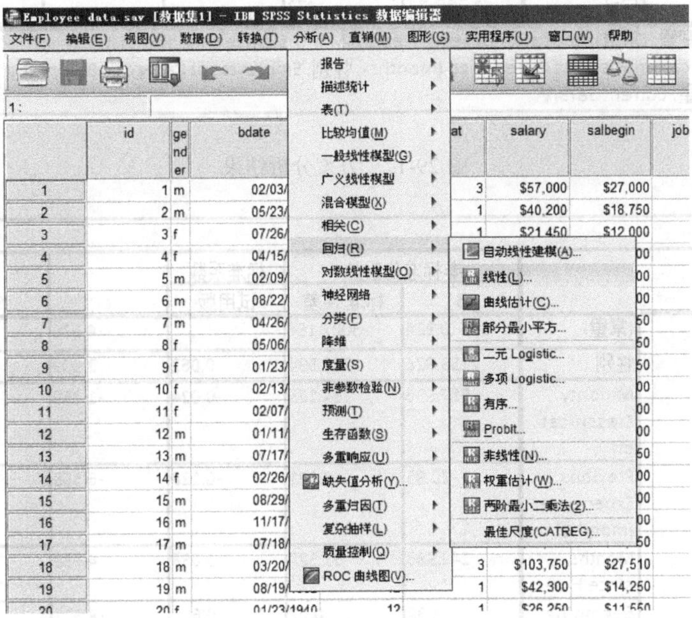

图 29-15 "回归"分析菜单

1．以 salary 为因变量

操作步骤如下。

（1）单击"分析"|"回归"|"线性"命令，如图 29-15 所示，弹出图 29-12 所示的对话框。"因变量"框中放入本次需要比较的变量 salary，把 educ、salbegin、minority、jobcat、gender1、prevexp 和 jobtime 放入"自变量"框，方法选择"进入"。

（2）单击"统计量"按钮，弹出图 29-13 所示的对话框，选中"描述性"项，单击"继续"按钮，返回图 29-12 所示对话框，单击"确定"按钮运行，输出结果。

结果解读：

图 29-16 所示为模型汇总，R 方=0.841，说明模型可解释的变异度较高。

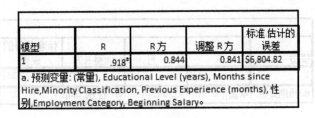

图 29-16 模型汇总

图 29-17 所示为方差分析结果，$F=358.914$，$P=0.000$，说明回归模型有意义。图 29-18 所示为回归模型的系数。

模型		平方和	df	均方	F	Sig.
1	回归	1.16E+11	7	1.66E+10	358.914	.000ª
	残差	2.16E+10	466	46305603.23		
	总计	1.38E+11	473			

a. 预测变量: (常量), Educational Level (years), Months since Hire, Minority Classification, Previous Experience (months), 性别, Employment Category, Beginning Salary。
b. 因变量: Current Salary

图 29-17　方差分析结果

模型		非标准化系数		标准系数	t	Sig.
		B	标准 误差	试用版		
1	(常量)	-13610.924	3007.164		-4.526	0
	性别	2139.926	735.594	0.062	2.909	0.004
	Minority Classification	-987.396	784.185	-0.024	-1.259	0.209
	Previous Experience (months)	-20.95	3.321	-0.128	-6.308	0
	Months since Hire	149.983	31.327	0.088	4.788	0
	Beginning Salary	1.32	0.07	0.608	18.821	0
	Employment Category	5760.342	621.451	0.261	9.269	0
	Educational Level (years)	470.052	153.567	0.079	3.061	0.002

a. 因变量: Current Salary

图 29-18　模型系数 a

2. 以educ为因变量

操作步骤同上，"因变量"框中放入 educ，自变量为 minority、gender1 和 age，输出结果如图 29-19 所示为模型汇总，可见 R 方=0.212，解释效果不是很好。图 29-20 所示为模型方差分析结果，可见 $F=42.098$，$P=0.000$，模型有意义。图 29-21 所示为模型系数。

模型	R	R 方	调整 R 方	标准 估计的误差
1	.461ª	0.212	0.207	2.569

a. 预测变量: (常量), Minority Classification, 性别, 年龄。

图 29-19　模型汇总

模型		平方和	df	均方	F	Sig.
1	回归	833.806	3	277.935	42.098	.000[a]
	残差	3096.355	469	6.602		
	总计	3930.161	472			

a. 预测变量: (常量), Minority Classification, 性别, 年龄。
b. 因变量: Educational Level (years)

图 29-20　Anova[b]

模型		非标准化系数		标准系数	t	Sig.
		B	标准 误差	试用版		
1	(常量)	16.015	0.6		26.669	0
	年龄	-0.061	0.01	-0.248	-6.01	0
	性别	2.038	0.238	0.352	8.552	0
	Minority Classification	-0.916	0.288	-0.132	-3.181	0.002

a. 因变量: Educational Level (years)

图 29-21　模型系数[a]

以 jobcat 为因变量，educ、gender1 和 prevexp 为自变量，结果可见，图 29-22 所示为模型汇总情况，R 方=0.329，解释度较低，但图 29-23 所示为模型方差分析结果依然有统计学意义，P=0.00。图 29-24 所示为模型系数。

模型	R	R 方	调整 R 方	标准 估计的 误差
1	.573[a]	0.329	0.324	0.635

a. 预测变量: (常量), Previous Experience (months), 性别, Educational Level (years)。

图 29-22　模型汇总

模型		平方和	df	均方	F	Sig.
1	回归	92.971	3	30.99	76.738	.000[a]
	残差	189.808	470	0.404		
	总计	282.778	473			

a. 预测变量: (常量), Previous Experience (months), 性别, Educational Level (years)。
b. 因变量: Employment Category

图 29-23　Anova[b]

以 prevexp 为因变量，gender1 和 age 为自变量输出结果可见，图 29-25 所示为模型汇总，R 方=0.687，该模型对变异的解释度尚可。图 29-26 所示为模型方差分析结果，P=0.00，反映模型有意义。图 29-27 所示为模型系数。

模型		非标准化系数		标准系数	t	Sig.
		B	标准误差	试用版		
1	(常量)	-0.623	0.158		-3.947	0
	Educational Level (years)	0.131	0.012	0.49	11.417	0
	性别	0.275	0.065	0.177	4.203	0
	Previous Experience (months)	0.001	0	0.157	3.862	0

a. 因变量: Employment Category

图 29-24　系数 a

模型	R	R方	调整R方	标准估计的误差
1	.829a	0.687	0.685	58.713

a. 预测变量: (常量), 年龄, 性别。

图 29-25　模型汇总

模型		平方和	df	均方	F	Sig.
1	回归	3551922.938	2	1775961.469	515.181	.000a
	残差	1620210.741	470	3447.257		
	总计	5172133.679	472			

a. 预测变量: (常量), 年龄, 性别。
b. 因变量: Previous Experience (months)

图 29-26　Anova b

模型		非标准化系数		标准系数	t	Sig.
		B	标准误差	试用版		
1	(常量)	-335.711	13.718		-24.472	0
	性别	43.616	5.427	0.208	8.037	0
	年龄	7.224	0.23	0.813	31.45	0

a. 因变量: Previous Experience (months)

图 29-27　系数 a

以 salbegin 为自变量, minority、educ、jobcat、gender1 和 prevexp 为自变量输出结果, 其结果如图 29-28～图 29-30 所示, 解释同上, 此处不一一叙述。

模型	R	R方	调整R方	标准估计的误差
1	.823a	0.677	0.673	$4,500.34

a. 预测变量: (常量), Employment Category, Previous Experience (months), Minority Classification, 性别, Educational Level (years)。

图 29-28　模型汇总

模型		平方和	df	均方	F	Sig.
1	回归	1.98E+10	5	3.96E+09	195.748	.000[a]
	残差	9.48E+09	468	20253053.21		
	总计	2.93E+10	473			

a. 预测变量：(常量), Employment Category, Previous Experience (months), Minority Classification, 性别, Educational Level (years)。
b. 因变量: Beginning Salary

图 29-29 Anova[b]

模型		非标准化系数		标准系数	t	Sig.
		B	标准 误差	试用版		
1	(常量)	-4143.669	1152.371		-3.596	0
	性别	2102.782	475.61	0.133	4.421	0
	Minority Classification	-1156.502	515.498	-0.061	-2.243	0.025
	Previous Experience (months)	6.248	2.177	0.083	2.87	0.004
	Educational Level (years)	904.071	92.293	0.331	9.796	0
	Employment Category	5294.533	330.05	0.52	16.042	0

a. 因变量: Beginning Salary

图 29-30 系数[a]

以 job time 为因变量，age 为自变量，输出结果如图 29-31～图 29-33 所示，其结果解释同上，此处不一一叙述。

模型	R	R方	调整 R 方	标准 估计的 误差
1	.054[a]	0.003	0.001	10.044

a. 预测变量:(常量), 年龄。

图 29-31 模型汇总

模型		平方和	df	均方	F	Sig.
1	回归	138.431	1	138.431	1.372	.242[a]
	残差	47511.078	471	100.873		
	总计	47649.51	472			

a. 预测变量:(常量), 年龄。
b. 因变量: Months since Hire

图 29-32 Anova[b]

模型		非标准化系数		标准系数	t	Sig.
		B	标准 误差	试用版		
1	(常量)	78.546	2.264		34.7	0
	年龄	0.046	0.039	0.054	1.171	0.242

a. 因变量: Months since Hire

图 29-33 系数[a]

29.3.3 完成路径图

根据以上 6 次回归的结果，6 次输出的标准系数即是路径系数（直接效果），我们可以完成模型 1 的路径图，如图 29-34 所示。

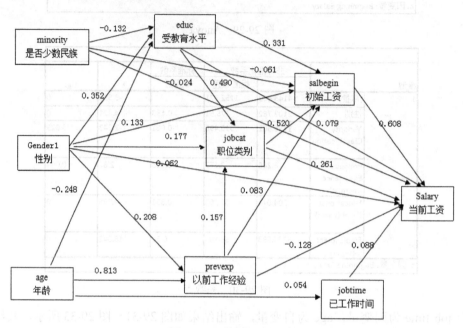

图 29-34　模型 1 路径图

1. 误差估计

受教育水平：$R^2=0.212$，$s_e = \sqrt{1-R^2} = \sqrt{0.788} = 0.888$

初始工资：$R^2=0.677$，$s_e = \sqrt{1-R^2} = \sqrt{0.323} = 0.568$

职位类别：$R^2=0.329$，$s_e = \sqrt{1-R^2} = \sqrt{0.671} = 0.819$

当前工资：$R^2=0.844$，$s_e = \sqrt{1-R^2} = \sqrt{0.156} = 0.359$

以前工作经验：$R^2=0.687$，$s_e = \sqrt{1-R^2} = \sqrt{0.313} = 0.559$

已工作时间：$R^2=0.003$，$s_e = \sqrt{1-R^2} = \sqrt{0.997} = 0.998$

2. 结果解读

以性别对于当前工资的效果为例：

直接效果：性别→当前工资：0.062。

间接效果 1：性别→以前工作经验→当前工资：0.208×-0.128=-0.027。

间接效果 2：性别→以前工作经验→初始工资→当前工资：0.208×0.083×0.608=0.010。

间接效果 3：性别→以前工作经验→职位类别→当前工资：0.208×0.520×0.261=0.028。

间接效果 4：性别→以前工作经验→职位类别→初始工资→当前工资：
　　　　0.208×0.157×0.520×0.608=0.010。

间接效果 5：性别→职位类别→当前工资：0.177×0.261=0.046。
间接效果 6：性别→初始工资→当前工资：0.133×0.608=0.081。
间接效果 7：性别→职位类别→初始工资→当前工资：0.177×0.520×0.608=0.056。
间接效果 8：性别→受教育水平→当前工资：0.352×0.079=0.028。
间接效果 9：性别→受教育水平→初始工资→当前工资：0.352×0.331×0.608=0.071。
间接效果 10：性别→受教育水平→职位类别→当前工资：0.352×0.490×0.261=0.083。
间接效果 11：性别→受教育水平→职位类别→初始工资→当前工资：
　　　　　　0.352×0.490×0.520×0.608=0.055。
总效果=0.062-0.027+0.010+0.028+0.010+0.046+0.081+0.056+0.028+0.071+0.083=0.5。
图 29-35 所示为变量相关性列表。图 29-36 所示为路径系数分解表。

		Current Salary	性别	年龄	Minority Classification	Previous Experience (months)	Months since Hire	Beginning Salary	Employment Category	Educational Level (years)
Pearson 相关性	Current Salary	1	0.45	-0.144	-0.177	-0.097	0.084	0.88	0.78	0.661
	性别	0.45	1	-0.052	0.077	0.166	0.07	0.456	0.379	0.355
	年龄	-0.144	-0.052	1	0.111	0.802	0.054	-0.009	0.01	-0.281
	Minority Classification	-0.177	0.077	0.111	1	0.144	0.048	-0.157	-0.144	-0.132
	Previous Experience (months)	-0.097	0.166	0.802	0.144	1	0.002	0.045	0.062	-0.252
	Months since Hire	0.084	0.07	0.054	0.048	0.002	1	-0.018	0.004	0.05
	Beginning Salary	0.88	0.456	-0.009	-0.157	0.045	-0.018	1	0.755	0.633
	Employment Category	0.78	0.379	0.01	-0.144	0.062	0.004	0.755	1	0.515
	Educational Level (years)	0.661	0.355	-0.281	-0.132	-0.252	0.05	0.633	0.515	1

图 29-35　相关性

原因变量	结果变量	直接影响	间接影响	总影响
是否少数民族	受教育水平	-0.132		-0.132
	初始工资	-0.061	-0.044	-0.105
	职位类别		-0.066	-0.066
	当前工资	-0.024	-0.151	-0.175
性别	受教育水平	0.352		0.352
	初始工资	0.133	0.209	0.342
	职位类别	0.177	0.205	0.382
	以前工作经验	0.208		
	当前工资	0.062	0.438	0.500
年龄	受教育水平	-0.248		-0.248
	初始工资		-0.014	-0.014
	职位类别			
	以前工作经验	0.813		0.813
	已工作时间	0.054		0.054
	当前工资		-0.018	-0.018

图 29-36　路径系数分解表

对于各变量的效果分析摘要见表，结果显示性别对当前工资的影响比年龄和是否少数民族更大，不仅具有直接效果（0.062），也具有多重间接效果，间接效果的总和达 0.438，总效果为 0.500。如果与原来观察相关（0.450）相比，总效果与观察相关数值非常接近，但是如果没有考虑间接效果，仅用直接效果来说明性别与当前工资的关系，会出现明显的低估的现象。

第 30 章 中介效应与调节效应分析

社会心理学研究中经常遇到分析待研究的自变量与因变量之外的第三者变量在其中所扮演的角色和意义。如果第三者变量是协变量，我们可以通过协变量的方差分析或回归分析加以控制；如果第三者变量经过排查不是协变量，可能是因果之间的间接变量和（或）调节变量，对这类的问题的研究，中介效应与调节效应分析是可行的解决之道。

30.1 中介效应分析

30.1.1 中介效应的概述

中介效应是指变量间的影响关系（$X \to Y$）不是直接的因果链关系，而是通过一个或一个以上变量（M）的间接影响产生的，此时我们称 M 为中介变量，而 X 通过 M 对 Y 产生的间接影响称为中介效应。中介效应是间接效应的一种，模型中在只有一个中介变量的情况下中介效应等于间接效应；当中介变量不止一个的情况下，中介效应不等于间接效应，此时接效应可以是部分中介效应的和或所有中介效应的总和。在社会心理学研究当中，变量间的关系很少是直接的，更常见的是间接关系。

自变量 X 对因变量 Y 的影响，如果 X 变量通过影响 M 变量来影响 Y 变量，则 M 为中介变量。通常将变量经过中心化转化后，得方程 1：$Y=cX+e_1$；方程 2：$M=aX+e_2$；方程 3：$Y=c'X+bM+e_3$。其中，c 是 X 对 Y 的总效应，ab 是经过中介变量 M 的中介效应，c' 是直接效应。当只有一个中介变量时，效应之间有 $c=c'+ab$，中介效应的大小用 $c-c'=ab$ 来衡量。

30.1.2 中介效应检验过程

中介效应是间接效应，无论变量是否涉及潜变量，都可以用结构方程模型分析中介效应。步骤为：第一步检验 c，如果 c 不显著，Y 与 X 相关不显著，停止中介效应分析，如果显著进行第二步；第二步依次检验 a、b，如果都显著，那么检验 c'，c' 显著，为部分中间效应模型，c' 不显著，则为完全中介效应模型；如果 a、b 至少有一个不显著，则做 Sobel 检验，检验的统计量是 $Z=\hat{a}*\hat{b}/S_{ab}$，显著则中介效应显著，不显著则中介效应不显著。Sobel 检验免费的在线计算器网址为 http://www.danielsoper.com/statcalc/calc31.aspx，只要把这 a、b、SE_a、SE_b 四个数输入，就可以直接得到 Z 值及其单侧与双侧概率。

30.1.3 实例详解

例 30.1：研究工作认同感与工作绩效之间心理因素（焦虑）的意义，见例 30.1.sav。原始数据包括：领导不认同、同事不认同、客户不认同、心跳、紧张、坐立不安、效率低和效率下降 8 个变量，如图 30-1 所示。

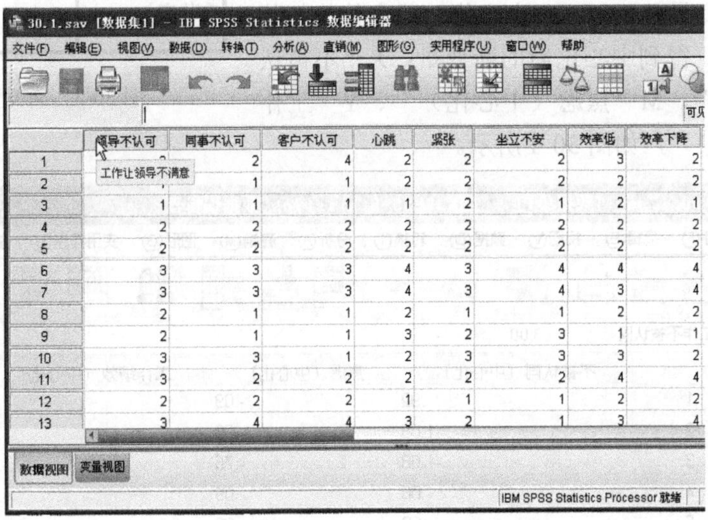

图 30-1 中间效应分析例题数据库

操作步骤：

（1）根据分析目的，合并原始变量产生 3 个新变量"工作不被认同"、"焦虑"和"工作绩效"，如图 30-2 所示，各个新变量值等于原始变量的均值。

图 30-2 产生 3 个新变量

自变量（X）为"工作不被认同"包含 3 个观测指标：领导不认同、同事不认可、客户不认可；中介变量（M）"焦虑"包含 3 个观测指标：心跳、紧张、坐立不安；因变量（Y）"工作绩效"包含两个观测指标：效率低和效率下降。

新变量的均值如图 30-3 所示。

（2）将新变量 X、M、Y 中心化，即个体值与其均数之差处理，得到中心化后的新变量：X"不被认同（中心化）"、M"焦虑（中心化）"、Y"工作绩效（中心化）"，如图 30-4 所示。

描述统计量

	N	均值
工作不被认同	489	2.0801
焦虑	489	2.0859
工作绩效	489	2.2807
有效的 N（列表状态）	489	

图 30-3　新变量的均值

图 30-4　中心化后的新变量

（3）中介效应分析第一步检验，即检验方程 $Y=cX+e_1$ 中的 c 是否显著。

SPSS 实现过程如下：

1）单击"分析"|"回归"|"线性"命令，弹出图 30-5 所示的"线性回归"对话框。

2）将变量"工作绩效（中性化）"放入"因变量"框，将变量"不被认同（中性化）"放入"自变量"框。方法选择"进入"。

3）单击"统计量"按钮，弹出图 30-6 所示的"线性回归：统计量"对话框，选择左侧的"估计（E）"复选框，选择右侧"模型拟合度（M）"和"R 方变化（S）"复选框。其他采用系统默认，单击"继续"按钮返回主对话框。

4）单击"确定"按钮，输出结果。

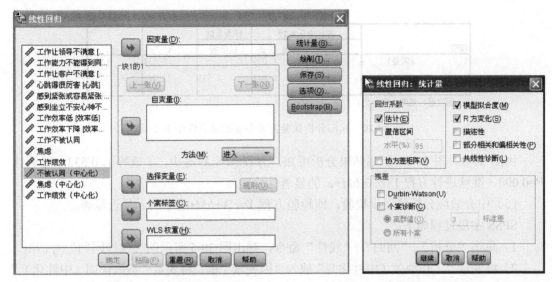

图 30-5 "线性回归"对话框　　　　图 30-6 "线性回归：统计量"分析对话框

模型汇总									
				标准 估计的	更改统计量				
模型	R	R 方	调整 R 方	误差	R 方更改	F 更改	df1	df2	Sig. F 更改
1	.678ª	0.46	0.459	0.7057	0.46	414.265	1	487	0

a. 预测变量：(常量)，不被认同（中心化）。

图 30-7　回归分析检验方差中 c 的显著性结果 1

检验结果如图 30-7 和图 30-8 所示。由图 30-7、图 30-8 可知，方程 $Y=cX+e_1$ 的回归效应显著，c 值等于 0.678，$P=0.000$，可以进行方程 $M=aX+e_2$ 和 $Y=c'X+bM+e_3$ 的显著性检验。

系数ª					
		非标准化系数		标准系数	
模型		B	标准 误差	试用版	t	Sig.
1	(常量)	0.002	0.032		0.051	0.959
	不被认同（中心化）	0.804	0.04	0.678	20.354	0

a. 因变量：工作绩效（中心化）

图 30-8　回归分析检验方差中 c 的显著性结果 2

（4）中介效应分析第二步检验，即检验方程 $M=aX+e_2$ 中的 a 是否显著。
SPSS 实现过程如下：
1）单击"分析"|"回归"|"线性"命令，弹出图 30-5 所示的"线性回归"对话框。
2）将变量"焦虑（中性化）"放入"因变量"框，将变量"不被认同（中性化）"放入"自变量"框。方法选择"进入"。
3）其他选项不变，单击"确定"按钮，输出结果，如图 30-9、30-10 所示。

模型汇总									
				标准 估计的	更改统计量				
模型	R	R 方	调整 R 方	误差	R 方更改	F 更改	df1	df2	Sig. F 更改
1	.533ª	0.284	0.283	0.76763	0.284	193.247	1	487	0

a. 预测变量：(常量)，不被认同（中心化）。

图 30-9　回归分析检验方差中 a 的显著性结果 1

系数ᵃ

模型		非标准化系数		标准系数	t	Sig.
		B	标准 误差	试用版		
1	(常量)	0.001	0.035		0.034	0.973
	不被认同（中心化）	0.597	0.043	0.533	13.901	0

a. 因变量：焦虑（中心化）

图 30-10　回归分析检验方差中 a 的显著性结果 2

由图 30-9、图 30-10 所示结果分析可知，方程 $M=aX+e_2$ 中，a 值等于 0.533，显著性 $P=0.000$，继续进行方程 $Y=c'X+bM+e_3$ 的显著性检验。

（5）中介效应分析第三步检验，即检验方程 $Y=c'X+bM+e_3$ 中的 b 是否显著。

SPSS 实现过程如下：

1）单击"分析" | "回归" | "线性"命令，弹出图 30-5 所示的"线性回归"对话框。

2）将变量"工作绩效（中性化）"放入"因变量"框，将变量"不被认同（中性化）"和"焦虑（中性化）"同时放入"自变量"框。方法选择"进入"。

3）其他选项不变，单击"确定"按钮，输出结果，如图 30-11、30-12 所示。

模型汇总

模型	R	R 方	调整 R 方	标准 估计的 误差	更改统计量				
					R 方更改	F 更改	df1	df2	Sig. F 更改
1	.702ᵃ	0.492	0.49	0.68485	0.492	235.49	2	486	0

a. 预测变量：(常量)，焦虑（中心化），不被认同（中心化）。

图 30-11　回归分析检验方差中 b 的显著性结果 1

系数ᵃ

模型		非标准化系数		标准系数	t	Sig.
		B	标准 误差	试用版		
1	(常量)	0.001	0.031		0.044	0.965
	不被认同（中心化）	0.67	0.045	0.564	14.773	0
	焦虑（中心化）	0.225	0.04	0.213	5.577	0

a. 因变量：工作绩效（中心化）

图 30-12　回归分析检验方差中 b 的显著性结果 2

如图 30-11、图 30-12 所示的结果分析可知，方程 $Y=c'X+bM+e_3$ 中，b 值为 0.213，显著性为 $P=0.000$，因此 a 和 b 都是有显著性的，接下来检验中介效应到底是部分中介效应还是完全中介效应。

（6）判断完全中介效应还是部分中介效应，即 c' 的显著性。

由图 30-7 所示的结果可知 c' 等于 0.564，显著性为 $P=0.000$，因此是部分中介效应。自变量"工作不被认同"对因变量"工作绩效"的中介效应不完全通过中介变量"焦虑"的中介来达到其影响，"工作不被认同"对"工作绩效"有部分直接效应，中介效应对总效应的贡献率为：

Effect $M=ab/c=0.533×0.213/0.678=0.167$（16.7%），中介效应解释了因变量的方差变异为 sqrt(0.490-0.459)=0.176（17.6%）。

30.2 调节效应分析

30.2.1 调节效应的概述

如果变量 Y 与变量 X 的关系是变量 M 的函数，$Y=f(X, M)+e$，则称 M 为调节变量。即 Y 与 X 的关系受到第三个变量 M 的影响。调节变量可以是定性的（如性别、种族、学校类型等），也可以是定量的（如年龄、受教育年限、刺激次数等），它影响因变量和自变量之间关系的方向和强弱。调节变量一般不受自变量和因变量影响，但是可以影响自变量和因变量，调节变量一般不能作为中介变量。通常将变量中心化转化后，得方程 1：$Y=aX+bM+e_1$；方程 2：$Y=aX+bM+cXM+e_2$。Y 与 X 的关系由回归系数 $a+cM$ 来刻画，它是 M 的线性函数，c 衡量了调节效应的大小，如果 c 显著，表明变量 M 的调节效应有意义。

30.2.2 调节效应检验过程

显变量的调节效应分析方法。分为 4 种情况讨论。（1）当自变量是类别变量，调节变量也是类别变量时，做两因素交互效应的多因素方差分析，交互效应即调节效应；（2）自变量使用哑变量，调节变量是连续变量时，将因变量、自变量和调节变量中心化，做 $Y=aX+bM+e_1$；$Y=aX+bM+cXM+e_2$ 的层次回归分析：①做 Y 对 X 和 M 的回归，得决定系数 R_{12}；② 做 Y 对 X、M 和 XM 的回归，得 R_{22}，若 R_{22} 显著高于 R_{12}，则调节效应显著。或者，做 XM 的回归系数检验，若 c 显著，则调节效应显著；（3）当自变量是连续变量时，调节变量是类别变量，做分组回归分析：按 M 的取值分组，将因变量和自变量中心化后做 Y 对 X 的回归，若回归系数的差异显著，则调节效应显著；（4）当自变量是连续变量，调节变量是连续变量时，将因变量、自变量和调节变量中心化后，同（2）做层次回归分析。

潜变量的调节效应分析方法。分两种情形讨论：一是调节变量是类别变量，自变量是潜变量；二是调节变量和自变量都是潜变量。（1）当调节变量是类别变量时，做分组结构方程分析。做法是，先将两组的结构方程回归系数限制为相等，得到一个 χ^2 值和相应的自由度，然后去掉这个限制，重新估计模型，又得到一个 χ^2 值和相应的自由度。前面的 χ^2 减去后面的 χ^2 得到一个新的 χ^2，其自由度就是两个模型的自由度之差。如果 χ^2 检验结果是统计显著的，则调节效应显著；（2）当调节变量和自变量都是潜变量时，有许多不同的分析方法，最方便的是 Marsh、Wen 和 Hau 提出的无约束的模型。

30.2.3 实例详解

例 30.2：在一项心理学研究中判断"设备"因素在"亮度"与学生"得分"中是否表现出调节作用，见例 30.2-sav。

操作步骤：

（1）由数据资料可知自变量"亮度"与调节变量"设备"都是类别变量，可以选用多因素方差分析对两因素的交互作用的显著性进行判断。

（2）SPSS实现过程如下：

1）单击"分析"|"一般线性模型"|"单变量"命令，弹出图30-13所示的"单变量"对话框。

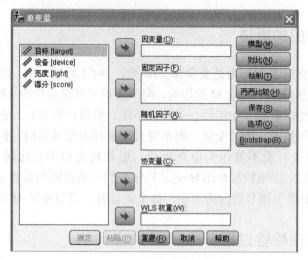

图30-13 "单变量"对话框

2）将变量"得分"放入"因变量"框；将变量"设备"和"亮度"放入"自变量"框。

3）其他采用系统默认，单击"确定"按钮，输出结果，如图30-14所示。

主体间效应的检验

因变量：得分

源	III 型平方和	df	均方	F	Sig.
校正模型	175.867ª	5	35.173	5.914	0
截距	3162.133	1	3162.133	531.686	0
device	86.467	2	43.233	7.269	0.001
light	76.8	1	76.8	12.913	0
device * light	12.6	2	6.3	1.059	0.35
误差	678	114	5.947		
总计	4016	120			
校正的总计	853.867	119			

a. R 方 = .206（调整 R 方 = .171）

图30-14 多变量方差分析检验交互项的显著性结果

（3）由图30-14所示的结果可知"设备"和"亮度"两变量都有统计学意义（$P<0.05$），两者之间的交互项变量没有显著性（$P=0.350$），表明"设备"变量在"亮度"与"得分"之间没有调节效应。

例30.3：研究"性别"在青少年个体"体重"与"做功"之间有无调节效应，见例30.3-sav。

操作步骤如下：

（1）将自变量"体重"和因变量"做功"做中心化（即个体值与其均数之差）转化，产生新变量"体重（中心化）"和"做功（中心化）"。

（2）对样本数据按调节变量的类别进行分割。

SPSS实现过程如下：

1）单击"数据"|"拆分文件"|"分割文件"命令，弹出图30-15所示的"分割文件"对话框。

2）单击选择"比较组"，左边选择"性别"变量进入"分组方式"框内。

3）其他采用系统默认，单击"确定"按钮。

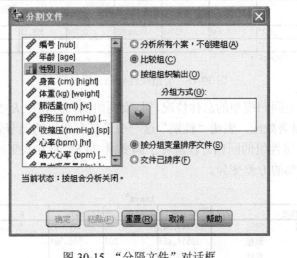

图30-15 "分隔文件"对话框

（3）进行分组的线性回归分析。

SPSS实现过程如下：

1）单击"分析"|"回归"|"线性"命令，弹出图30-16所示的"线性回归"对话框。

2）将变量"做功（中性化）"放入"因变量"框，将变量"体重（中性化）"放入"自变量"框。方法选择"进入"。

3）单击"统计量"按钮，弹出图30-17所示的"线性回归：统计量"对话框，选择左侧的"估计（E）"复选框，选择右侧的"模型拟合度（M）"和"R方变化（S）"复选框。其他采用系统默认，单击"继续"按钮返回主对话框。

4）单击"确定"按钮，输出结果。

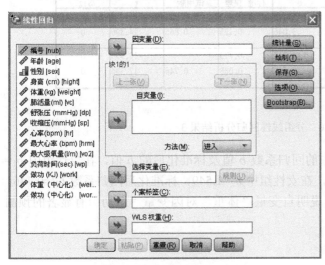

图30-16 "线性回归"对话框

图30-17 "线性回归：统计量"对话框

（4）结果分析

经过对"性别"的分组线性回归分析后，检验结果如图 30-18、图 30-19 和图 30-20 所示。

模型汇总

性别	模型	R	R 方	调整 R 方	标准 估计的误差	更改统计量				
						R 方更改	F 更改	df1	df2	Sig. F 更改
男	1	.865a	0.748	0.746	19.88955	0.748	595.18	1	201	0
女	1	.746a	0.557	0.555	12.11224	0.557	309.533	1	246	0

a. 预测变量：（常量），体重（中心化）。

图 30-18　分组线性回归分析结果 1

图 30-18 所示是回归模型的总体情况，男、女两组回归方程中 R^2 分别为 0.748 和 0.557，$P=0.000$，都具有显著效应，表明"性别"这一变量具有明显的调节效应。从图 30-18 所示的数据可以看出，男性组的回归方程解释了因变量 74.8%的方差变异，女性组的回归方程解释了因变量 55.7%的方差变异。

Anova b

性别	模型		平方和	df	均方	F	Sig.
男	1	回归	235449.645	1	235449.645	595.18	.000a
		残差	79514.458	201	395.594		
		总计	314964.103	202			
女	1	回归	45410.536	1	45410.536	309.533	.000a
		残差	36089.781	246	146.706		
		总计	81500.317	247			

a. 预测变量：（常量），体重（中心化）。　b. 因变量：做功（中心化）。

图 30-19　分组线性回归分析结果 2

图 30-19 所示给出了性别分组后的方差分析结果，$P=0.000$ 表明预测变量"体重（中心化）"在模型中有统计学意义。

系数 a

性别	模型		非标准化系数		标准系数	t	Sig.
			B	标准 误差	试用版		
男	1	（常量）	15.89	1.403		11.328	0
		体重（中心化）	3.046	0.125	0.865	24.396	0
女	1	（常量）	-14.347	0.773		-18.556	0
		体重（中心化）	1.549	0.088	0.746	17.594	0

a. 因变量：做功（中心化）。

图 30-20　分组线性回归分析结果 3

图 30-20 所示给出了回归方差中的回归系数 b 值及标准化后的 b 值，在男性组中 b_1=3.046，标准化后回归系数 b_1'=0.865，在女性组中 b_2=1.549，标准化后回归系数 b_2'=0.746，且都达到显著性水平（$P=0.000$），说明自变量"体重"对因变量"做功"有显著的预测作用。